Gerrit Hölzle

Unter Mitarbeit von Dipl.-Kffr. StB **Anja Wagner**, Wiesentheid

Die Steuererklärung des Einzelanwalts und der Anwaltssozietät

Die § 4 – III – Rechnung des Anwalts
Einkommensteuer und Umsatzsteuer in der Kanzlei

1. Auflage

Juni 2000

Hemmer/Wüst Verlagsgesellschaft
Gerrit Hölzle, Die Steuererklärung des Einzelanwalts und der Anwaltssozietät

Das Skript ist urheberrechtlich geschützt. Die dadurch begründeten Rechte, insbesondere de Nachdrucks, der Wiedergabe auf photomechanischem oder ähnlichem Wege und der Speicherung i Datenverarbeitungsanlagen bleiben, auch bei nur auszugsweiser Verwertung, der Hemmer/Wüs Verlagsgesellschaft vorbehalten.

ISBN 3-89634-212-6

1. Auflage, Juni 2000

gedruckt auf chlorfrei gebleichtem Papier
von Schleunungdruck GmbH, Marktheidenfeld

Vorwort

RA Hemmer/Wüst! Den Auftakt im Rahmen der Anwaltsreihe im Hemmer/Wüst Verlag bildet das vorliegende Handbuch, das sich an Berater von Rechtsanwälten sowie an diese selbst richtet.

Für Existenzgründer, Rechtsanwälte, die die steuerlichen Vorgänge in ihrer Kanzlei nachvollziehen wollen, und Steuerberater werden alle wesentlichen Vorgänge in der Anwaltskanzlei, gleich ob Einzelpraxis oder Sozietät, umfassend erläutert und an Beispielen fest gemacht. Jeder Anwalt sollte nach der aufmerksamen Lektüre in der Lage sein, die Erklärung für seine Kanzlei selbstständig zu fertigen. Die erforderlichen Erklärungsvordrucke sind an entsprechender Stelle jeweils abgedruckt. Für Steuerberater finden sich wertvolle Hinweise auf steuerliche Spezifika des Anwaltsberufs. Ziel des Buches ist es, die Angst vor dem Steuer*RECHT* zu nehmen, und zu zeigen, dass es sich um ein Rechtsgebiet handelt, wie jedes andere auch, das mit juristischem Systemverständnis und juristischer Methode gut beherrschbar ist.

Darüber hinaus werden Gestaltungshinweise gegeben, die zur Steuerersparnis und steuerrechtlich korrekten Organisation des Bürobetriebes beitragen.

Die Produkte aus dem Hemmer/Wüst Verlag bewähren sich seit vielen Jahren in der juristischen Ausbildung. Mit *RA Hemmer/Wüst – Ratgeber für die anwaltliche Praxis* setzen wir unsere umfassende Produktpalette konsequent fort.

Hierbei setzen wir, in Fortführung des erfolgreichen Skriptenkonzeptes, auf eine instruktive und am Fall orientierte Darstellung.

Hemmer   Wüst

Inhaltsverzeichnis

A. Beispiel der Einnahmeüberschussrechnung einer Rechtsanwaltssozietät ___ I
B. (steuer-) rechtliche grundlagen ___ 1
   I. Die Einkommensteuer ___ 1
      1. Allgemeines ___ 1
      2. Einkommen im Sinne des EStG ___ 3
         a) Der Begriff des Einkommens ___ 3
         b) Die Einkunftsart des Rechtsanwalts ___ 7
         c) Ermittlung des Gewinns ___ 10
            aa) Betriebseinnahmen und Betriebsausgaben ___ 12
            bb) Einlagen und Entnahmen ___ 18
         d) Nicht abzugsfähige Betriebsausgaben ___ 24
            aa) Die Beschränkung der Abzugsfähigkeit nach § 4 Abs.5 EStG ___ 24
            bb) Das Abzugsverbot nach § 12 EStG (i.V.m. § 4 Abs.5 S.3 EStG) 52
            cc) Sonderfall nicht abzugsfähiger Betriebsausgaben:
                Ehegattenarbeitsverhältnisse ___ 62
         e) Aufzeichnungspflichten ___ 68
         f) Durchlaufende Posten ___ 77
         g) Absetzung für Abnutzung (AfA) ___ 79
            aa) Allgemeines ___ 79
            bb) Abnutzbare bewegliche und immaterielle Wirtschaftgüter des
                Anlagevermögens ___ 85
            cc) Geringwertige Wirtschaftsgüter ___ 91
            dd) Zeitpunkt der AfA ___ 94
      3. Die Behandlung von Lohnkosten für Arbeitnehmer ___ 95
         a) Die Abgrenzung zwischen Arbeitnehmern und freien Mitarbeitern
           sowie die Behandlung geringfügig Beschäftigter ___ 95
            aa) Arbeitnehmer, freie Mitarbeiter und arbeitnehmerähnliche
                Selbstständige ___ 95
            bb) Geringfügig Beschäftigte ___ 100
         b) Die Behandlung von Lohnkosten und Lohnnebenkosten bei
           Arbeitnehmern ___ 108
            aa) Allgemeines zur Lohnsteuer ___ 108
            bb) Die Höhe der einzubehaltenden und zu entrichtenden Lohnsteuer
                 ___ 110
            cc) Verfahren bei der Anmeldung und Abführung der Lohnsteuer _ 119
            dd) Beendigung des Lohnsteuerabzugs ___ 122
            ee) Lohnnebenkosten ___ 123
      4. Die Erfassung des zu versteuernden Einkommens durch die
         Finanzbehörden und die Tilgung der Einkommensteuerschuld ___ 128
         a) Die Entstehung der Einkommensteuer und anrechenbare
           Vorauszahlungen ___ 128
         b) Die Erhebung der Einkommensteuer ___ 130

    aa) Grundsätze _____ 130
    bb) Berücksichtigung persönlicher Verhältnisse _____ 134
    cc) Besonderheiten der Erklärung bei Anwaltssozietäten _____ 140
  c) Reaktionsmöglichkeiten auf einen falschen Steuerbescheid _____ 154
  d) Überprüfungsmöglichkeiten des Finanzamts bezüglich Ihrer
    Besteuerungsgrundlagen _____ 159
II. Die Umsatzsteuer _____ 166
1. Allgemeines _____ 166
2. Umsatzsteuerpflichtige Vorgänge _____ 171
  a) Objektive Umsatzsteuerpflicht _____ 171
    aa) Lieferung und sonstige Leistung _____ 171
      (1) Grundfälle _____ 171
      (2) Sonderfälle der sonstigen Leistung _____ 174
  b) Subjektive Umsatzsteuerpflicht _____ 178
3. Bemessungsgrundlage der Umsatzsteuer _____ 181
4. Der Vorsteuerabzug _____ 186
  a) Allgemeines _____ 186
  b) Eingangsrechnungen und Ausgangsrechnungen _____ 191
  c) Die 10 % - Grenze des § 15 Abs.1 S.2 UStG _____ 198
  d) Sonstige Abzugsverbote _____ 199
  e) Aufteilung der Vorsteuerbeträge bei nur teilweise abzugsberechtigender
    Nutzung _____ 200
5. Die Erfassung der Umsatzsteuer und die Erhebung durch die
  Finanzverwaltung _____ 201
  a) Berechnung der Umsatzsteuer nach vereinbarten oder vereinnahmten
    Entgelten _____ 201
  b) Umsatzsteuervoranmeldung und Voranmeldungszeitraum ____ 204
  c) Die Umsatzsteuerjahreserklärung _____ 210
6. Kleinunternehmerregelung _____ 212
7. Umsatzsteuerliche Aufzeichnungspflichten _____ 214

C. Erläuterung der Einnahmeüberschussrechnung der Anwaltssozietät Mustermann und Musterfrau _____ *216*

D. Anhang _____ 273

I. Allgemeine AfA – Tabellen des BMF _____ 273

II. Allgemeine Lohnsteuertabellen (Gültig ab 01.01.2000) _____ 287

III. Pauschbeträge für Verpflegungsmehraufwendungen und Übernachtungskosten ausgewählter Länder _____ 288

E. Stichwortverzeichnis _____ 290

Die Steuererklärung des Einzelanwalts und der Anwaltssozietät - Beispiel

A. BEISPIEL DER EINNAHMEÜBERSCHUSSRECHNUNG EINER RECHTSANWALTSSOZIETÄT

Einnahmeüberschussrechnung

der

Rechtsanwaltsgesellschaft
Mustermann und Musterfrau

in

Würzburg

Inhaltsverzeichnis

	Seite
Einnahmeüberschussrechnung vom 01.01. bis 31.12.05	III
Anlage zur einheitlichen und gesonderten Gewinnfeststellung 05	VI
Inventar- und Abschreibungstabelle	VII
Geringwertige Wirtschaftsgüter	IX
Persönliche Betriebseinnahmen und Betriebsausgaben 05 – für Max Mustermann -	X
Kraftfahrzeugkosten 05 – für Max Mustermann –	XI
Ermittlung der Entnahmen und Einlagen 05 – Max Mustermann -	XII
Kapitalentwicklung 05 – Max Mustermann -	XIII
Persönliche Betriebseinnahmen und Betriebsausgaben 05 – für Marianne Musterfrau -	XIV
Fahrzeugkosten 05 – für Marianne Musterfrau –	XV
Ermittlung der Entnahmen und Einlagen 05 – Marianne Musterfrau -	XVI
Kapitalentwicklung 05 – Marianne Musterfrau -	XVII

Einnahmeüberschussrechnung für die Zeit vom 01. Januar bis 31. Dezember 05

Erläuterung	I. Betriebseinnahmen		DM
1	1.	Erlöse (netto)	1.500.000,00
2	2.	Vereinnahmte USt (16%)	242.976,00
3	3.	Zinserträge (stfr.)	390,01
4	4.	Mieteinnahmen	40.000,00
5	5.	Vereinnahmte USt aus Ziff. 4 (16%)	6.400,00
6	5.	Erlöse Anlagenverkäufe (netto)	49.000,00
7			
8			1.835.790,00

IV Die Steuererklärung des Einzelanwalts und der Anwaltssozietät

Erläuterung	II. Betriebsausgaben	DM
9	1. Personalkosten	400.000,00
10	2. Raumkosten	94.000,00
11	3. Gezahlte Vorsteuer auf Ziff.2 (16 %)	8.640,00
12	4. Gerichtskosten eigene	2.400,00
13	5. Laufende Umsatzsteuervorauszahlungen	200.000,00
14	6. Umsatzsteuervorauszahlungen Vorjahr	6.400,00
15	7. Fachliteratur	5.000,00
16	8. Bürobedarf	40.500,00
17	9. Post-, Telefon- und Internetkosten	52.000,00
18	10. Versicherungen und Beiträge	18.500,00
19	11. Repräsentationskosten	15.250,00
20	12. Kfz-Mietkosten	40.000,00
21	13. Nebenkosten des Geldverkehrs und Zinsen	3.500,00
22	14. Gezahlte Vorsteuer	35.000,00
23	15. Sonstige Kosten	10.000,00
24		**931.190,00**
25	Übertrag:	**904.600,00**

Erläuterung		Übertrag:		904.600,00
26				
27	III.	**Absetzung für Abnutzung (AfA)**		**DM**
28		1. Geschäftsausstattung		12.726,00
30		2. Pkw-Stellplätze		1.050,00
31		3. Geringwertige Wirtschaftsgüter		4.500,00
32				**18.276,00**
33				**886.324,00**

VI Die Steuererklärung des Einzelanwalts und der Anwaltssozietät

Erläuterung		Anlage zur einheitlichen und gesonderten Gewinnfeststellung		
			M. Mustermann	M. Musterfrau
34		Gewinn		
35				
36				
37	**Gewinn**	886.324,00		
38	Anteil am Gewinn (50% / 50%)		443.162,00	443.162,00
39				
40	Sonderbetriebseinnahmen lt. Anlage	69.600,00	34.800,00	34.800,00
41	Sonderbetriebsausgaben lt. Anlage	./. 68.540,00	./. 28.740,00	./. 34.800,00
42				
43	**Gewinnanteil**	**892.384,00**	**449.222,00**	**443.162,00**

Die Steuererklärung des Einzelanwalts und der Anwaltssozietät VII

Erläuterung

Inventar- und Abschreibungstabelle

Anschaffungs-

	Datum	Preis/DM	Nutzungsdauer / AfA in %	Wert 1.1.05	Zugang	AfA	Wert 31.12.05

Geschäftsausstattung

Einbauregale	01.01.01	5.500,00	10 / 10	3.300,00		550,00	2.750,00
Schreibtisch	01.01.01	4.000,00	10 / 10	2.400,00		400,00	2.000,00
Schreibtisch	01.01.01	4.000,00	10 / 10	2.400,00		400,00	2.000,00
Schreibtisch	01.01.01	6.000,00	10 / 30	1.441,00		432,00	1009,00
Computer	01.01.01	4.500,00	4 / 25	0,-		-,-	0,-
Computer	01.04.05	4.500,00	4 / 25		4.500,00	1.125,00	3.375,00

VIII

Die Steuererklärung des Einzelanwalts und der Anwaltssozietät

Nr.	Gegenstand	Datum	AK	N/%				
55	Telefon (Nebenstelle)	30.07.05	990,00	8 / 12,5		990,00	59,00	931,00
56	Drucker	01.01.01	2.500,00	4 / 25	0,-		-,-	0,-
57	Drehsessel	01.01.01	1.200,00	10 / 10	720,00		120,00	600,00
58	Drehsessel	01.12.05	1.600,00	10 / 10		1.600,00	160,00	1.440,00
59	Teppichboden	01.01.01	36.000,00	5 / 20	7.200,00		7.200,00	0,-
60	Teppichboden	01.01.01	24.000,00	15 / 6,67	17.280,00		1.680,00	15.600,00
61	Frankiermaschine	01.05.03	1.500,00	5 / 20	600,00		300,00	300,00
62	Klimaanlage (mobil)	01.07.05	5.000,00	8 / 12,5		5.000,00	300,00	4.700,00
63					35.341,00	12.090,00	12.726,00	34.705,00
64								
65	**Pkw – Stellplätze**	01.01.02	15.000,00	15 / 7	11.850,00		1.050,00	10.800,00

Geringwertige Wirtschaftsgüter 05

Erläuterung						
67	10.01.05	1	Bürodrehstuhl	Schäfer Shop	–	650,00
68	10.01.05	1	Bürodrehstuhl	Schäfer Shop	–	650,00
69	12.03.05	1	Schreibtischlampe	Müller		800,00
70	03.04.05	1	Computerbildschirm	Vobis		490,00
71	08.06.05	1	Drucker	Vobis		780,00
72	11.09.05	3	Münchner Kommentar (Band 1, 2 und 3)	Bücherdirekt		840,00
73	11.12.05	1	Jalousien	Möbel Unger		290,00
74						4.500,00

X Die Steuererklärung des Einzelanwalts und der Anwaltssozietät

Persönliche Betriebseinnahmen und Betriebsausgaben

Max Mustermann, Mergentheimer Str. 42, 97082 Würzburg

(St. Nr. 111/000/1111)

Erläuterung	I. Sonderbetriebseinnahmen	
75	Pkw Vermietung – Mercedes 230 SLK	30.000,00
76	Umsatzsteuer (16 %)	4.800,00
77		34.800,00

Erläuterung	II. Sonderbetriebsausgaben	
78	USt-Vorauszahlungen	4.600,00
79	VorSt	200,00
80	Kraftfahrzeugkosten lt. Anlage	18.700,00
81	Beruflicher Telefonkostenanteil (12 x 20,-)	240,00
82	Betriebshaftpflichtversicherung	2.400,00
83	Kosten häusliches Arbeitszimmer*	2.400,00
84		28.740,00

* Beachten Sie unbedingt, dass die Kosten für ein häusliches Arbeitszimmer seit 1996 grundsätzlich nicht mehr abzugsfähig sind. Die Position ist hier nur aufgenommen, da erfahrungsgemäß in diesem Bereich immer wieder Fragen gestellt werden. Dazu unten unter B I 2 d (8) und C Ziff.83.

Kraftfahrzeugkosten

Max Mustermann, Mergentheimer Str. 42, 97082 Würzburg

(St. Nr. 111/000/1111)

Erläuterung				
85	**Benzin und Reparaturen**		Netto	VSt
86	Mercedes SLK 230		2.500,00	200,00
87	**Steuern und Versicherung**			
88	Mercedes SLK 230		2.200,00	
89	**AfA**			
90	Mercedes SLK Wü – MM 1	56.000,00		
91	AfA ND 5 Jahre / 20 %		14.000,00	14.000,00
92	Stand 31.12.05		42.000,00	18.700,00	200,00

XII   Die Steuererklärung des Einzelanwalts und der Anwaltssozietät

Ermittlung der Entnahmen und Einlagen 05
Max Mustermann, Mergentheimer Str. 42, 97082 Würzburg
(St. Nr. 111/000/1111)

Erläuterung				
93	1. Lt. Journal		**Entnahmen**	**Einlagen**
94		a) Allgemeine	300.000,00	
95		b) Renten- u. Lebensvers.	25.000,00	
96		c) Eigenverbrauch Pkw	8.400,00	
97	2. Sonderbetriebseinnahmen		34.800,00	
98	3. Sonderbetriebsausgaben			28.740,00
99			368.200,00	28.740,00
100			./. 28.740,00	
101			339.460,00	
102	Gewinnanteil		449.222,00	
103	Zu wenig entnommen		109.762,00	

Kapitalentwicklung 05
Max Mustermann, Mergentheimer Str. 42, 97082 Würzburg
(St. Nr. 111/000/1111)

Erläuterung			
104	Kapital 01.01.05	DM	115.000,00
105	Entnahmen	DM	339.460,00
106	Gewinnanteil 05	DM	449.222,00
107	Kapital 31.12.05	DM	224.762,00

XIV Die Steuererklärung des Einzelanwalts und der Anwaltssozietät

Persönliche Betriebseinnahmen und Betriebsausgaben
Marianne Musterfrau, Peterstr. 12, 97070 Würzburg
(St. – Nr. 999/000/9999)

Erläuterung	I. Sonderbetriebseinnahmen	
108	Pkw Vermietung – BMW 740 i	30.000,00
109	Umsatzsteuer (16 %)	4.800,00
110		34.800,00

Erläuterung	II. Sonderbetriebsausgaben	
111	USt-Vorauszahlungen	4.600,00
112	VorSt	200,00
113	Kraftfahrzeugkosten lt. Anlage	25.200,00
114	Beruflicher Telefonkostenanteil (12 x 20,-)	240,00
115	BfA Beiträge	1.800,00
116	Seminarkosten	2.560,00
117		34.800,00

Kraftfahrzeugkosten
Marianne Musterfrau, Peterstr. 12, 97070 Würzburg
(St. – Nr. 999/000/9999)

Erläuterung			Netto	VSt
118	**Benzin und Reparaturen**			
119	BMW 740 i		2.500,00	200,00
120	**Steuern und Versicherung**			
121	BMW 740 i		2.700,00	
122	**AfA**			
123	BMW 740 i Wü – MF 1	60.000,00		
124	AfA ND 5 Jahre / 20 %	20.000,00	20.000,00	
125	Stand 31.12.05	40.000,00	25.200,00	200,00

XVI Die Steuererklärung des Einzelanwalts und der Anwaltssozietät

Ermittlung der Entnahmen und Einlagen 05
Marianne Musterfrau, Peterstr. 12, 97070 Würzburg
(St. – Nr. 999/000/9999)

Erläuterung

			Entnahmen	Einlagen
126	1.	Lt. Journal		
127		a) Allgemeine	280.000,00	
128		b) Renten- u. Lebensvers.	25.000,00	
129		c) Eigenverbrauch Pkw	12.000,00	
130	2.	Sonderbetriebseinnahmen	34.800,00	
131	3.	Sonderbetriebsausgaben		34.800,00
132			351.800,00	34.800,00
133			./. 34.800,00	
134			317.000,00	
135		Gewinnanteil	443.162,00	
136		Zu wenig entnommen	126.162,00	

Kapitalentwicklung 05
Marianne Musterfrau, Peterstr. 12, 97070 Würzburg
(St. – Nr. 999/000/9999)

Erläuterung

137	Kapital 01.01.05	DM 108.000,00
138	Entnahmen	DM 317.000,00
139	Gewinnanteil 05	DM 443.162,00
140	Kapital 31.12.05	DM 234.162,00

Im Folgenden sind die amtlichen Vordrucke für die Erklärung zur gesonderten – und einheitlichen – Feststellung von Besteuerungsgrundlagen für die Einkommensbesteuerung und die Anlage ESt 1, 2, 3 B zur gesonderten und einheitlichen Feststellung von Besteuerungsgrundlagen für den Veranlagungszeitraum 1999 abgedruckt.

In den Zeilen 1 bis 9 der Erklärung (Allgemeine Angaben) fügen Sie die Bezeichnung des Unternehmens, die Anschrift sowie die Rechtsform und Art der Tätigkeit ein.

Im Übrigen sind auf diesem allgemeinen Erklärungsbogen nur noch das Feld für die beigefügte Anlage ESt 1, 2, 3 B und etwaige Spenden einzutragen.

In die Anlage ESt 1, 2, 3 B übernehmen Sie dann die aus der vorstehenden § 4 – III – Rechnung ermittelten Werte in die entsprechenden Spalten.

Zu den Erklärungsvordrucken und der Ausfüllung derselben unten ausführlich im Kapitel I 4 b aa bei der Erfassung des zu versteuernden Einkommens durch die Finanzbehörden.

An das Finanzamt

Die grünen Felder werden vom Finanzamt ausgefüllt.

StNr. **11** Vorg. Fallgruppe **90 99**

1999

Steuernummer

Eingangsstempel

Erklärung
zur gesonderten – und einheitlichen – Feststellung von Grundlagen für die Einkommensbesteuerung und die Eigenheimzulage

Für jedes Unternehmen, jede Gesellschaft, jede Gemeinschaft oder jeden Gegenstand der Einkunftserzielung ist eine eigene Erklärung abzugeben.

Zeile			
1	**Allgemeine Angaben**	Telefonisch tagsüber erreichbar unter Nr.	99 11
2	Bezeichnung der Gesellschaft oder Gemeinschaft / des Unternehmens	10	Art der Feststellung
3		11	Art der Aufteilung
4		70	Höchste Beteiligten-Nr. (USB)
5	Straße und Hausnummer	71	Zahl der angewiesenen Beteiligten
6	Postleitzahl, Ort	75	Beginn des abw. Wirtschaftsjahrs
7	Rechtsform, Art der Tätigkeit	76	Ende des Rumpfwirtschaftsjahrs
8	Bei Grundstücksgemeinschaften: Ort der Verwaltung (Straße, Hausnummer, Postleitzahl, Ort)	80	Zahl der zusätzlichen Bescheide
9	Nur bei Einzelunternehmern: Wohnsitzfinanzamt und Steuernummer	81	Ja = 1 Bescheid ohne Anschrift
10	Bei der Gesellschaft oder Gemeinschaft handelt es sich um eine Verlustzuweisungsgesellschaft / ein ähnliches Modell i. S. d. § 2 b EStG.		

Empfangsvollmacht

11	Gemeinsamer, von allen Beteiligten bestellter Empfangsbevollmächtigter:		
12	Name	99 45	0000
13	Vorname	786	Einzelbekanntgabe Ja = 1 an sämtliche Beteiligte
14	Straße und Hausnummer oder Postfach		
15	Postleitzahl, Wohnort		

16 Falls kein vertretungsberechtigter Geschäftsführer vorhanden ist, steht dem benannten Empfangsbevollmächtigten im Feststellungsverfahren grundsätzlich die ausschließliche Einspruchs- und Klagebefugnis zu (§ 352 Abgabenordnung, § 48 Finanzgerichtsordnung). Eine in den Zeilen 11 bis 15 erteilte Empfangsvollmacht wirkt auch für künftige Feststellungszeiträume. Dies gilt nicht, falls diese Empfangsvoll-

17 macht gegenüber dem Finanzamt widerrufen, in der Feststellungserklärung für ein Folgejahr eine anderweitige Empfangsvollmacht erteilt wird oder dem Finanzamt eine auf einen anderen Empfänger lautende allgemeine, jahrgangsneutrale Empfangsvollmacht vorliegt.

Einkünfte

18 Inländische und ausländische Einkünfte lt. beigefügten Anlagen zur Einkunftsart

19	Land- und Forstwirtschaft	Gewerbebetrieb	Selbständige Arbeit	Kapitalvermögen	Vermietung und Verpachtung	Sonstige Einkünfte
20	Anlage L	Anlage GSE	Anlage GSE	Anlage KSO	Anlage(n) V Anlage(n)	Anlage KSO
21	Anlage(n) ESt 1, 2, 3 B	Anzahl	Anzahl	Anzahl	Anzahl	Anzahl	Anzahl
22	Anlage(n) ESt 1, 2, 3 B (V)						
23	Anlage(n) ESt 1, 2, 3 B (K)						
24	Bei Beteiligung mehrerer Personen:	Anzahl Es sind	Anlage(n) FB beigefügt.				

25 Förderung des Wohneigentums

26 Bemessungsgrundlage für die Eigenheimzulage lt. beigefügtem **Antrag EZ 1 A (Seite 2)** und beigefügten **Anlagen FB** und **ESt 1, 2, 3 B**.

27 Wie Sonderausgaben abziehbarer Betrag lt. beigefügter **Anlage(n) FW, FB** und **ESt 1, 2, 3 B**.

ESt 1 B – Erklärung zur gesonderten – und einheitlichen – Feststellung – Aug. 99 (OFD Nbg /Mchn – 10.99 – 145 000/350 000 – 321)

– 2 –

Zeile	Steuerpflichtige ausländische Einkünfte, die in den Anlagen GSE, KSO, L und/oder V enthalten sind – Anrechnung und Abzug ausländischer Steuern –					
30		Staat	Staat	Staat	Staat	Inländisches Sondervermögen (z. B. inländische Investmentfonds) mit allen Einkünften aus ausländischen Quellen
31	aus **Kapitalvermögen**	Einkunftsquellen	Einkunftsquellen	Einkunftsquellen	Einkunftsquellen	
32	(einschließlich der Einkünfte nach § 10 Abs. 6 AStG)					
33						
34						
35	**Einnahmen** (aus Zeile 20 der Anl. KSO, getrennt nach Staaten)	DM	DM	DM	DM	
36	**Werbungskosten** ohne ausl. Steuern lt. Zeile 37					
37	Abzuziehende ausländische Steuern n. § 34 c Abs. 2 EStG					
38	**Einnahmen** aus allen inländischen Sondervermögen (z. B. Investmentfonds), die aus ausländischen Quellen stammen					
39		→				DM
40	**Werbungskosten** zu Zeile 39 (ggf. einschl. abzuziehend. ausl. Steuern)	→				
41	**anderen Einkunftsarten**	Einkunftsquellen	Einkunftsquellen	Einkunftsquellen	Einkunftsquellen	
42	(einschließlich der Einkünfte nach § 20 Abs. 2 AStG) – bei mehreren Einkunftsarten:					
43	Einzelangaben bitte auf besonderem Blatt –					
44	**Einkünfte**	DM	DM	DM	DM	
45	Abgezogene ausländische Steuern nach § 34 c Abs. 2 EStG					
46	**Anzurechnende ausländ. Steuern**					
47	(für alle Einkunftsarten) **insgesamt**	DM	DM	DM	DM	DM
48	In Zeile 47 enthaltene fiktive ausländische Steuern nach DBA					
49	In den Fällen der gesonderten und einheitlichen Feststellung ergibt sich aus den Eintragungen zur Spalte 12 der Anlage 1, 2, 3 B (nur Buchstabe c ausgefüllt), dass die einzelnen Beteiligten ihr Antragsrecht nach § 34 c Abs. 2 EStG ausgeübt haben.					
50						
51	In Zeile 44 nicht enthaltene Einkünfte, für die die Voraussetzungen des § 34 c Abs. 5 EStG vorliegen					
52	Hinzurechnungsbetrag nach den §§ 7 bis 14 AStG lt. Feststellung des Finanzamts	Finanzamt, Steuernummer			Staat	
53	Nach § 12 Abs. 1, 3 AStG anzurechnende ausländische Steuern lt. Feststellung					
54	Ausschüttungsüberschuss nach § 11 Abs. 2 und 3 AStG lt. besonderer Feststellung					
55	Steuerpflichtige französische Dividenden, die in den Anlagen GSE, L und/oder KSO enthalten sind					Bruttodividende
56	Französische Steuergutschrift (Avoir fiscal) – Art. 20 Abs. 1 b, bb DBA-Frankreich – lt. beigefügter Bescheinigung der französischen Steuerbehörde					Steuergutschrift
57						

Zeile	Einkünfte i. S. d. § 2a Abs. 1 EStG aus dem Staat	nach § 2 a Abs. 1		nicht ausgleichsfähige Verluste / Gewinnminderungen 1999	enthalten in den Einkünften lt. Zeilen 35 oder 44 und in Anlage	positive Einkünfte 1999	
58						Betrag	enthalten in Zeilen 35 oder 44 und in Anlage
59	1	Nr.	EStG	DM		DM	
60	2	Nr.	EStG				
61	3	Nr.	EStG				
62	4	Nr.	EStG				

- 3 -

Nach DBA steuerfreie ausländische Einkünfte / Progressionsvorbehalt

Zeile				
63	Einkünfte i. S. d. § 32 b EStG			
64	aus dem Staat	aus der Einkunftsquelle	Einkunftsart	Einkünfte DM
65	1			
66	2			
67	3			
68	4			
69	5			
70	In den Zeilen 65 bis 69 enthaltene Verluste aus gewerblichen Betriebsstätten i. S. d. § 2 a Abs. 3 Satz 1 EStG			
71	Gewinne aus gewerblichen Betriebsstätten i. S. d. § 2 a Abs. 3 Satz 3 u. Abs. 4 EStG, § 2 Abs. 1 Satz 3, Abs. 2 AIG			
72	außerordentliche Einkünfte i. S. d. §§ 34, 34 b EStG, soweit nicht in Zeile 71 enthalten			
73				

Zeile	Einkünfte i. S. d. § 2 a Abs. 1 EStG zu den Zeilen 65 bis 69					
74				nicht ausgleichsfähige Verluste / Gewinnminderungen 1999	enthalten in den Einkünften lt. Zeile (65 bis 69)	positive Einkünfte 1999
75	aus dem Staat	nach § 2 a Abs. 1			Betrag	enthalten in den Einkünften lt. Zeile (65 bis 69)
				DM		DM
76	1	Nr.	EStG			
77	2	Nr.	EStG			
78	3	Nr.	EStG			
79	4	Nr.	EStG			
80	5	Nr.	EStG			
81						

Meldungen nach § 138 Abs. 2 der Abgabenordnung

82 Bis zum Zeitpunkt der Abgabe dieser Steuererklärung hat die Gesellschaft/Gemeinschaft/das Unternehmen

83 ☐ Betriebe oder Betriebsstätten im Ausland gegründet oder erworben.

84 ☐ sich an ausländischen Personengesellschaften beteiligt.

85 Beteiligungen an nicht unbeschränkt körperschaftsteuerpflichtigen Körperschaften, Personenvereinigungen und Vermögensmassen erworben, mit denen unmittelbar eine Beteiligung von mindestens 10 % oder mittelbar eine Beteiligung von mindestens 25 % an ihrem Kapital oder Vermögen erreicht wurde.

86 Die entsprechenden Meldungen mit Vordruck BfF 2 ☐ wurden bereits abgegeben. ☐ sind beigefügt. ☐ Ich bitte um Übersendung von Vordrucken (BfF 2).

87

Spenden und Beiträge

Zeile		DM
88	die im Namen der Mitunternehmer oder Beteiligten im Kalenderjahr geleistet wurden (lt. beigefügter Nachweise)	
89	für wissenschaftliche, mildtätige und kulturelle Zwecke	
90	von Zeile 89 entfallen auf Einzelzuwendungen von jeweils mindestens 50 000 DM bei dem einzelnen Beteiligten	
91	für kirchliche, religiöse und gemeinnützige Zwecke	
92	an politische Parteien (§§ 34 g, 10 b EStG)	
93	an unabhängige Wählervereinigungen (§ 34 g EStG)	
94	Summe der Umsätze, Löhne und Gehälter	
95		

− 4 −

Zeile	Anrechenbare inländische Steuern soweit nicht in der Anlage KSO angegeben (lt. beigefügter Nachweise, z. B. Steuerbescheinigung VE 8)	Körperschaftsteuer		Kapitalertragsteuer		Zinsabschlag		Solidaritätszuschlag	
96		DM	Pf	DM	Pf	DM	Pf	DM	Pf
97	In den Einkünften lt. den Zeilen 19 und 20 enthaltene(r)								
98	In den Einkünften lt. den Zeilen 19 und 20 enthaltene(r)								
99	Davon nach § 36 a EStG nicht anrechenbar								
100	Anrechenbar sind								

Vergütungen an Ehegatten

101		
102	Vergütungen an den Ehegatten des Einzelunternehmers oder Beteiligten, die als Betriebsausgaben/Werbungskosten abgezogen wurden	DM
103	Empfänger der Vergütung	Ehegatte des Beteiligten lt. Anlage FB Nr.
104	Art der Vergütung	

Änderungen im Feststellungszeitraum

105		
106	Vertragsunterlagen ☐ wurden bereits vorgelegt. ☐ sind beigefügt.	
107	Zeitpunkt (ggf. Beginn und Ende) der Veräußerung oder Aufgabe des Betriebs, eines Teilbetriebs oder Mitunternehmeranteils	Datum
108	Neu eingetreten in die Gesellschaft/Gemeinschaft sind die Beteiligten lt. Anlage FB	Nr.
109	Ausgeschieden aus der Gesellschaft/Gemeinschaft sind die Beteiligten lt. Anlage FB	Nr.
110	Änderungen in der Beteiligungsquote sind eingetreten bei den Beteiligten lt. Anlage FB	Nr.

Unterschrift

Die mit der Feststellungserklärung angeforderten Daten werden aufgrund der §§ 149, 150, 181 Abs. 2 der Abgabenordnung erhoben.

111	Ich versichere, dass ich die Angaben in dieser Steuererklärung wahrheitsgemäß nach bestem Wissen und Gewissen gemacht habe.
112	Ich wurde von den Beteiligten bevollmächtigt, diese bei der Erstellung und Unterzeichnung der Steuererklärung zu vertreten. Der in den Zeilen 11 bis 15 benannte Bevollmächtigte wurde von sämtlichen Feststellungsbeteiligten bestellt. Ich habe alle Feststellungsbeteiligten davon in Kenntnis gesetzt, dass – soweit kein vertretungsberechtigter Geschäftsführer vorhanden ist – dem in den Zeilen 11 bis 15 benannten Bevollmächtigten im Feststellungsverfahren grundsätzlich die ausschließliche Einspruchs- und Klagebefugnis zusteht.
113	
114	Bei der Anfertigung dieser Steuererklärung hat mitgewirkt:
115	
116	
117	
118	Datum, eigenhändige Unterschrift der für die Erstellung der Steuererklärung verantwortlichen Person

99	12	Nr.	Wert	Nr.	Wert	Nr.	Wert	Nr.	Wert	Nr.	Wert

99	30	19 keine Abschichtung ja = 1									

Verfügung 1. Die aufgeführten Daten sind mit Hilfe des geprüften und genehmigten Programms sowie unter Berücksichtigung der ggf. gespeicherten Daten maschinell zu verarbeiten. In Höhe des maschinell ermittelten Ergebnisses werden die Besteuerungsgrundlagen festgestellt und Feststellungen für Vorauszahlungszwecke getroffen. Das Ergebnis ist bekannt zu geben.

Erledigt (Namensz., Datum)   Erledigt (Namensz., Datum)

2. ☐ Grunddaten prüfen . . . . _____   6. Von der Steuererklärung wurde abgewichen ☐ nein ☐ ja   7. Zur Datenerfassung/Bearbeitereingabe . _____
3. ☐ KM fertigen . . . . . _____   Stpfl. wurde vorher angehört ☐ ja ☐ nein   8. ☐ _____
4. ☐ Belege zurückgeben . . _____   9. ☐ Bescheid ergänzen (Anlage beifügen) _____
5. ☐ Änderung/Berichtigung vermerken . . . . _____   Die Abweichung wurde im Bescheid erläutert ☐ ja ☐ nein   10. ☐ ESt 4 B – Mitteilungen absenden . _____
    11. ☐ Verspätungszuschlag festsetzen . _____
Erfasst   12. Z. d. A.   Kontrollzahl

SGL   Datum   Bearb.

Anlage ESt 1, 2, 3 B zur gesonderten und einheitlichen Feststellung von Grundlagen für die Einkommensbesteuerung 1999 und die Eigenheimzulage ab 1999

Steuernummer: _____

Einkunftsart: ☐ Land- und Forstwirtschaft ☐ Gewerbebetrieb ☐ Selbständige Arbeit ☐ Kapitalvermögen ☐ Vermietung und Verpachtung ☐ Sonstige Einkünfte

Förderung des Wohneigentums / Eigenheimzulage ☐

1	2	3	4	5	6	6 a	7	8	9	10	11	12
Nr. d. Beteiligten lt. Anlage FB / Es handelt sich um Einkünfte i. S. d. § 2 b EStG	Anteile an: a) laufenden Einkünften/Einnahmen ① b) ☐ Veräußerungsgewinnen ② ☐ Einkünften i. S. d. § 24 EStG c) Einkommen der Organgesellschaft (§§ 14 bis 19 KStG)	Hinzuzusetzen: Sonderbetriebseinnahmen, Sondereinnahmen, z. B. Tätigkeitsvergütungen, Zinsen für Kapitalanteile und Darlehen, Vergütungen für die Überlassung von Wirtschaftsgütern ③	Abzusetzen: Sonderbetriebsausgaben oder Sonderwerbungskosten, die von dem einzelnen Mitunternehmer oder Beteiligten persönlich getragen wurden ③	Zuzurechnende Einkünfte/Einnahmen (Spalte 2 zuzüglich Spalte 3, abzüglich Spalte 4) ④ ⑤	Nur in den Fällen des §15a EStG: Korrekturbetrag nach § 15 a Abs. 1, 2 oder 3 EStG (Betrag lt. Spalte 10 der Anlage ESt 1, 2, 3 B (V) abzgl. Betrag lt. Spalte 12 der Anlage ESt 1, 2, 3 B (V))	Im Folgebescheid d. Beteiligten anzusetzender Gewinn (Überschuß) bzw. anzusetzender ausgleichs- und abzugsfähiger Verlust (Betrag lt. Spalte 5 + Betrag lt. Spalte 6) ⑥	Anteile an ausländischen Einkünften, die nach DBA steuerfrei sind ⑥ Bei ausschließlicher Anwendung des § 32 b EStG	Für Anwend. d. § 2 a Abs. 3 u 4 EStG, § 2 AG ⑦ Nach § 2 a Abs. 3, 4 EStG, § 32 b EStG zu berücksichtigungsfähige Beträge a) Laufende Einkünfte (nach Anwendung des § 15 a EStG) ⑥ b) Gewinne für die Hinzurechnung (nach Anwendung des § 15 a EStG ⑥ c) Staat	Nach §32b EStG zu berücksichtigungsfähige Beträge a) Laufende Einkünfte (ggf. nach Anwendung des § 15 a EStG) b) Außerordentliche Einkünfte	Einkünften nach § 2 a Abs.1 EStG (ohne DBA oder nach DBA steuerpflichtig) ⑥ Nr. _____ a) nicht ausgleichsfähige Verluste/ Gewinnminderungen in DM b) positive Einkünfte in DM c) Staat	Einkünften nach § 2 a Abs.1 EStG Nr. _____ (nach DBA steuerfrei) a) nicht ausgleichsfähige Verluste/ Gewinnminderungen in DM b) positive Einkünfte in DM c) Staat	Steuermaßigungen nach § 34 c EStG a) ausl. Einkünfte/ Einnahmen im Fall des § 34 c Abs. 1 EStG (in Sp. 5 enthalten) ⑨ b) ausl. Steuern im Fall des § 34 c Abs. 1 EStG ⑨ c) Staat in Fällen des § 34 c Abs. 1 und 2 EStG ⑨ d) ausl. Einkünfte i. S. d. § 34 c Abs. 5 EStG
	DM	DM	DM	DM	DM	DM	DM	DM	DM	DM	DM	DM
Nr. ☐ § 2 b EStG	a) b) c)			a) b) c)		a) b) c)	a) b) c)	a) b) c)	a) b) c)	a) b) c)	a) b) c)	a) b) c)
Nr. ☐ § 2 b EStG	a) b) c)			a) b) c)		a) b) c)	a) b) c)	a) b) c)	a) b) c)	a) b) c)	a) b) c)	a) b) c)
Nr. ☐ § 2 b EStG	a) b) c)			a) b) c)		a) b) c)	a) b) c)	a) b) c)	a) b) c)	a) b) c)	a) b) c)	a) b) c)
Nr. ☐ § 2 b EStG	a) b) c)			a) b) c)		a) b) c)	a) b) c)	a) b) c)	a) b) c)	a) b) c)	a) b) c)	a) b) c)
Zusammen	a) b) c)			a) b) c)		a) b) c)	a) b) c)	a) b) c)	a) b) c)	a) b) c)	a) b) c)	a) b) c)

① In Organschaftsfällen (vgl. §§ 14 bis 19 KStG): Auszugehen ist von dem Gewinn des Organträgers abzgl. der Gewinnabführung der Organgesellschaft zzgl. der Verlustübernahme des Organträgers. Das anteilige Einkommen der Organgesellschaft ist in Zeile c) einzutragen.
② Einschließlich steuerfreie Veräußerungsgewinne. In den Fällen der „Veräußerung an sich selbst" (§ 16 Abs. 2 Satz 3 EStG, § 21 Abs. 3 Satz 2 UmwStG) ist der Betrag zwischen den Zeilen a) und b) aufzuteilen.
③ Aufwendungen dieser Art z. B. Zinsen zur Finanzierung der Beteiligung, die hier nicht angegeben und deshalb nicht festgestellt werden, können bei der Einkommensteuerveranlagung nicht berücksichtigt werden.
④ Bei Gewerbebetrieben ist die Summe der Spalte 5 Grundlage für die Ermittlung des Gewerbeertrags.
⑤ Im Fall des § 15 a EStG ist in der Anlage GSE, L oder V der Einkommensteuererklärung des Beteiligten der Betrag lt. Spalte 6 a, in anderen Fällen der Betrag lt. Spalte 5 zu übernehmen.
⑥ Ohne Einkünfte mit Kapitalanlagecharakter i. S. d. § 20 Abs. 2, § 10 Abs. 6 AStG.
⑦ Vgl. Anlage ESt 1, 2, 3 B (V).
⑧ Die Spalten 8 und 9 sind stets zusammen auszufüllen.
⑨ Einschließlich Einkünfte nach § 20 Abs. 2, § 10 Abs. 6 AStG.
⑩ Die ausländischen Einkünfte im Fall des § 34 c Abs. 5 EStG sind nur in Zeile d) anzugeben.

Anlage ESt 1, 2, 3 B – Aug. 99 (OFD Nbg/Mchn – 10. 99 – 170 000/342 000 – 321)

– 2 –

Nr. d. Beteiligten lt. Anlage FB	anrechenbarer a) Körperschaftsteuer b) Kapitalertragsteuer c) Zinsabschlag	a) anrechenbarem Solidaritätszuschlag in DM / Pf b) ⑪ c) ⑪	Anteile an									
			a) dem Freibetrag nach § 14 a Abs. 1 EStG ⑫ b) dem nach 6 6 b EStG übertragenen Veräußerungsgewinn in DM c) anderen nicht versteuerten stillen Reserven in DM	Werbungskosten bei den Einkünften aus a) inländischem Kapitalvermögen b) ausländischem Kapitalvermögen (im Fall des § 34 c Abs. 2, 3 EStG einschl. ausl. Steuern) c) wiederkehrenden Bezügen i. S. d. § 22 Nr. 1 EStG	a) Hinzurechnungsbetrag nach § 10 Abs. 2 Satz 2 AStG ⑬ b) Steuern i. S. d. § 12 Abs. 1 AStG ⑬ c) Ausschüttungsüberschuss nach § 11 Abs. 2 u. 3 AStG	a) dem – ggf. gekürzten – Höchstbetrag nach § 34 e Abs. 1 EStG b) den Gewinnen nach § 14 a Abs. 4 EStG c) den Gewinnen nach § 14 a Abs. 5 EStG	Förderung des Wohneigentums / Eigenheimzulage Steuerbegünstigungen nach a) § 10 e Abs. 1–5 EStG, ⑮ § 15 b BerlinFG b) § 10 h Abs. 6 EStG, ⑭ § 82 a EStDV, Schutzbaugesetz, § 7 Fördergebietsgesetz c) § 10 h EStG d) § 10 i EStG e) §§ 82 g, i EStDV	a) Bemessungsgrundlage für die Eigenheimzulage b) Bemessungsgrundlage für Zusatzförderung ökologische c) Mieteigentumsanteil d) Erhaltungsaufwendungen (§ 10 i EStG) e) nachrichtlich: Vorkostenpauschale (§ 10 i EStG)	den gewerbesteuerpflichtigen Einkünften, die den Tarifbegrenzung nach § 32 c EStG unterliegen (in den Fällen des § 15 a EStG: Betrag abzüglich Gewinne und Gewinnanteile i. S. d. § 32 c Abs. 2 EStG)	Spenden und Beiträgen a) für wissenschaftliche, mildtätige und kulturelle Zwecke b) von a) entfallen auf Großspenden i. S. d. § 10 b Abs. 1 Satz 3 EStG i. V. m. R 113 Abs. 2 EStR c) für andere Zwecke d) an politische Parteien e) an Wählervereinigungen	a) der Summe der Umsätze, Löhne und Gehälter b) dem Gewinn, die nach §§ 6 b, 6 c EStG in ein anderes Betriebsvermögen des Beteiligten übertragen wurden c) den nicht als Betriebsausgaben abziehbaren Steuerberatungskosten	nachrichtlich – Nur vom Finanzamt auszufüllen – den voraussichtlichen Einkünften für die Vorauszahlungen ab _____
	DM | Pf	DM | Pf	DM	DM	DM	DM	DM	DM	DM	DM	DM	DM
14	15	16	17	18	19	20	21	22	23	24	25	26
	a)	a)	a)	a)	a)	a)		a)		a)	a)	
	b)	b)	b) %	b)	b)	b)					b)	
	c)	c)	c)	c)	c)	c)					c)	
	a)	a)	a)	a)	a)	a)				a)	a)	
	b)	b)	b) %	b)	b)	b)					b)	
	c)	c)	c)	c)	c)	c)					c)	
	a)	a)	a)	a)	a)	a)				a)	a)	
	b)	b)	b) %	b)	b)	b)					b)	
	c)	c)	c)	c)	c)	c)					c)	
	a)	a)	a)	a)	a)	a)				a)	a)	
	b)	b)	b) %	b)	b)	b)					b)	
	c)	c)	c)	c)	c)	c)					c)	
Zusammen	a)	a)	a)	a)	a)	a)				a)	a)	
	b)	b)	b)	b)	b)	b)					b)	
	c)	c)	c)	c)	c)	c)					c)	

⑩ Für weitere Aufteilungen, z. B.
– in Spalte 5 enthaltene Gewinne oder in Spalte 5 nicht enthaltene Verluste aus gewerblicher Tierzucht und Tierhaltung / gewerbliche Termingeschäfte i. S. d. § 15 Abs. 4 EStG,
– außerordentliche Einkünfte i. S. d. § 34 b EStG, Zuschlag nach § 3 Abs. 4 Forstschäden-Ausgleichsgesetz,
– Bemessungsgrundlage nach § 10 e Abs. 1 oder 2 EStG (§ 34 f Abs. 4 EStG),
– Hinzurechnungsbetrag nach § 10 Abs. 6 AStG und Steuern i. S. d. § 12 Abs. 3 ASIG,
– Vergütungen für mehrjährige Tätigkeiten.

⑫ Entspricht dem Verhältnis des tatsächlich entstandenen Veräußerungs-/Aufgabegewinns (Sp. 2 Buchst. b) zu dem bei der Veräußerung des gesamten land- und forstwirtschaftlichen Betriebes erzielbaren Veräußerungs- [...]

⑬ Bei Beteiligungen an mehreren Zwischengesellschaften sind die Hinzurechnungsbeträge und die anrechnungsfähigen Steuern getrennt anzugeben. Die Zwischengesellschaften sind namentlich zu bezeichnen. Weitere Angaben zur Beteiligung an Zwischengesellschaften i. S. d. §§ 7 bis 14 AStG ergeben sich aus einer besonderen Anlage.

⑭ Soweit in den Beträgen zu a) und b) Teilbeträge enthalten sind, die unabhängig von den Einkommensgrenzen abziehbar sind (bestimmte Nachholungen, Schutzräume), sind diese in einem Betrag gesondert anzugeben.

Nur vom Finanzamt auszufüllen

Diese Anlage ist Bestandteil des Feststellungsbescheids für 1999

Stempel des Finanzamts

Finanzamt		
Steuernummer		
Name der Gesellschaft/Gemeinschaft		

Anlage FB
zur gesonderten und einheitlichen Feststellung von Grundlagen für die Einkommensbesteuerung und die Eigenheimzulage

Lfd. Nr. d. Anlage

1999

Angaben über die Feststellungsbeteiligten

| | StNr. 11 | | UFA | Vorg. 99 |

Zeile				
1		Nummer d. Beteiligten ①	99 46	Nummer d. Beteiligten
2	11	Name		
3	13	Vorname		
4	22	Straße und Hausnummer		
5	20	Postleitzahl, Ort (ggf. Länderkennzeichen voranstellen)		
6		Zuständiges Finanzamt / Steuernummer	99 45	Nummer d. Beteiligten
7		Art der Beteiligung (z. B. Kommanditist) / falls vorhanden: Zeichnernummer	701	Finanzamtsnummer
8		Die Beteiligung gehört zum ☐ Privatvermögen. ☐ Betriebsvermögen ②.	702	Steuernummer
9		Aufteilung der Einkünfte nach Bruchteilen — Zähler / Nenner — oder %	750	Eintrittsdatum
10		oder nach gezeichnetem Kapital / eingezahltem Kapital — Kapital DM	751	Austrittsdatum
11		Bei Änderung der Beteiligungsquote gegenüber dem Vorjahr — Datum der Änderung	786	Ja = 1 Einzelbekanntgabe
12		Zeile 13 nur bei Gründung, Eintritt oder Austritt im Feststellungszeitraum ausfüllen ③		
13		Eintrittsdatum / Austrittsdatum / Einlage lt. Handelsregister zum Ende des Kj./Wj. DM		
14		Weitere Angaben		
15				
16		Nummer d. Beteiligten ①	99 46	Nummer d. Beteiligten
17	11	Name		
18	13	Vorname		
19	22	Straße und Hausnummer		
20	20	Postleitzahl, Ort (ggf. Länderkennzeichen voranstellen)		
21		Zuständiges Finanzamt / Steuernummer	99 45	Nummer d. Beteiligten
22		Art der Beteiligung (z. B. Kommanditist) / falls vorhanden: Zeichnernummer	701	Finanzamtsnummer
23		Die Beteiligung gehört zum ☐ Privatvermögen. ☐ Betriebsvermögen ②.	702	Steuernummer
24		Aufteilung der Einkünfte nach Bruchteilen — Zähler / Nenner — oder %	750	Eintrittsdatum
25		oder nach gezeichnetem Kapital / eingezahltem Kapital — Kapital DM	751	Austrittsdatum
26		Bei Änderung der Beteiligungsquote gegenüber dem Vorjahr — Datum der Änderung	786	Ja = 1 Einzelbekanntgabe
27		Zeile 28 nur bei Gründung, Eintritt oder Austritt im Feststellungszeitraum ausfüllen ③		
28		Eintrittsdatum / Austrittsdatum / Einlage lt. Handelsregister zum Ende des Kj./Wj. DM		
29		Weitere Angaben		

Anlage FB – Angaben über die Feststellungsbeteiligten – Aug. 99 – (OFD Nbg/Mchn – 10. 99 – 165 000/340 000 – 321)

Angaben über die Feststellungsbeteiligten

Zeile					
30		Nummer d. Beteiligten ①		99 46	Nummer d. Beteiligten
31	11	Name			
32	13	Vorname			
33	22	Straße und Hausnummer			
34	20	Postleitzahl, Ort (ggf. Länderkennzeichen voranstellen)			
35		Zuständiges Finanzamt	Steuernummer	99 45	Nummer d. Beteiligten
36		Art der Beteiligung (z. B. Kommanditist)	falls vorhanden: Zeichnernummer	701	Finanzamtsnummer
37		Die Beteiligung gehört zum ☐ Privatvermögen. ☐ Betriebsvermögen ②.		702	Steuernummer
38		Aufteilung der Einkünfte nach Bruchteilen — Zähler / Nenner — oder %		750	Eintrittsdatum
39		oder nach ☐ gezeichnetem Kapital ☐ eingezahltem Kapital — Kapital DM		751	Austrittsdatum
40		Bei Änderung der Beteiligungsquote gegenüber dem Vorjahr — Datum der Änderung		786	Ja = 1 Einzelbekanntgabe
41		Zeile 42 nur bei Gründung, Eintritt oder Austritt im Feststellungszeitraum ausfüllen ③			
42		Eintrittsdatum / Austrittsdatum / Einlage lt. Handelsregister zum Ende des Kj./Wj. — DM			
43		Weitere Angaben			
44					
45		Nummer d. Beteiligten ①		99 46	Nummer d. Beteiligten
46	11	Name			
47	13	Vorname			
48	22	Straße und Hausnummer			
49	20	Postleitzahl, Ort (ggf. Länderkennzeichen voranstellen)			
50		Zuständiges Finanzamt	Steuernummer	99 45	Nummer d. Beteiligten
51		Art der Beteiligung (z. B. Kommanditist)	falls vorhanden: Zeichnernummer	701	Finanzamtsnummer
52		Die Beteiligung gehört zum ☐ Privatvermögen. ☐ Betriebsvermögen ②.		702	Steuernummer
53		Aufteilung der Einkünfte nach Bruchteilen — Zähler / Nenner — oder %		750	Eintrittsdatum
54		oder nach ☐ gezeichnetem Kapital ☐ eingezahltem Kapital — Kapital DM		751	Austrittsdatum
55		Bei Änderung der Beteiligungsquote gegenüber dem Vorjahr — Datum der Änderung		786	Ja = 1 Einzelbekanntgabe
56		Zeile 57 nur bei Gründung, Eintritt oder Austritt im Feststellungszeitraum ausfüllen ③			
57		Eintrittsdatum / Austrittsdatum / Einlage lt. Handelsregister zum Ende des Kj./Wj. — DM			
58		Weitere Angaben			

① Die Feststellungsbeteiligten sind fortlaufend zu nummerieren und auch dann nur einmal aufzuführen, wenn sie mehrere Anteile gezeichnet haben. Auf diese Nummer wird in den anderen Anlagen Bezug genommen. Die erstmalige Nummerierung ist unbedingt beizubehalten, damit die gespeicherten Daten für eine etwaige spätere Änderung genutzt werden können. Deshalb ist bei Ausscheiden eines Beteiligten dessen lfd. Nummer nicht neu zu belegen.

② Bei vermögensverwaltenden Gesellschaften und Gemeinschaften sind Gewinne aus der Veräußerung von Anlagegütern auf besonderem Blatt zu erläutern.

③ Bei Übergang des Anteils durch Schenkung oder Gesamtrechtsnachfolge bitte Tag des Übergangs sowie Namen des Nachfolgers und dessen Beteiligtennummer auf besonderem Blatt angeben.

Nur vom Finanzamt auszufüllen

Diese Anlage ist Bestandteil des Feststellungsbescheids für 1999

Stempel des Finanzamts

B. (STEUER-) RECHTLICHE GRUNDLAGEN

I. Die Einkommensteuer

1. Allgemeines

Rechtsquelle des Einkommensteuerrechts ist in erster Linie das Einkommensteuergesetz, EStG. Hierneben tritt die Einkommensteuerdurchführungsverordnung, EStDV, die wesentliche Einzelregelungen trifft, und natürlich die Abgabenordnung, AO, als „Steuerverfahrensgesetz", die in vielen Kernbereichen stark dem VwVfG ähnelt.

Erläuternd, aber allenfalls mit faktischer, nicht mit rechtlicher Bindung für den Steuerpflichtigen, können auch die Richtlinien des Bundesministeriums der Finanzen herangezogen werden. Zu vielen Problemen finden sich hier Beispielsfälle und -rechnungen. Sind die Richtlinien für den Steuerpflichtigen und seinen Berater unverbindlich, so ist in der täglichen Praxis doch von besonderer Bedeutung, dass die Finanzverwaltung nach den Grundsätzen der Selbstbindung der Verwaltung sehr wohl an die Richtlinien gebunden ist.

Die Lohnsteuer, die für den Anwalt erst dann relevant wird, wenn er Angestellte beschäftigt, stellt keine eigene Steuerart dar, sondern ist eine Erhebungsform der Einkommensteuer. Die auf das Gehalt der Arbeitnehmer entfallende Einkommensteuer wird sofort vom Arbeitgeber abgeführt, den hierfür eine Haftung trifft. Es handelt sich daher um eine Art „Quellensteuer".

> Die Ausführungen beziehen sich auf die Besteuerung des Einzelanwalts gleichermaßen wie auf die Besteuerung von Sozietäten. Die Grundlagen sind identisch, da Steuersubjekt auch in einer Sozietät die natürliche Person bleibt (hierzu sogleich ausführlich). An einigen Stellen, die sich nur auf die Sozietät beziehen, wird gesondert hierauf hingewiesen.

Die Anwälte in der Sozietät unterliegen, wie der Einzelanwalt auch, der Einkommensteuer. Nach § 1 Abs.1 EStG wird die Einkommensteuer von allen natürlichen Personen erhoben, die ihren Wohnsitz oder gewöhnlichen Aufenthalt im Inland haben.

> **Hieraus folgt, dass die Rechtsanwalts-GmbH (§§ 59c ff. BRAO) nicht der Einkommensteuer, sondern der KSt, § 1 Abs.1 Nr.1 KStG, unterliegt.** Zudem ist die Rechtsanwalts GmbH, anders als der Einzelanwalt und die Partnerschafts- oder bürgerlich rechtliche Gesellschaft, gewerbesteuerpflichtig, § 2 Abs.2 GewStG. Die Pläne der derzeitigen Regierung zur Unternehmenssteuerreform sehen allerdings vor, dass es in Zukunft auch Personengesellschaften offen stehen soll, sich in gleicher Weise wie Kapitalgesellschaften besteuern zu lassen.

Aus § 1 Abs.1 S.1 EStG – *„Natürliche Personen (...) sind (...) einkommensteuerpflichtig"* – ergibt sich, dass Objekt der Besteuerung auch bei einer Anwaltssozietät nicht die Gesellschaft bürgerlichen Rechts, die dieser als Rechtsform regelmäßig zugrunde liegt, sondern der Anwalt als natürliche Person selbst ist. Die GbR dient lediglich als Objekt der Steuerermittlung.

> **Anders ist dies aber im Umsatzsteuerrecht.** Als Vorgriff auf das folgende Kapitel soll hier nur schon einmal kurz darauf hingewiesen werden, dass umsatzsteuerrechtlich die Gesellschaft sowohl Objekt der Steuerermittlung als auch Objekt der Besteuerung ist. Hieraus ergeben sich für die Gesellschafter verschiedene zu beachtende Folgen. Mehr dazu aber im Kapitel Umsatzsteuer.

Die Gewinne werden auf der Ebene der Gesellschaft einheitlich und für die Gesellschafter gesondert festgestellt, §§ 180 Abs.1 Nr.2 lit. a), 181 Abs.1 S.1 AO. Dieser Feststellungsbescheid wird dann für den persönlichen Einkommensteuerbescheid des Gesellschafters bindend zugrunde gelegt, § 182 Abs.1 AO.

> Bei Unstimmigkeiten über den Feststellungs- als Grundlagenbescheid (etwa 1/3 sind nach Erfahrungswerten der steuerberatenden Berufe falsch) darf mit einer Anfechtung daher nicht bis zum Erlass des endgültigen Steuerbescheides gewartet werden. Ist der Feststellungsbescheid bestandskräftig geworden, ist dieser dem Steuerbescheid zwingend zugrunde zu legen. Eine Änderung der schon im Grundlagenbescheid festgestellten Besteuerungsgrundlagen (§ 199 Abs.1 AO) durch Anfechtung ist später nicht mehr möglich.

Wird hier von Gewinnen gesprochen, die einheitlich und gesondert festgestellt werden, so ist zunächst zu prüfen, was Gewinne im Sinne des Einkommensteuerrechts sind und wie diese ermittelt werden.

2. Einkommen im Sinne des EStG

a) Der Begriff des Einkommens

Der Einkommensteuer unterliegt – wie der Name es nahe legt – das zu versteuernde Einkommen.

Was das **Einkommen** ist, definiert § 2 Abs.4 EStG: Der **Gesamtbetrag der Einkünfte** vermindert um **Sonderausgaben** und **außergewöhnliche Belastungen**.

Eine Definition, die dem Anwender ob der drei neuen Unbekannten zunächst nicht viel weiter hilft.

Sonderausgaben sind im Gesetz, §§ 10 ff. EStG, abschließend aufgezählte Aufwendungen, die z.B. aus sozialpolitischen Erwägungen das Einkommen und damit die Bemessungsgrundlage für die Einkommensteuer mindern.

> **Hierunter fallen z.B. die Aufwendungen für Lebensversicherungen, Berufsausbildungs- und Steuerberatungskosten für die private Steuererklärung etc. Steuerberatungskosten für die betriebliche Erklärung sind Betriebsausgaben.**

Außergewöhnliche Belastungen sind solche (größeren) Aufwendungen, die dem Steuerpflichtigen zwangsläufig und der überwiegenden Mehrzahl von Steuerpflichtigen gleicher Einkommens- und Vermögensverhältnisse und gleichen Familienstandes nicht erwachsen, § 33 EStG.

> **Außergewöhnliche Belastungen sind nicht unbeschränkt abzugsfähig. Der Steuerpflichtige hat die ihm zumutbare Eigenbelastung, die sich aus der Tabelle in § 33 Abs.3 EStG errechnet, selbst zu tragen.**

Nach § 2 Abs.4 EStG ist für die Berechnung des Einkommens der **Gesamtbetrag der Einkünfte** wesentlich, da dieser die Abzugsgröße für die Sonderausgaben und außergewöhnlichen Belastungen darstellt. Was unter dem Gesamtbetrag der Einkünfte zu verstehen ist, sagt § 2 Abs.3 EStG:

> *Die Summe der Einkünfte, vermindert um den Altersentlastungsbetrag (...), ist der Gesamtbetrag der Einkünfte.*

> Für Sie als Berufseinsteiger wenig interessant, der Vollständigkeit halber aber erwähnt: Der **Altersentlastungsbetrag** ist in § 24a EStG geregelt. Nach § 24a S.3 EStG wird Steuerpflichtigen, die vor dem Beginn des Kalenderjahrs, in dem sie ihr Einkommen bezogen haben, das 64. Lebensjahr vollendet haben, ein Altersentlastungsbetrag in Höhe von 40% der Summe der Einkünfte, höchstens jedoch 3.720,00 DM, § 24a S.1 EStG, gewährt.

Der Begriff der **Summe der Einkünfte** ist ebenfalls in § 2 Abs.3 EStG definiert. Hiernach ist zunächst die Summe der **Einkünfte jeder Einkunftsart**, dann die **Summe der positiven Einkünfte** zu ermitteln. Hieran schließt sich dann eine relativ komplizierte Verrechnung mit der Summe der negativen Einkünfte an.[1] Stark vereinfacht kann gesagt werden, dass negative Einkünfte (=Verluste) bis zu einer Höhe von 100.000 DM unproblematisch durch die positiven Einkünfte (=Gewinne in anderen Einkunftsarten, *s. dazu sogleich*) ausgeglichen werden können. Soweit die negativen Einkünfte einen Betrag von 100.000 DM übersteigen, können sie nur ausgeglichen werden, soweit die positiven Einkünfte die 100.000 DM – Grenze um mindestens das Doppelte übersteigen. Für Ehegatten, die zusammenveranlagt werden, verdoppelt sich die 100.000 DM – Grenze. Das heißt, es kann bis zur Höhe von 200.000 DM unbeschränkt ausgeglichen werden.

*Hat der Steuerpflichtige also Verluste aus Gewerbebetrieb in Höhe von 120.000 DM, so können die 20.000 DM, die die 100.000 DM übersteigen, nur dann ausgeglichen werden, wenn der Steuerpflichtige Gewinne, etwa aus selbstständiger Arbeit, in Höhe von mindestens 140.000 DM erzielt hat; denn **die 100.000 DM übersteigenden Gewinne dürfen nur zur Hälfte zum Ausgleich von Verlusten herangezogen werden**.*

---

[1] Vgl. etwa Hemmer/Wüst, Einkommensteuerrecht Rn.126 ff; Schmidt-Seeger, EStG18.Aufl., § 2 Rn.52a ff.

Bleibt die Frage zu klären, was **Einkünfte** sind. Diese Frage wird von § 2 Abs.2 EStG beantwortet:

Einkünfte sind

1. bei Land- und Forstwirtschaft, Gewerbebetrieb und selbstständiger Arbeit der Gewinn (§§ 4 bis 7k)

2. bei den anderen Einkunftsarten der Überschuss der Einnahmen über die Werbungskosten (§§ 8 bis 9a).

Aus dieser Formulierung des Gesetzes könnte der voreilige Schluss gezogen werden, bei Einkünften, die – auf welche Weise auch immer[2] – der Land- und Forstwirtschaft, einem Gewerbebetrieb oder selbstständiger Arbeit zugeordnet werden können, sei der Gewinn maßgeblich und bei allen anderen Zuflüssen in Geld oder Geldeswert, gleich welcher Art, der Überschuss. Dem ist jedoch nicht so.

Das EStG folgt streng dem Prinzip vom **numerus clausus der Einkunftsarten**. § 2 Abs.1 EStG zählt abschließend **sieben Einkunftsarten** auf.

Alle Zuflüsse, die unter keine dieser sieben Einkunftsarten subsumiert werden können, unterliegen daher nicht der Besteuerung. „Andere Einkunftsarten" im Sinne des § 2 Abs.2 Nr.2 EStG meint daher die Einkünfte nach § 2 Abs.1 S.1 Nr.4 bis 7 EStG, da dies die in § 2 Abs.2 Nr.1 EStG nicht genannten sind.

---

[2] Vgl. Siehe dazu sogleich.

Für die Rechtsanwaltssozietät und den Einzelanwalt sind in aller Regel nur die Einkünfte aus selbstständiger Arbeit gemäß § 2 Abs.1 S.1 Nr.3 EStG interessant, weshalb an dieser Stelle auch nur auf diese näher eingegangen werden soll. Die Überschussrechnung nach § 2 Abs.2 Nr.2 i.V.m. §§ 8 bis 9a EStG kann hier vernachlässigt werden und wird nur dort erwähnt, wo es für den Anwalt Relevanz hat.

> Versuchen Sie noch einmal zurückzuverfolgen, wie sich die Einkünfte aus dem Gesetz bestimmen lassen:
> „Mutter" der Einkünftebestimmung ist § 2 EStG. Bemessungsgrundlage für die tarifliche Einkommensteuer ist das zu versteuernde Einkommen, Abs.5. Dieses errechnet sich durch Abzug des Kinderfreibetrages und anderer abzuziehender Beträge vom Einkommen. Das Einkommen ist nach Abs.4 zu errechnen durch Abzug der Sonderausgaben und der außergewöhnlichen Belastungen vom Gesamtbetrag der Einkünfte. Dieser ergibt sich aus Abs.3, der auf die Summe der Einkünfte verweist und diese auch gleich definiert. Was Einkünfte sind, ergibt sich schließlich aus Abs.2, der den Gewinn oder den Überschuss aus verschiedenen Einkunftsarten maßgeblich sein lässt, die in Abs.1 abschließend enumeriert sind.

b) Die Einkunftsart des Rechtsanwalts

Will man wissen, wie der Rechtsanwalt sein Einkommen ermittelt, muss eine **Zuordnung** seiner Tätigkeit zu einer der sieben **Einkunftsarten** vorgenommen werden, da § 2 Abs.2 EStG hiervon eine Berechnung der Einkünfte entweder nach Gewinn (maßgebliche Vorschriften die §§ 4 ff. EStG) oder nach Überschuss (maßgebliche Vorschriften die §§ 8 ff. EStG) anordnet.

Dies stellt sich als nicht besonders schwierig dar:

§ 2 Abs.2 Nr.1 EStG bestimmt u.a. für die Einkünfte aus selbstständiger Tätigkeit eine Ermittlung des Gewinns nach §§ 4 ff. EStG. Was **Einkünfte aus selbstständiger Tätigkeit** sind, ist in **§ 18 EStG** geregelt.

Nach § 18 Abs.1 Nr.1 S.1 EStG gehören zu den Einkünften aus selbstständiger Tätigkeit die Einkünfte aus freiberuflicher Tätigkeit. § 18 Abs.1 Nr.1 S.2 EStG stellt dann einen Katalog mit Berufen zur Verfügung, die sich als freiberuflich darstellen. Hier ist unter anderem der Beruf des Rechtsanwalts genannt. Bei diesen sogenannten **Katalogberufen** erübrigen sich alle (*in der steuerlichen Praxis häufig streitigen*) Abgrenzungsprobleme, insbesondere zu einer – gewerbesteuerpflichtigen – gewerblichen Tätigkeit, § 15 EStG. Der Rechtsanwalt und auch die Rechtsanwalts GbR ist immer freiberuflich und damit selbstständig im Sinne der §§ 18, 2 Abs.1, 2 EStG tätig.

Dass die Rechtsanwalts - GmbH gewerblich tätig ist, ergibt sich aus § 2 Abs.2 GewStG und daraus, dass das EStG keine Anwendung findet, da Kapitalgesellschaften der Besteuerung nach dem KStG unterliegen, vgl. oben.

Probleme können sich für die Rechtsanwalts – GbR erst dann ergeben, wenn ein Sozius aufgenommen wird, der nicht freiberuflich im Sinne des § 18 EStG tätig ist, oder wenn einer der – dem § 18 EStG grundsätzlich unterfallenden – Gesellschafter auch Tätigkeiten verfolgt, die als **gewerblich** im Sinne des **§ 15 EStG** einzustufen sind.

Nach § 15 Abs.3 Nr.1 EStG gilt die Tätigkeit einer OHG, KG oder einer anderen Personengesellschaft dann in vollem Umfange als gewerblich, wenn die Gesellschaft *auch* eine Tätigkeit im Sinne des § 15 Abs.1 S.1 Nr.1 EStG ausübt.

Die Steuererklärung des Einzelanwalts und der Anwaltssozietät

Nach §15 Abs.1 S.1 Nr.1 EStG unterfallen den Einkünften aus Gewerbebetrieb die Einkünfte gewerblicher Unternehmen. Wann ein Gewerbebetrieb anzunehmen ist, bestimmt § 15 Abs.2 EStG:

> *Eine selbstständige nachhaltige Betätigung, die mit der Absicht, Gewinn zu erzielen, unternommen wird und sich als Beteiligung am allgemeinen wirtschaftlichen Verkehr darstellt, ist Gewerbebetrieb, wenn die Betätigung weder als Ausübung von Land- und Forstwirtschaft noch als Ausübung eines freien Berufs noch als eine andere selbstständige Arbeit anzusehen ist.*

Obwohl nach § 15 Abs.2 EStG wegen der anwaltlichen Tätigkeit, die unter § 18 EStG fällt, eigentlich kein Gewerbebetrieb anzunehmen wäre, wird nach Abs.3 ein Gewerbebetrieb in vollem Umfange fingiert, wenn *auch* eine gewerbliche Tätigkeit ausgeübt wird.

Dies ist z.B. dann der Fall, wenn einer der Gesellschafter nicht Anwalt ist, sondern als Immobilienmakler innerhalb der gleichen Gesellschaft tätig ist. Gleichsam kann der Fall eintreten, wenn einer der Anwälte auch eine Tätigkeit ausübt, die sich als gewerblich darstellt, also etwa Anwendersoftware für Kollegen programmiert und vertreibt.

Beachten Sie deshalb bei der Aufnahme neuer Gesellschafter und neuer Tätigkeitsfelder durch die schon beteiligten Gesellschafter dringend den Katalog des § 18 EStG. Die Aufnahme einer nicht selbstständig im Sinne des § 18 EStG tätigen Person führt zu einer gewerblichen *„Infizierung"* des gesamten Unternehmens.

> In solchen Fällen sollte eine weitere Gesellschaft gegründet werden, die die gewerblichen Umsätze ausführt. So wird die Infizierung der anwaltlichen Tätigkeit vermieden. Personenidentität der Gesellschaften schadet nicht. Die zweite Gesellschaft muss jedoch nach außen erkennbar geworden sein.[3] Der IV. Senat des FG Niedersachsen sowie ein Teil des Schrifttums halten § 15 Abs.3 Nr.1 EStG für verfassungswidrig[4], da eine Aufteilung in gewerbliche und freiberufliche Tätigkeit auch innerhalb einer Gesellschaft unproblematisch möglich wäre.

c) Ermittlung des Gewinns

Nach § 2 Abs.2 Nr.1 EStG sind Einkünfte aus selbstständiger Tätigkeit der **Gewinn**. Grundsätzlich versteht das EStG unter Gewinn nach § 4 Abs.1 EStG Folgendes:

> *Gewinn ist der Unterschiedsbetrag zwischen dem Betriebsvermögen am Schluss des Wirtschaftsjahres und dem Betriebsvermögen am Schluss des vorangegangenen Wirtschaftsjahres, vermehrt um den Wert der Entnahmen und vermindert um den Wert der Einlagen.*

---

[3] BFH BStBl 1998, II, 603; BMF BStBl, 1997, I, 566; Schmidt-Schmidt, EStG 18. Aufl., § 15 Rn.194.

[4] Vgl. Nachweise bei Schmidt-Schmidt, EStG 18. Aufl., § 15 Rn.185.

Das **Betriebsvermögen** ist gemäß § 5 Abs.1 EStG nach den Grundsätzen ordnungsgemäßer Buchführung zu ermitteln. Dies gilt allerdings nur für Gewerbetreibende, die gesetzlich verpflichtet sind, Bücher zu führen oder dies freiwillig tun.

Im Steuerrecht sind zwei Arten von **Buchführungspflichten** zu unterscheiden: § 140 AO bestimmt, dass derjenige, der nach anderen Gesetzen zur Führung von Büchern verpflichtet ist, dies auch nach Steuerrecht tun muss. Andere Gesetze in diesem Sinn sind insbesondere die §§ 238 ff. HGB. Da der Rechtsanwalt allerdings kein Kaufmann im Sinne der §§ 1, 2 HGB ist, besteht eine derivative Buchführungspflicht nach § 140 AO nicht.

Anders ist dies wieder für die Rechtsanwalts - GmbH. Diese ist nach § 6 HGB Formkaufmann und damit schon nach § 140 AO i.V.m. § 238 HGB buchführungspflichtig.

Über diese derivative Buchführungspflicht hinaus begründet § 141 AO eine originäre steuerrechtliche Buchführungspflicht für Gewerbetreibende und Land- und Forstwirte, die bestimmte Einkommensgrenzen überschreiten. Auch § 141 AO gilt für den Rechtsanwalt nicht, da dieser nicht Gewerbetreibender ist.

Ist der **Rechtsanwalt nicht verpflichtet, Bücher zu führen**, so darf er seinen Gewinn, statt durch Betriebsvermögensvergleich nach § 4 Abs.1 EStG, auch durch die vereinfachte **Einnahmeüberschussrechnung des § 4 Abs.3 EStG** ermitteln. Man spricht von der sogenannten **§ 4 - III - Rechnung.**

§ 4 Abs.3:

¹Steuerpflichtige, die nicht aufgrund gesetzlicher Vorschriften verpflichtet sind, Bücher zu führen und regelmäßig Abschlüsse zu machen, und die auch keine Bücher führen und keine Abschlüsse machen, können als Gewinn den Überschuss der Betriebseinnahmen über die Betriebsausgaben ansetzen. ²Hierbei scheiden Betriebseinnahmen und Betriebsausgaben aus, die im Namen und für Rechnung eines anderen vereinnahmt und verausgabt werden (durchlaufende Posten). (...)

aa) Betriebseinnahmen und Betriebsausgaben

Der Gewinn als Einkünfte im Sinne des § 2 Abs.2 EStG kann also durch Feststellung des Überschusses der Betriebseinnahmen über die Betriebsausgaben ermittelt werden. Bleibt zu klären, was Betriebseinnahmen, was Betriebsausgaben sind.

Der Begriff der **Betriebseinnahmen** ist im EStG nicht ausdrücklich normiert. In Anlehnung an den Begriff Einnahmen in § 8 EStG, der für die Überschusseinkunftsarten (§ 2 Abs.1 S. Nr.4 – 7 EStG) gilt, und e contrario des Begriffes der Betriebsausgaben in § 4 Abs.4 EStG[5], wird der Begriff der Betriebseinnahmen **rein kausal** verstanden.

---

[5] Vgl. dazu sogleich.

Die Steuererklärung des Einzelanwalts und der Anwaltssozietät 13

Betriebseinnahmen sind hiernach alle Zuflüsse in Geld oder Geldeswert, die durch den Betrieb veranlasst sind.[6] Hierbei ist es nicht nötig, dass das erlangte Wirtschaftsgut (= die erlangte Leistung) Betriebsvermögen wird.[7] Wird der Anwalt von einem Mandanten mit künstlerischen Ambitionen mit einem Bild bezahlt, so ist der Wert des Bildes als Betriebseinnahme anzusetzen. Hierbei ist gleichgültig, ob das Bild zu Hause oder in der Kanzlei aufgehängt wird. Auch Sachzuwendungen stellen Zuflüsse in Geldeswert dar, die den Gewinn erhöhen.

Der Wert der Sachzuwendung ist gemäß § 8 Abs.2 EStG mit dem üblichen Endpreis am Abgabeort anzusetzen.

Es ist allerdings nicht nötig, dass es sich hierbei um eine Sachzuwendung im Sinne einer gegenständlichen Zuwendung handelt. Auch nicht körperliche Gegenleistungen für die anwaltliche Dienstleistung können Einnahmen sein, so z.b. die Reise, die der gut beratende Reiseveranstalter dem Anwalt überlässt.[8]

Der Wert dieser Sachzuwendung unterliegt nicht nur der Einkommensteuer. Da der Rechtsanwalt mit seinen Einkünften auch umsatzsteuerpflichtig ist, ist die auf den Wert des Bildes entfallende Umsatzsteuer anzugeben und abzuführen.

Ist das Bild also etwa 10.000 DM wert, so wird davon ausgegangen, dass es sich hierbei um einen Bruttowert handelt, der dem Anwalt zugewendet wurde.

---

[6] Z.B. BFH 156, 462 = BStBl 1988, II, 633; 1989, II, 641.

[7] BFH BStBl, 1986, II, 607.

[8] Vgl. Schmidt-Heinicke, EStG 18. Aufl., § 4 Rn.427.

14 Die Steuererklärung des Einzelanwalts und der Anwaltssozietät

Der Nettowert beträgt dann bei einem Umsatzsteuersatz von 16 % (11.600 : 1,16 =) 10.000 DM. Sie haben demnach 1.160 DM Umsatzsteuer an das Finanzamt abzuführen.

Mehr zu der Behandlung der Umsatzsteuer unten im Abschnitt II.

Verzichtet der Rechtsanwalt auf eine betrieblich begründete Forderung, so ist zu differenzieren: War der Verzicht privat veranlasst, also z.B. aus freundschaftlichen Gründen erklärt, so wird in Höhe des Forderungswertes eine Entnahme der Forderung und damit eine Betriebseinnahme angenommen.[9]

Darüber hinaus ist die einkommensteuerrechtliche Entnahme der Forderung umsatzsteuerrechtlich als einer sonstigen Leistung gleichgestellte Leistung zu behandeln und damit nach §§ 1 Abs.1 Nr.1, 3 Abs.9a UStG auch umsatzsteuerpflichtig. Erfolgte der Verzicht aus betrieblichen Gründen, so liegt keine Entnahme zu privaten Zwecken vor. Eine Betriebseinname ist nicht anzusetzen.

Geldbeträge, die dem Unternehmen aufgrund der Aufnahme eines Darlehens zugeflossen oder aufgrund der Hingabe eines Darlehens abgeflossen sind, stellen keine Betriebseinnahmen und –ausgaben dar. Es handelt sich um reine Geldbewegungen im Vermögensbereich, die keine Auswirkung auf den Gewinn haben.[10]

---

[9] BFH BStBl, II, 1975, 526; Schmidt-Heinicke, EStG 18. Aufl., § 4 Rn.350.
[10] Schmidt-Heinicke, EStG 18. Aufl., § 4 Rn.383.

> Für die Darlehensgewährung hat der BFH[11] dies damit begründet, dass der Steuerpflichtige durch die Hingabe der Darlehensvaluta Anschaffungskosten für das nicht abnutzbare (und deshalb nicht der AfA unterliegende[12]) Wirtschaftsgut „Forderung" aufwende. Die Rückzahlung führt dann zur erfolgsneutralen Verrechnung des Zuflusses mit dieser Forderung.

Der Begriff der **Betriebsausgaben** hingegen ist legaldefiniert. Nach § 4 **Abs.4 EStG** sind Betriebsausgaben alle Aufwendungen, die durch den Betrieb veranlasst sind. Auch der Begriff der Betriebsausgaben ist daher rein **kausal** zu verstehen.

> Der Begriff der Veranlassung ist im Steuerrecht eigenständig zu definieren. Die Kausaltheorien aus dem Straf- und dem Zivilrecht sind nicht auf das Steuerrecht übertragbar. So gebietet es z.B. die Wertneutralität des Steuerrechts, § 40 AO, dass eine strafbare Handlung oder Verschulden des Steuerpflichtigen bei der Entstehung eines betrieblichen Schadens nicht zur Durchbrechung des Veranlassungszusammenhangs führen. Die betriebliche Veranlassung kann immer dann bejaht werden, wenn ein tatsächlicher oder wirtschaftlicher Zusammenhang mit dem Betrieb besteht.[13] Von der Frage, ob Betriebsausgaben vorliegen, ist dann noch die Frage zu unterscheiden, ob diese auch abzugsfähig sind.[14] § 4 Abs.5 EStG normiert ebenso wie § 12 EStG Fälle nicht abzugsfähiger Betriebsausgaben. So sind z.B. Straf- und Bußgelder nur im Rahmen des § 4 Abs.5 Nr.8 EStG und Aufwendungen für ein häusliches Arbeitszimmer nur nach Maßgabe des § 4 Abs.5 Nr. 6b EStG abzugsfähig.

---

[11] BFH BStBl 1973, II, 293 aA FG Köln EFG 84, 64 (rechtskräftig).

[12] Vgl. unten den Abschnitt Absetzung für Abnutzung.

[13] So z.B. der BFH BStBl 1989, II, 641 und für Betriebsausgaben GrS BFH in BStBl 1990, II, 817.

[14] Vgl. Sie hierzu unten den Abschnitt Abzugsfähigkeit von Betriebsausgaben.

Dadurch, dass im Rahmen der § 4 - III - Rechnung nur Betriebseinnahmen und Betriebsausgaben gegenübergestellt werden, handelt es sich um eine reine **Geldrechnung**. Zwar werden Forderungen und Schulden Bestandteil des Betriebsvermögens, jedoch haben diese – anders als im Rahmen der § 4-I- Rechnung - keinen Einfluss auf den Gewinn.

Für die **Zuordnung** von Einnahmen und Ausgaben in ein **Wirtschaftsjahr** kommt es allein darauf an, wann diese als vereinnahmt oder verausgabt gelten. Dies ist in **§ 11 EStG** geregelt:

Hiernach gelten **Einnahmen** als in dem Kalenderjahr bezogen, in dem sie dem Steuerpflichtigen **zugeflossen** sind, § 11 Abs.1 S.1 EStG. **Ausgaben** sind in dem Kalenderjahr abzusetzen, in dem sie **geleistet** worden sind, § 11 Abs.2 S.1 EStG.

Einnahmen sind – unabhängig vom Entstehen der Forderung – damit in dem Zeitpunkt verwirklicht, in dem das Geld zufließt, das heißt die Verfügungsmacht über dieses erlangt wird. Betriebsausgaben gelten als in dem Zeitpunkt getätigt, in dem die Verfügungsmacht über den entsprechenden Betrag verloren wird.

Bei einer Banküberweisung also erst mit Abbuchung auf dem Konto, es sei denn, der Überweisungsauftrag ist unwiderruflich erteilt.

Die § 4 - III - Rechnung wird daher auch als eine Zu- und Abflussrechnung im Sinne des § 11 EStG bezeichnet.

Die Tatsache, dass Forderungen mangels einer Bilanz nicht bilanziert werden, daher bis zur Zahlung keinerlei Einfluss auf den Gewinn haben, und dass andersherum Anzahlungen im Zeitpunkt der Zahlung zu erfassen sind, und nicht im Zeitpunkt der Leistungserbringung, kann zu periodischen Verzerrungen bei der Gewinnermittlung führen.

> Leistet z.B. ein Mandant im VZ 05 einen Gebührenvorschuss, so ist dieser als Betriebseinnahme in 05 anzusetzen, auch wenn der Anwalt in dieser Sache nicht mehr tätig geworden ist. Anders kann dies nur dann gesehen werden, wenn die Vorschusszahlung rechtsmissbräuchlich zur Steuergestaltung verwendet wird. Auf der anderen Seite erzielt der Anwalt, wenn er im Folgejahr in dieser Sache tätig wird, in diesem Jahr keine Einkünfte aus dieser Sache.

Liegen abzugsfähige Betriebsausgaben vor, so ist immer noch die Frage zu stellen, ob diese tatsächlich im Jahr des Abflusses in voller Höhe gewinnmindernd angesetzt werden können.

Gemäß § 4 Abs.3 S.3 EStG finden auch für den § 4 – III – Rechner die Vorschriften über die Absetzung für Abnutzung, die sogenannte AfA, im Wesentlichen §§ 7 ff. EStG, Anwendung.

Hiernach können die Anschaffungskosten für abnutzbare Wirtschaftsgüter des Anlagevermögens nur über die betriebsgewöhnliche Nutzungsdauer verteilt und nicht im Jahr der Anschaffung bereits in voller Höhe abgezogen werden.[15]

Nicht abnutzbare Wirtschaftsgüter des Anlagevermögens, also insbesondere Grundstücke, können erst im Zeitpunkt ihrer Entnahme oder ihres Verkaufs mit den Anschaffungskosten gewinnmindernd berücksichtigt werden.[16]

---

[15] Hierzu unten der Abschnitt über die Absetzung für Abnutzung, AfA.

[16] Auch hierzu mehr im Abschitt über die AfA.

bb) Einlagen und Entnahmen

Von den Betriebseinnahmen und den Betriebsausgaben sind **Entnahmen** und **Einlagen** zu unterscheiden.

Gemäß § 4 Abs.1 EStG ist der Gewinn im Rahmen des Betriebsvermögensvergleichs (anzuwenden für bilanzierungspflichtige Steuersubjekte, also solche Steuerpflichtige, die nach §§ 140, 141 AO verpflichtet sind, Bücher zu führen) durch die Differenz des Betriebsvermögens am Ende des Wirtschaftsjahres und des Betriebsvermögens am Ende des vorangegangenen Wirtschaftsjahres, vermehrt um die Entnahmen und vermindert um die Einlagen, zu ermitteln. Entnahmen und Einlagen haben daher keinerlei Auswirkung auf den Gewinn.

Bei Entnahmen handelt es sich um privat veranlasste Verschiebungen von Betriebsvermögen in den außerbetrieblichen Bereich. So stellt es z.B. eine Entnahme dar, wenn der Steuerpflichtige 200 DM aus der Kasse nimmt, um Weihnachtsgeschenke zu kaufen, oder einen Computer aus dem Büro mitnimmt, um ihn in Zukunft zu Hause für private Zwecke aufzustellen und zu gebrauchen. Gleichsam ist es eine Entnahme, wenn Sie betriebliche Gegenstände an Dritte verschenken. Entnahmen sind also nicht nur dann anzunehmen, wenn Sie sich selbst „begünstigen".

Im Gegensatz hierzu sind Einlagen Verschiebungen von Privatvermögen in den betrieblichen Bereich. Gründen Sie eine Kanzlei und bringen Sie z.B. ihren Palandt oder einen Computer mit, so legen Sie diese in das Betriebsvermögen ein.

Eine solche Einlage darf den Gewinn des Unternehmens aber nicht erhöhen, da private Gegenstände von schon versteuertem Geld angeschafft wurden, sie also noch einmal versteuert würden, wäre die Einlage ein gewinnwirksamer Tatbestand.

> **Hierdurch wird erreicht, dass der Steuerpflichtige durch gezielte Entnahmen und Einlagen keinen Einfluss auf den zu versteuernden Gewinn seines Unternehmens nehmen kann.**

Auch im Rahmen der § 4 - III - Rechnung finden die Vorschriften über Einlagen und Entnahmen grundsätzlich Anwendung.

Einzige Ausnahme hiervon bilden die Entnahme und die Einlage von Geld. Da der § 4 - III - Rechner Geldzuflüsse im Zeitpunkt des Zuflusses gewinnwirksam als Betriebseinnahme anzusetzen hat und diese in keiner Bilanz aktiviert wird, ist es für die Besteuerung unerheblich, was mit den Geldbeträgen passiert.

Entnimmt der Steuerpflichtige sie zu privaten Zwecken, so entstehen keine Betriebsausgaben und die vereinnahmten Beträge bleiben in voller Höhe gewinnwirksam. Verwendet der Steuerpflichtige das Geld für betriebliche Zwecke, insbesondere betriebliche Anschaffungen, so entstehen Betriebsausgaben, die den Gewinn mindern und so den nach wie vor in voller Höhe anzusetzenden Betriebseinnahmen gegenübertreten (Saldierungsverbot). Ebenso verhält es sich mit Geldeinlagen. Diese werden im Zeitpunkt der Einlage nicht erfasst. Tätigt der Steuerpflichtige aber betrieblich veranlasste Aufwendungen mit privaten Geldmitteln, so führt dies zu Betriebsausgaben, die den Gewinn mindern.

> Sie sehen hier wieder, dass es sich bei der § 4 - III - Rechnung um eine reine Geldrechnung handelt. Dies kommt gerade auch durch die Unanwendbarkeit der Entnahme- und Einlagevorschriften in Bezug auf Geldeinlagen und –entnahmen im Rahmen der § 4 - III - Rechnung zum Ausdruck.

Die Berücksichtigung von Einlagen und Entnahmen findet entsprechend § 4 Abs.1 EStG in der Form statt, dass der Wert der Entnahmen dem Überschuss der Betriebseinnahmen über die Betriebsausgaben hinzugerechnet und der Wert der Einlagen davon abgezogen wird.[17]

Die grundsätzliche Anwendung der Entnahme- und Einlagevorschriften auch auf die § 4 - III - Rechnung rechtfertigt sich daraus, dass durch § 4 Abs.3 EStG kein selbstständiger Gewinnbegriff geschaffen wird, sondern dass es sich – wie sich aus seinem Kontext und seiner systematischen Stellung ergibt – nur um eine vereinfachte Methode der Gewinnermittlung nach § 4 Abs.1 EStG handelt.

> **Dass die Gewinnermittlung nach § 4 Abs.3 EStG nur eine Vereinfachung zu der nach § 4 Abs.1 EStG ist, kommt auch in dem Grundsatz von der Totalgewinngleichheit[18] zum Ausdruck: Hiernach müssen beide Gewinnermittlungsmethoden über die Gesamtperiode des Betriebes (sprich über die Gesamtlebensdauer des Unternehmens) zu gleichen Ergebnissen kommen. Es kann daher zwar zu Verschiebungen innerhalb einzelner Perioden (Wirtschaftsjahre) kommen, nicht aber zu Verschiebungen bei Betrachtung vom ersten bis zum letzten Tag der beruflichen Betätigung.**

Entnahme- und einlagefähig sind grundsätzlich alle Wirtschaftsgüter (für den § 4 - III - Rechner mit Ausnahme von Geld).

---

[17] P-W-E-N-S, 4.1.3.2., S.184; BFH BStBl 1975, II, 526.

[18] BFH, BStBl 1973, II, 293; 1984, II, 516; 1985, II, 255.

Der Begriff des Wirtschaftsguts bestimmt sich weniger zivilrechtlich, sondern vielmehr nach wirtschaftlichen Gesichtspunkten. Wirtschaftsgüter sind danach alle Positionen, die als realisierbarer Vermögenswert angesehen werden können. So fallen z.B. auch tatsächliche Zustände und konkrete Möglichkeiten unter den Begriff des Wirtschaftsguts.[19] Als Voraussetzung wird aber verlangt, dass (1) sich der Steuerpflichtige die Erlangung des Wirtschaftsgutes etwas kosten lässt, (2) dass der Vermögenswert nach der Verkehrsauffassung einer selbstständigen Bewertung zugänglich ist und (3), dass er regelmäßig einen Nutzen für mehrere Wirtschaftsjahre erbringt.[20] Nicht erforderlich ist hingegen, anders als für die handelsrechtliche Definition eines Vermögensgegenstandes, dass das Wirtschaftsgut einzeln verkehrsfähig ist.

Vertiefender Hinweis für „Fortgeschrittene": So stellt z.B. der Firmenwert ein Wirtschaftsgut im Sinne des Steuerrechts, mangels selbstständiger Verkehrsfähigkeit jedoch keinen Vermögensgegenstand im Sinne des Handelsrechts dar. An dieser Stelle kommt es somit zu einer Durchbrechung des Maßgeblichkeitsgrundsatzes (§ 5 Abs.1 EStG) der Handels- für die Steuerbilanz die § 4-I – Rechner betreffend.

Werden dem Betrieb Wirtschaftsgüter entnommen oder eingelegt, so ist die Entnahme oder Einlage mit dem **Teilwert** anzusetzen, § 6 Abs.1 Nr.4 EStG für die Entnahme und § 6 Abs.1 Nr.5 EStG für die Einlage. Unter dem Teilwert versteht das Gesetz in § 6 Abs.1 Nr.1 S.3 EStG den Betrag, den ein Erwerber des ganzen Betriebs im Rahmen des Gesamtkaufpreises für das einzelne Wirtschaftsgut ansetzen würde.

---

[19] BFH BStBl, II, 1991, 346; BStBl, II, 1992, 977.
[20] Vgl. Schmidt/Weber-Grellet, EStG 18. Aufl., § 5 Rn.94.

Für die Einlage enthält § 6 Abs.1 Nr.5 EStG insofern noch eine Sonderregelung, als dass höchstens die Anschaffungs- oder Herstellungskosten (§ 255 HGB) angesetzt werden dürfen, wenn das zugeführte Wirtschaftsgut

a) innerhalb der letzten drei Jahre vor dem Zeitpunkt der Zuführung angeschafft oder hergestellt worden ist oder

b) ein Anteil an einer Kapitalgesellschaft ist und der Steuerpflichtige an der Gesellschaft im Sinne des § 17 Abs.1 beteiligt ist; § 17 Abs.2 Satz 3 gilt entsprechend.

Der möglicherweise über den Anschaffungs- oder Herstellungskosten liegende Teilwert darf daher nur dann in voller Höhe angesetzt werden, wenn das Wirtschaftsgut vor mehr als drei Jahren angeschafft oder hergestellt wurde. Nach § 6 Abs.1 Nr.5 S.2 EStG ist für solche Wirtschaftsgüter, die innerhalb der letzten drei Jahre angeschafft oder hergestellt wurden, zudem ein Abzug der (fiktiven) AfA seit der Anschaffung oder Herstellung bis zur Einlage vorzunehmen. Es kann daher nicht einmal der volle Teilwert angesetzt werden.

Legen Sie den vor zwei Jahren privat gekauften Palandt in das Betriebsvermögen ihrer Kanzlei ein, so sind die Anschaffungskosten gemäß § 6 Abs.1 Nr.5 S.2 EStG um die auf die Zeit zwischen Anschaffung und Einlegung entfallende AfA zu kürzen. Bei dem Palandt handelt es sich um ein geringwertiges Wirtschaftsgut[21].

---

[21] Dazu unten im Abschnitt über die Absetzung für Abnutzung, AfA, Kapitel B 2 g).

Da es sich bei dem Palandt um ein geringwertiges Wirtschaftsgut handelt, sind die Anschaffungskosten im Jahr der Anschaffung in voller Höhe abschreibungsfähig. Haben Sie das Buch daher schon vorher im Rahmen der Einkünfteerzielung, also z.B. im Referendariat genutzt, so ist der Einlagewert des Palandt 0 DM.
Warten Sie, bis der Palandt vier Jahre alt ist, so greift § 6 Abs.1 Nr.5 S.2 EStG nicht. Sie können ihn gemäß § 6 Abs.1 Nr.5 S.1, 1.HS. EStG mit seinem Teilwert, also etwa 40 DM, einlegen.
Die Richtlinie formuliert hierzu: Bei Einlage eines abnutzbaren Wirtschaftsguts innerhalb von drei Jahren nach der Anschaffung oder Herstellung sind die Anschaffungs- oder Herstellungskosten um AfA nach § 7 EStG, erhöhte Absetzungen sowie etwaige Sonderabschreibungen zu kürzen, die auf den Zeitraum zwischen der Anschaffung oder der Herstellung des Wirtschaftsgutes und der Einlage entfallen. In diesen Fällen sind die Anschaffungs- oder Herstellungskosten auch dann um die AfA nach § 7 EStG zu kürzen, wenn das Wirtschaftsgut nach einer Nutzung außerhalb der Einkunftsarten eingelegt wird (eine AfA tatsächlich also nicht vorgenommen werden konnte), R 39 EStR.
Als AfA im Sinne des § 6 Abs.1 Nr.5 S.2 EStG ist auch die Sofortabschreibung nach § 6 Abs.2 EStG (geringwertige Wirtschaftsgüter) anzusehen,[22] sofern diese tatsächlich in Anspruch genommen wurde. Anderenfalls kann als fiktive AfA nur die Regel-AfA nach § 7 Abs.1 EStG angesetzt werden.

Die Entnahmen sind am Ende des Jahres dem durch Gegenüberstellung der Betriebseinnahmen gegen die Betriebsausgaben ermittelten Gewinn hinzuzurechnen, die Einlagen von diesem abzuziehen.

---

[22] Schmidt-Glanegger, EStG 18. Aufl., § 6 Rn.434.

d) Nicht abzugsfähige Betriebsausgaben

Wie oben schon angeklungen, sind nicht alle Betriebsausgaben auch tatsächlich abzugsfähig. So gibt es Aufwendungen, die zwar - zumindest zum Teil - durch den Betrieb, also Ihre Kanzlei, veranlasst sind, aber dennoch nicht oder nicht in voller Höhe steuerwirksam, d.h. gewinnmindernd in Ansatz gebracht werden dürfen.

> Dass die Ausgaben nicht abzugsfähig sind, bedeutet nicht, dass es sich dogmatisch nicht mehr um Betriebsausgaben handelt. An der Charakterisierung als Betriebsausgabe, nämlich als durch den Betrieb veranlasste Aufwendung, ändert sich nichts. Dementsprechend ist auch nicht verwunderlich, dass im finanzgerichtlichen Verfahren regelmäßig Streit über die Abzugsfähigkeit von Betriebsausgaben herrscht, wenn diese in die Nähe der Regelungen über die Nicht- oder die beschränkte Abzugsfähigkeit gelangen. Daraus, dass § 4 Abs.5 EStG nur Betriebsausgaben betrifft, folgt aber auch, dass Sie zunächst immer zu prüfen haben, ob nicht ein Abzugsverbot nach § 12 EStG greift.[23]

aa) Die Beschränkung der Abzugsfähigkeit nach § 4 Abs.5 EStG

Die wohl wichtigste Regelung über die Beschränkung der Abzugsfähigkeit von Betriebsausgaben enthält § 4 Abs.5 S.1 EStG. Die Vorschrift nennt in 13 Ziffern verschiedene Positionen, die nicht oder nur in beschränktem Umfang abgezogen werden dürfen. Das Gesetz formuliert:

---

[23] Hierzu im Anschluss an die Darstellung des § 4 Abs.5 EStG.

§ 4 Abs.5 S.1 EStG:

Die folgenden Betriebsausgaben dürfen den Gewinn nicht mindern:
(...)
(...)

(1) § 4 Abs.5 S.1 Nr.1 EStG

Aufwendungen für Geschenke an Personen, die nicht Arbeitnehmer des Steuerpflichtigen sind. Satz 1 gilt nicht, wenn die Anschaffungs- oder Herstellungskosten der dem Empfänger im Wirtschaftsjahr zugewendeten Gegenstände insgesamt 75 Deutsche Mark nicht übersteigen;

> **Die 75 – DM Grenze ist grundsätzlich ein Nettowert. Insgesamt darf der Wert des Geschenkes bei einem Umsatzsteuersatz von 16 % also 87 DM, bei einem Umsatzsteuersatz von 7 % (z.b. bei Büchern) 80,25 DM betragen. Anders ist dies aber wieder für Kleinunternehmer im Sinne des § 19 UStG (dazu später bei der Umsatzsteuer). Für diese handelt es sich bei den 75 DM um einen Bruttowert.**

Wie aus der Einleitung des § 4 Abs.5 S.1 EStG hervorgeht, erfasst auch § 4 Abs.5 S.1 Nr.1 EStG nur betrieblich veranlasste Geschenke, also solche Aufwendungen, bei denen die Voraussetzungen des § 4 Abs.4 EStG vorliegen.

Geschenke im Sinne der Norm sind unentgeltliche Zuwendungen, die – aus Sicht beider Beteiligter - unabhängig von einer Gegenleistung erbracht werden und nicht mit einer solchen in Zusammenhang stehen.[24]

---

[24] Schmidt/Heinicke, EStG 18. Aufl., § 4 Rn.531.

> Schmiergelder und Bestechungsgelder sind keine Geschenke im Sinne des § 4 Abs.5 S.1 Nr.1 EStG. Sie unterfallen daher nicht dem Abzugsverbot. Beachten Sie aber das Abzugsverbot nach § 4 Abs.5 S.1 Nr.10 EStG.

Das Abzugsverbot nach § 4 Abs.5 S.1 Nr.1 EStG gilt nicht, wenn die Summe der Geschenke 75 DM / Jahr nicht übersteigt. Hierbei handelt es sich um eine Freigrenze und nicht um einen Freibetrag.[25] Der Unterschied zwischen beiden besteht darin, dass bei einer Freigrenze – wie hier also – ein Betrag, der die Freigrenze nicht erreicht, in voller Höhe abzugsfähig ist. Aufwendungen für Geschenke in Höhe von genau 75 DM können daher gewinnmindernd angesetzt werden. Übersteigen die Aufwendungen jedoch die Freigrenze, so sind sie in voller Höhe nicht abzugsfähig. Wenden Sie also im Jahr 75,50 DM auf, so können Sie keine Betriebsausgaben für diese Aufwendungen steuerwirksam geltend machen. Auch der Betrag bis zu 75 DM ist nicht abzugsfähig. Anders wäre es, würde es sich um einen Freibetrag handeln. Ein solcher ist immer bis zu seinem Überschreiten abzugsfähig. Sie könnten die Aufwendungen bis 75 DM immer abziehen, gleich, um wie viel die tatsächlichen Aufwendungen diesen überschreiten.

(2) § 4 Abs.5 S.1 Nr.2 EStG

Größere praktische Relevanz als die nur beschränkte Abzugsfähigkeit von Geschenken an Personen, die nicht Ihre Arbeitnehmer sind, hat regelmäßig die Beschränkung der Abzugsfähigkeit von Bewirtungsaufwendungen.

---

[25] Schmidt/Heinicke, EStG 18,Aufl., § 4 Rn.531.

Aufwendungen für die Bewirtung von Personen aus geschäftlichem Anlass, soweit sie 80 vom Hundert der Aufwendungen übersteigen, die nach der allgemeinen Verkehrsauffassung als angemessen anzusehen und deren Höhe und betriebliche Veranlassung nachgewiesen sind. Zum Nachweis der Höhe und der betrieblichen Veranlassung der Aufwendungen hat der Steuerpflichtige schriftlich die folgenden Angaben zu machen: Ort, Tag, Teilnehmer und Anlass der Bewirtung sowie Höhe der Aufwendungen. Hat die Bewirtung in einer Gaststätte stattgefunden, so genügen Angaben zu dem Anlass und den Teilnehmern der Bewirtung; die Rechnung über die Bewirtung ist beizufügen.

§ 4 Abs.5 S.1 Nr.2 EStG betrifft Bewirtungen aus geschäftlichem Anlass. Unter Bewirtung versteht das Gesetz die Beköstigung von Personen. Dies ist stets der Fall, wenn die Darreichung von Speisen und/oder Getränken eindeutig im Vordergrund steht.[26] Bewirtungsaufwendungen sind demnach Aufwendungen für Speisen, Getränke und andere Genussmittel.[27] Mitumfasst sind auch Aufwendungen, die hiermit zwingend in Zusammenhang stehen, wie z.B. Trinkgelder und Garderobenkosten.

Voraussetzung ist jedoch, dass sie im Rahmen des insgesamt geforderten Preises von nur untergeordneter Bedeutung sind.[28]

---

[26] R 21 Abs.5 S.2 EStR.
[27] R 21 Abs.5 S.3 EStR.
[28] R 21 Abs.5 S.4 EStR.

28 Die Steuererklärung des Einzelanwalts und der Anwaltssozietät

> Keine Bewirtungsaufwendungen liegen aber vor, wenn Sie aus Anlass geschäftlicher Besprechungen, also etwa in der Sprechstunde mit Ihren Mandanten Kaffee, Tee oder Gebäck reichen. Eine solche Gewährung von Aufmerksamkeiten in geringem Umfang unterfällt nicht dem Abzugsverbot des § 4 Abs.5 S.1 EStG, wenn es sich hierbei gleichsam nur um eine Geste der Höflichkeit handelt. Die Höhe der hierfür anfallenden Aufwendungen ist ohne Bedeutung.[29] Sie können in voller Höhe als Betriebsausgaben abgezogen werden.

Betrieblich veranlasste Aufwendungen können geschäftlich und nicht geschäftlich veranlasst sein. § 4 Abs.5 S.1 Nr.2 EStG gilt ausweislich seines Wortlautes nur für geschäftlich veranlasste Aufwendungen. Ein geschäftlicher Anlass ist dann gegeben, wenn Personen bewirtet werden, zu denen schon Geschäftsbeziehungen bestehen oder hergestellt werden sollen.[30]

Nicht geschäftlich, sondern allgemein betrieblich veranlasst und damit dem grundsätzlich uneingeschränkten Betriebsausgabenabzug zugänglich, sind hingegen Aufwendungen für die Bewirtung von Arbeitnehmern des eigenen Unternehmens, z.B. auf Betriebsfeiern und Weihnachtsfesten.[31]

Die Höhe des Abzuges von Bewirtungsaufwendungen ist auf **80%** der angemessenen Aufwendungen beschränkt. Die Beschränkung bezieht sich sowohl auf die Einkommen- wie auch auf die Umsatzsteuer. Es sind also auch nur 80 % der Vorsteuer auf die angemessenen Beträge abzugsfähig.

---

[29] R 21 Abs.5 S.8 Nr.1 EStR.

[30] R 21 Abs.6 EStR.

[31] R 21 Abs.7 EStR, Schmidt/Heinicke, EStG 18. Aufl., § 4 Rn.542; BT Drs. 11, 2529, 226 und 2536, 76.

Hieraus folgt, dass zunächst der Teil der Aufwendungen zu streichen ist, der als unangemessen angesehen werden muss und daher den Gewinn nicht mindern darf.

Wann Bewirtungskosten als unangemessen anzusehen sind, ist nach dem jeweiligen Einzelfall, insbesondere nach den Branchenverhältnissen zu entscheiden.[32]

> **Bei der Frage der Angemessenheit besteht angesichts der konturlosen Abgrenzung erheblicher Diskussions- und Begründungsbedarf. Oft wird man mit einem Betriebsprüfer jedoch reden und sich „vergleichen" können. Auf der einen Seite wird etwas anerkannt, dafür aber auf der anderen Seite Kürzungen vorgenommen. Die Abschlussbesprechungen nach einer Betriebsprüfung ähneln nicht selten einem „orientalischen Basar". Freundlichkeit, Höflichkeit und Verhandlungsgeschick zahlen sich hier nicht selten aus.**

Die 20% der Bewirtungskosten, die Sie nicht abziehen können, sollen ihren privaten Verbrauch abdecken, den Sie ja eingespart haben, wenn Sie mit ihren Geschäftsfreunden essen gehen.

---

[32] So BFH BStBl 1988, II, 771; „Bei der Prüfung der Angemessenheit von Aufwendungen nach § 4 Abs.5 Satz1 Nr.7 (vgl. dort) ist darauf abzustellen, ob ein ordentlicher und gewissenhafter Unternehmer angesichts der erwarteten Vorteile die Aufwendungen ebenfalls auf sich genommen hätte. Neben der Größe des Unternehmens, der Höhe des längerfristigen Umsatzes und des Gewinns sind vor allem die Bedeutung des Repräsentationsaufwands für den Geschäftserfolg und seine Üblichkeit in vergleichbaren Betrieben als Beurteilungskriterien heranzuziehen (→ BFH vom 20.08.1986 – BStBl. II S.904, vom 26.01.1988 – BStBl. II S. 629 und vom 14.04.1988 – BStBl. II S.771)" (H21 Abs. 12 EStR). Feste Grenzen bestehen für die Angemessenheitsprüfung nicht. Entscheidend ist in Anlehnung an die eben zitierten Hinweise auch nach der Kommentierung die Größe des Unternehmens , Art und Umfang der – beabsichtigten – Geschäftsbeziehungen, Stellung des Geschäftsfreundes u.ä., Schmdit/Heinicke, EStG 18. Aufl., § 4 Rn.550.

Bei dieser Pauschalierung des Eigenanteils ist es unerheblich, wie hoch die Rechnung insgesamt ausgefallen ist, und ob Sie selbst überhaupt etwas gegessen oder getrunken haben. Die Vorschrift des § 4 Abs.5 S.1 Nr. 2 EStG ist insoweit keiner berichtigenden Auslegung zugänglich.

(3) § 4 Abs.5 S.1 Nr.3 EStG

Aufwendungen für Einrichtungen des Steuerpflichtigen, soweit sie der Bewirtung, Beherbergung oder Unterhaltung von Personen, die nicht Arbeitnehmer des Steuerpflichtigen sind, dienen (Gästehäuser) und sich außerhalb des Orts eines Betriebs des Steuerpflichtigen befinden.

Sinn und Zweck der Regelung des § 4 Abs.5 S.1 Nr.3 EStG ist wohl offensichtlich: Die Vorschrift soll verhindern, dass Steuerpflichtige die Kosten und Aufwendungen für ihre privaten Feriendomizile steuerwirksam in Ansatz bringen. Aufwendungen auf Gästehäuser für fremde Dritte können daher bei der steuerlichen Gewinnermittlung nicht berücksichtigt werden. Das Abzugsverbot gilt eben wegen dieses Zwecks nur für Gästehäuser, die sich außerhalb eines Ortes befinden, an dem der Steuerpflichtige einen Betrieb unterhält. Kaufen Sie im Ort Ihres Kanzleisitzes eine Eigentumswohnung, die der Unterbringung Ihrer auswärtigen Mandanten dient, können Sie die hierfür anfallenden Aufwendungen gewinnwirksam in Ansatz bringen.

(4) § 4 Abs.5 S.1 Nr.4 EStG

Aufwendungen für Jagd oder Fischerei, für Segeljachten oder Motorjachten sowie für ähnliche Zwecke und für die hiermit zusammenhängenden Bewirtungen.

§ 4 Abs.5 S.1 Nr.4 EStG dient demselben Zweck wie § 4 Abs.5 S.1 Nr.3 EStG. Die Erhebung privater Hobbys in den steuerlichen Nexus soll verhindert werden. Die beispielhaft aufgezählten Aufwendungen fallen typischerweise auch im Privatbereich an und ermöglichen kaum je eine verlässliche Prüfung der betrieblichen Veranlassung.

Dass es sich nur um eine beispielhafte Aufzählung handelt, zeigt die Formulierung „ähnliche Zwecke". So ist von der Rechtsprechung auch der Abzug für Golf- und Tennisplätze, Schwimmbecken, Reitpferde, Motor- und Segelflugzeuge abgelehnt worden.[33]

Die Vorschrift spricht ganz allgemein von „Aufwendungen" für die genannten repräsentativen Zwecke. Es kommt daher nicht darauf an, ob es sich um Anschaffungskosten für eigene Anlagen handelt. Vielmehr fallen auch Pacht- oder Mietgebühren unter das Abzugsverbot des § 4 Abs.5 S.1 Nr.4 EStG.

(5) § 4 Abs.5 S.1 Nr.5 EStG

Eine für den Anwalt wiederum praxisrelevantere Regelung als die Abzugsfähigkeit von Aufwendungen für Segeljachten enthält § 4 Abs.5 S.1 Nr.5 EStG, der die Abzugsfähigkeit sogenannter Verpflegungs-mehraufwendungen regelt. Hierbei handelt es sich um den Abzug von Pauschbeträgen für die Verpflegung in Fällen längerer Abwesenheit, also z.B. auswärtiger Termine.

---

[33] Vgl. Schmidt/Heinicke, EStG 18. Aufl., § 4 Rn.567.

> Pauschbeträge sind Beträge, die unabhängig von der Höhe der tatsächlich entstandenen Aufwendungen abgezogen werden können. Häufig, so z.B. bei dem Arbeitnehmerpauschbetrag nach § 9a S.1 Nr.1 EStG (2.000 DM/jährlich) besteht ein Wahlrecht, ob die tatsächlich entstandenen Aufwendungen in Ansatz gebracht werden oder die Pauschbeträge. Dies gilt allerdings bei den Pauschalen für Verpflegungsmehraufwand nicht.[34] Auch wenn die tatsächlichen Aufwendungen weit über der Pauschale liegen, können diese nicht geltend gemacht werden.

Mehraufwendungen für die Verpflegung des Steuerpflichtigen, soweit in den folgenden Sätzen nichts anderes bestimmt ist. Wird der Steuerpflichtige vorübergehend von seiner Wohnung und dem Mittelpunkt seiner dauerhaft angelegten betrieblichen Tätigkeit entfernt betrieblich tätig, ist für jeden Kalendertag, an dem der Steuerpflichtige wegen dieser vorübergehenden Tätigkeit von seiner Wohnung und seinem Tätigkeitsmittelpunkt

a) 24 Stunden abwesend ist, ein Pauschbetrag von 46 Deutsche Mark,

b) weniger als 24 Stunden, aber mindestens 14 Stunden abwesend ist, ein Pauschbetrag von 20 Deutsche Mark,

c) weniger als 14 Stunden, aber mindestens 8 Stunden abwesend ist, ein Pauschbetrag von 10 Deutsche Mark

abzuziehen; eine Tätigkeit, die nach 16 Uhr begonnen und vor 8 Uhr des nachfolgenden Kalendertags beendet wird, ohne dass eine Übernachtung stattfindet, ist mit der gesamten Abwesenheitsdauer dem Kalendertag der überwiegenden Abwesenheit zuzurechnen.

(...)

---

[34] H 22 EStR „Verpflegungsmehraufwendungen"; ein Abzug ist nur in Höhe der gesetzlich vorgeschriebenen Pauschbeträge möglich. Einer gesonderten Aufzeichnung der Verpflegungsmehraufwendungen bedarf es daher nicht, vgl. BMF BStBl. 1997, I, 898.

Die in Satz 2 lit. a) – c) geregelten Pauschbeträge für die jeweilige Dauer der Abwesenheit sind kalendertagsbezogen. Mehrere aufeinanderfolgende Reisen werden addiert.[35]

Bei der Abwesenheit unter 8 Stunden – also bei der anwaltlichen Tätigkeit in der Mehrzahl der Fälle (von Fortbildungen einmal abgesehen) – wird kein Pauschbetrag gewährt. Sie können also keinerlei Kosten für die Verpflegung geltend machen.

Die oben genannten Pauschbeträge nach Satz 2 gelten jedoch nur für Inlandsreisen. Haben Sie geschäftliche Reisen in das Ausland vorzunehmen, so ergeben sich die Pauschbeträge, die hierfür angesetzt werden können, nach Satz 4 des Absatzes 5 Nr.5 aus den vom Bundesfinanzministerium im Einvernehmen mit den obersten Finanzbehörden der Länder festgesetzten Tabellen, die für jedes Land einen eigenen Pauschbetrag festlegen.[36]

---

[35] Schmidt/Heinicke, EStG 18. Aufl., § 4 Rn.574.
[36] Siehe hierzu im Anhang „Pauschbeträge für Verpflegungsmehraufwand bei Auslandsreisen" (ausgewählte Länder).

(6) § 4 Abs.5 S.1 Nr.6 EStG

Aufwendungen für Fahrten des Steuerpflichtigen zwischen Wohnung und Betriebsstätte in Höhe des positiven Unterschiedsbetrages zwischen 0,03 vom Hundert des inländischen Listenpreises im Sinne des § 6 Abs.1 Nr.4 Satz 2^{37} des Kraftfahrzeugs im Zeitpunkt der Erstzulassung je Kalendermonat für jeden Entfernungskilometer und dem sich nach § 9 Abs.1 Satz 3 Nr.4 oder Absatz 2 ergebenden Betrag (...); ermittelt der Steuerpflichtige die private Nutzung des Kraftfahrzeugs nach § 6 Abs.1 Nr.4 Satz 3^{38}, treten an die Stelle des mit 0,03 oder 0,002 vom Hundert des inländischen Listenpreises ermittelten Betrags für Fahrten zwischen Wohnung und Betriebsstätte (...) die auf diese Fahrten entfallenden tatsächlichen Aufwendungen;

Eine Vorschrift, die beim ersten Lesen alle Klarheiten restlos beseitigt. Das dahinterstehende Prinzip ist jedoch relativ simpel.

---

[37] § 6 Abs.1 Nr.4 Satz 2: „Die private Nutzung eines Kraftfahrzeugs ist für jeden Kalendermonat mit 1 vom Hundert des inländischen Listenpreises im Zeitpunkt der Erstzulassung zuzüglich der Kosten für Sonderausstattungen einschließlich der Umsatzsteuer anzusetzen."; Genaueres bezüglich der Behandlung von Kfz in den Erläuterungen zu der Beispiels-Einnahmeüberschussrechnung.

[38] § 6 Abs.1 Nr.4 Satz 3: „Die private Nutzung kann abweichend von Satz 2 mit den auf Privatfahrten entfallenden Aufwendungen angesetzt werden, wenn die für das Kraftfahrzeug insgesamt entstehenden Aufwendungen durch Belege und das Verhältnis der privaten zu den übrigen Fahrten durch ein ordnungsgemäßes Fahrtenbuch nachgewiesen ist."; Genaueres bezüglich der Behandlung von Kfz in den Erläuterungen zu der Beispiels-Einnahmeüberschussrechnung.

Der Hintergrund der Regelung besteht darin, dass die Kosten für betrieblich genutzte Pkw den Gewinn grundsätzlich mindern. Es handelt sich hierbei um betrieblich veranlasste Aufwendungen, also Betriebsausgaben. Ohne schon an dieser Stelle zu tief in die stark emotions- und streitbeladene Thematik „Auto" einzusteigen, hier die nötigen Grundlagen: Es gibt, wie Sie aus der Regelung des § 6 Abs.4 S. 2, 3 EStG (vgl. letzte Fußnoten) gesehen haben, im EStG grundsätzlich zwei Methoden, teils betrieblich und teils privat genutzte Kfz steuerlich zu behandeln: Zum einen besteht die Möglichkeit, ein Fahrtenbuch zu führen und den betrieblichen und den privaten Nutzungsanteil so genau auseinander zu dividieren. Dann können Sie die auf den betrieblichen Nutzungsanteil entfallenden Kosten absetzen. Ist Ihnen das Führen eines Fahrtenbuches – in dem jeder Kilometer aufgeführt sein muss – zu umständlich, so besteht die Möglichkeit, monatlich 1% des Brutto-Listenpreises des Autos zuzüglich der Kosten für Sonderausstattung (allerdings ohne Autotelefon) als Betriebseinnahmen zu versteuern. Das heißt, sie versteuern jährlich 12 % des Neupreises ihres Autos – gleich ob Sie ihn gebraucht gekauft haben, oder nicht – als Einnahmen, obwohl Sie keinerlei „Cash-flow" haben. Die Tatsache aber, dass Sie alle mit dem Auto in Zusammenhang stehenden Kosten, angefangen beim Benzin, aufgehört bei der Reparatur, als Betriebsausgaben absetzen können, rechtfertigt die pauschale Versteuerung des sich daraus ergebenden Vorteils. Nutzen Sie das Auto jetzt auch für die Fahrten zwischen Ihrem Büro und Ihrer Wohnung, so erhöht sich dieser, den Steuervorteil ausgleichende Betrag nach Maßgabe des § 4 Abs.5 S.1 Nr.6 EStG. Von dem Gesamtbetriebsausgabenabzug für das Auto ist der genannte Unterschiedsbetrag nicht abzugsfähig.

Dieser Unterschiedsbetrag berechnet sich nun wie folgt:

Zunächst haben Sie den Betrag zu errechnen, der sich aus 0,03 % des inländischen Listenpreises[39] im Sinne des § 6 Abs.1 Nr.4 Satz 2 EStG ergibt,

---

[39] Bei den üblicherweise gewährten Nachlässen auch beim Kauf eines Neuwagens entspricht der Listenpreis regelmäßig nicht dem Neupreis. Dennoch ist diese Regelung durch rechtskräftiges Urteil des FG Münster, EFG 1998, 1252, bestätigt worden.

also den Listenneupreis zuzüglich Umsatzsteuer und der Kosten für die Sonderausstattung mit Ausnahme des Telefons, da angenommen wird, dass der Einbau eines Telefons in das Auto allein betrieblichen Zwecken und niemals privaten Zwecken dient.[40]

Bsp.:[41]
Angenommen, Ihr Auto hat einen Listenneupreis von 50.000 DM brutto incl. der gesamten Sonderausstattung. Die Entfernung von Ihrer Wohnung zum Büro beträgt 10 km und Sie haben das Auto im Jahr an 220 Tagen für Fahrten zwischen Wohnung und Büro genutzt.

Der Grundwert beträgt dann

0,03 % x 50.000 DM x 10 km x 12 Monate = 1.800 DM.

Von diesem Betrag ist der sich aus § 9 Abs.1 Satz 3 Nr.4 EStG ergebende Betrag abzuziehen. Bei Fahrten mit einem Pkw wird ausweislich des § 9a Abs.1 S.3 Nr.1 S.4 lit.a) EStG ein Pauschbetrag von 0,70 DM je Entfernungskilometer gewährt.

Beachten Sie, dass Entfernungskilometer tatsächlich nur die Entfernung meinen, unabhängig davon, wie häufig Sie die Strecke am Tag fahren. Für Fahrten zwischen Büro und Wohnung kann daher der Km-Pauschbetrag pro Tag nur einmal angesetzt werden und nicht etwa für jede Fahrt, z.B. zur Mittagspause.

---

[40] Schmidt/Glanegger, EStG 18. Aufl., § 6 Rn.421.

[41] Ein weiteres Rechenbeispiel finden Sie in Schmidt/Heinicke, EStG 18. Aufl., § 4 Rn.584.

Die Steuererklärung des Einzelanwalts und der Anwaltssozietät 37

Sind Sie also an 220 Tagen im Jahr in Ihr Büro gefahren, ergibt sich hieraus ein Abzugsbetrag von

220 x 10 x 0,70 = 1.540 DM

Von den Betriebsausgaben für den Pkw sind daher nicht abzugsfähig

1.800 DM ./. 1.540 DM = 260 DM

Haben Sie sich die Regelung des § 4 Abs.5 S.1 Nr.6 EStG einmal bewusst gemacht, entstehen bei ihrer Anwendung eigentlich keine großen Probleme mehr.

Unterhalten Sie Ihr Büro an einem anderen Ort als Ihren (Erst-)Wohnsitz, also Ihren Lebensmittelpunkt, so trifft § 4 Abs.5 S.1 Nr.6 EStG auch eine vergleichbare Regelung bezüglich der Familienheimfahrten (Fälle der doppelten Haushaltsführung). Einziger Unterschied ist, dass der Wert 0,03 % durch 0,002 % ausgetauscht, der nicht abzugsfähige Betrag also im Ergebnis geringer wird.[42]

(7) § 4 Abs.5 S.1 Nr.6a EStG

Nummer 6a in § 4 Abs.5 S.1 EStG knüpft inhaltlich an die eben angeschnittene Frage der doppelten Haushaltsführung an.

Mehraufwendungen wegen einer aus betrieblichem Anlass begründeten doppelten Haushaltsführung, soweit die doppelte Haushaltsführung über die Dauer von zwei Jahren am selben Ort beibehalten wird; die Nummern 5 und 6 bleiben unberührt;

---

[42] Ein Rechenbeispiel hierzu finden Sie in Schmidt/Heinicke, EStG 18.Aufl., § 4 Rn.583.

Eine doppelte Haushaltsführung liegt dann vor, wenn Sie aus betrieblichem Anlass eine Zweitwohnung am Beschäftigungsort oder in der Nähe des Beschäftigungsortes beziehen, Ihr Lebensmittelpunkt aber an der bisherigen Wohnung erhalten bleibt.[43] Das Aufrechterhalten eines eigenen Hausstandes an Ihrem Lebensmittelpunkt setzt nicht voraus, dass an diesem Lebensmittelpunkt hauswirtschaftliches Leben herrscht, Sie also z.B. Ihren Ehepartner „zurücklassen". Voraussetzung ist aber, dass an diesem Lebensmittelpunkt eine Wohnung unterhalten wird, die Ihren Lebensbedürfnissen entspricht und bei der die Haushaltsführung maßgeblich von Ihnen bestimmt oder mitbestimmt wird.[44]

Die Aufwendungen für eine Zweitwohnung am Beschäftigungsort sind unzweifelhaft durch den Betrieb veranlasst, also Betriebsausgaben im Sinne des § 4 Abs.4 EStG.

§ 4 Abs.5 S.1 Nr.6a EStG ändert an der grundsätzlichen Abzugsfähigkeit der Betriebsausgaben der Höhe und der Sache nach nichts. Beschränkt wird der Abzug allein in zeitlicher Hinsicht. Für einen Zeitraum von 2 Jahren ist der Abzug von Aufwendungen für die aus betrieblichem Anlass begründete doppelte Haushaltsführung unbeschränkt möglich. Nach der zweijährigen Beibehaltung der Zweitwohnung am selben (Betriebs-) Ort wird der Abzug insgesamt ausgeschlossen.

Hintergrund des Abzugsverbots ab dem dritten Jahr ist der Gedanke, dass nach zwei Jahren Beschäftigung am gleichen Ort überwiegend private Belange für die Aufrechterhaltung von zwei Wohnungen sprechen.

---

[43] Vgl. R 43 Abs.3 LStR, anwendbar über R 23 Abs.3 S.3 EStR.

[44] R 43 Abs.3 S.1-3 LStR.

Wie später[45] noch zu sehen sein wird, sind Aufwendungen, die überwiegend oder zum Teil aus privaten Belangen resultieren, nicht dem Betriebsausgabenabzug zugänglich. Der Gesetzgeber ist der Ansicht, dass es dem Steuerpflichtigen durchaus zugemutet werden kann, nach zweijähriger Beschäftigung am gleichen Ort seinen Wohnsitz und seinen Lebensmittelpunkt dorthin zu verlegen. Tut er dies nicht, so sollen aber jedenfalls die Aufwendungen, die aus der Aufrechterhaltung der Trennung entstehen, nicht dem steuerlichen Abzug unterliegen.

Wie aus dem Gesetzeswortlaut erkennbar, werden die Nummern 5 und 6 des § 4 Abs.5 S.1 EStG von der Beschränkung auf zwei Jahre nicht berührt. Im Klartext heißt dies, dass die Kfz-Kosten für Familienheimfahrten auch nach zwei Jahren noch dem beschränkten Abzug unterliegen und nicht etwa mit der weiteren Aufrechterhaltung plötzlich erweiterte Abzugsmöglichkeiten entstehen.

(8) § 4 Abs.5 S.1 Nr.6b EStG

Besonders für junge Anwälte, die sich gerade erst niederlassen, ist die Regelung des § 4 Abs.5 S.1 Nr.6b EStG von großer Bedeutung. Aber auch für Anwälte, die schon länger zugelassen und selbstständig sind, hat die durch das JStG 1996 eingeführte Regelung erhebliche Änderungen – zum Nachteil des Steuerpflichtigen – mit sich gebracht.

---

[45] Vgl. unten die Ausführungen zum Abzugsverbot nach § 12 EStG.

Aufwendungen für ein häusliches Arbeitszimmer sowie die Kosten der Ausstattung. Dies gilt nicht, wenn die betriebliche oder berufliche Nutzung des Arbeitszimmers mehr als 50 vom Hundert der gesamten betrieblichen und beruflichen Tätigkeit beträgt oder wenn für die betriebliche oder berufliche Tätigkeit kein anderer Arbeitsplatz zur Verfügung steht. In diesen Fällen wird die Höhe der abziehbaren Aufwendungen auf 2.400 DM begrenzt; die Beschränkung der Höhe nach gilt nicht, wenn das Arbeitszimmer den Mittelpunkt der gesamten betrieblichen und beruflichen Betätigung bildet;

§ 4 Abs.5 S.1 Nr.6b EStG enthält sowohl ein sachliches Abzugsverbot als auch ein Abzugsverbot der Höhe nach. Der Grundsatz der Regelung besagt, dass Aufwendungen für ein häusliches Arbeitszimmer nicht mehr abgezogen werden können.

Von diesem generellen Abzugsverbot wird dann eine Ausnahme gemacht, wenn Sie 50% Ihrer gesamten beruflichen Tätigkeit in diesem Arbeitszimmer vollbringen, oder für die konkrete Tätigkeit, für die das Arbeitszimmer genutzt wird, kein anderer Arbeitsplatz zur Verfügung steht. In diesen Fällen wird die Abzugsfähigkeit auf 2.400 DM / jährlich beschränkt. Statt dem generellen Abzugsverbot besteht also eine Abzugsbeschränkung der Höhe nach.

Diese Beschränkung ist ein Jahresbetrag[46] und daher auch dann in voller Höhe zu gewähren, wenn das Zimmer in einem Jahr nur zeitanteilig als Arbeitszimmer genutzt wird, also z.B. erst ab Juni.

---

[46] Umstr., vgl. Schmidt/Heinicke, EStG 18. Aufl., § 4 Rn.598 mit weiteren Nachweisen insb. glA. auch BMF.

Die Steuererklärung des Einzelanwalts und der Anwaltssozietät 41

Auch diese Beschränkung der Höhe nach fällt weg, wenn das Arbeitszimmer den Mittelpunkt Ihrer gesamten beruflichen Betätigung bildet.

Der Unterschied zwischen den letzten beiden Alternativen, nämlich dem Mittelpunkt der gesamten beruflichen Tätigkeit, bei der ein Abzug in voller Höhe möglich ist, und dem Fehlen eines sonstigen Arbeitsplatzes für die berufliche Tätigkeit, bei dem die Beschränkung auf 2.400 DM greift, ist auf den ersten Blick nicht zu verstehen.

Er besteht darin, dass die erste Alternative, nämlich das Fehlen eines sonstigen Arbeitsplatzes für diese berufliche Betätigung davon ausgeht, dass der Steuerpflichtige verschiedene Tätigkeiten ausübt. Sie als Anwalt also z.B. auch noch schriftstellerisch tätig sind, und für diese schriftstellerische Betätigung ein Arbeitszimmer brauchen und nutzen.

Die zweite Alternative, dass das Arbeitszimmer den Mittelpunkt Ihrer gesamten beruflichen Betätigung bildet, erfasst den Fall, dass Sie nur eine Tätigkeit, z.B. als Anwalt ausüben, und Ihre Kanzlei – etwa in den Gründerjahren – nur aus Ihrem als solchem genutzten Arbeitszimmer in der privaten Wohnung besteht.[47]

Im Hinblick auf die Vorschrift des § 6 Abs.5 S.1 Nr.6 b EStG ist vieles streitig. Der Begriff des häuslichen Arbeitszimmers setzt zunächst voraus, dass eine außer Haus gelegene Betriebsstätte vorhanden ist. Üben Sie Ihren ständigen Beruf nur zu Hause aus, so ist § 4 Abs.5 S.1 Nr.6 b EStG nach umstrittener aber wohl richtiger Auffassung nicht anwendbar.[48]

---

[47] Beachten Sie hierbei aber den Streit unter der letzten Fußnote.
[48] Vgl. Schmidt/Heinicke, EStG 18.Aufl., § 4 Rn.591.

Problematisch wird es dann, wenn Sie zwar ein Büro unterhalten, aber steuerlich zu verschiedenen Einkünften führende Tätigkeiten ausüben, wobei für eine dieser Tätigkeiten keine anderer Arbeitsplatz zur Verfügung steht. Ist dann für diese Tätigkeit zumindest der beschränkte Abzug zulässig?

Beachten Sie hierbei, dass „verschiedene Einkünfte" nicht verschiedene Einkunftsarten meint, sondern die Verwirklichung verschiedener steuerlich relevanter Einkunftsquellen. Sind Sie z.B. als Rechtsanwalt und als Autor für einen juristischen Lehrbuchverlag tätig, so erzielen Sie nebeneinander mit jeder Tätigkeit Einkünfte aus freiberuflicher Tätigkeit, § 18 EStG. Es handelt sich um verschiedene Einkünfte der gleichen Einkunftsart.

Eine starke Literaturansicht will in solchen Fällen jede Tätigkeit für sich beurteilen, den Abzug in beschränkter Höhe also zulassen.[49] Der BFH hat in den Jahren 1997[50] und 1998[51] jedoch anders entschieden und den Abzug nach § 4 Abs.5 S.1 Nr.6b S.1 EStG ausgeschlossen. Die Instanzgerichte[52] haben sich dem zum Teil angeschlossen.

Es können an dieser Stelle ob des Umfanges dieses Leitfadens und der Intention, eine richtige Steuererklärung selbst erstellen oder zumindest verstehen zu können, nicht alle sich ergebenden Streitfragen abschließend geklärt werden. Gerade im Bereich des Abzuges von Aufwendungen für Arbeitszimmer bei verschiedenen Betätigungen besteht viel Unklarheit und Streit.

---

[49] Vgl. Schmidt/Heinicke, EStG 18. Aufl., § 4 Rn.592 mit zahlreichen Nachweisen.
[50] BFH BStBl. 1997, II, 68.
[51] BFH BStBl. 1998, II, 351.
[52] FG BaWü, EFG 97, 728 (rechtskräftig).

> Da der Rechtsanwalt aber im Regelfall nicht verschiedene Einkünfte verwirklichen wird, ist für Sie an dieser Stelle wohl nur relevant, dass Sie bei einer außer Haus gelegenen Praxis die Kosten für Ihr häusliches Arbeitszimmer nicht abziehen können. Unterhalten Sie Ihre Praxis ausschließlich in Ihrer Wohnung, so greift das Abzugsverbot nach § 4 Abs.5 S.1 Nr.6b EStG nicht ein.

Der sachliche Umfang des Abzugsverbots bzw. der Abzugsbeschränkung erstreckt sich nicht allein auf die anteiligen Herstellungs- oder Anschaffungskosten des Gebäudes, sondern ausweislich des Wortlautes der Regelung auch auf die Ausstattung des Arbeitszimmers. Dieser unbestimmte Rechtsbegriff hat in der Vergangenheit für viel Streit gesorgt, da die Finanzverwaltung die Unbestimmtheit dazu nutzte, alle Materialien, die im Arbeitszimmer zur Arbeit genutzt wurden, wie z.b. den Computer, die Schreibmaschine und das Diktiergerät ebenfalls dem Abzugsverbot unterwarf.

Dies hatte zur eigenartigen Konsequenz, dass es für die Abzugsfähigkeit der Aufwendungen für solche Gegenstände – bei nichtselbstständig Tätigen – darauf ankam, ob diese sich in einem häuslichen Arbeitszimmer befanden, oder nicht:

§ 9 Abs.5 EStG verweist für Arbeitnehmer auf eine entsprechende Anwendung auch des § 4 Abs.5 S.1 Nr.6 b EStG.

> § 9 EStG regelt den Werbungskostenabzug bei nichtselbstständig Tätigen. Sie erinnern sich: Bei Einkünften aus nichtselbstständiger Tätigkeit sind keine Betriebsausgaben, sondern Werbungskosten abzuziehen. Werbungskosten sind Aufwendungen, die mit dem Beruf in Zusammenhang stehen, also z.B. Beiträge zu Berufsverbänden (vgl. § 9 Abs.1 S.3 Nr.3 EStG).

Aus dieser Verweisung folgt, dass auch der nichtselbstständige Arbeitnehmer die Aufwendungen für ein häusliches Arbeitszimmer und dessen Ausstattung nicht als Werbungskosten abziehen kann. Andererseits bestimmt § 9 Abs.1 S.3 Nr.6 S.1 EStG jedoch, dass die Aufwendungen für typische Arbeitsmittel als Werbungskosten abziehbar sind.

Dies hat zur Folge, dass der angestellte Anwalt, der sich im Rahmen seiner beruflichen Tätigkeit einen Computer kauft, den Kaufpreis dann voll abziehen kann, wenn er kein häusliches Arbeitszimmer besitzt, der Abzug aber in voller Höhe ausgeschlossen ist, wenn er den Computer in sein häusliches Arbeitszimmer stellt.

Dass es aber für den Werbungskostenabzug nicht darauf ankommen kann, wo der Computer aufgebaut wird, hat auch der BFH[53] erkannt. Nach der Rechtsprechung, der sich der BMF[54] im Jahre 1998 angeschlossen hat, ist § 4 Abs.5 S.1 Nr.6b EStG nicht auf solche Ausstattung des Arbeitszimmers anwendbar, die auch Arbeitsmittel im Sinne des § 9 Abs.1 S.3 Nr.6 EStG ist. Dies ist unabhängig davon, wo die Arbeitsmittel stehen.

(9) § 4 Abs.5 Nr.7 EStG

Der BFH[55] hat § 4 Abs.5 S.1 Nr.7 EStG als „den Schlüssel zum Verständnis des § 4 Abs.5 EStG" bezeichnet.

---

[53] BFH BStBl. 1997, II, 68; 1998, II, 351.
[54] BMF BStBl. 1998, I, 863.
[55] BFH BStBl, 1981, II, 58.

Die Regelung ist 1953 in das EStG aufgenommen worden und betrifft die Abzugsfähigkeit von Aufwendungen, die grundsätzlich auch die private Lebensführung betreffen.

> *andere als die in den Nummern 1 bis 6 und 6b bezeichneten Aufwendungen, die die Lebensführung des Steuerpflichtigen oder anderer Personen berühren, soweit sie nach allgemeiner Verkehrsauffassung als unangemessen anzusehen sind;*

Die Formulierung „soweit sie unangemessen sind", lässt den originären Anwendungsbereich des § 4 Abs.5 S.1 Nr.7 EStG erkennen:

Der Betriebsausgabenabzug dem Grunde nach soll nicht in Frage gestellt werden. Einzig sollen Aufwendungen, die der Höhe nach unangemessen sind, auf einen angemessenen Teil „zurückgeschraubt" werden. Der Abzug wird nämlich nur insoweit ausgeschlossen, als die Aufwendungen unangemessen sind. Dies gebietet eine Aufteilung der in Frage stehenden Betriebsausgaben. Der angemessene Teil bleibt abzugsfähig, während der unangemessene Teil nicht zum Abzug zugelassen wird. Dies gilt für jede Form der Betriebsausgaben, also gerade auch für die AfA[56].

---

[56] Nicht alle Betriebsausgaben können im Jahr der Anschaffung in voller Höhe abgesetzt werden. Handelt es sich um abnutzbare Wirtschaftsgüter, die dazu bestimmt sind, im Betrieb zu verbleiben, und liegen die Anschaffungskosten über 800 DM netto, so müssen Sie diese auf die betriebsgewöhnliche Nutzungsdauer verteilen. Man spricht von der sogenannten AfA, der Absetzung für Abnutzung. Ausführlich hierzu unten unter g).

Diesen Grundsatz von einer Beschränkung des Betriebsausgabenabzuges nur der Höhe und nicht dem Grunde nach, der durch den Wortlaut der Vorschrift zum Ausdruck gebracht wird, hat der BFH mit einer Entscheidung von 1990[57] durchbrochen und durch § 4 Abs.5 S.1 Nr.7 EStG den Katalog der Abzugsverbote dem Grunde nach erweitert.

Im streitigen Fall ging es um die Abzugsfähigkeit von Aufwendungen für Bordell- und Nachtbarbesuche mit Geschäftsfreunden, die der Veranlassung nach Betriebsausgaben waren. Der BFH hat den Abzug insgesamt ausgeschlossen und nicht, wie es dem Wortlaut des § 4 Abs.5 S.1 Nr.7 EStG eigentlich entsprochen hätte, auf ein angemessenes Maß „heruntergezont", also etwa den Teil der Aufwendungen zum Abzug zugelassen, der einem „normalen" Abendessen mit den Geschäftsfreunden, also dem nach der Verkehrsauffassung angemessenem Maß, entsprochen hätte.

Ist ein Abzugsverbot aus § 4 Abs.5 S.1 Nr.7 EStG dem Grunde nach bisher nur für diese „Bordell-Fälle" entschieden worden, so bleibt abzuwarten, ob der BFH seine Rechtsprechung auf alle Privatvergnügungen ausdehnt, die in besonderem Maße auch privat (mit-) veranlasst sind.[58]

Regelmäßig Streit bringt die Vorschrift des § 4 Abs.5 S.1 Nr.7 EStG dann mit sich, wenn es um die Behandlung von Aufwendungen für Pkw und (Privat-) Flugzeuge geht.

---

[57] BFH BStBl. 1990, II, 575.

[58] Dem hinter der BFH-Rechtsprechung stehenden Gedanken folgend, gehen hiervon aus Schmidt/Heinicke, EStG 18.Aufl., § 4 Rn.601.

Die Steuererklärung des Einzelanwalts und der Anwaltssozietät 47

Eine ursprünglich geplante Höchstgrenze der Abzugsfähigkeit für Pkw in Höhe von 100.000 DM[59] wurde nicht in das Gesetz aufgenommen.[60] Nichtsdestotrotz orientieren sich die Finanzverwaltung und die Rechtsprechung zum Teil an dieser Grenze. Dabei geht es allerdings nicht um die Abgrenzung, ob VW oder Mercedes, sondern als Indiz der Veranlassung durch die private Lebensführung, um die Abgrenzung zwischen betriebsüblichem Pkw oder Sport- bzw. Rennwagen.[61] Der BFH[62] hat insoweit von einer Kosten-Nutzen-Analyse des ordentlichen und gewissenhaften Unternehmers gesprochen. Dann, wenn ordentliche Erwägungen, wie bessere Verarbeitung, längere Haltbarkeit oder größerer Nutzen, die erhöhten Betriebsausgaben nicht mehr rechtfertigen, greift § 4 Abs.5 S.1 Nr.7 EStG ein.

So sind die Aufwendungen für einen Ferrari in Höhe von über 125.000 DM nicht anerkannt und heruntergeschraubt worden.[63] Andererseits wurde der Kaufpreis eines Lambourghinis in Höhe von 165.506 DM – ausnahmsweise – anerkannt.[64]

---

[59] Vgl. Entwurf BT-Drs. 13/1668 S.17.

[60] Dies hätte nicht nur für einige Automobilhersteller wahrscheinlich fatale Folgen gehabt: Einen Mercedes S-Klasse oder einen 7er BMW für unter 100.000 DM bekommt man heute nicht mehr. Diese Wagen wären daher, wäre der Entwurf in das JStG 1996 übernommen worden, kaum noch als Betriebs-Pkw für Vorstände oder von Selbstständigen angeschafft worden.

[61] Vgl. Schmidt/Heinicke, EStG 18. Aufl., § 4 Rn. 602.

[62] BFH BStBl. 1985, II, 458.

[63] FG Hess, EFG 1999, 276, rechtskräftig.

[64] FG Hbg, EFG 1987, 543, rechtskräftig.

Sie sehen, dass es in diesem Bereich äußerst schwer fällt, letztverbindliche Aussagen über die Grenze der Angemessenheit zu treffen. Die Entscheidung hängt immer vom Einzelfall und auch von der Überzeugungskunst und -kraft des jeweiligen Steuerpflichtigen ab. In den Anfangsjahren Ihrer beruflichen Tätigkeit werden Sie bezüglich Ihres Pkw mit § 4 Abs.5 S.1 Nr.7 EStG im Zweifel keine Probleme bekommen. Läuft die Kanzlei dann nach einigen Jahren besser, werden Sie ohnehin nicht umhinkommen, sich eines steuerlichen Beraters zu bedienen, der sich dann den Kopf über Ihren Betriebs-Pkw zerbrechen muss.[65]

(10) § 4 Abs.5 S.1 Nr.8 EStG

von einem Gericht oder einer Behörde im Geltungsbereich dieses Gesetzes oder von Organen der Europäischen Gemeinschaften festgesetzte Geldbußen, Ordnungsgelder und Verwarnungsgelder. Dasselbe gilt für Leistungen zur Erfüllung von Auflagen oder Weisungen, die in einem berufsgerichtlichen Verfahren erteilt werden, soweit die Auflagen oder Weisungen nicht lediglich der Wiedergutmachung des durch die Tat verursachten Schadens dienen. Die Rückzahlungen von Ausgaben im Sinne der Sätze 1 und 2 darf den Gewinn nicht erhöhen. Das Abzugsverbot für Geldbußen gilt nicht, soweit der wirtschaftliche Vorteil, der durch den Gesetzesverstoß erlangt wurde, abgeschöpft worden ist, wenn die Steuern vom Einkommen und Ertrag, die auf den wirtschaftlichen Vorteil entfallen, nicht abgezogen worden sind; Satz 3 ist insoweit nicht anzuwenden;

---

[65] Vgl. Sie insgesamt zur Angemessenheitsprüfung auch Schmidt/Heinicke, EStG 18. Aufl., § 4 Rn.602.

§ 4 Abs.5 S.1 Nr.8 EStG normiert ein Abzugsverbot für Buß- und Ordnungsgelder, die dem Steuerpflichtigen selbst auferlegt werden. Lassen Sie sich also z.b. auf dem Weg zum Gericht einen Geschwindigkeitsverstoß zuschulden kommen, oder parken Sie vor dem Gericht falsch und erhalten Sie hierfür eine Verwarnung, so sind die entstandenen Aufwendungen zwar als betrieblich veranlasste Aufwendungen Betriebsausgaben, dürfen aber dennoch nicht abgezogen werden.

Die Fälle der Geschwindigkeitsüberschreitung und des Parkverstoßes stellen den für Sie im Regelfall einzig relevanten Anwendungsbereich des § 4 Abs.5 S.1 Nr.8 EStG dar.

Der Hintergrund der Regelung dürfte klar sein. Es soll nicht der „Respekt" für die Einhaltung geltender Gesetze und Ordnungsvorschriften dadurch genommen werden, dass „das Finanzamt die Hälfte des Bußgeldes trägt".

Daraus, dass die Regelung aber nur für den Steuerpflichtigen selbst gilt, folgt, dass Sie Erstattungen an Ihre Arbeitnehmer, die sich während der Arbeitszeit aus betrieblicher Veranlassung einen solchen Verstoß haben zuschulden kommen lassen, in voller Höhe als Betriebsausgaben abziehen können.

Darüber hinaus betrifft § 4 Abs.5 S.1 Nr.8 EStG nur die Bußgelder selbst. Wehren Sie sich gegen einen Bußgeldbescheid durch Widerspruch und verwaltungsgerichtliche Klage, so sind die angefallenen Verfahrenskosten in voller Höhe Betriebsausgaben und als solche abzugsfähig, wenn der Verstoß, der Auslöser des Verfahrens war, betrieblich veranlasst ist. Bei diesen Kosten, einschließlich der Gerichtskosten, handelt es sich schließlich nicht um von einem Gericht oder von einer Behörde festgesetzte Geldbußen, Ordnungs- oder Verwarnungsgelder.

(11) § 4 Abs.5 S.1 Nr.8a EStG

Zinsen auf hinterzogene Steuern nach § 235 der Abgabenordnung;

Gemäß § 235 Abs.1 S.1 AO sind hinterzogene Steuern zu verzinsen. Zinsschuldner ist gemäß § 235 Abs.1 S.2 AO derjenige, zu dessen Gunsten die Steuern hinterzogen wurden. Die Zinsen betragen 0,5 % pro Monat, also 6 % jährlich.

Handelt es sich bei den hinterzogenen Steuern um betriebliche Steuern, also um Steuern die aus Ihren Einkünften nach § 18 EStG (freiberufliche Tätigkeit) resultieren, so sind auch die Hinterziehungszinsen betrieblich veranlasst. Sie könnten grundsätzlich als Betriebsausgaben abgezogen werden.

Dem steht allerdings § 4 Abs.5 S.1 Nr.8a EStG entgegen. Auch hier liegt der Sinn und Zweck der Norm auf der Hand: Die Hinterziehung von Steuern soll nicht dadurch attraktiver gemacht werden (als sie ohnehin schon für so manch einen Großverdiener ist), dass im Falle der Entdeckung die angefallenen Zinsen auch noch als Betriebsausgaben abziehbar sind.

(12) § 4 Abs.5 S.1 Nr.9 EStG

Die Vorschrift des § 4 Abs.5 S.1 Nr.9 EStG betrifft allein Anteilseigner von Kapitalgesellschaften, die dem KStG unterfallen, ist für Sie als Freiberufler daher uninteressant.

(13) § 4 Abs.5 S.1 Nr.10 EStG

Die Zahlung von Schmiergeldern, die geleistet werden, um einen Auftrag zu erhalten, ist betrieblich veranlasst und damit grundsätzlich abzugsfähige Betriebsausgabe. Dem Abzug steht allerdings der rechtspolitisch motivierte § 4 Abs.5 S.1 Nr.10 EStG entgegen.

Die Zuwendung von Vorteilen sowie damit zusammenhängende Aufwendungen, wenn die Zuwendung der Vorteile eine rechtswidrige Handlung darstellt, die den Tatbestand eines Strafgesetzes oder eines Gesetzes verwirklicht, das die Ahndung mit einer Geldbuße zulässt. Gerichte, Staatsanwaltschaften oder Verwaltungsbehörden haben Tatsachen, die sie dienstlich erfahren und die den Verdacht einer Tat im Sinne des Satzes 1 begründen, der Finanzbehörde für Zwecke des Besteuerungsverfahrens und zur Verfolgung von Steuerstraftaten und Steuerordnungswidrigkeiten mitzuteilen. Die Finanzbehörde teilt Tatsachen, die den Verdacht einer Straftat oder einer Ordnungswidrigkeit im Sinne des Satzes 1 begründen, der Staatsanwaltschaft oder der Verwaltungsbehörde mit. Diese unterrichten die Finanzbehörde von dem Ausgang des Verfahrens und den zugrunde liegenden Tatsachen.

Aufwendungen für die „Klimapflege", die geleistet werden, um z.B. einen Rechtsberatungsvertrag zu erhalten oder zu behalten, können demgemäß nicht als Betriebsausgaben abgezogen werden, soweit dadurch ein Straftatbestand verwirklicht wird. Und damit nicht genug. Versuchen Sie, die Aufwendungen gewinnwirksam in Ansatz zu bringen, teilt die Finanzbehörde dies sogar den zuständigen Ermittlungsbehörden mit. Dies kann dann nicht nur zu einem Strafverfahren, sondern auch zum Verlust der Zulassung führen.

Das Abzugsverbot ist unabhängig vom Eintritt des Bestechungserfolges und unabhängig davon, ob von einem Strafantragserfordernis Gebrauch gemacht wurde oder ein Strafverfahren überhaupt eröffnet ist. Für das Abzugsverbot des § 4 Abs.5 S.1 Nr.10 EStG genügt somit die „abstrakte Strafbarkeit".[66]

bb) Das Abzugsverbot nach § 12 EStG (i.V.m. § 4 Abs.5 S.3 EStG)

§ 4 Abs.5 S.3 EStG bestimmt, dass § 12 Nr.1 EStG bei der Frage nach der Abzugsfähigkeit von Betriebsausgaben unberührt bleibt.

Bleibt also zu prüfen, welcher eigenständige Anwendungsbereich § 12 Nr.1 EStG neben § 4 Abs.5 EStG verbleibt:

Soweit in § 10 Abs.1 Nr.1, 2, 4, 6 bis 9, § 10b und §§ 33 bis 33c nichts anderes bestimmt ist, dürfen weder bei den einzelnen Einkunftsarten noch vom Gesamtbetrag der Einkünfte abgezogen werden

1. die für den Haushalt des Steuerpflichtigen und für den Unterhalt seiner Familienangehörigen aufgewendeten Beträge. Dazu gehören auch die Aufwendungen für die Lebensführung, die die wirtschaftliche oder gesellschaftliche Stellung des Steuerpflichtigen mit sich bringt, auch wenn sie zur Förderung des Berufs oder der Tätigkeit des Steuerpflichtigen erfolgen;

2. freiwillige Zuwendungen, Zuwendungen aufgrund einer freiwillig begründeten Rechtspflicht und Zuwendungen an eine gegenüber dem Steuerpflichtigen oder seinem Ehegatten gesetzlich unterhalts-

---

[66] Vgl. Schmidt/Heinicke, EStG 18. Aufl., § 4 Rn.611.

berechtigte Person oder deren Ehegatten, auch wenn diese
Zuwendungen auf einer besonderen Vereinbarung beruhen;

3. die Steuern vom Einkommen und sonstige Personensteuern sowie die
Umsatzsteuer für Umsätze, die Entnahmen sind, und die
Vorsteuerbeträge auf Aufwendungen, für die das Abzugsverbot der
Nummer 1 oder des § 4 Abs.5 S.1 Nr. 1 bis 5, 7 oder Abs.7 gilt; das gilt
auch für die auf diese Steuern entfallenden Nebenleistungen;

4. in einem Strafverfahren festgesetzte Geldstrafen, sonstige Rechtsfolgen
vermögensrechtlicher Art, bei denen der Strafcharakter überwiegt, und
Leistungen zur Erfüllung von Auflagen oder Weisungen, soweit die
Auflagen oder Weisungen nicht lediglich der Wiedergutmachung des
durch die Tat verursachten Schadens dienen.

(1) § 12 Nr.1 EStG

Originärer Anwendungsbereich des § 12 Nr.1 EStG ist, ausweislich des Wortlautes, ein Abzugsverbot für sogenannte Repräsentationsaufwendungen. Hierbei handelt es sich um Aufwendungen, die getätigt werden, um die gesellschaftliche Stellung zu verbessern, beizubehalten oder nach außen zu tragen.

Bsp.:

Feiern Sie Ihren 40 Geburtstag im großen Stil und laden auch Ihren Mandantenstamm ein, um „gesellschaftlichen Verpflichtungen" gerecht zu werden, so sind die hierfür entstandenen Aufwendungen nicht als Betriebsausgaben abziehbar. Auch nicht insoweit, als sie auf die Mandanten, deren Bewirtung allein durch den Betrieb veranlasst war, entfallen.

> Zu einer Anwendung des § 4 Abs.5 EStG kommt es insoweit gar nicht, da ein Abzug schon insgesamt von § 12 Nr.1 EStG verboten wird. § 12 Nr.1 EStG behandelt daher nicht die Frage, welche Betriebsausgaben in welcher Höhe abzugsfähig sind, sondern regelt vielmehr die Abgrenzung zwischen betrieblich und privat veranlassten Aufwendungen, steht daher systematisch neben § 4 Abs.5 EStG, und ist diesem in gewisser Weise vorgeschaltet.

Der BFH[67] und mit ihm die Finanzverwaltung[68] entnehmen der Vorschrift des § 12 Nr.1 EStG jedoch darüber hinaus ein konstitutives Aufteilungs- und Abzugsverbot für alle Aufwendungen, die teils beruflich und teils privat veranlasst sind. Man spricht insoweit von gemischten Aufwendungen.

> Unproblematisch ist ein Abzugsverbot dann, wenn Sie Aufwendungen für ein Wirtschaftsgut tätigen, dass entweder zu 100% betrieblich oder zu 100% privat genutzt wird. Es handelt sich dann entweder um Betriebsausgaben, die zur steuerlichen Berücksichtigung führen, oder um Aufwendungen der privaten Lebensführung, die einen steuerlichen Abzug nicht rechtfertigen. Den problematischen Fall, in dem ein Wirtschaftsgut sowohl privat als auch beruflich genutzt wird, versuchen der BFH und die Finanzverwaltung zu Lasten des Steuerpflichtigen über § 12 Nr.1 EStG zu lösen.

Dem Wortlaut der Vorschrift ist eine solche Auslegung nicht zu entnehmen. Die Auslegung des BFH hat zur Folge, dass der Vorschrift des § 12 Nr.1 EStG rechtsbegründende Bedeutung auch insoweit beigemessen wird, wie auch der beruflich veranlasste Teil der gemischten Aufwendungen nicht abzugsfähig sein soll. Dies stellt eigentlich einen Verstoß gegen das der gesamten Einkommensbesteuerung zugrunde liegende Nettoprinzip[69] dar.

---

[67] BFH BStBl. 1971, II, 17, 21.

[68] R 117 EStR.

[69] Nach dem Nettoprinzip soll der Besteuerung nur der Teil der Einnahmen zugrunde gelegt werden, der dem Steuerpflichtigen tatsächlich zur Gestaltung seiner Lebensführung

Hintergrund dieser Auslegung durch den BFH ist die Befürchtung, dass Steuern dadurch hinterzogen werden, dass sich der tatsächlich berufliche und private Anteil der Nutzung eines Wirtschaftsgutes schwerlich kontrollieren und feststellen lassen. Ob dieser Feststellungsprobleme wird kurzer Hand der Abzug zur Gänze versagt.

Vor diesem Hintergrund erklärt sich dann aber auch die Durchbrechung des vom BFH dem § 12 Nr.1 EStG entnommenen konstitutiven Aufteilungs- und Abzugsverbotes dann, wenn sich der berufliche und der private Anteil der Nutzung klar und eindeutig nach objektiven Kriterien trennen lassen, und keine der beiden Nutzungen von nur untergeordneter Bedeutung ist.

Von untergeordneter Bedeutung ist ein Nutzungsanteil dann, wenn er weniger als 10% der gesamten Nutzung beträgt. In diesem Falle wird er vernachlässigt. Nutzen Sie also Ihren Kanzlei-Computer zu 9% privat, so führt dies nicht zu einem Abzugsverbot nach § 12 Nr.1 EStG, da der private Nutzungsanteil vernachlässigend gering ist. Gleiches gilt in dem umgekehrten Fall, dass Sie ein Wirtschaftsgut objektiv trenn- und nachweisbar zu nur 9% betrieblich nutzen. Auch dann kann der betriebliche Anteil nicht abgezogen werden.

Eine solche klare und eindeutige Trennung nach objektiven Kriterien ist vom BFH insbesondere bei der Behandlung des beruflichen Telefonkostenanteils des Privatanschlusses angenommen worden.

---

verbleibt. Dies gebietet, solche Aufwendungen bei der Ermittlung des zu versteuernden Einkommens zum Abzug zuzulassen, die der Erzielung von Einnahmen dienen, also Betriebsausgaben (bzw. Werbungskosten bei Überschusseinkünften). Die durch den BFH vorgenommene Auslegung des § 12 Nr.1 EStG durchbricht dieses Prinzip, indem plötzlich nicht mehr alle Ausgaben abzugsfähig sind, die mit der Einkünfteerzielung in Zusammenhang stehen.

Der BFH geht davon aus, dass anhand eines Einzelverbindungsnachweises die Trennung nach privat und beruflich veranlassten Telefonkosten möglich ist. In der Praxis wird jedoch niemals ein Finanzbeamter die Einzelverbindungsnachweise des gesamten letzten Jahres durchforsten, um den beruflichen Telefonkostenanteil zu ermitteln. Der Anteil wird daher regelmäßig im Wege der Schätzung festgesetzt, und beläuft sich immer etwa auf 15 – 20 % der Gesamtaufwendungen.

Dies ist inzwischen vom BFH[70] zugelassen worden.

Hierbei passt zu der BFH-Rechtsprechung ebenfalls nicht, dass in die Aufteilung, für die eigentlich ein Einzelverbindungsnachweis nötig wäre, auch die Telefongrundgebühren anteilig mit aufgenommen werden können.

Versagt worden ist der Abzug aber z.B. für sogenannte medizinisch-technische Hilfsmittel und Geräte. Hierbei handelt es sich um Brillen, Hörgeräte etc. Auch solche Geräte dienen in gewissem Umfang ja der beruflichen Betätigung. Ein Anwalt, der nichts hört oder nichts sieht, ist nicht mehr in der Lage, seinen Beruf auszuüben. Dennoch hat der BFH[71] hier in ständiger Rechtsprechung mangels objektiver und eindeutiger Trennungskriterien den Betriebsausgabenabzug versagt.

Für die Behandlung von sowohl betrieblich wie auch privat genutzten Kfz stehen Sonderregeln zur Verfügung, die bei der Erläuterung der Einnahmeüberschussrechnung der Sozietät Mustermann dargestellt werden. Hier nur soviel: § 12 Nr.1 EStG findet auf betrieblich und privat genutzte Kfz keine Anwendung.

---

[70] BFH BStBl. 1981, II, 131; H 117 EStR „Telefonanschluss in einer Wohnung".

[71] BFH BStBl. 1993, II, 193 (Sehbrille); vgl. H 117 EStR „Medizinisch-technische Hilfsmittel und Geräte" m.w.N. aus der Rechtsprechung.

Regelmäßig zu Streit führt die Vorschrift des § 12 Nr.1 EStG bei der Behandlung von Studien-, Kongress- und Fortbildungsreisen.

Man stelle sich vor, Sie nehmen an einem Seminar „Vollstreckung im europäischen Ausland" teil, das in Barcelona stattfindet. Sie erweitern die 5tägige Seminarreise um eine Woche Urlaub, die Sie anhängen. Nach Barcelona fliegen Sie.

Das Finanzamt versagt den Abzug sowohl der Flug- als auch der Seminar- und Hotelkosten, da die Reise nicht ausschließlich beruflich, sondern auch privat veranlasst war. – Zu Recht?

Die Aufwendungen für Studien-, Kongress- und Fortbildungsreisen sind nur dann steuerlich zu berücksichtigen, wenn objektiv eine berufliche Veranlassung gegeben ist und subjektiv die Aufwendungen zur Förderung des Betriebs gemacht werden. Dies ließe sich bei den Seminarkosten zweifelsfrei bejahen, ebenso bei den Hotelkosten für die Dauer des Seminares.

Die Finanzverwaltung[72] verlangt aber über die objektive Veranlassung und die subjektive Förderungsabsicht hinaus, dass die Befriedigung privater Interessen nach dem Anlass der Reise, dem vorgesehenen Programm und der tatsächlichen Durchführung nahezu ausgeschlossen sein muss.

---

[72] R 117a S.3 EStR.

Besuchen Sie also ein nur halbtägiges Seminar und nutzen Sie den Rest des Tages jeweils zur Erholung oder zu anderen touristischen Zwecken, so wären in jedem Falle die Kosten der Unterbringung nicht mehr betrieblich veranlasst. Aber auch, wenn das Seminar ganztägig ist, und Sie, wie in unserem obigen Beispiel, Urlaub „hinten dran hängen", sind zumindest die Aufwendungen für die Reise, also z.B. die Flugkosten nicht mehr abzugsfähig, da diese nicht eindeutig nur der betrieblichen Veranlassung der Reise zuzuordnen sind. Dies berührt aber die Abzugsfähigkeit der Seminargebühren nicht:

Ist eine Reise insgesamt nicht beruflich veranlasst, können einzelne zusätzliche Aufwendungen gleichwohl Betriebsausgaben oder Werbungskosten sein. Voraussetzung dafür ist, dass sie von den übrigen Reisekosten sicher und leicht abgrenzbar und ausschließlich betrieblich/beruflich veranlasst sind. Die Kosten sind nicht abziehbar, wenn sie auch entstanden wären, wenn der Steuerpflichtige den betrieblich/beruflich veranlassten Teil der Reise nicht durchgeführt hätte.[73]

Die Finanzverwaltung hat nach der Rechtsprechung des BFH[74] einen Katalog von Abgrenzungsmerkmalen[75] aufgestellt, anhand derer die betriebliche oder private Veranlassung nach Würdigung aller Umstände des Einzelfalles[76] vorgenommen werden soll.

Für die betriebliche Veranlassung sollen hiernach sprechen:

- ein homogener Teilnehmerkreis

---

[73] H 117a EStR „Einzelaufwendungen".
[74] BFH BStBl. 1979, II, 218.
[75] H 117a EStR „Abgrenzungsmerkmale".
[76] R 117a S.4 EStR, BFH BStBl. 1979, II, 218.

Die Steuererklärung des Einzelanwalts und der Anwaltssozietät 59

- eine straffe und lehrgangsmäßige Organisation[77]
- ein Programm, das auf die betrieblichen/beruflichen Bedürfnisse und Gegebenheiten der Teilnehmer zugeschnitten ist.

Gegen die betriebliche Veranlassung soll sprechen:

- der Besuch bevorzugter Ziele des Tourismus[78]
- häufiger Ortswechsel
- bei kürzeren Veranstaltungen die Einbeziehung vieler Sonn- und Feiertage, die zur freien Verfügung stehen
- die Mitnahme des Ehegatten oder anderer naher Angehöriger
- die Verbindung mit einem Privataufenthalt
- die Reise in den heimischen Kulturkreis
- entspannende und kostspielige Beförderung, z.B. Schiffsreise.

Die Merkmale können im Einzelfall unterschiedliches Gewicht haben.

---

[77] Aus diesem Grunde werden nicht selten – unzulässigerweise versteht sich – an die Teilnehmer/Innen zwei Programme ausgegeben: Eines für das Finanzamt und eines vor Ort für den tatsächlichen Ablauf.

[78] Bei Fachkongressen im Ausland ist der Ort einer Fachtagung jedoch von geringer Bedeutung, wenn es sich um eine Tagung internationalen Gepräges mit Beteiligung ausländischer Teilnehmer und Dozenten handelt, BFH BStBl 1974, II, 291. Anders ist dies aber wieder dann zu beurteilen, wenn den Teilnehmern gezielt die Möglichkeit eröffnet wird, Freizeitangebote des Ortes, etwa in einer extrem ausgedehnten Mittagspause zu nutzen, H 117a EStR „Fachkongresse".

(2) § 12 Nr.2 EStG

§ 12 Nr.2 EStG hat für Sie als Anwalt keine besondere Bedeutung. Überhaupt ist der Anwendungsbereich des § 12 Nr.2 EStG sehr beschränkt. Er verbietet nur den Abzug von solchen Unterhaltsleistungen, die auf einer freiwillig eingegangenen Rechtspflicht beruhen oder gegenüber nahen Angehörigen erbracht werden. Von Unterhaltsleistungen kann immer dann gesprochen werden, wenn der Leistung des Steuerpflichtigen keine Gegenleistung des Unterhaltenen, des Empfängers, gegenübersteht.

Wie gesagt, hat die Vorschrift des § 12 Nr.2 EStG für Sie als Anwalt keine spezifische Bedeutung. Sie führt in eines der kompliziertesten Gebiete des materiellen Einkommensteuerrechts; nämlich die Behandlung von Unterhalts-, Versorgungs- und Veräußerungsleistungen in Form von Renten und dauernden Lasten. Dies alles zu erklären würde jetzt zu weit führen und brächte Ihnen keinerlei Nutzen in Bezug auf die Zielsetzung dieses Leitfadens. Interessieren Sie sich für die Thematik, sei Ihnen Hemmer/Wüst, Basics Steuerrecht, Rn.384 ff. empfohlen.

(3) § 12 Nr.3 EStG

Auch § 12 Nr.3 EStG hat für Sie als Anwalt nur geringe spezifische Bedeutung. Gegenstand der Regelung ist die Frage, ob gezahlte Steuern, die betrieblich veranlasst sind, als Betriebsausgaben abziehbar sind.

Für Steuern vom Einkommen (Einkommensteuer, Körperschaftssteuer) und die Umsatzsteuer für solche Umsätze, die Entnahmen sind[79], ist dies nach § 12 Nr.3 EStG zu verneinen.

---

[79] Dazu genauer unten im Kapitel „Umsatzsteuer". Die USt besteuert grundsätzlich nur den Endverbraucher. Kaufen Sie Gegenstände für Ihr Unternehmen, so sind Sie berechtigt, die

Seine wesentlichste Bedeutung hat § 12 Nr.3 EStG bei der Behandlung von Einkünften aus Kapitalvermögen, also z.b. Zinseinkünften und Einkünften aus Dividendenzahlungen. Von diesen Einkünften wird direkt von der auszahlenden Stelle, also der Bank oder der Kapitalgesellschaft, Kapitalertragsteuer einbehalten. Die Kapitalertragsteuer ist keine eigene Steuerart, sondern lediglich eine Erhebungsform der Einkommensteuer, vgl. §§ 43, 43a EStG. Die so einbehaltene Steuer darf, auch wenn es sich um betriebliches Kapital handelt, auf das die Zinsen entfallen, oder die Anteile an der Kapitalgesellschaft im Betriebsvermögen gehalten werden, nicht als Betriebsausgabe abgezogen werden. Vielmehr kommt das sogenannte Anrechnungsverfahren zur Anwendung. Am Ende des Veranlagungszeitraumes – also bei der Einkommensteuer regelmäßig des Jahres – wird die bereits einbehaltene Steuer auf die ermittelte Steuerlast angerechnet, § 36 Abs.2 S.2 EStG. Das Anrechnungsverfahren soll durch eine Änderung des EStG zum 01.01.2001 allerdings abgeschafft werden.

(4) § 12 Nr.4 EStG

§ 12 Nr.4 EStG enthält wieder eine Regelung, die Ihnen in vergleichbarer Form schon bekannt sein müsste. Der Anwendungsbereich ähnelt stark dem des § 4 Abs.5 S.1 Nr.8 EStG.

Anders als dort behandelt § 12 Nr.4 EStG aber nicht Ordnungs-, Verwarnungs- oder Bußgelder, sondern in einem Strafverfahren festgesetzte Geldstrafen, bei denen der Strafcharakter überwiegt.

---

gezahlte USt mit der von Ihnen vereinnahmten und an das Finanzamt abzuführenden USt zu verrechnen. Kaufen Sie jetzt aber z.B. 5000 Blatt Kopierpapier und nehmen Sie 1000 davon irgendwann mit nach Hause, so haben Sie auf diese 1000 Blatt Umsatzsteuer zu zahlen, da in diesem Fall Sie Letztverbraucher sind und ein Vorsteuerabzug damit nicht gerechtfertigt wäre.

Inhaltlich und methodisch gilt hier aber wieder das Gleiche, wie bereits oben zu § 4 Abs.5 S.1 Nr.8 EStG gesagt. Dem Abzugsverbot unterliegen erneut nur die reinen Geldstrafen, nicht aber z.b. die Verfahrenskosten. Diese sind nicht in einem Strafverfahren festgesetzte Geldstrafen, bei denen der Strafcharakter überwiegt.

Man mag es kaum glauben, aber an solchen Ausführungen merken Sie, dass auch Steuerrecht Jura und juristische Methodik und Arbeitsweise ist. Auch wenn in diesem Leitfaden nicht alle in Betracht kommenden Probleme, die sich bei der steuerlichen Behandlung von Umsätzen in einer Anwaltskanzlei ergeben können, behandelt werden können, sollen Sie als Juristen doch in die Lage versetzt werden, mit Hilfe des EStG und der begleitenden Vorschriften, die Vorgänge in Ihrer Kanzlei selbst zu analysieren.

cc) **Sonderfall nicht abzugsfähiger Betriebsausgaben: Ehegattenarbeitsverhältnisse**

Außerhalb der gesetzlichen Bestimmungen des § 4 Abs.5 EStG und des § 12 EStG hat die Rechtsprechung ein Abzugsverbot unter gewissen Voraussetzungen auch für solche „Betriebsausgaben" begründet, die Zahlungen an nahe Angehörige, insbesondere den Ehegatten zum Gegenstand haben.

Bsp.:

Sie beschäftigen Ihren Ehegatten im Büro als Schreibkraft. Das Bruttogehalt ist angemessen und beträgt 2.800 DM im Monat. Ein schriftlicher Arbeitsvertrag, wie er auch mit dritten Schreibkräften getroffen wurde, liegt vor.

Ist das Arbeitsverhältnis steuerlich anzuerkennen?

Der Fiskus und mit ihm der BFH wollen Bestrebungen entgegenwirken, durch Verträge mit nahen Angehörigen Progressionsvorteile und Freibeträge unter Umgehung steuerlicher Vorschriften auszunutzen. Es ist denkbar, dass ein Arbeitsvertrag mit einem Ehegatten nur deshalb geschlossen wird, um den jährlichen Freibetrag in Höhe des Existenzminimums von derzeit 13.067 DM (sog. Grundfreibetrag) auszunutzen, oder um das zu versteuernde Einkommen des Arbeitgeberehegatten, der einer höheren Progression (einem höheren Steuersatz / -tarif) unterliegt, zu verringern, und dafür den niedrigeren Steuersatz des Arbeitnehmerehegatten auszunutzen.

Dies kann natürlich nur dann funktionieren, wenn die Ehegatten nicht die Zusammenveranlagung, sondern die getrennte Veranlagung wählen. Werden sie nämlich gemäß § 26 EStG zusammenveranlagt, so gibt es nur eine Summe der Einkünfte, die identisch bleibt, gleichgültig, wie die Einkünfte auf die Ehegatten verteilt werden. Progressionsvorteile sind daher nur bei getrennter Veranlagung der Ehegatten möglich.

Um dem entgegenzuwirken, hat der BFH bestimmte Kriterien aufgestellt, die zwingend erfüllt sein müssen, um Verträge[80] unter nahen Angehörigen anzuerkennen.

Hierbei sind zu unterscheiden die Anerkennung dem Grunde nach und die Anerkennung der Höhe nach.

Für die Anerkennung dem Grunde nach bestehen drei, bei weiterer Untergliederung auch vier Anerkennungskriterien:

---

[80] Dieser Rechtsprechung des BFH unterfallen nicht nur Arbeitsverträge, sondern z.B. auch Darlehen, Beteiligungen an Familienpersonengesellschaften etc.

(1) Bürgerlich-rechtliche Wirksamkeit

Zunächst muss der Vertrag bürgerlich-rechtlich wirksam sein. Dies stellt bei Arbeitsverträgen selten ein Problem dar, da der Gesetzgeber für solche Verträge keine bestimmte Form vorsieht, sie deshalb auch mündlich geschlossen werden können. Aus Beweisgründen bietet sich aber immer doch die Schriftform an.

> Problematisch kann dieses Erfordernis bei Schenkungen gegenüber Minderjährigen werden, z.b. wenn es um die Schenkung von vermietetem Wohnungseigentum geht. Nach der Gesamtbetrachtungslehre des BGH handelt es sich bei der Schenkung von vermieteten Grundstücken und Wohnungen ja nicht um ein lediglich rechtlich vorteilhaftes Geschäft, weshalb der Minderjährige der Vertretung durch den gesetzlichen Vertreter bedarf, dieser aber gemäß § 181 BGB von der Vertretung ausgeschlossen ist. Es muss – auch und gerade für die steuerliche Anerkennung der Schenkung – ein Ergänzungspfleger bestellt werden. Für die Besteuerung in Ihrer Kanzlei hat dies jedoch keine Bedeutung.

(2) Tatsächliche Durchführung

Der Vertrag muss so, wie er vereinbart wurde, auch tatsächlich durchgeführt werden.

Dies bedeutet, dass zum einen die Arbeitsleistung (bzw. die vereinbarte Gegenleistung) tatsächlich erbracht und zum anderen das vereinbarte Entgelt tatsächlich gezahlt werden muss.

Hierbei war lange Zeit streitig, ob es ausreicht, dass das Entgelt auf ein Konto gezahlt wurde, auf das auch der Arbeitgeberehegatte Zugriff hat, also entweder auf ein Konto des Arbeitnehmerehegatten, für das der

Arbeitgeberehegatte Vollmacht hat, oder auf ein gemeinsames Konto beider Ehegatten (sog. Oder-Konto). Der BFH hatte die steuerliche Anerkennung bei Zahlung auf ein Oder-Konto stets abgelehnt, bis das BVerfG dieser Rechtsprechung als mit Art.3 und 6 GG unvereinbar eine Absage erteilte. Hiernach muss auch die Zahlung auf ein Oder-Konto anerkannt werden. Für die Zahlung auf ein Konto des Arbeitnehmerehegatten, für das auch der Arbeitgeberehegatte Kontovollmacht hat, war dies – auch vom BFH - schon immer anerkannt, da der Arbeitnehmerehegatte den Arbeitgeberehegatten ja jederzeit von der Verfügungsmacht ausschließen kann und die Zahlung sich damit nicht gleichsam als Zahlung des Arbeitgebers an sich selbst darstellt, wie es bei einem Oder-Konto der Fall ist.

Sicher nicht anerkannt werden kann die Zahlung auf ein Konto des Arbeitgeberehegatten selbst, gleichgültig, ob der Arbeitnehmerehegatte Kontovollmacht hat oder nicht. Gehalt, das nicht an den Arbeitnehmer gezahlt wird, sondern das der Arbeitgeber an sich selbst zahlt, kann nicht als Betriebsausgabe anerkannt werden. Entnimmt der Arbeitgeber Geld für den privaten Bedarf aus der Kasse, stellt dies auch keine Betriebsausgaben dar.

(3) Fremdvergleich

Wohl wichtigstes Kriterium für die Anerkennung ist der sogenannte Fremdvergleich.

Die Vereinbarung hätte so, wie sie zwischen den Angehörigen getroffen worden ist, auch zwischen fremden Dritten getroffen werden müssen. Sie muss dem zwischen Dritten Üblichen entsprechen.

Unproblematisch ist dies natürlich, wenn der Ehegatte zu schlechteren Konditionen angestellt wird, als fremde Dritte. Hierbei ist eine Umgehung steuerlicher Vorschriften nicht zu befürchten.

Einer Anerkennung stünde aber entgegen, wenn der Arbeitnehmerehegatte bei gleichen Bezügen wie eine Ganztagskraft nur halbtags arbeitet, dabei aber doppelte Urlaubsansprüche genießt.

Von der Frage des Fremdvergleichs ist dogmatisch die Frage nach der Anerkennung der Höhe nach zu trennen. Dazu sogleich.

(4) Tatsächliches Bedürfnis für die Beschäftigung

Von der Frage des Fremdvergleichs nicht sauber trennen lässt sich die Frage danach, ob für die Beschäftigung des Ehegatten bzw. des nahen Angehörigen ein tatsächliches Bedürfnis besteht. Nur dann nämlich kann ein Arbeitsverhältnis zwischen nahen Angehörigen auch anerkannt werden.

Eröffnen Sie kurz nach dem 2. Staatsexamen in Ihrer Wohnung eine Kanzlei und beschäftigen Sie Ihren Ehegatten, um dann, wenn es klingelt, zur Tür zu gehen und diese zu öffnen, und zahlen Sie hierfür ein monatliches Gehalt in Höhe von 1.500 DM, so stünde das Fehlen eines tatsächlichen Bedürfnisses für die Beschäftigung einer Anerkennung entgegen.

Dogmatisch lässt sich dies schon relativ einfach mit § 4 Abs.4 EStG begründen, der den Begriff der Betriebsausgaben definiert:

Besteht für die Beschäftigung eines Arbeitnehmers kein betriebliches Bedürfnis, sondern vollzieht sich diese aus rein privaten Motiven, so sind die Gehaltszahlungen auch nicht durch den Betrieb veranlasst. Betriebsausgaben im Sinne der Definition liegen nicht vor.

(5) Anerkennung der Höhe nach

Ist ein Arbeitsverhältnis – oder ein sonstiger Vertrag – dem Grunde nach anzuerkennen, so stellt sich immer noch die Frage, ob die geleisteten Zahlungen, die sich in folge der Anerkennung als Betriebsausgaben darstellen, auch in voller Höhe anzuerkennen sind.

Hier kann nicht streng auf einen Fremdvergleich abgestellt werden. Zwar gelten die fremden Dritten in vergleichbarer Position und Lage geleisteten Zahlungen als grundsätzlicher Maßstab, jedoch muss in die Betrachtung eingestellt werden, dass nahe Angehörige, insbesondere Ehegatten, bei der Führung des Betriebes bzw. bei der Verrichtung Ihrer Arbeit ein größeres Engagement an den Tag legen und der Betrieb diesen regelmäßig sehr viel mehr am Herzen liegt. Darüber hinaus übernehmen nahe Angehörige häufig auch Organisations- und Kontrollaufgaben, was die Zahlung eines angemessen höheren Gehaltes rechtfertigen kann.

Sollte die Anerkennung der Höhe nach aus der Betrachtung des Einzelfalles heraus versagt werden, so bedeutet dies nicht, dass die Aufwendungen insgesamt nicht anerkannt werden. Wie bei § 4 Abs.5 S.1 Nr.7 EStG kennen gelernt, werden die Aufwendungen auf ein angemessenes Maß „heruntergeschraubt" und insoweit zum Abzug zugelassen, wie sie angemessen wären.

> **Dies kann die unangenehme Folge nach sich ziehen, dass Sie Ausgaben, die Sie tatsächlich geleistet haben, nicht abziehen dürfen, sich Ihr Gewinn also erhöht. Andererseits muss der Empfänger den nicht zum Abzug zugelassenen Teil auch nicht als Einnahmen aus Einkünften aus nichtselbstständiger Tätigkeit versteuern.**

e) Aufzeichnungspflichten

Die § 4 - III - Rechnung ist deshalb für den Anwalt angenehm, weil sie keine Buchführung im Sinne des HGB erfordert, das hierfür feste Regeln aufstellt, und weder Bestandskonten noch eine Inventur kennt. Nichtsdestotrotz bietet es sich für den Anwalt an, seine Buchführung an die des § 4 - I - Rechners anzulehnen. Moderne Anwaltssoftware ermöglicht es, bei einer sauberen Buchführung während des Jahres, am Jahresende per Knopfdruck die dem Finanzamt vorzulegende Einnahme-Überschussrechnung samt Umsatzsteuerjahreserklärung zu erstellen.

Eine originäre Aufzeichnungspflicht über alle Betriebseinnahmen und Betriebsausgaben des § 4 - III - Rechners enthält das Gesetz nach umstrittener[81] Auffassung nicht. Allerdings muss der Steuerpflichtige in seiner Steuererklärung Betriebseinnahmen und Betriebsausgaben, ohne diese miteinander zu saldieren, aufführen.

Alle Positionen müssen dem Finanzamt auf Verlangen erläutert und glaubhaft gemacht werden können. Hierzu gehört insbesondere die Darlegung der betrieblichen Veranlassung der Betriebsausgaben und die Möglichkeit zur Überprüfung der Betriebseinnahmen auf Vollständigkeit. Das Finanzamt kann auf die Vorlage von Belegen bestehen.

Ist nur die Entstehung, nicht aber die Höhe von Betriebsausgaben nachgewiesen, so kann das Finanzamt die Höhe im Rahmen der Schätzung ermitteln.

Es ist für den Anwalt daher zumindest notwendig, alle Belege zu sammeln und aufzubewahren.

---

[81] Vgl. Schmidt-Heinicke, EStG 18.Aufl., § 4 Rn.374.

Hierneben enthält das Gesetz für nicht oder nur begrenzt abzugsfähige Betriebsausgaben im Sinne des § 4 Abs.5 EStG in § 4 Abs.7 EStG eine besondere Aufzeichnungspflicht.

§ 4 Abs.7 EStG:

Aufwendungen im Sinne des Absatzes 5 Satz 1 Nr.1 bis 4, 6b und 7 sind einzeln und getrennt von den sonstigen Betriebsausgaben aufzuzeichnen. Soweit diese Aufwendungen nicht bereits nach Absatz 5 vom Abzug ausgeschlossen sind, dürfen sie bei der Gewinnermittlung nur berücksichtigt werden, wenn sie nach Satz 1 besonders aufgezeichnet sind.

Aus der Regelung erkennen Sie, dass die Abzugsfähigkeit von Betriebsausgaben im Sinne des § 4 Abs.5 EStG neben der dort genannten Beschränkungen auch noch von der gesonderten Aufzeichnung abhängt. Diese Voraussetzung soll die Kontrolle der Abzugsbeschränkungen erleichtern. Die Aufzeichnungspflicht im Sinne des § 4 Abs.7 EStG ist erfüllt, wenn für jede der in Abs.7 i.V.m. Abs.5 genannten Betriebsausgaben ein gesondertes Konto geführt wird, oder auf einem einheitlichen Konto für die Ausgaben im Sinne der Abs.5, 7 aus jeder Buchung ersichtlich ist, um Betriebsausgaben welcher Art es sich handelt.[82]

Bei Aufwendungen für Geschenke, § 4 Abs.5 Nr.1 EStG, muss, damit der Aufzeichnungspflicht des § 4 Abs.7 EStG genüge getan wird, der Name des Empfängers aus der Buchung oder dem Buchungsbeleg zu ersehen sein.[83]

---

[82] R 22 Abs.1 EStR.
[83] R 22 Abs.2 EStR.

In folge dieser vielfältigen Pflichten und Sammlung der Belege ist es üblich und unseres Ermessens auch sehr sinnvoll, freiwillig eine Buchführung in der Kanzlei vorzunehmen.[84]

> **Mit entsprechender Software ist dies auch kein großes Problem mehr. Der Berufseinsteiger wird dies ohne lange Einarbeitung selbst machen können. Wird die Kanzlei größer, so ist eine Buchhaltung und die Einstellung einer Kraft hierfür ohnehin unumgänglich.**

Die freiwillige Buchführung hat den weiteren entscheidenden Vorteil, dass dem **anwaltlichen Berufsrecht** genüge getan wird.

Nach § 43a Abs.5 S.1 BRAO ist der Rechtsanwalt bei der Behandlung der ihm anvertrauten Vermögenswerte zu der erforderlichen Sorgfalt verpflichtet. Nach S.2 hat er Fremdgelder unverzüglich an den Empfangsberechtigten weiterzuleiten, oder auf ein Anderkonto einzuzahlen. Diesen Anforderungen wird der Anwalt am ehesten durch eine freiwillige Buchführung gerecht.

Zudem ermöglicht diese dem Anwalt jederzeit, einen Überblick über den Erfolg seiner Kanzlei abrufen zu können.

Neben der Pflicht, Belege über Einnahmen und Ausgaben zu sammeln, hat der Anwalt als § 4 - III - Rechner ein Verzeichnis über die abnutzbaren Wirtschaftsgüter des Anlagevermögens zu erstellen.

> **Im Rahmen des Betriebsvermögens sind zu unterscheiden das Anlagevermögen und das Umlaufvermögen. Im Anlagevermögen sind alle Wirtschaftsgüter verzeichnet, die dem Betrieb auf Dauer zu dienen bestimmt sind, also z.B. die Computer, der Schreibtisch, die Regale etc.**

---

[84] Zur praktischen Durchführung der Buchungen am Ende dieses Buches.

Umlaufvermögen hingegen sind solche Wirtschaftsgüter, die nicht im Betriebsvermögen zu verbleiben bestimmt sind. Hierzu zählen etwa die Geldbestände auf den verschiedenen Bankkonten und in der Kasse, Kanzleibroschüren, die an Mandanten weitergegeben werden, Kostenmarken etc.

Hiervon zu trennen ist die Zuordnung einzelner Wirtschaftsgüter bei der Frage, ob es sich überhaupt um Betriebsvermögen handelt. Der Pkw z.B., den der Anwalt sowohl privat als auch beruflich fährt: Betriebsvermögen oder nicht? – Grundsätzlich ist der Anwalt bei der Zuordnung der Wirtschaftsgüter zum Betriebs- oder Privatvermögen frei. Häufig wird versucht, so viele Gegenstände wie möglich dem Betriebsvermögen zuzuordnen, da dann alle Aufwendungen, die mit diesem Gegenstand in Zusammenhang stehen, gewinnwirksam als Ausgaben angesetzt werden können.

Wirtschaftsgüter die zu mehr als 50% betrieblich genutzt werden, stellen notwendiges Betriebsvermögen dar. Der Steuerpflichtige hat kein Wahlrecht mehr, welchem Vermögensbereich das Wirtschaftsgut zugeordnet wird. Der Gegenstand befindet sich im Betriebsvermögen. Wird ein Wirtschaftsgut zu weniger als 10% betrieblich genutzt, so handelt es sich um notwendiges Privatvermögen. Auch hier entfällt ein Wahlrecht. Der Gegenstand befindet sich im privaten Vermögensbereich.

Bei einer betrieblichen Nutzung zwischen 10% und 50% ist einkommensteuerrechtlich umstritten, ob auch der § 4 - III - Rechner sogenanntes gewillkürtes Betriebsvermögen haben kann. Bei Gewerbetreibenden, die Bilanzen erstellen, ist dies unumstritten möglich, da der Wille das Wirtschaftsgut dem Betrieb zuzuordnen, unzweifelhaft durch die Aufnahme in die Bilanz dokumentiert werden kann.

Der § 4 - III - Rechner hat indes keine Bilanz, in die ein Wirtschaftsgut aufgenommen werden könnte. Der Fiskus fürchtet, es könnte ein Wirtschaftsgut dem Betriebsvermögen zugeordnet und die Kosten gewinnmindernd geltend gemacht und dann – ohne dass es der Fiskus merkt – das Wirtschaftsgut in das Privatvermögen überführt werden.

> Ist das Gut bilanziert, so besteht diese Gefahr nicht, da es aus der Bilanz als Entnahme ausgebucht werden müsste. Diese Möglichkeit hat der § 4 - III - Rechner nicht, weshalb der Fiskus den Verlust der Besteuerung stiller Reserven fürchtet. Der § 4 - III - Rechner soll daher kein gewillkürtes Betriebsvermögen haben.
> M.E. ist dieser Auffassung nicht zu folgen, da auch der § 4 - III - Rechner ein Vermögensverzeichnis anlegt, sei es ein Abschreibungsplan, § 4 Abs.3 S.3 EStG, oder das Verzeichnis nicht abnutzbarer Wirtschaftsgüter, § 4 Abs.3 S.5 EStG[85].
> Die Auffassung der Finanzverwaltung für das Einkommensteuerrecht geht auch nicht mit der Behandlung im Umsatzsteuerrecht konform. Hier ist der Unternehmer (in umsatzsteuerlicher Hinsicht ist auch der Rechtsanwalt bzw. die Rechtsanwaltssozietät Unternehmer) in seiner Entscheidung zur Zuordnung eines Gegenstandes zum Betriebsvermögen frei, solange die betriebliche Nutzung mindestens 10% beträgt, § 15 Abs.1 S.2 UStG.[86]

Die Pflicht, ein solches Verzeichnis zu erstellen, ergibt sich aus § 4 Abs.3 S.3 EStG, der bestimmt, dass auch im Rahmen der § 4 - III - Rechnung die Vorschriften über die Absetzung für Abnutzung zu befolgen sind.

Hierbei handelt es sich um die sogenannte AfA. Die Anschaffungskosten für Wirtschaftsgüter des Anlagevermögens können grundsätzlich nicht im Jahr der Anschaffung in voller Höhe gewinnmindernd angesetzt werden. Sie sind vielmehr auf die betriebsgewöhnliche Nutzungsdauer zu verteilen, § 7 Abs.1 EStG.[87] Dies ist in der praktischen Durchführung allerdings nur dann möglich, wenn ein Verzeichnis über alle Wirtschaftsgüter des Anlagevermögens geführt wird.

---

[85] Zu beiden sogleich.

[86] Mehr hierzu im Kapitel Umsatzsteuer.

[87] Ausführlich zur AfA im folgenden Kapitel.

> **Die Wirtschaftsgüter sind z.T. mit einer Nutzungsdauer von 10 Jahren und mehr anzusetzen.** Wird kein Verzeichnis geführt, ist das Nachhalten des jeweiligen Buchwertes des Wirtschaftsgutes nicht möglich. Unter Buchwert versteht man den Wert, mit dem das Wirtschaftsgut noch zu Buche steht, also die Anschaffungskosten vermindert um die bis zum jeweiligen Tage vorgenommene AfA.

Neben diesem sogenannten Abschreibungsplan hat der § 4 - III - Rechner nach § 6 Abs.2 S.4 EStG ein Verzeichnis über die geringwertigen Wirtschaftsgüter zu führen. Dieses muss Angaben über den Tag der Anschaffung oder Einlage und über den Anschaffungspreis oder den anzusetzenden Einlagewert enthalten.

Geringwertige Wirtschaftsgüter sind solche, deren Anschaffungskosten einen Betrag von 800 DM netto nicht übersteigen (= 928 DM brutto bei 16 % USt), § 6 Abs.2 S.1 EStG. Die Besonderheit bei der Behandlung dieser geringwertigen Wirtschaftsgüter liegt darin, dass deren Anschaffungskosten im Jahr der Anschaffung in voller Höhe gewinnmindernd angesetzt werden können.[88]

Hierüber hinaus hat der Anwalt die Pflicht, ein Verzeichnis über die nicht abnutzbaren Wirtschaftsgüter des Anlagevermögens aufzustellen, § 4 Abs.3 S.5 EStG. Nicht abnutzbare Wirtschaftsgüter des Anlagevermögens sind in erster Linie Grundstücke. Die Besonderheit bei diesen Wirtschaftsgütern liegt darin, dass die Anschaffungskosten für diese nicht im Zeitpunkt der Anschaffung berücksichtigt werden können. § 4 Abs.3 S.4 EStG bestimmt, dass diese erst im Zeitpunkt der Veräußerung oder Entnahme den Gewinn mindern dürfen.

---

[88] Mehr dazu im Kapitel „AfA / geringwertige Wirtschaftgüter".

Dies hat aus Sicht des Fiskus einen einfachen Grund: Die Vorschriften über die AfA gelten für nicht abnutzbare Wirtschaftsgüter nicht.

Dies hängt damit zusammen, dass die AfA nach der Aufwandsverteilungsthese den Anschaffungsaufwand auf die betriebsgewöhnliche Nutzungsdauer verteilen soll. Die Nutzungsdauer bestimmt sich nach dem Wertverzehr des Wirtschaftsgutes. Ein nicht abnutzbares Wirtschaftsgut hat allerdings keinen Wertverzehr, so dass die AfA-Vorschriften ins Leere gehen würden. Nach anderer Ansicht ist gesetzgeberisches Motiv für die AfA allein der Wertverzehr. Auch dann gelten die AfA-Vorschriften erst recht nicht für nicht abnutzbare Wirtschaftsgüter.

Ohne die Regelung des § 4 Abs.3 S.4 EStG könnten daher z.B. die Anschaffungskosten für ein Betriebsgrundstück im Jahr der Anschaffung in voller Höhe gewinnmindernd geltend gemacht werden. Dies hätte – bei teuren Grundstücken – zur Folge, dass der Steuerpflichtige im Jahr der Anschaffung und in den folgenden Jahren keine Steuerschuld begründet.

Können, so wie § 4 Abs.3 S.4 EStG es bestimmt, die Anschaffungskosten jedoch erst im Zeitpunkt der Veräußerung geltend gemacht werden, so werden Verkaufspreis und Einkaufspreis miteinander verrechnet, so dass im Zweifel eine Steuerschuld übrig bleibt.

Bsp.:

Rechtsanwalt A kauft im Jahre 03 ein Grundstück, dass er eventuell für die Erweiterung seiner Kanzlei nutzen will, für 300.000 DM. Da es sich bei dem Grundstück um ein nicht abnutzbares Wirtschaftsgut des Anlagevermögens handelt, können die Anschaffungskosten erst bei Ausscheiden aus dem Betriebsvermögen als Betriebsausgaben abgesetzt werden.

Im Jahr 05 entschließt er sich, seinen Standort insgesamt zu verlegen, und veräußert das Grundstück für 400.000 DM.

Die Steuererklärung des Einzelanwalts und der Anwaltssozietät 75

Die 400.000 DM sind Betriebseinnahmen, da ein Wirtschaftsgut des Betriebsvermögens veräußert worden ist. Da das Wirtschaftsgut jetzt aber aus dem Betriebsvermögen ausgeschieden ist, können nunmehr auch die Anschaffungskosten als Betriebsausgaben abgezogen werden.

A hat also (400.000 ./. 300.000 =) 100.000 DM Veräußerungsgewinn als Betriebseinnahmen aus seiner selbstständigen Tätigkeit zu versteuern.

Die Regelung hat daher zur Folge, dass bei dem Ausscheiden nicht abnutzbarer Wirtschaftsgüter des Anlagevermögens immer nur die stillen Reserven[89] versteuert werden.

Kauft der Anwalt also ein Bürogrundstück, so ist der Kaufpreis nach dem Anteil für den Grund und Boden (sog. G.u.B. – Anteil) und dem Anteil für das Gebäude, für das die AfA nach § 7 Abs.4, 5 EStG Anwendung findet, aufzuteilen. Je geringer der G.u.B.-Anteil, desto höher die Bemessungsgrundlage für die AfA. Bemessungsgrundlage für die Grunderwerbsteuer ist der Kaufpreis, also G.u.B. – Anteil und Gebäudeanteil. Geht mit dem Gebäude auch Inventar über, so kann es erhebliche Vorteile haben, dieses bei der Berechnung des Kaufpreises gesondert auszuweisen, da der hierauf entfallende Teil nicht der GrEwSt unterliegt. Z.B. sollte eine <u>eingebaute</u> (*nicht Einbauküche, da diese mit dem Grundstück fest verbunden ist und daher der GrEwSt unterfällt*) Küche bei der Kaufpreisaufstellung gesondert ausgewiesen werden.

Neben diesen einkommensteuerrechtlichen Aufzeichnungspflichten treffen den Rechtsanwalt, bzw. die Rechtsanwaltssozietät als Unternehmer in umsatzsteuerrechtlicher Sicht, auch umsatzsteuerrechtliche Aufzeichnungspflichten nach §§ 22 UStG, 63 ff. UStDV.[90]

---

[89] Stille Reserven nennt man die Differenz zwischen dem Buchwert eines Wirtschaftsgutes und dessen tatsächlichem Wert.

[90] Mehr dazu im Kapitel „Umsatzsteuer".

Haben Sie als Anwalt Beschäftigte, also z.b. Schreibkräfte, Sekretärinnen, Bürovorsteher oder auch angestellte Anwälte, so trifft Sie im Rahmen des Lohnsteuerabzuges[91] die Pflicht, für jeden Arbeitnehmer gemäß § 41 Abs.1 EStG ein sogenanntes Lohnkonto zu führen. In diesem Lohnkonto wird der für die Durchführung des Lohnsteuerabzuges maßgebliche Arbeitslohn für jeden Arbeitnehmer ermittelt.[92]

Der Inhalt dieser Lohnkonten ergibt sich aus § 4 LStDV. Hierbei sind allgemeine Aufzeichnungen vorzunehmen, wie z.b. der Vor- und Familienname, Geburtstag und Wohnort, aber gemäß § 4 Abs.2 LStDV auch Aufzeichnungen bei jeder Lohnabrechnung, mit Angaben über den Tag der Lohnzahlung, die Höhe des Arbeitslohnes getrennt nach Bar- und Sachbezügen[93] sowie die Summe der steuerfreien Bezüge und der vom Arbeitgeber pauschal versteuerten Zuwendungen.

Diese Lohnkonten sind gemäß § 41 Abs.1 S.9 EStG *bis zum Ablauf des sechsten Kalenderjahrs, das auf die zuletzt eingetragene Lohnzahlung folgt, aufzubewahren.*

---

[91] Hierzu unten das Kapitel „Die Behandlung von Lohnkosten und Lohnnebenkosten für Arbeitnehmer".

[92] Zu Erleichterungen bei der Aufzeichnungspflicht, insbesondere bei pauschalierter Lohnsteuer (dazu unten) vgl. Sie R 130 LStR.

[93] Vgl. Sie auch zum Umfang des anzusetzenden Arbeitslohnes unten das Kapitel „Die Behandlung von Lohnkosten und Lohnnebenkosten für Arbeitnehmer".

f) Durchlaufende Posten

§ 4 Abs.3 S.2 EStG sowie § 10 Abs.1 S.5 UStG bestimmen, dass durchlaufende Posten, also Betriebseinnahmen und Betriebsausgaben bzw. Beträge, die im Namen und für Rechnung eines anderen vereinnahmt und verausgabt werden, bei der Gewinnermittlung ausscheiden.

Durchlaufende Posten in diesem Sinne sind z.B. Fremdgelder, die für einen Mandanten vereinnahmt und an diesen weitergeleitet werden. Diese Gelder müssen zwar gebucht werden, dies aber nicht als Betriebseinnahmen und Betriebsausgaben. Sie sind gewinnneutral. Für die Qualifizierung als durchlaufender Posten ist es unerheblich, ob die Vereinnahmung zeitlich vor der Verausgabung erfolgt, oder ob sich dies umgekehrt vollzieht.[94] Andererseits reicht es für die Einordnung als durchlaufender Posten nicht aus, dass der Steuerpflichtige die Beträge **möglicherweise** zurückgewähren oder weiterleiten muss. Ebenso ist unerheblich, dass er sie als **möglicherweise** nicht ihm zustehend ansieht.[95]

Gleiches gilt etwa für Gerichtskostenvorschüsse, nicht aber für die Umsatzsteuer.[96]

---

[94] BFH BStBl 1976, II, 370.

[95] BFH BStBl 1975, II, 776; 1983, II, 723.

[96] Vgl. hierzu das Kapitel „Umsatzsteuer". An dieser Stelle nur schon so viel: Die Umsatzsteuer hat im Ergebnis zwar keine Gewinnauswirkung, da die vereinnahmte Umsatzsteuer an das FA weitergeleitet und die verausgabte USt mit dieser Schuld verrechnet wird. Dennoch muss der Anwalt vereinnahmte Umsatzsteuer als Betriebseinnahmen eigener Art und selbst an Dritte gezahlte USt (sog. Vorsteuer) als Betriebsausgaben eigener Art buchen. Dies deshalb, weil er die USt für eigene Rechnung vereinnahmt und verausgabt.

> Am 30.12.05 vereinnahmte Fremdgelder, die am 05.01.06 an den
> Mandanten weitergeleitet werden, erhöhen daher nicht den Gewinn für
> 05. Am 30.12.05 vereinnahmte USt auf eine Honorarforderung, die erst
> in 06 an das FA weitergeleitet wird, erhöht jedoch den Gewinn für 05
> und stellt sich in 06 als gewinnmindernde Betriebsausgabe dar.

Wegen ihrer Gewinnneutralität erscheinen die Konten, auf denen die durchlaufenden Posten gebucht werden, auch nicht in der Einnahmeüberschussrechnung. Posten, die keinen Einfluss auf den Gewinn haben, müssen auch nicht aufgeführt werden.

In der täglichen Praxis ist besonders wichtig, dass sie das Konto mit den Fremdgeldern ordentlich buchen und jede Vermengung mit Honorarzahlungen vermeiden. Da gerade die Fremdgeldkonten, auf denen die durchlaufenden Posten gebucht werden, beliebtes „Versteck" für nicht deklarierte Betriebseinnahmen sind, auf die also auch keine Umsatzsteuer abgeführt wird, sind Betriebsprüfer bei der Überprüfung der Fremdgeldkonten besonders gründlich. Es gibt nahezu keine Betriebsprüfung, bei der das Fremdgeldkonto nicht ausführlich nachvollzogen wird.

> Können Sie die Vorgänge auf diesem Konto nicht nachweisen und
> tauchen Zahlungen auf, die nicht zugeordnet werden können, so kann
> es in letzter Konsequenz passieren, dass die gesamten Vorgänge auf
> diesem Konto, also auch solche, bei denen es sich tatsächlich um
> durchlaufende Posten handelt, als umsatz- und einkommensteuer-
> pflichtige Betriebseinnahmen gewertet werden. Es sind dann
> erhebliche Nachzahlungen zu leisten, die nicht nur die Liquidität des
> Unternehmens, sondern die Existenz bedrohen können. Es kann daher
> nicht eindringlich genug auf eine geordnete Kontenführung
> hingewiesen werden.

g) Absetzung für Abnutzung (AfA)

aa) Allgemeines

Die Anschaffungs- oder Herstellungskosten für Wirtschaftsgüter, die dem Betrieb dauerhaft zu dienen bestimmt sind (sog. Anlagevermögen[97]), können grundsätzlich nicht unmittelbar als Betriebsausgaben im Jahr der Anschaffung gewinnmindernd angesetzt werden.

Unter Anschaffungskosten versteht man denjenigen Betrag, den Sie aufwenden müssen, um ein Wirtschaftsgut zu erwerben und in einen betriebsbereiten Zustand zu versetzen. Das EStG verwendet den Begriff der Anschaffungskosten, ohne ihn zu definieren.

Für die Definition kann und muss aber auf § 255 Abs.1 HGB zurückgegriffen werden.[98] Die Aufwendung, um das Wirtschaftsgut zu erwerben, ist hierbei final und nicht kausal zu verstehen.[99] Entscheidend ist daher der Zweck der Aufwendung und nicht ihre Veranlassung.

Zu den Anschaffungskosten gehören auch die Anschaffungsnebenkosten. Solche sind ohne Rücksicht auf etwaig durch sie eintretende Wertsteigerungen, Steuern, Notarskosten (insbesondere bei dem Erwerb von Grundstücken), Gebühren und sonstige Aufwendungen, die geleistet werden, um die wirtschaftliche Verfügungsmacht über den Gegenstand zu erlangen. Voraussetzung ist aber, dass die Kosten dem Wirtschaftsgut einzeln zugeordnet werden können.[100]

---

[97] § 247 Abs.2 HGB; R 32 Abs.1 EStR.
[98] H 32a EStR „Anschaffungskosten"; Schmidt/Glanegger, EStG 18. Aufl., § 6 Rn.81.
[99] Schmidt/Glanegger, EStG 18.Auffl., aaO.
[100] H 32a EStR „Nebenkosten"; BFH BStBl 1984, II, 101; BStBl 1992, II, 70; Schmidt/Glanegger,

Nicht zu den Nebenkosten der Anschaffung gehören z.b. die Kosten für die Rechtsverteidigung nach erlangter Verfügungsmacht.[101] Ebenso gehören auch Finanzierungskosten[102] regelmäßig nicht zu den Anschaffungsnebenkosten sondern zu den sofort abziehbaren Betriebsausgaben. Finanzierungskosten entstehen bei systematischer Betrachtung bei der Geldbeschaffung und nicht bei der Anschaffung des Wirtschaftsgutes.

Auch nicht zu den Anschaffungskosten eines Wirtschaftsgutes, das der Anwalt im Rahmen seiner beruflichen Betätigung nutzt, gehört die Umsatzsteuer. Die Regelung hierzu findet sich in § 9b EStG. Hiernach gehört der Vorsteuerbetrag, das heißt die vom Anwalt selbst gezahlte Umsatzsteuer, nicht zu den Anschaffungskosten, wenn diese umsatzsteuerrechtlich abgezogen werden kann. Da der Anwalt zum sogenannten Vorsteuerabzug berechtigt ist, die von ihm selbst gezahlte Umsatzsteuer bei der Abführung der von ihm vereinnahmten Umsatzsteuer an das Finanzamt also verrechnen darf, gehört der auf die Anschaffung eines Wirtschaftsgutes entfallende Umsatzsteuerbetrag nicht zu der Bemessungsgrundlage für die AfA.[103]

Statt eines Abzuges der Anschaffungskosten im Jahr der Anschaffung, sind diese zeitanteilig auf verschiedene Jahre zu verteilen.

EStG 18.Aufl., § 6 Rn.84.

[101] Schmidt/Glanegger, EStG 18.Aufl., § 6 Rn.84.

[102] BFH BStBl, 1984, II, 101; Schmidt/Glanegger, EStG 18. Aufl., § 6 Rn.140 „Finanzierungskosten".

[103] Wichtig ist an dieser Stelle nur, dass Sie wissen, dass Sie für die Berechnung der AfA-Raten nur die Netto-Anschaffungskosten zugrunde legen. Die Umsatzsteueranteile erfahren eine eigene Behandlung. Hierzu dann mehr im Kapitel „Umsatzsteuer".

Klar ist aber jedenfalls, dass der Abzug der Anschaffungskosten in irgendeiner Weise gewährleistet sein muss.[104] Dies geschieht im Wege der sogenannten Absetzung für Abnutzung, AfA. Dies bedeutet, dass die Anschaffungskosten für das Wirtschaftsgut, also z.b. die Büroeinrichtung, über die betriebsgewöhnliche Nutzungsdauer verteilt werden. Hält der Schreibtisch also 10 Jahre, so muss der Kaufpreis auf diese zehn Jahre verteilt werden. Die anteilige Summe, also z.b. 1/10, stellt dann jeweils Betriebsausgaben in jedem der zehn Jahre dar.

§ 7 EStG formuliert:

(1) Bei Wirtschaftsgütern, deren Verwendung oder Nutzung durch den Steuerpflichtigen zur Erzielung von Einkünften sich erfahrungsgemäß auf einen Zeitraum von mehr als einem Jahr erstreckt, ist jeweils für ein Jahr der Teil der Anschaffungs- oder Herstellungskosten abzusetzen, der bei gleichmäßiger Verteilung dieser Kosten auf die Gesamtdauer der Verwendung oder Nutzung auf ein Jahr entfällt (Absetzung für Abnutzung in gleichen Jahresbeträgen).

(...)

Originär gilt die Vorschrift des § 7 EStG nur für den Betriebsvermögensvergleich, und nicht auch für die Einnahmeüberschussrechnung.

---

[104] Die zwingende Gewährleistung der Abzugsfähigkeit von Kosten, die mit der Einnahmeerzielung zusammenhängen, ergibt sich aus dem Netto-Prinzip.

§ 4 Abs.3 S.3 EStG ordnet jedoch an, dass die Vorschriften über die Absetzung für Abnutzung, deren Kern § 7 EStG bildet, auch bei der Einnahmeüberschussrechnung anzuwenden sind.

Bei § 7 Abs.1 EStG handelt es sich um die lineare AfA, das heißt um die Absetzung in gleichen Jahresbeträgen. Dem gegenübergestellt ist die AfA in fallenden Jahresbeträgen, bei der der dreifache Prozentsatz des linearen AfA-Satzes, maximal jedoch 30 % der Anschaffungs- oder Herstellungskosten[105] geltend gemacht werden kann, sogenannte degressive AfA, § 7 Abs.3 EStG.

> Hierzu ein Beispiel: Kauft Rechtsanwalt Neu einen hochwertigen Schreibtisch für 20.000 DM, der – nach der AfA-Tabelle des BMF – 10 Jahre nutzungsfähig ist, so beträgt die lineare AfA 20.000 DM : 10 Jahre = 2.000 DM/jährlich, was einem AfA-Satz von 10 % der Anschaffungskosten entspricht. Die degressive AfA würde das Dreifache des linearen Satzes, also 30 % betragen. Die Beschränkung auf maximal 30 % kommt hier dementsprechend nicht zum Zuge.
> Bei der linearen AfA könnte Neu demnach über 10 Jahre jährlich 2.000 DM im Wege der AfA als Betriebsausgaben ansetzen. Bei der degressiven AfA, der AfA nach fallenden Jahresbeträgen, § 7 Abs.2 EStG, betrüge der % - Satz 30 %: Im ersten Jahr würde Neu daher 30 % von 20.000 DM = 6.000 DM als Betriebsausgaben gewinnmindernd berücksichtigen können. Im zweiten Jahr betrüge die abzugsfähige AfA 30 % von den verbleibenden 14.000 DM = 4.200 DM. Im dritten Jahr 30 % von den verbleibenden 9.800 DM = 2.940 DM usw.
> Wäre der Schreibtisch nur 5 Jahre nutzungsfähig, so hätte die lineare AfA 20 % betragen. Das Dreifache hiervon wären 60 % der Anschaffungskosten. Wegen der Beschränkung des § 7 Abs.2 S.2 Hs.2 EStG betrüge der degressive AfA-Satz dennoch nur 30 %.

---

[105] Nach dem derzeitigen Stand der Rechtslage (03/2000). Von Seiten der Bundesregierung ist jedoch geplant, den degressiven AfA-Satz nach oben auf 20% zu beschränken. Dies führt im Ergebnis nicht zu einer Reduzierung der AfA, sondern nur zu einer längeren Laufzeit bis zur Abschreibung auf Null. Hierdurch erhält der Fiskus in der Summe einen erheblichen Zinsvorteil, der zur Gegenfinanzierung der Steuerreform dienen soll.

Die Steuererklärung des Einzelanwalts und der Anwaltssozietät

> Die Wahl der AfA-Methode hat somit erhebliche Auswirkungen auf die Verteilung der Aufwendungen auf die verschiedenen Wirtschaftsjahre und kann somit effektiv zur Steuergestaltung eingesetzt werden. Wird die degressive AfA gewählt, so kann - ab dem Zeitpunkt, zu dem sich die lineare AfA günstiger auswirkt - auf diese umgeschwenkt und diese bis zur endgültigen Abschreibung des Wirtschaftsgutes fortgeführt werden, § 7 Abs.3 EStG.

Die Richtlinie R 42 EStR der Finanzverwaltung stellt überblicksartig dar, auf welche Wirtschaftsgüter Abschreibungen vorzunehmen sind:

> Auch hier wird wieder der Charakter der Richtlinien und der diesen nachgestellten Hinweise (abgekürzt mit H) deutlich: Es handelt sich quasi um ein „Bilderbuch" zum EStG; zu den wesentlichen Problemen stellt die Finanzverwaltung ihre Auffassung, häufig belegt durch entsprechende BFH-Urteile, dar und bietet immer viele Beispiele, anhand derer sich auch komplex und unverständlich formulierte steuerrechtliche Vorschriften erfassen lassen. Der Jurist sollte sich nicht zu schade sein, hat er es in der täglichen Praxis auch mit steuerrechtlichen Fragen zu tun, einmal einen Blick in die Richtlinien zu werfen.

(1) AfA ist vorzunehmen für

1. *bewegliche Wirtschaftsgüter (§ 7 Abs.1 Sätze 1, 2, 4 und 5 sowie Abs.2 EStG),*

2. *immaterielle Wirtschaftsgüter (§ 7 Abs.1 Sätze 1 bis 3 und 5 EStG),*

3. *unbewegliche Wirtschaftsgüter, die keine Gebäude oder Gebäudeteile sind (§ 7 Abs.1 Sätze 1, 2 und 5 EStG), und*

4. *Gebäude und Gebäudeteile (§ 7 Abs.4, 5 und 5a EStG),*

die zur Erzielung von Einkünften verwendet werden und einer wirtschaftlichen oder technischen Abnutzung unterliegen.

Unter die beweglichen Wirtschaftsgüter fallen alle Sachen, § 90 BGB, Tiere, § 90a BGB, und Scheinbestandteile, § 95 BGB.

Immaterielle Wirtschaftsgüter sind z.b. der Praxiswert bei Kauf einer Einzelpraxis oder der Sozietätswert bei Einstieg in eine Sozietät (Kauf eines Sozietätsanteils), aber auch Software, sofern es sich nicht um Trivialprogramme (Anschaffungskosten nicht mehr als 800 DM[106]) handelt.

Unbewegliche Wirtschaftsgüter, die keine Gebäude oder Gebäudeteile sind, sind z.B. Außenanlagen, wie Einfriedungen und Hof- und Platzbefestigungen.[107]

Für Gebäude und Gebäudeteile gelten dann die besonderen AfA-Vorschriften des § 7 Abs.4 (lineare Gebäude AfA) und § 7 Abs.5 EStG (degressive Gebäude AfA).

---

[106] Schmidt/Weber-Grellet, EStG 18. Aufl., § 5 Rn.270 „Software"; BFH, BStBl 1994, II, 873; Solche Trivialprogramme werden nicht mehr als immaterielle Wirtschaftsgüter behandelt, sondern als materielle, und damit bewegliche Wirtschaftsgüter, R 31a EStR. Dies hat zur Folge, dass § 6 Abs.2 EStG Anwendung findet und die gesamten Anschaffungskosten im Jahr der Anschaffung gewinnmindernd angesetzt werden können, da es sich um ein geringwertiges Wirtschaftsgut handelt. Mehr dazu aber unten im Abschnitt über geringwertige Wirtschaftsgüter.

[107] H 42 EStR „Unbewegliche Wirtschaftsgüter, die keine Gebäude oder Gebäudeteile sind".

Hier wird der Anschaffungs- oder Herstellungsaufwand grundsätzlich nicht über die betriebsgewöhnliche Nutzungsdauer, sondern nach pauschalierten Prozentsätzen abgeschrieben. Anders ist dies nur, wenn die verbleibende Restnutzungsdauer eines Gebäudes unterhalb der in § 7 Abs.4 S.2 EStG genannten Fristen liegt. Dann können die Anschaffungs- oder Herstellungskosten auf die Restnutzungsdauer verteilt werden.

> **Für Ihr betrieblich genutztes Gebäude, sofern es in Ihrem Eigentum steht, wird (nahezu) immer nur die lineare AfA in Betracht kommen. Die degressive Gebäude - AfA nach § 7 Abs.5 EStG gilt nur für durch den Steuerpflichtigen selbst hergestellte oder im Jahr der Fertigstellung erworbene Gebäude. Für Gebäude, für die der Bauantrag nach dem 31.12.1993 gestellt worden ist, und die betrieblich genutzt werden, ist eine degressive AfA nicht mehr möglich. Diese kann nur noch unter engen Voraussetzungen für Wohngebäude in Anspruch genommen werden. Die einzige Möglichkeit für Neueinsteiger, degressive AfA geltend machen zu können, ist die unentgeltliche Überlassung eines Gebäudes, das der Übergeber im Rahmen der degressiven AfA abgesetzt hat. Dann kann der Rechtsnachfolger nämlich nach § 11d EStDV die AfA seines Rechtsvorgängers fortführen. Diese Möglichkeit wird aber regelmäßig nur im Rahmen der Generationennachfolge vorzufinden sein.**

bb) Abnutzbare bewegliche und immaterielle Wirtschaftgüter des Anlagevermögens

Die AfA für bewegliche und immaterielle Wirtschaftgüter des Anlagevermögens ist in § 7 Abs.1 und für die beweglichen zusätzlich in Abs.2 EStG geregelt.

Es ist, wie oben gesehen, zwischen der linearen und der degressiven AfA zu unterscheiden.

Voraussetzung für beide Absetzungsmöglichkeiten, zwischen denen grundsätzlich ein Wahlrecht besteht, ist, dass es sich

1. um ein Wirtschaftsgut handelt,
2. dieses Wirtschaftsgut dem Anlagevermögen angehört und
3. sich die betriebsgewöhnliche Nutzungsdauer erfahrungsgemäß über mehr als ein Jahr erstreckt.
4. Weiter ist zwischen beweglichen und unbeweglichen Wirtschaftsgütern zu unterscheiden. Nur für bewegliche Wirtschaftsgüter gelten § 7 Abs.1 S.4 und Abs.2 EStG.

Unter einem Wirtschaftsgut versteht der BFH in seiner weiten Auslegung nach wirtschaftlichen und weniger zivilrechtlichen Gesichtspunkten jeden vermögenswerten Vorteil, dessen Erlangung sich der Unternehmer etwas kosten lässt, das einer selbstständigen Bewertung zugänglich ist und in der Regel einen Nutzen über mehrere Jahre erbringt.[108]

Dieses Wirtschaftsgut muss dem Anlagevermögen angehören, also dem Betrieb auf Dauer zu dienen bestimmt sein.[109]

Ferner muss sich die Nutzung des Wirtschaftsgutes erfahrungsgemäß über mehr als ein Jahr erstrecken. Ob das Wirtschaftsgut tatsächlich mehr als ein Jahr genutzt wird, ist hierbei unerheblich.

---

[108] Schmidt/Weber-Grellet, EStG 18.Aufl.; § 5 Rn.94.

[109] Vgl. oben Abschitt d) Praxis der § 4 - III - Rechnung und Fußnote 32.

Kaufen Sie sich z.B. einen betrieblichen Pkw und erleidet dieser zwei Monate später durch einen Unfall Totalschaden, so ist das Fahrzeug für die ersten zwei Monate im Wege der AfA gewinnwirksam zu erfassen.[110] Maßgeblich ist allein die Einschätzung und der Wille im Zeitpunkt der Anschaffung.

Ist von vornherein klar, dass das Wirtschaftsgut weniger als ein Jahr nutzungsfähig sein wird, so sind die Vorschriften über die AfA nicht anwendbar, und die Anschaffungskosten können im Jahr der Anschaffung in voller Höhe als Betriebsausgaben geltend gemacht werden.

Wie im Beispiel oben schon dargestellt, kann bei beweglichen Wirtschaftsgütern zwischen der linearen und der degressiven AfA gewählt werden, wobei jeweils ein gewisser Prozentsatz der Anschaffungskosten auf die Nutzungsdauer verteilt wird. Die Nutzungsdauer ergibt sich aus den AfA-Tabellen[111] des BMF, die grundsätzlich zugrunde zu legen sind.

Wollen Sie hiervon abweichen, so haben Sie dies ausdrücklich zu begründen und darzulegen.

---

[110] Zu der Behandlung solcher Fälle außergewöhnlicher Abnutzung hier nur kurz soviel: Die AfA – Tabellen des BMF legen die betriebsgewöhnliche Nutzungsdauer fest, die natürlich nur so lange gelten kann, wie nichts Außergewöhnliches passiert. Führt jetzt aber ein außergewöhnliches Ereignis, wie z.B. der Totalschaden ihres Kfz zu einer Wertminderung, so kann diese im Wege der Abschreibung für außergewöhnliche Abnutzung, der sog. AfaA geltend gemacht werden. Dies gilt allerdings nur, wenn die Nutzungsfähigkeit bzw. die Lebensdauer eingeschränkt wird. Ein Unfallschaden, der vollständig repariert wird, führt nicht zu einer Einschränkung der Nutzungsfähigkeit des Kfz, weshalb eine AfaA nicht geltend gemacht werden kann. Handelt es sich um einen Totalschaden, so ist der Restbuchwert (= Anschaffungskosten ./. bis dahin anfallende AfA) als Betriebsausgabe anzusetzen. Erstattet die Vollkaskoversicherung den Schaden, so ist die Versicherungsleistung Betriebseinnahme.

[111] Siehe Anhang.

Die AfA führt daher nicht zu einer Beschränkung der Abzugsfähigkeit, sondern zu einer Verteilung des Aufwands. Letztlich können Sie den Gesamtaufwand für betriebliche Anschaffungen bis auf Null gewinnmindernd absetzen/abschreiben. Die Vorschriften über die AfA führen allein dazu, dass diese Abschreibung bis auf Null sich über mehrere Jahre hinzieht und nicht der gesamte Aufwand im Jahr der Anschaffung abzugsfähig wird.

Die Durchführung der AfA-Vorschriften in der täglichen Praxis vollzieht sich wie folgt:

Sie haben jedes Wirtschaftsgut mit seinem Anschaffungsdatum, den Anschaffungskosten und der jährlichen AfA in einem Abschreibungsverzeichnis aufzuführen.

Praktisch werden Sie nicht jeden Monat eine Abschreibung zu 1/12 der Jahres-AfA vornehmen, sondern am Ende des Jahres bei Ihrer Jahreseinkommensteuererklärung die gesamte Jahres-AfA als Betriebsausgaben ansetzen.

Schwierig wird die Bestimmung der Nutzungsdauer bei immateriellen Wirtschaftsgütern. Insbesondere relevant wird diese Frage für den Anwalt bei der Frage nach der Absetzbarkeit des Praxiswertes.

Unter dem Praxiswert versteht man den Betrag, um den der Anschaffungspreis für die Praxis den Wert der einzeln übernommenen Wirtschaftsgüter übersteigt. Nehmen Sie an, sie kaufen eine Praxis von Anwalt Alt für 500.000 DM. Der Wert der Wirtschaftsgüter, vom Computer bis zum Schreibtisch beläuft sich auf 350.000 DM.

> Dann beträgt der Praxiswert 150.000 DM. Dieser ist selbstständig bewertbar (nämlich gerade mit diesem Differenzbetrag), durch die Anschaffung haben Sie sich ihn auch etwas kosten lassen und er wird über mehrere Jahre nutzungsfähig sein. Es handelt sich daher im steuerrechtlichen Sinne um ein Wirtschaftsgut, das der Abschreibung unterliegt.[112]

Das Gesetz sieht in § 7 Abs.1 S.3 EStG vor, dass der Geschäfts- oder Firmenwert zwingend über 15 Jahre abzuschreiben ist. Dies gilt allerdings nur für Gewerbebetriebe und Betriebe der Land- und Forstwirtschaft, was aus dem Wortlaut des § 7 Abs.1 S.3 EStG hergeleitet wird, der ausdrücklich nur von Geschäfts- und Firmenwert spricht.

Bei freiberuflichen Betrieben kann man aber nicht von einem Geschäfts- oder Firmenwert, sondern muss von dem Praxiswert sprechen.[113] Die Nutzungsdauer des Praxiswertes ist zu schätzen. Er beträgt bei Einzelpraxen regelmäßig 3 – 5 Jahre, bei Sozietäten regelmäßig 6 – 10 Jahre.[114]

> Die Absetzung des Praxiswertes bei Sozietäten erscheint auf den ersten Blick vielleicht etwas merkwürdig. Seit BFH BStBl 1994, II, 590 kann aber auch bei der Erweiterung einer Einzelpraxis zu einer Sozietät oder bei der Aufnahme neuer Partner der Sozietätswert als immaterielles Wirtschaftsgut von der erwerbenden Sozietät in voller Höhe abgeschrieben werden. Dies gilt auch insoweit, als er auf den Veräußernden entfällt.

---

[112] Vgl. z.B. BFH, BStBl. 1982, II, 620; 1994, II, 590; jetzt auch die gesetzliche Kodifikation in § 7 Abs.1 S.3 EStG.

[113] Siehe BMF, BStBl 1986, I, 532.

[114] Schmidt/Wacker, EStG 18.Aufl., § 18 Rn.202; BFH BStBl 1994, II, 590; BMF BStBl 1995, I, 14.

> Nehmen Sie als Einzelanwalt also einen Anwalt als Sozius auf, so kann dieser den auf ihn entfallenden Anteil am Praxiswert Ihrer bis dato bestehenden Einzelpraxis als immaterielles Wirtschaftsgut linear (zwingend, da mangels beweglichen Wirtschaftsgutes kein Wahlrecht) über einen Zeitraum von 3 bis 5 Jahren (Wert der Einzelpraxis) abschreiben. Nimmt die so entstandene Zwei Personen - Sozietät einen dritten Partner als Sozius auf, so kann der eintretende Partner den Praxiswert der Zwei - Personen - Sozietät über 6 bis 10 Jahre (Sozietätspraxiswert) linear abschreiben. Dies klingt sehr kompliziert, ist es im Ergebnis aber nicht. Wie diese Abschreibung im Einzelnen funktioniert, wird unten im Kapitel Besonderheiten bei der Erklärung von Sozietäten dargestellt.

Ist ein Wirtschaftsgut auf Null abgeschrieben, das heißt sind seine Anschaffungskosten im Wege der AfA über die Jahre vollends als Betriebsausgaben abgesetzt worden, so ist es im Abschreibungsverzeichnis mit dem Wert Null fortzuführen.[115]

Regelmäßig wird der tatsächliche Wert noch über dem Buchwert liegen. Schreiben Sie z.B. ein Kfz über fünf Jahre ab, so ist das Auto nach fünf Jahren in den Büchern mit Null DM anzusetzen, seine Anschaffungskosten sind im Wege der AfA aufgezehrt. Ein unfallfreies Kfz ist nach fünf Jahren aber regelmäßig noch einiges Wert.

Wird dieses (betriebliche) Auto nunmehr von Ihnen zwecks Anschaffung eines neuen Betriebs-Pkw verkauft, so stellt der Verkaufspreis eine steuerpflichtige Betriebseinnahme dar.

---

[115] Die frühere Praxis, bereits abgeschriebene Wirtschaftsgüter mit einem sogenannten „Erinnerungswert" von 1,- DM zu führen, ist durch das Führen eines Abschreibungsverzeichnis, in dem die ursprünglichen Anschaffungskosten, das Anschaffungsdatum und die jährliche AfA aufzulisten sind, ist überholt. In dem Abschreibungsverzeichnis werden auch vollends abgeschriebene Wirtschaftsgüter weiter geführt.

Man spricht von stillen Reserven, die durch die Veräußerung aufgedeckt wurden. Eine stille Reserve ist demnach die Differenz zwischen dem aus den AfA-Vorschriften resultierenden Buchwert und dem tatsächlichen Wert des Wirtschaftsgutes, der sich in dessen Verkaufspreis niederschlägt.[116]

cc) Geringwertige Wirtschaftsgüter

Während, wie oben gesehen, die Anschaffungs- oder Herstellungskosten für betrieblich genutzte Wirtschaftsgüter regelmäßig über die betriebsgewöhnliche Nutzungsdauer zu verteilen sind, gibt es auch Fälle, in denen die AfA-Vorschriften einen Abzug sofort im Jahr der Anschaffung erlauben.

Die Vorschrift hierzu findet sich in § 6 Abs.2 EStG.

> Aus diesen Ausführungen erkennen Sie, dass § 6 Abs.2 EStG trotz seiner Stellung im Rahmen der Bewertungsvorschriften eine AfA-Vorschrift darstellt und daher systematisch falsch verortet ist. Hieraus folgt aber, dass die grundsätzlichen Voraussetzungen für AfA-Vorschriften vorliegen müssen: Es muss sich um ein Wirtschaftsgut des Anlagevermögens handeln, das dem Betrieb auf Dauer zu dienen bestimmt ist. Darüber hinaus bestimmt § 6 Abs.2 EStG, dass es sich um bewegliche Wirtschaftsgüter handeln muss.

---

[116] Das Auto sollte hier nur als Beispiel dienen. Ausführlich zu der Behandlung von betrieblichen Kfz und zu Gestaltungsmöglichkeiten bei diesem „heißen" Thema, das nicht selten stark emotionsbeladen ist, bei der Erläuterung der Position „Kfz" in der Beispiels-Einnahmeüberschussrechnung der Sozietät Mustermann und Musterfrau.

Hiernach dürfen die Anschaffungs- oder Herstellungskosten oder der gemeine Wert eines Wirtschaftsgutes[117] dann in voller Höhe im Jahr der Anschaffung abgezogen werden, wenn diese 800 DM netto nicht übersteigen. Bei einem derzeitigen Umsatzsteuersatz von 16% beträgt die Grenze daher (800,- + 16% =) 928 DM.

Kaufen Sie also für Ihre Kanzlei eine Kaffeemaschine für 850 DM incl. USt, so sind die Anschaffungskosten im Jahr des Kaufs in voller Höhe gewinnmindernd als Betriebsausgaben absetzbar. Kostet die Maschine 850 DM excl. USt, so sind die Anschaffungskosten über die betriebsgewöhnliche Nutzungsdauer zu verteilen, ein sofortiger Abzug ist nicht mehr zulässig.

Wichtig für die Absetzung geringwertiger Wirtschaftsgüter ist, dass jedes der Güter einer selbstständigen Nutzung fähig ist. Dies ist nach der Rechtsprechung z.B. zu verneinen für Computerzubehör[118] und Teile eines Regalsystems[119]. Bejaht worden ist die selbstständige Nutzbarkeit hingegen für das mobile Autotelefon[120] und Schreibtischelemente[121]. Einer selbstständigen Nutzung fähig sind auch die einzelnen Bände einer Fachzeitschrift. Kaufen Sie sich also z.B. die Jahresbände der NJW seit 1960, so stellt jeder dieser Bände ein der selbstständigen Nutzung fähiges Wirtschaftsgut dar, und die Gesamtanschaffungskosten können im Jahr der Anschaffung als Betriebsausgaben abgezogen werden.

---

[117] Vgl. oben die Ausführungen zur Einlage eines Wirtschaftsgutes in das Betriebsvermögen.

[118] Vgl. rkr. Entscheidung des FG München EFG 1993, 214; Schmidt/Glanegger, EStG 18. Aufl., § 6 Rn.462.

[119] BFH, BStBl 1980, II, 176.

[120] BFH, BStBl 1997, II, 360.

[121] BFH, DStR 1998, 1713.

Auf den Gesamtpreis, den Sie für die Sammlung zu zahlen haben, kommt es dementsprechend nicht an.

Wie oben bei den Ausführungen über die Aufzeichnungspflichten im Rahmen der § 4 – III - Rechnung gesehen[122], ist § 6 Abs.2 EStG nur für solche Wirtschaftsgüter anwendbar, die in einem gesonderten Verzeichnis über geringwertige Wirtschaftsgüter geführt werden, § 6 Abs.2 S.4 EStG. Dieses Verzeichnis muss zwingend Angaben über den Tag der Anschaffung und die Anschaffungskosten enthalten. Bei der Einlage eines GWG in das Betriebsvermögen ist der Tag der Einlage und der an die Stelle der Anschaffungskosten tretende Wert zu verzeichnen.

§ 6 Abs.2 EStG stellt keine zwingende Vorschrift dar, sondern gewährt ein Wahlrecht.

Sie erhalten so also die Möglichkeit, den Gewinn eines Jahres in gewissem Maße zu steuern: Haben Sie in den Startjahren ohnehin schon geringe Einnahmen und hohe Ausgaben, so dass Ihr zu versteuerndes Einkommen sehr gering ausfällt, so kann es günstig sein, auf die Anwendung des § 6 Abs.2 EStG zu verzichten, und sich das AfA-Volumen für spätere Jahre, in denen die Gewinne und damit das zu versteuernde Einkommen größer wird, „aufzusparen". Dieser Effekt ist bei nur einem GWG natürlich äußerst gering, verteilen Sie z.B. 750 DM Anschaffungskosten über fünf Jahre betriebsgewöhnliche Nutzungsdauer.

Im Rahmen einer Kanzleigründung werden jedoch relativ viele geringwertige Wirtschaftsgüter anzuschaffen sein und es kann sich lohnen, einen Teil davon nicht unmittelbar im Jahr der Anschaffung in voller Höhe gewinnmindernd in Ansatz zu bringen.

---

[122] Vgl. oben

dd) Zeitpunkt der AfA

Bezüglich des Zeitpunktes der AfA war bisher nur vom „Jahr der Anschaffung" die Rede.

Das Jahr der Anschaffung ist das Kalenderjahr, in dem Sie die wirtschaftliche Verfügungsmacht über das Wirtschaftsgut erhalten (vgl. § 39 AO). Es kommt daher nicht auf die Zahlung an.

Kaufen Sie sich im Dezember des Jahres 05 einen Schreibtisch, zahlen Sie die Rechnung aber erst im Januar 06, so können Sie die auf 05 entfallende AfA auch noch in 05 gewinnmindernd ansetzen.

Dies bedeutet bei geringwertigen Wirtschaftsgütern, dass sie die Gesamtkosten im Jahr der Anschaffung, also in 05 als Betriebsausgabe absetzen können, obwohl Sie den Geldabfluss erst mit Zahlung in 06 spüren.

Bei Wirtschaftsgütern, die der gewöhnlichen AfA unterliegen, ist zwischen beweglichen Wirtschaftsgütern und unbeweglichen bzw. immateriellen Wirtschaftsgütern zu unterscheiden:

Bei unbeweglichen und immateriellen Wirtschaftgütern des Anlagevermögens ist die AfA pro rata temporis zu berechnen. Dies bedeutet, dass die Jahres - AfA nur zeitanteilig abgesetzt werden darf. Kaufen Sie das Wirtschaftsgut also z.B. zum 01.12.05, so dürfen Sie für 05 auch nur 1/12 der Jahres - AfA als Betriebsausgaben absetzen.

Anders ist dies bei beweglichen Wirtschaftsgütern des Anlagevermögens. Nach der Richtlinie R 44 Abs.2 EStR der Finanzverwaltung darf bei der Anschaffung im zweiten Halbjahr eines Kalenderjahres, also ab dem 01.07., die halbe Jahres - AfA als Betriebsausgabe in Ansatz gebracht werden. Bei der Anschaffung im ersten Halbjahr, also bis zum 30.06, sogar die ganze Jahres - AfA. Kaufen Sie Ihren Schreibtisch also am 01.05.05, so können Sie für 05 nicht nur 8/12 der Jahres - AfA, sondern die gesamte Jahres - AfA geltend machen.

In dem obigen Beispiel der Anschaffung im Dezember 05 und der Zahlung im Januar 06 hat die sogenannte „Halbjahresregel" also zur Folge, dass Sie, sofern es sich um ein bewegliches Wirtschaftsgut des Anlagevermögens handelt, in 05 die halbe Jahres-AfA geltend machen können. Die Zahlung in 06 wirkt sich natürlich in keiner Weise gewinnwirksam aus.

3. Die Behandlung von Lohnkosten für Arbeitnehmer

a) Die Abgrenzung zwischen Arbeitnehmern und freien Mitarbeitern sowie die Behandlung geringfügig Beschäftigter

aa) Arbeitnehmer, freie Mitarbeiter und arbeitnehmerähnliche Selbstständige

Nach der Neuregelung des Gesetzes zur Bekämpfung der Scheinselbstständigkeit kann auch für Sie in der Anwaltskanzlei die Abgrenzung Freier Mitarbeiter – Arbeitnehmer zum Problem werden. Dies wird insbesondere die Fälle betreffen, in denen Sie andere Anwälte als freie Mitarbeiter beschäftigen, in der Regel weniger die Fälle der Beschäftigung von Büropersonal.

> Vorweg soll hier kurz klargestellt sein, dass nicht die gesamte Problematik der Scheinselbstständigkeit und der arbeitnehmerähnlichen Selbstständigen aufgerollt werden kann. Im gebotenem Umfang können wir Sie nur auf die Probleme hinweisen, die sich im Zusammenhang mit der Beschäftigung von „freien Mitarbeitern" ergeben können. Wollen Sie die Thematik vertiefen, sei Ihnen die Lektüre der angegebenen Literaturhinweise empfohlen.[123]

Die Frage der Scheinselbstständigkeit ist keine des Arbeits- oder des Steuerrechts, sondern allein eine sozialversicherungsrechtliche Frage.

Im Wesentlichen betrifft das Änderungsgesetz und seine Korrekturgesetze die Vorschrift des § 7 und des § 2 SGB IV.

Das Gesetz stellt eine Vermutung für die Fälle auf, in denen die Möglichkeiten der Amtsermittlung erschöpft sind und zu keinem Ergebnis führen.

Scheinselbstständige, die die Kriterien des § 7 Abs.4 SGB IV erfüllen, sind im Ergebnis Arbeitnehmer und unterfallen damit der vollen Sozialversicherungspflicht und allen weiteren Lohnnebenkosten. Bei der Bemessung gilt als Arbeitseinkommen die Bezugsgröße von 4.480 DM (West) bzw. 3.640 DM (Ost), sofern nicht ein höheres oder geringeres Arbeitseinkommen nachgewiesen wird. Der Nachweis erfolgt anhand der Einkommensteuerbescheide.

---

[123] Beckmann, Zwecker, NJW 1999, 1614; Begelsdorf, NJW 1999, 1817; Brandt DB 1999, 1162; Goretzki, Hohmeister, BB 1999, 635; Heinrich, NJW 1999, 1617; Hohmeister NZS 1999, 213; Stephan, BB 1999, 696; Den Fragebogen zur Feststellung der Rentenversicherungspflicht für arbeitnehmerähnliche Selbstständige (vgl. hierzu unten) finden Sie im Internet unter http://www.bfa-berlin.de.

Die regelmäßigen Sozialabgaben hierauf betragen 19,3 % Rentenversicherung, 11 - 15 % Krankenversicherung, 6,5 % Arbeitslosenversicherung und 1,7 % Pflegeversicherung.

Im Rahmen der Rentenversicherung, also der Pflichtmitgliedschaft in der BfA, besteht nach § 6 SGB IV ein Befreiungsrecht für anwaltliche Tätigkeit, sofern der Anwalt Mitglied im Versorgungswerk ist. Diese Befreiung wird jedoch nur auf Antrag gewährt und dies grundsätzlich nur für die Zukunft. Ist der „Scheinselbstständige" aber bisher davon ausgegangen, selbstständig zu sein, wird er einen solchen Antrag nicht gestellt haben, so dass für die Vergangenheit in jedem Falle die Sozialversicherungspflicht in der BfA besteht.

Kommt die Amtsermittlung zu keinem Ergebnis, so bestimmt sich der Status der Scheinselbstständigkeit aus einem Katalog mit 5 Kriterien.

Die gesetzliche Vermutung greift, wenn die betreffende Person von diesen 5 Tatbestandsmerkmalen drei erfüllt. Die maßgeblichen Überprüfungspunkte sind:

- *Im Zusammenhang mit der Tätigkeit wird regelmäßig kein versicherungspflichtiger Arbeitnehmer beschäftigt, wobei Angehörige nunmehr als Arbeitnehmer zählen können, auf 630 DM – Basis Beschäftigte jedoch nicht;*

- *Die Person auf Dauer und im Wesentlichen nur für einen Auftraggeber tätig ist.*

- *Der Auftraggeber oder ein vergleichbarer Auftraggeber lässt eine entsprechende Tätigkeit regelmäßig auch durch von ihm beschäftige Arbeitnehmer ausführen;*

- *Typische Merkmale unternehmerischen Handels, wie z.B. erkennbares Auftreten auf dem Markt nach außen, sind nicht erkennbar;*

- *Die Tätigkeit entspricht dem äußeren Erscheinungsbild nach dem, was für denselben Auftraggeber zuvor aufgrund eines Beschäftigungsverhältnisses ausgeübt wurde.*

Neben der Kostenfolge bezüglich der Sozialabgaben treten als weitere Folge für den Auftraggeber, der bei Erfüllung der Kriterien als Arbeitgeber gilt, Melde-, Buchführungs- und ähnliche Pflichten ein, wie sie im Folgenden bei der Behandlung von Arbeitnehmer dargestellt werden.

Der Gesamtsozialversicherungsbeitrag ist von dem Auftrag- bzw. Arbeitgeber abzuführen, auch wenn die entsprechenden Arbeitnehmeranteile nicht einbehalten wurden. Die Einordnung als Scheinselbstständiger kann damit ganz erhebliche Liquiditätsprobleme mit sich bringen.

Von den Scheinselbstständigen, die Arbeitnehmer sind, sind die sogenannten arbeitnehmerähnlichen Selbstständigen zu unterscheiden. Anders als Scheinselbstständige sind und bleiben die arbeitnehmerähnlichen Selbstständigen selbstständig. Der arbeitnehmerähnliche Selbstständige ist keine neue Erfindung. Eine Regelung hierzu fand sich schon immer in § 2 Ziff. 1 – 8 SGB VI. Die Regelung war aber branchenspezifisch eng beschränkt.

Diese Beschränkung ist nunmehr aufgehoben worden, so dass es seit der Gesetzesänderung auch den arbeitnehmerähnlichen Rechtsanwalt gibt.

Diese Ausweitung auf sämtliche Berufsgruppen findet sich in § 2 Ziff.9 SGB VI.

Rechtsfolge der Einstufung als arbeitnehmerähnlicher Selbstständiger ist die Sozialversicherungspflicht des Selbstständigen in der BfA. Zahlungspflichtig für diese Beträge ist allein der (arbeitnehmerähnliche) Selbstständige.

Tatbestandsmerkmale für die Einordnung als arbeitnehmerähnlicher Selbstständiger sind:

- *Der Selbstständige beschäftigt im Rahmen seiner Tätigkeit regelmäßig keinen versicherungspflichtigen Arbeitnehmer, wobei auch hier Angehörige nunmehr als Arbeitnehmer zählen, auf 630 DM – Basis Beschäftige aber nach wie vor nicht;*

- *Der arbeitnehmerähnliche Selbstständige ist auf Dauer und im Wesentlichen nur für einen Auftraggeber tätig.*

Von der Rechtsfolge der Sozialversicherungspflicht in der BfA kann auch hier aber wieder dann – mit Wirkung nur für die Zukunft – auf Antrag befreit werden, wenn der Antragsteller im anwaltlichen Versorgungswerk abgesichert ist.

Das Kriterium auf Dauer und im Wesentlichen nur für einen Auftraggeber ist bei dem freien Mitarbeiter einer Anwaltssozietät regelmäßig erfüllt. Auch wenn die Mandanten, die von dem freien Mitarbeiter betreut werden, ständig wechseln, so sind diese doch Auftraggeber der Anwaltssozietät. Diese wiederum beauftragt den freien Mitarbeiter, was in der Rechnungslegung zum Ausdruck kommt. Gegenüber dem Mandanten rechnet die Sozietät unter ihrem Briefkopf ab. Der Freie stellt seine Dienstleistung der Sozietät in Rechnung. Maßgeblich für die Betrachtung des wechselnden Auftraggebers ist mithin die zivilrechtliche Vereinbarung, die den jeweiligen Tätigkeiten zugrunde liegt.

> Die arbeitnehmerähnliche Selbstständigkeit lässt sich also nur dann verhindern, wenn der freie Mitarbeiter von den Mandanten persönlich beauftragt wird und auch selbst mit diesen abrechnet. Dies ließe sich aber wohl kaum sinnvoll für die eigentlich auftragannehmende Kanzlei verwirklichen. Zudem wären auch standesrechtliche Probleme denkbar.

Zum Schluss sei noch darauf hingewiesen, dass der neu eingefügte § 6 Abs.1a SGB VI eine Karenzfrist für Existenzgründer enthält. Arbeitnehmerähnliche Selbstständige können bis zu zweimal in ihrem Leben eine dreijährige Befreiung von der Versicherungspflicht in Anspruch nehmen. Die Vorschrift soll die Existenzgründung erleichtern, während typischerweise nur für wenige oder einen Auftraggeber gearbeitet wird. Für den jungen Anwalt, der als freier Mitarbeiter in einer Sozietät oder Kanzlei tätig ist, ließe sich diese Karenzfrist hervorragend mit einer Partner- bzw. Gesellschafteroption nach drei Jahren verbinden, womit die Probleme der Schein- und der arbeitnehmerähnlichen Selbstständigkeit umgangen wären.

bb) Geringfügig Beschäftigte

Für viel Aufruhr gesorgt hat auch das „Gesetz zur Neuregelung der geringfügigen Beschäftigungsverhältnisse". Wesentlicher Inhalt dieses zum 01.04.1999 in Kraft getretenen Gesetzes ist die begrenzte Sozialversicherungspflicht geringfügig Beschäftigter, die bisher nicht bestand.

Eine geringfügige Beschäftigung liegt vor, wenn ein Gehalt von bis zu 630 DM monatlich gezahlt wird.

Die neue Gesetzeslage führt regelmäßig zu einer 12 %igen Beitragspflicht in der Rentenversicherung sowie zu einer 10 %igen Beitragspflicht in der Krankenversicherung. Die Gesamtbelastung, die vom Arbeitgeber zu tragen ist, beträgt damit 22 %, was bei einem Gehalt von 630 DM einer Belastung von 138,60 DM entspricht.

Die im Einzelnen sehr komplizierte Regelung des Gesetzes zur Neuregelung der geringfügigen Beschäftigungsverhältnisse kann in dem hier gesteckten Rahmen nicht in der gebotenen Ausführlichkeit dargestellt werden. Hierzu muss auf weiterführende Literatur verwiesen werden.[124]

Sehr instruktiv sind aber die Beispiele, die das Bundesministerium für Arbeit und Sozialordnung auf seiner Homepage *http\\:www.bma.bund.de* unter dem Stichwort *Arbeitsmarkt – Die Neuregelung zur geringfügigen Beschäftigung* darstellt. Folgende Tabelle[125] veranschaulicht die Behandlung verschiedener Fallkonstellationen:

---

[124] Vgl. z.B. Löwisch in BB 199, 739; Lembke in NJW 1999, 1825; Kruhl in BB 1999, 817.

[125] Ebenfalls abgedruckt in DStR 1999, 557.

Die Steuererklärung des Einzelanwalts und der Anwaltssozietät 102

Fallkonstellation			Abgabenbelastung der geringfügigen Beschäftigungsverhältnisse			
Mit Hauptbeschäftigung	Zweite Beschäftigung	Zusammenrechnung, § 8 SGB IV	RV	KV	AV	Einkommensteuer
Dauerhaft geringfügig (1)	-	-	Vers.frei (keine Änderung), 12 % Pauschalbeitrag (mit Aufstockungs-Option) (neu) (2)	Vers.frei (keine Änderung), 10 % Pauschalbeitrag (ohne Aufstockungsoption), falls bereits in KV versichert (neu)	Vers.frei (keine Änderung)	Steuerfrei, wenn keine anderen Einkünfte (3)
Kurzfristig geringfügig (Saisonbeschäftigung) (4)	-	-	Vers.frei (keine Änderung)	Vers.frei (keine Änderung)	Vers.frei (keine Änderung)	Steuerpflichtig (Pauschalsteuer möglich) (5)
Dauerhaft geringfügig (1)	Dauerhaft geringfügig	Ja (keine Änderung)	Vers.pflichtig, wenn 630 DM überschritten oder ab 15 Std./Wo. (keine Änderung)	Vers.pflichtig, wenn 630 DM überschritten oder ab 15 Std./Wo. (keine Änderung)	Vers.pflichtig, wenn 630 DM überschritten oder ab 15 Std./Wo. (keine Änderung)	Falls versicherungsfrei und Pauschalbeitrag des AG zur RV: steuerfrei, wenn keine anderen Einkünfte (3). Bei Versicherungspflicht: Steuerpflichtig (Pauschalsteuer möglich **5/6**)
Kurzfristig geringfügig (Saisonbeschäftigung) (4)	Kurzfristig geringfügig (Saisonbeschäftigung)	Ja (keine Änderung)	Vers.pflichtig, wenn Zeitgrenze überschritten o. berufsmäßig (keine Änderung)	Vers.pflichtig, wenn Zeitgrenze überschritten o. berufsmäßig (keine Änderung)	Vers.pflichtig, wenn Zeitgrenze überschritten o. berufsmäßig (keine Änderung)	Steuerpflichtig (Pauschalsteuer möglich **5/6**)

Die Steuererklärung des Einzelanwalts und der Anwaltssozietät

Vers.pflichtige Hauptbeschäftigung	Dauerhaft geringfügig (1)	Ja, aber nicht in AV (neu)	Vers.pflichtig (neu)	Vers.pflichtig (neu)	Vers.frei (keine Änderung)	Steuerpflichtig (Pauschalsteuer möglich **5/6**)
Vers.pflichtige Hauptbeschäftigung	Kurzfristig geringfügig (Saisonbeschäftigung) (4)	Nein (keine Änderung)	Vers.frei (keine Änderung)	Vers.frei (keine Änderung)	Vers.frei (keine Änderung)	Steuerpflichtig (Pauschalsteuer möglich **5/6**)
Hauptberuf Beamter (vers.frei)	Dauerhaft geringfügig (1)	Im Ergebnis Nein (keine Änderung)	Vers.frei (keine Änderung), 12 % Pauschalbeitrag (mit Aufstockungsoption) (2)	Vers.frei (keine Änderung)	Vers.frei (keine Änderung)	Steuerpflichtig (Pauschalsteuer möglich **3/5/6**)
Hauptberuf Beamter (vers.frei)	Kurzfristig geringfügig (Saisonbeschäftigung) (4)	Nein (keine Änderung)	Vers.frei (keine Änderung)	Vers.frei (keine Änderung)	Vers.frei (keine Änderung)	Steuerpflichtig (Pauschalsteuer möglich **5/6**)
Selbstständig im Hauptberuf (nicht vers.pflichtig)	Dauerhaft geringfügig (1)	Im Ergebnis Nein (keine Änderung)	Vers.frei (keine Änderung), 12 % Pauschalbeitrag (mit Aufstockungsoption) (neu) (2)	Vers.frei (keine Änderung), 10 % Pauschalbeitrag (ohne Aufstockungsoption, falls bereits in KV versichert (neu)	Vers.frei (keine Änderung)	Steuerpflichtig (Pauschalsteuer möglich **3/5/8**)
Selbstständig im Hauptberuf (nicht vers.pflichtig)	Kurzfristig geringfügig (Saisonbeschäftigung) (4)	Nein (keine Änderung)	Vers.frei (keine Änderung)	Vers.frei (keine Änderung)	Vers.frei (keine Änderung)	Steuerpflichtig (Pauschalsteuer möglich **5/6**)

Ohne Hauptbeschäftigung	Geringfügige Beschäftigung	Zusammenrechnung § 8 SGB IV	RV	KV	BA	Einkommensteuer
Rentner mit Vollrente wegen Alters u. Versorgungsempfänger (z.B. Beamter i.R.)	Dauerhaft geringfügig (1)	-	Vers.frei (keine Änderung), 12 % Pauschalbeitrag (ohne Aufstockungsoption) (neu) (7)	Vers.frei (keine Änderung), 10 % Pauschalbeitrag (ohne Aufstockungsoption, falls bereits in KV versichert (neu)	Vers.frei (keine Änderung)	Steuerpflichtig (Pauschalsteuer möglich **3/5/6/8**)
Rentner mit Vollrente wegen Erwerbsminderung	Dauerhaft geringfügig (1)	-	Vers.frei (keine Änderung), 12 %	Vers.frei (keine Änderung), 10 %	Vers.frei (keine Änderung)	Steuerpflichtig (Pauschalsteuer

Die Steuererklärung des Einzelanwalts und der Anwaltssozietät

		Pauschalbeitrag (mit Aufstockungsoption) (neu) (2)	Pauschalbeitrag (ohne Aufstockungsoption), wenn bereits in KV versichert (neu)	Änderung)	möglich **3/5/6/8**)
Rentner mit Vollrente (EU-, Altersrente) u. Versorgungsempfänger (z.B. Beamter i.R.)	Kurzfristig geringfügig (Saisonbeschäftigung) **(4)**	-	Vers.frei (keine Änderung)		Steuerpflichtig (Pauschalsteuer möglich **5/6/8**)
Hausfrau	Dauerhaft geringfügig **(1)**	-	Vers.frei (keine Änderung), 12 % Pauschalbeitrag (mit Aufstockungsoption) (neu) **(2)**	Vers.frei (keine Änderung), 10 % Pauschalbeitrag (ohne Aufstockungsoption), falls bereits in KV versichert (neu)	Vers.frei (keine Änderung)	Steuerfrei, wenn keine anderen Einkünfte **(9)**
Hausfrau	Kurzfristig geringfügig (Saisonbeschäftigung) **(4)**	-	Vers.frei (keine Änderung)		Vers.frei (keine Änderung)	Steuerpflichtig (Pauschalsteuer möglich **5/6**)
Arbeitsloser	Dauerhaft geringfügig **(1)**	-	Vers.frei (keine Änderung), 12 % Pauschalbeitrag (mit Aufstockungsoption) (neu) **(2)**	Vers.frei (keine Änderung), 10 % Pauschalbeitrag (ohne Aufstockungsoption), falls bereits in KV versichert (neu)	Vers.frei (keine Änderung)	Steuerfrei, wenn keine anderen Einkünfte **(3/10)**
Schüler/Student	Dauerhaft geringfügig **(1)**	-	Vers.frei (wie gelt. Recht) 12 % Pauschalbeitrag (mit Aufstockungsoption) (neu) **(2)**	Vers.frei (wie gelt. Recht) 10 % Pauschalbeitrag (ohne Aufstockungsoption), falls bereits in KV versichert (neu)	Versfrei (wie gelt. Recht)	Steuerfrei, wenn keine anderen Einkünfte **(3/11)**
Schüler/Student	Kurzfristig geringfügig (Saisonbeschäftigung) **(4)**	-	Vers.frei (keine Änderung)		Vers.frei (keine Änderung)	Steuerpflichtig (Pauschalsteuer möglich **5/6**)

Erläuterung der Fußnoten:
1. § 8 Abs.1 Nr.1 SGB IV: bis 630 DM / Monat, weniger als 15 Std. / Woche.
2. Bei Wahrnehmung der Option Versicherungspflicht in der RV mit anteiliger Beitragszahlung durch Beschäftigten (grds. 7,3 %, bis 300 DM Mindestbeitrag von 57,90 DM, auf den der Arbeitgeberanteil angerechnet wird).
3. Steuerfreiheit des Entgelts aus der geringfügigen Beschäftigung besteht nur dann, wenn die Summe der anderen Einkünfte des Beschäftigen nicht positiv ist, d.h. insbesondere aus Arbeitslohn (aus weiteren Beschäftigungsverhältnissen), Mieteinkünften, Kapitaleinkünften (Zinseinnahmen führen erst oberhalb von 3.100 DM zu Zinseinkünften), Alterseinkünften (Renten, Pensionen) – siehe hierzu die jeweilige Fallkonstellation. Einkünfte des Ehegatten werden nicht berücksichtigt (keine Zusammenrechnung). Soweit eine geschiedene Frau von ihrem früheren Mann Unterhalt bekommt, den der Mann im Rahmen des sog. Realsplittings[126] seinerseits abziehen kann, stellen diese Unterhaltszahlungen bei der Frau steuerpflichtige Einkünfte dar.

---

[126] Unter Realsplitting versteht man die Abzugsmöglichkeit von an den geschiedenen Ehegatten gezahltem Unterhalt bis zu einer Höhe von 27.000 DM jährlich gemäß § 10 Abs.1 Nr.1 EStG. Diese Abzugsmöglichkeit besteht allerdings nur dann, wenn der Ehegatte, der die Unterhaltsleistung empfängt, dem Abzug beim Geber zustimmt. Dies hat dann zur Folge, dass der empfangende Ehegatte die Unterhaltszahlungen als Einkünfte in der Höhe versteuern muss, in der sie der gebende Ehegatte abziehen kann (sog. Korrespondenzprinzip). Gegen Ausgleich des Steuernachteils auf der Empfängerseite durch den Unterhaltsverpflichteten ist der empfangende Ehegatte gemäß §§ 1353, 242 BGB zur Abgabe der Zustimmung verpflichtet. Trotz des Ausgleichs des Steuernachteils an den empfangenden Ehegatten hat der Abzug für den Geber meist einen

4. § 8 Abs.1 Nr.2 SGB IV: 2 Monate bzw. 50 Arbeitstage / Jahr ohne Begrenzung beim Arbeitsentgelt, soweit Beschäftigung nicht berufsmäßig. Bei den kurzfristigen Beschäftigungsverhältnissen ergibt sich aufgrund der Neuregelung grundsätzlich keine Änderung gegenüber der bisherigen Rechtslage.

5. Ist eine geringfügige Beschäftigung steuerpflichtig, kann die Lohnsteuer pauschal erhoben werden, falls die Voraussetzungen von § 40a EStG vorliegen.

6. Im Gegensatz zur Sozialversicherung wird bei der Lohnsteuerpauschalierung jedes Beschäftigungsverhältnis für sich betrachtet (keine Zusammenrechnung); die Lohngrenzen der Beschäftigung gelten jeweils für die Beschäftigung bei einem Arbeitgeber. Durch die Pauschalsteuer ist die Besteuerung dieses Arbeitslohnes in vollem Umfang abgeschlossen; er bleibt bei der individuellen Einkommensteuerveranlagung außer Betracht.

7. Keine Aufstockungsmöglichkeit in der RV, da die Beschäftigung bereits nach § 5 Abs.4 SGB IV versicherungsfrei.

8. Sofern außer dem Entgelt aus der geringfügigen Beschäftigung nur Sozialrente bezogen wird, dürfte es bei Wahl des Lohnsteuerabzugsverfahrens mit Lohnsteuerkarte letztlich aber wegen der günstigen Rentenbesteuerung (Ertragsanteil) in vielen Fällen zu keiner Steuerbelastung kommen, da die Einkünfte (also Einnahmen nach Abzug insbesondere des Arbeitnehmer-Pauschbetrages und der Vorsorgepauschale) unter dem Grundfreibetrag (2000: 13.499 DM) bleiben.

Progressionsvorteil zur Folge, da der Empfänger i.d.R. einem niedrigeren Steuersatz unterliegt, als der Geber.

9. Auch bei einer verheirateten Hausfrau bleibt das Entgelt einer geringfügigen Beschäftigung steuerfrei, wenn der Arbeitgeber für das Arbeitsentgelt die pauschalen Arbeitgeberbeiträge zur Rentenversicherung zu entrichten hat, und die Summe der anderen Einkünfte nicht positiv ist. Einkünfte des Ehegatten werden nicht berücksichtigt (keine Zusammenrechnung).

10. Arbeitslosengeld ist nicht steuerpflichtig (nur Progressionsvorbehalt[127]) und führt daher auch nicht zur Steuerpflicht des Engelts aus einer geringfügigen Beschäftigung. Falls die Arbeitslosigkeit nicht das ganze Jahr bestand und während eines Teils des Jahres noch steuerpflichtiger Arbeitslohn bezogen wurde, tritt hingegen in der Regel Steuerpflicht ein, weil andere eigene Einkünfte im Kalenderjahr vorliegen.

11. Auch wenn wegen anderweitiger geringfügiger Einkünfte Steuerpflicht eintritt, dürfte sich trotzdem bei Wahl des Lohnsteuerabzugsverfahrens mit Lohnsteuerkarte im Regelfall keine Steuerbelastung ergeben. Solange das Entgelt aus der geringfügigen Beschäftigung (abzüglich insbesondere Arbeitnehmer-Pauschbetrag, Vorsorge-Pauschale) unter dem Grundfreibetrag (2000: 13.499 DM) bleibt, führt auch die Einkommensteuerveranlagung zu keiner Steuerbelastung.

---

[127] Stichwort Progressionsvorbehalt: Zwar ist das Arbeitslosengeld selbst nicht steuerpflichtig; bei der Ermittlung des Steuersatzes, der sich ja nach der Höhe der Einkünfte richtet, wird das Arbeitslosengeld aber berücksichtigt. Der Steuersatz wird also ermittelt aus der Summe Arbeitslosengeld + Entgelt aus geringfügiger Beschäftigung und die Steuer mit diesem Steuersatz erhoben nur auf das Entgelt für die geringfügige Beschäftigung.

b) Die Behandlung von Lohnkosten und Lohnnebenkosten bei Arbeitnehmern

aa) Allgemeines zur Lohnsteuer

Für Arbeitnehmer hat der Arbeitgeber die Lohnsteuer und Sozialversicherungsbeiträge einzubehalten und abzuführen. Der Arbeitnehmer selbst hat daher im Laufe eines Jahres mit Ausnahme seiner Erklärung zum Jahresende, anders als der Arbeitgeber, keinen Kontakt zum Finanzamt und zu den Sozialversicherungsträgern.

Die Lohnsteuer ist keine eigene Steuerart. Sie ist, ähnlich wie die Kapitalertragsteuer, nur eine Erhebungsform der Einkommensteuer.[128] Die Einkommensteuer von Arbeitnehmern wird direkt an der Quelle, nämlich beim Arbeitgeber erhoben und von diesem einbehalten und abgeführt. Man spricht deshalb auch von einer Quellensteuer. Der Arbeitgeber haftet dem Finanzamt gegenüber für die Erfüllung der Einbehaltungs- und Abführungsverpflichtung, § 42d Abs.1 Nr.1 EStG.

---

[128] § 38 Abs.1 EStG: *Bei Einkünften aus nichtselbstständiger Arbeit wird die Einkommensteuer durch Abzug vom Arbeitslohn erhoben (Lohnsteuer), soweit der Arbeitslohn von einem Arbeitgeber gezahlt wird, (...);*

§ 38 Abs.2 EStG: *Der Arbeitnehmer ist Schuldner der Lohnsteuer. Die Lohnsteuer entsteht in dem Zeitpunkt, in dem der Arbeitslohn dem Arbeitnehmer zufließt.*

§ 38 Abs.3 EStG: *Der Arbeitgeber hat die Lohnsteuer für Rechnung des Arbeitnehmers bei jeder Lohnzahlung vom Arbeitslohn einzubehalten.*

Auch wenn der Arbeitgeber die Lohnsteuer einzubehalten und abzuführen hat, und hierfür auch haftet, so ist doch wichtig festzuhalten, dass dennoch der Arbeitnehmer Schuldner der Lohnsteuer bleibt. Der Arbeitgeber führt diese lediglich für Rechnung des Arbeitnehmers ab. Anders ist dies, wenn der Arbeitgeber von der Möglichkeit Gebrauch macht, gewisse Zuwendungen an seine Arbeitnehmer pauschal zu versteuern. In diesen Fällen haben die

Hierbei ist der Arbeitgeber unabhängig davon zur Einbehaltung der Lohnsteuer verpflichtet, ob der Arbeitnehmer zur Einkommensteuer veranlagt wird oder nicht.[129] Von der Lohnsteuerabzugsverpflichtung ist eine Befreiung nicht möglich.[130] Ebenso wenig kann die Verpflichtung zum Lohnsteuerabzug durch eine Vereinbarung zwischen dem Arbeitnehmer und dem Arbeitgeber abbedungen werden. Es handelt sich um eine öffentlich-rechtliche Verpflichtung, über die den Beteiligten keine Dispositionsbefugnis zusteht.[131] Die für die Lohnsteuer geltenden Verpflichtungen gelten gleichermaßen auch für die Kirchensteuer,[132] deren Einziehung auf die Landesfinanzbehörden übertragen wurde. Aus diesem Grunde ist auf der Lohnsteuerkarte, die von den Gemeinden ausgestellt wird und Ihnen von Ihrem Arbeitnehmer zwingend vorgelegt werden muss, auch die Konfession des Arbeitnehmers eingetragen.

Arbeitnehmer keine Abzüge hinzunehmen. Vielmehr führt der Arbeitgeber die gesamte pauschalierte Lohnsteuer für eigene Rechnung ab. Dies ist bei großen Firmen häufig bei den Vorteilen aus verbilligten Kantinenessen der Fall, kann in der Anwaltskanzlei aber z.B. dann eintreten, wenn Sie ihren Arbeitnehmern Fahrtkostenzuschüsse für den Weg Wohnung – Arbeitsstätte gewähren. Diese wären als Zufluss in Geld von den Arbeitnehmern grundsätzlich als Einnahmen aus nichtselbstständiger Tätigkeit der Lohnsteuer zu unterwerfen. Eine Besteuerung beim Arbeitnehmer entfällt aber dann, wenn Sie als Arbeitgeber diese Zuwendungen nach § 40 Abs.2 S.2 und 3 EStG pauschal mit 15 % versteuern.

[129] Vgl. Richter/Breuer, NWB Fach 6, S.3781.
[130] So schon sehr früh der BFH, BStBl. 1957, II, 329.
[131] Schmidt/Drenseck, EStG 18. Aufl., § 38 Rn.12.
[132] Schmidt/Drenseck, aaO.

Auf die Aufzeichnungs- und Aufbewahrungspflichten im Zusammenhang mit der Lohnsteuer, sprich die Pflicht zur Führung eines Lohnkontos für jeden Arbeitnehmer, ist oben im Kapitel über die Aufzeichnungspflichten bereits hingewiesen worden.

Nach Beendigung des Arbeitsverhältnisses hat der Arbeitnehmer einen klagbaren Anspruch darauf, dass ihm seine Lohnsteuerkarte ausgehändigt wird. Allerdings hat der Arbeitgeber vor der Aushändigung auf der Lohnsteuerkarte die sogenannte Lohnsteuerbescheinigung auszuschreiben[133]. Diese muss mit der Lohnsteuerkarte dergestalt fest verbunden werden, dass sie von ihr nicht mehr entfernt werden kann, ohne die Lohnsteuerkarte zu beschädigen.

bb) Die Höhe der einzubehaltenden und zu entrichtenden Lohnsteuer

Die Höhe der einzubehaltenden Jahreslohnsteuer bemisst sich nach dem Jahresarbeitslohn, den der Arbeitnehmer erhält.

---

[133] Auf der Lohnsteuerbescheinigung hat der Arbeitgeber für die Beschäftigungsdauer oder für das Kalenderjahr zusammenfassende Angaben betreffend das Arbeitsverhältnis zu machen. Es handelt sich um Angaben, die aus dem für den Arbeitnehmer zu führenden Lohnkonto auf die Lohnsteuerkarte zu übertragen sind. Vgl. Sie hierzu auch unten den Abschnitt dd) über die Beendigung des Lohnsteuerabzuges. Die Angaben dienen dem Finanzamt zu einer umfassenden Kontrolle und Information bei der Veranlagung des Arbeitnehmers. Diesbezüglich ergehen jedes Jahr Hinweise des BMF betreffend die Ausschreibung von Lohnsteuerbescheinigungen und besonderen Lohnsteuerbescheinigungen durch den Arbeitgeber, die für jedes Jahr im BStBl. I des Vorjahres veröffentlicht werden. Über die Inhalte, die auf der Lohnsteuerbescheinigung festzuhalten sind, geben § 41b EStG und ergänzend R 135, 136 LStR ausführlich Auskunft.

Die Steuererklärung des Einzelanwalts und der Anwaltssozietät 111

Bemessungsgrundlage muss hierbei natürlich der Brutto-Arbeitslohn sein.[134] Gleichgültig ist, ob es sich um laufende oder auch nur einmalige Lohnzahlungen oder z.B. Gratifikationen und 13. Monatsgehälter handelt. Die auf den Jahresarbeitslohn entfallende Jahreslohnsteuer kann aus der allgemeinen Lohnsteuertabelle[135] abgelesen werden, § 39 Abs.2 S.4 EStG, die das Bundesministerium der Finanzen auf Grundlage des § 38c EStG jährlich aktualisiert bekannt macht.

Neben diesen allgemeinen Lohnsteuertabellen, die für alle Arbeitnehmer Anwendung findet, die rentenversicherungspflichtig sind, gibt es auch eine besondere Lohnsteuertabelle, die insbesondere für Beamte, Richter und Berufssoldaten gilt. Die allgemeine Lohnsteuertabelle ist neben den rentenversicherungspflichtigen Arbeitnehmern auch anzuwenden für solche Arbeitnehmer, die auf Antrag gemäß § 6 Abs.1 SGB VI von der Sozialversicherungspflicht befreit sind oder für die der Arbeitgeber die Hälfte der Beiträge zu einem berufständischen Versorgungswerk übernimmt. Ferner findet die allgemeine Lohnsteuertabelle Anwendung auf geringfügig Beschäftigte, die deshalb keinen Anteil zur Sozialversicherung abzuführen haben, weil der gesamte Sozialversicherungsbeitrag von dem Arbeitgeber zu tragen ist. Dies ist insbesondere der Fall bei der Beschäftigung von Praktikanten und Studenten.

Da die Lohnsteuer nicht einmalig für das gesamte Jahr fällig wird, sondern nach bestimmten Lohnsteueranmeldungszeiträumen abzuführen ist, wird der auf den jeweiligen Veranlagungszeitraum entfallende Teilbetrag der Jahreslohnsteuer erhoben, § 38a Abs.3 S.1 EStG.

---

[134] Dass dem so sein muss, ergibt sich aus den oben behandelten Abzugsverboten nach § 12 EStG. Gemäß § 12 Nr.3 EStG dürfen Steuern vom Einkommen die Bemessungsgrundlage der Einkommensteuer nicht vermindern. Die einbehaltene Lohnsteuer aber ist nichts anderes als eine Steuer vom Einkommen. Diese muss sich aber aus dem Brutto-Entgelt berechnen.

[135] Auszüge aus dieser allgemeinen Lohnsteuertabelle für das Jahr 2000 finden Sie im Anhang.

Von sonstigen Bezügen wird gemäß § 38a Abs.3 S.2 EStG die Lohnsteuer mit dem Betrag erhoben, der zusammen mit der Lohnsteuer für den laufenden Arbeitslohn des Kalenderjahrs und für etwa im Kalenderjahr bereits gezahlte sonstige Bezüge die voraussichtliche Jahreslohnsteuer ergibt.

Gemäß § 41a Abs.2 S.1 EStG ist Lohnsteueranmeldungszeitraum grundsätzlich der Kalendermonat. Gemäß § 41a Abs.2 S.2 EStG ist Lohnsteueranmeldungszeitraum ausnahmsweise das Kalendervierteljahr, wenn die abzuführende Lohnsteuer für das vorangegangene Kalenderjahr mehr als 1.600 Deutsche Mark, aber nicht mehr als 6.000 Deutsche Mark betragen hat; Lohnsteueranmeldungszeitraum ist das Kalenderjahr, wenn die abzuführende Lohnsteuer für das vorangegangene Kalenderjahr nicht mehr als 1.600 Deutsche Mark betragen hat.

Bei der Ermittlung der Lohnsteuer werden die Besteuerungsgrundlagen des Einzelfalls durch die Einreihung der Arbeitnehmer in Steuerklassen (§ 38b), Aufstellung von entsprechenden Lohnsteuertabellen (§ 38c) und Ausstellung von entsprechenden Lohnsteuerkarten (§ 39) sowie Feststellung von Freibeträgen (§ 39a) berücksichtigt, **§ 38a Abs.4 EStG**[136].

---

[136] § 38a Abs.4 EStG stellt gewissermaßen die Grundnorm für die Ermittlung der Höhe der Lohnsteuer dar, da hier angeordnet wird, durch welche Maßnahmen die persönlichen Verhältnisse des Steuerpflichtigen, die bei der Einkommensteuer – die die Lohnsteuer ja ist – als Personensteuer zu berücksichtigen sind, erfasst werden. Allein die Höhe des Arbeitsentgeltes für die Höhe der Lohnsteuer heranzuziehen wäre nicht sachgemäß, da dann Arbeitnehmer mit Familien und z.B. 4 Kindern bei gleichem Einkommen die gleiche Lohnsteuer zu entrichten hätten, wie ledige Arbeitnehmer. Eine Einzelfallbetrachtung, wie

Die Steuererklärung des Einzelanwalts und der Anwaltssozietät

Neben der Höhe des Arbeitslohnes richtet sich die Höhe der Lohnsteuer also auch nach den übrigen in § 38a Abs.4 EStG genannten Faktoren. Einer dieser maßgeblichen Faktoren ist die Steuerklasse, in die der Arbeitnehmer einzuordnen ist.[137] § 38b EStG sieht sechs Lohnsteuerklassen vor:

- In die **Steuerklasse I** gehören Arbeitnehmer, die ledig oder verheiratet, verwitwet oder geschieden sind und bei denen die Voraussetzungen für die Steuerklasse III oder IV nicht erfüllt sind;
- In die **Steuerklasse II** gehören die unter Nummer 1 bezeichneten Arbeitnehmer, wenn bei ihnen der Haushaltsfreibetrag (§ 32 Abs.7 EStG[138]) zu berücksichtigen ist;

---

sie § 38a Abs.4 EStG, wenn auch pauschaliert anordnet, ist daher verfassungsrechtlich geboten.

[137] Aus den (auszugsweise abgedruckten) Lohnsteuertabellen im Anhang können Sie ersehen, in welcher Weise sich die Lohnsteuerklasse auf die Höhe der einzubehaltenden Lohnsteuer auswirkt.

[138] Der Haushaltsfreibetrag nach § 32 Abs.7 EStG wird Steuerpflichtigen gewährt, die nicht als Ehegatten zusammen oder getrennt veranlagt werden und die für mindestens ein Kind einen Kinderfreibetrag oder Kindergeld erhalten. Der Haushaltsfreibetrag beträgt derzeit 5.616 DM. Letztlich sollten durch die Gewährung dieses Haushaltsfreibetrages alleinerziehende Eltern steuerlich begünstigt werden. Das BVerfG hat jedoch seiner Entscheidung NJW 1999, 557 (sog. „Familienurteil") die Gewährung des Haushaltsfreibetrages an Alleinerziehende als mit Art. 6 GG unvereinbar erklärt und dem Gesetzgeber aufgetragen, bis zum 01.01.2000 eine Neuregelung zu schaffen. Dies ist bis zum Redaktionsschluss dieses Buches nicht geschehen. Einkommensteuerbescheide, die nunmehr ergehen und bei denen § 32 Abs.7 EStG zu berücksichtigen wäre, werden wohl nur vorläufig im Sinne von § 165 Abs.1 Satz 1 AO erlassen, um die Änderungs- und Reaktionsmöglichkeit offen zu halten.

- In die **Steuerklasse III** gehören Arbeitnehmer, die verheiratet sind, und bei denen beide Ehegatten unbeschränkt einkommensteuerpflichtig sind, und der Ehegatte des Arbeitnehmers keinen Arbeitslohn bezieht oder auf Antrag in die Steuerklasse V eingereiht wird; ferner gehören in die Steuerklasse III Arbeitnehmer, die verwitwet sind, in dem auf das Todesjahr des Ehegatten folgenden Kalenderjahr und Arbeitnehmer, bei denen die Ehe aufgelöst wurde im Jahr der Auflösung, wenn der andere Ehegatte wieder geheiratet hat und auch der neue Ehegatte unbeschränkt einkommensteuerpflichtig ist;

- Die **Steuerklasse IV** gilt für Arbeitnehmer, die verheiratet sind und deren Ehegatten ebenfalls Arbeitslohn beziehen;

- In die **Steuerklasse V** gehören die unter Nummer 4 bezeichneten Arbeitnehmer, wenn der Ehegatte des Arbeitnehmers auf Antrag beider Ehegatten in die Steuerklasse III eingereiht wird;

- Die **Steuerklasse VI** letztlich gilt für Arbeitnehmer, die nebeneinander von mehreren Arbeitgebern Arbeitslohn beziehen, für die Einbehaltung der Lohnsteuer vom Arbeitslohn aus dem zweiten und weiteren Dienstverhältnis.

Zuständig für die Ausstellung der Lohnsteuerkarten ist die Wohnsitzgemeinde des jeweiligen Arbeitnehmers, in der dieser am 20. September des Vorjahres seinen Wohnsitz oder gewöhnlichen Aufenthalt hat, § 39 Abs.2 EStG. Die Gemeinde hat dem Arbeitnehmer unentgeltlich bis spätestens zum 31. Oktober des laufenden Jahres die Lohnsteuerkarte für das nächste Jahr zukommen zu lassen, R 108 Abs.2 S.5 LStR.

Auf der Lohnsteuerkarte hat die Gemeinde die Steuerklasse und die Zahl der zu berücksichtigenden Kinderfreibeträge mit dem jeweiligen Zähler anzugeben, aus dem sich die Höhe des zu gewährenden Kinderfreibetrages ergibt, § 39 Abs.3 EStG. Des Weiteren ist der Tag der Ausstellung der Lohnsteuerkarte auf dieser zu vermerken.[139]

Für die einzutragenden Größen, Lohnsteuerklasse, Kinderfreibetrag etc., sind die Verhältnisse zu Beginn des Kalenderjahres maßgeblich, für das die Lohnsteuerkarte gilt, § 39 Abs.3b S.1 EStG. Ergeben sich im Laufe des Jahres Änderungen in den persönlichen Verhältnissen, so hat der Arbeitnehmer die Lohnsteuerkarte umgehend ändern zu lassen, wenn die Änderung zu seinen Ungunsten eintritt, § 39 Abs.4 EStG. Ändern sich die persönlichen Verhältnisse, lohnsteuerrechtlich betrachtet, zu seinen Gunsten, so hat der Steuerpflichtige bis zum 30. November des laufenden Jahres die Möglichkeit, bei der Gemeinde bzw. in enumerativ genannten Fällen[140] beim Finanzamt, die Änderung der Eintragungen auf der Lohnsteuerkarte zu erwirken, § 39 Abs.5 EStG. Neben den Eintragungen, die die Gemeinde verpflichtet ist, auf der Lohnsteuerkarte zu vermerken, können auf Antrag des Arbeitnehmers weitere Vermerke auf der Lohnsteuerkarte vorgenommen werden. Insbesondere ist dies anzuraten, wenn der Arbeitnehmer besonders hohe Werbungskosten hat, die den Werbungskostenpauschbetrag des § 9a S.1 Nr.1 EStG (2.000 DM jährlich unabhängig davon, ob die Werbungskosten tatsächlich geringer waren oder überhaupt nicht nachgewiesen werden) übersteigen.

---

[139] R 108 Abs.2 S.6 LStR.
[140] Diese ergeben sich aus § 39 Abs.5 S.1 EStG i.V.m. § 39 Abs.3a EStG.

In diesen Fällen können die erhöhten Aufwendungen, die z.B. für besonders lange Anfahrtswege zur Arbeit, für eine notwendig werdende doppelte Haushaltsführung etc. denkbar sind, auf der Lohnsteuerkarte eingetragen werden, was dann zu einem verminderten Lohnsteuerabzug auf das laufende Gehalt führt und die Liquidität des Arbeitnehmers erhöht. Dieser muss dann nicht bis zum Lohnsteuerjahresausgleich warten, bis er die zu viel gezahlten Steuern erstattet bekommt. Die Möglichkeit dieser Anträge auf Eintragung verschiedener Freibeträge ergibt sich aus § 39a Abs.1 EStG, wobei § 39a Abs.1 EStG die eintragungsfähigen Freibeträge nennt. Pauschbeträge für Behinderte und Hinterbliebene hat die Gemeinde nach Anweisung des Finanzamtes von Amts wegen einzutragen.

Neben Freibeträgen für Werbungskosten nennt § 39a Abs.1 EStG auch die Möglichkeit der Eintragung von Freibeträgen für erhöhte Sonderausgaben, außergewöhnliche Belastungen und Verlustvorträge nach § 10d EStG.

Lehnt die Behörde den Antrag auf Eintragung eines Freibetrages ab, so kann die Eintragung im Wege der finanzgerichtlichen Klage überprüft werden. Vorläufiger Rechtsschutz kann hierbei durch die Aussetzung der Vollziehung gemäß § 361 AO erreicht werden. Beachten Sie jedoch, dass das Rechtsschutzbedürfnis für eine solche Klage, und damit auch für den Aussetzungsantrag, spätestens mit Beginn des Veranlagungsverfahrens, wohl schon mit Ablauf des Kalenderjahres, für das die Eintragung des Freibetrages begehrt wird, entfällt. Im Wege des Lohnsteuerjahresausgleichs werden zu Unrecht erhobene Steuern erstattet. Ob der Freibetrag auf der Lohnsteuerkarte eingetragen war oder nicht, ist für die abschließende Veranlagung absolut ohne Belang.

Haben Sie sich die lohnsteuerrechtlichen Fragen betreffend die Behandlung Ihrer Arbeitnehmer klar gemacht, so muss noch die Frage gestellt werden, was zum Arbeitslohn eines Arbeitnehmers gehört. Dieser ist ja Bemessungsgrundlage für die Erhebung der Lohnsteuer, wie Sie obigen Ausführungen entnehmen konnten.

Die Einkünfte aus nichtselbstständiger Tätigkeit sind Einkünfte aus einer Überschusseinkunftsart, § 2 Abs.2 Nr.2 EStG. Sie berechnen sich daher aus dem Überschuss der Einnahmen über die Werbungskosten. Der Begriff der Einnahmen ergibt sich aus § 8 EStG:

Einnahmen sind alle Güter, die in Geld oder Geldeswert bestehen und dem Steuerpflichtigen im Rahmen einer der Einkunftsarten des § 2 Abs.1 Satz 1 Nr.4 bis 7 zufließen.

Zu den Einnahmen zählen ausweislich des Wortlautes der Vorschrift nicht nur der in Geld ausgezahlte „normale" Arbeitslohn, sondern auch sonstige geldwerte Vorteile, die Sie ihren Arbeitnehmern gewähren. Dies können neben z.B. Fahrtkostenzuschüssen auch Sachzuwendungen jeder Art sein.

Von dem steuerpflichtigen Arbeitslohn insbesondere in Form der Sachzuwendungen abzugrenzen sind jedoch solche Zuwendungen, die lediglich als Annehmlichkeiten oder Zuwendungen im eigenbetrieblichen Interesse des Arbeitgebers geleistet werden.

Früher bestand nicht nur Streit hinsichtlich der Abgrenzung von Sachbezügen und Annehmlichkeiten, sondern es war auch streitig, ob nicht gewisse Sachbezüge ebenfalls steuerfrei zu stellen waren. So waren z.B. die sogenannten Deputate (Freibier für Brauereiangestellte, Freikohle für Kumpel) nach älterer Rechtsprechung nicht als Arbeitslohn zu versteuern. Von dieser Rechtsprechung ist der BFH abgerückt, da sie contra legem ergangen war. Im Gesetz findet sich keinerlei Grundlage dafür, solche Sachzuwendungen nicht der Besteuerung zu unterwerfen.

Solche Annehmlichkeiten sind dann anzunehmen, wenn der Arbeitgeber seinen Arbeitnehmern Vorzüge gewährt, die nicht als Gegenleistung für die erbrachte Arbeit anzusehen sind, sondern etwa auf die Verbesserung des Betriebsklimas abzielen. Diese werden bei dem Arbeitnehmer nicht der Besteuerung unterworfen, können beim Arbeitgeber aber gleichwohl als Betriebsausgaben abgezogen werden.

Dies kann aber nur dann angenommen werden, wenn der Vorteil der Gesamtheit der Belegschaft[141] zugute kommt oder zumindest ein objektiv abgrenzbarer Teil, der eine fassbare Einheit bildet, betroffen ist (bspw. in größeren Betrieben eine Abteilung).

Aber auch bei der Beurteilung solcher Annehmlichkeiten, die eigentlich nicht der Besteuerung zu unterwerfen sind, ist die Anerkennung der Höhe nach beschränkt.

Steuerfrei gestellt ist nur ein Betrag von bis zu 200 DM einschließlich Umsatzsteuer pro Jahr und Arbeitnehmer.[142] Nicht unter die bis hierher behandelte Fallgruppe der Annehmlichkeiten fallen sogenannte Aufmerksamkeiten, die aus Billigkeitsgründen nach ständiger Praxis der Finanzverwaltung (ebenfalls ohne rechtliche Grundlage) nicht als Arbeitslohn zur Besteuerung herangezogen werden. Hierunter fallen allgemein übliche Zuwendungen, wie ein Blumenstrauß zum Geburtstag oder ein gelegentliches Arbeitsessen. Diese Aufmerksamkeiten müssen jedoch in Sachzuwendungen bestehen, und dürfen einen Wert von 60 DM nicht übersteigen.[143]

---

[141] R 72 Abs.2 LStR.

[142] BFH BStBl. 1992, II, 655; R 72f Abs.4 S.2 LStR; Schmidt/Heinicke, EStG 18. Aufl., § 8 Rn.41.

[143] R 73 LStR; Geldzuwendungen sind immer Arbeitslohn, auch wenn sie noch so gering sind. Für

Die Steuererklärung des Einzelanwalts und der Anwaltssozietät 119

In den neuesten Lohnsteuerrichtlinien für 2000 wird nunmehr aber klargestellt, dass bei der Prüfung der 200-DM-Grenze für Annehmlichkeiten auch die Beträge für Geschenke bis zu einem Gesamtwert von 60 DM einzubeziehen sind.

Erhält ihr Arbeitnehmer also z.B. ein Geburtstagsgeschenk für 50 DM und Sachzuwendungen auf einer Betriebsfeier in Höhe von 200 DM, so ist die Grenze nach den neuesten Richtlinien überschritten.

> Sollten Sie bei der Ermittlung, was Sie bei Ihren Arbeitnehmern als Arbeitslohn anzusetzen haben, Probleme haben, so sei Ihnen neben Hemmer/Wüst/Stelzer, Einkommensteuerrecht Rn.225 ff. und Hemmer/Wüst, Basics Steuerrecht Rn.306 ff., insbesondere Tiedtke, Einkommen- und Bilanzsteuerrecht, 2. Aufl. S. 154 ff. empfohlen.

cc) **Verfahren bei der Anmeldung und Abführung der Lohnsteuer**

Der Arbeitgeber hat spätestens am zehnten Tag nach Ablauf eines jeden Lohnsteuer-Anmeldungszeitraums eine Steuerklärung einzureichen, in der er die Summe der im Lohnsteuer-Anmeldungszeitraum einzubehaltenden und zu übernehmenden Lohnsteuer angibt (sogenannte Lohnsteuer – Anmeldung), § 41a Abs.1 S.1 EStG. Innerhalb der gleichen Zehntagesfrist hat er die angegebene Lohnsteuer an das zuständige Finanzamt abzuführen. Zuständig ist das Finanzamt, in dessen Bezirk der Betrieb seinen Sitz hat.

---

die Beschränkung auf 60 DM verweist die Richtlinie auf BFH, BStBl. 1985, II, 641; 1995, II, 59 und 1969, II, 115 für Speisen und Getränke.

Die oberste Finanzbehörde eines Landes kann jedoch bestimmen, dass die Lohnsteuer nicht dem Betriebsstättenfinanzamt, sondern einer anderen öffentlichen Kasse anzumelden und an diese abzuführen ist; die Kasse erhält insoweit die Stellung einer Landesfinanzbehörde, § 41a Abs.3 S.1 EStG.

Wird die Lohnsteuer – Anmeldung nicht innerhalb der vorgegebenen Frist eingereicht, so kann das Finanzamt gemäß § 152 AO Verspätungszuschläge[144] festsetzen. Diese Verspätungszuschläge dürfen nach § 152 Abs.2 AO bis zu 10% der festzusetzenden Steuer, höchstens jedoch 10.000 DM betragen. Geben Sie die Lohnsteuer – Anmeldung überhaupt nicht ab, so kann das Finanzamt die Lohnsteuer schätzen und gegen Sie durch Steuerbescheid festsetzen, §§ 162, 167 Abs.1 AO.

Der Verspätungszuschlag hat nicht den Zweck, die verspätete Abgabe von Steuererklärungen zu sanktionieren, sondern soll den Steuerpflichtigen lediglich dazu anhalten, seinen Mitwirkungspflichten, nämlich der Abgabe der Erklärung, nachzukommen. Wird gegen Sie ein Verspätungszuschlag festgesetzt, und reichen Sie daraufhin die Steuererklärung ein, so kann der Betrag bei Ihnen nicht vollstreckt werden. Die Festsetzung hat ihren Sinn und Zweck, nämlich die Erfüllung der Mitwirkungspflicht, erreicht. Sie haben einen Anspruch auf Aufhebung der Festsetzung.

---

[144] Verwechseln Sie die Verspätungszuschläge niemals mit den Säumniszuschlägen gemäß § 240 AO. Letztere haben nicht den Zweck, die Erfüllung von Mitwirkungspflichten durchzusetzen, sondern stellen Zinsen für am Fälligkeitstag nicht entrichtete Steuern dar. Die Säumniszuschläge können daher nur auf schon festgesetzte Steuern entfallen, Verspätungszuschläge werden im Festsetzungsverfahren erhoben. Die Säumniszuschläge betragen 0,5 % der festgesetzten Steuer je angefangenen Kalendermonat.

Gemäß § 41a Abs.1 S.2 EStG ist die Lohnsteueranmeldung nach amtlich vorgeschriebenem Vordruck abzugeben, und vom Arbeitgeber oder einer vertretungsberechtigten Person zu unterschreiben.

Eine Steueranmeldung[145] wie die Lohnsteuer – Anmeldung steht gemäß § 168 S.1 AO einer Steuerfestsetzung unter dem Vorbehalt der Nachprüfung gleich. Die Steuerfestsetzung unter dem Vorbehalt der Nachprüfung ist in § 164 AO geregelt. Wesentliches Merkmal einer solchen Steuerfestsetzung ist, dass die festgestellte Steuerlast, solange der Vorbehalt wirksam ist, jederzeit geändert oder aufgehoben werden kann. Auf die Bestandskraft der Steuerfestsetzung kommt es insoweit nicht an. Dies ist vor dem Hintergrund, dass der Steuerpflichtige die Zahllast selbst ermittelt, auch verständlich. Dem Finanzamt muss die Möglichkeit eingeräumt werden, die angemeldete Steuerschuld zu überprüfen. Hierfür muss aber mehr als ein Monat Zeit sein.

Die Lohnsteuer-Anmeldung ist unabhängig davon einzureichen, ob in dem entsprechenden Lohnsteuer-Anmeldungszeitraum überhaupt Lohnsteuer abzuführen ist. Ist dies – warum auch immer – einmal nicht der Fall, so haben Sie in Ihrer Lohnsteueranmeldung zu erklären, dass Sie im betreffenden Lohnsteuer-Anmeldungszeitraum keine Lohnsteuer einbehalten haben.[146]

---

[145] Der Begriff der Steueranmeldung ist in § 150 Abs.1 S.2 AO legaldefiniert. Hiernach handelt es sich um eine Steueranmeldung, wenn der Steuerpflichtige die Steuer in einer Erklärung aufgrund gesetzlicher Vorschrift selbst zu berechnen hat. Dies ist nicht nur der Fall bei Lohnsteuer – Anmeldungen, sondern auch in Ihrer Anwaltskanzlei z.B. auch bei der Umsatzsteuervoranmeldung. Dazu aber im Kapitel „Umsatzsteuerrecht".

[146] R 133 Abs.1 S.1 LStR.

dd) Beendigung des Lohnsteuerabzugs

Bei Beendigung eines Dienstverhältnisses oder am Ende des Kalenderjahres hat der Arbeitgeber das Lohnkonto des Arbeitnehmers abzuschließen. Der Abschluss erfolgt durch die Eintragung verschiedener Positionen aus dem Lohnkonto auf der Lohnsteuerkarte. Dieser Übertrag aus dem Lohnkonto in die Lohnsteuerkarte, bzw. auf ein Extrablatt, das fest mit der Lohnsteuerkarte zu verbinden ist, wird vom Gesetz als Lohnsteuerbescheinigung bezeichnet, § 41b Abs.1 EStG.

Die Angaben, die konkret zu übertragen sind, sind in § 41b EStG aufgezählt und werden durch R 135, 136 LStR sowie durch jährliche Hinweise von Seiten des BMF ergänzt.[147]

Wird das Dienstverhältnis vor Ablauf des Kalenderjahres beendet, oder wird der Arbeitnehmer – wie regelmäßig – zur Einkommensteuer veranlagt[148], so hat der Arbeitgeber dem Arbeitnehmer die Lohnsteuerbescheinigung auszuhändigen. Ist dies nicht der Fall, so ist die Lohnsteuerbescheinigung beim Betriebsstättenfinanzamt einzureichen.

Der Arbeitnehmer hat gegenüber dem Arbeitgeber – wie bereits einleitend erwähnt – einen bei den Arbeitsgerichten einklagbaren Anspruch auf Erteilung, Ergänzung oder Änderung der Lohnsteuerbescheinigung.[149]

---

[147] Hierzu schon oben Fußnote 133.

[148] Oben bei aa) haben Sie gesehen, dass Sie zur Einbehaltung der Lohnsteuer unabhängig davon verpflichtet sind, ob der Arbeitnehmer zur Einkommensteuer veranlagt wird oder nicht. Dann muss es aber auch Regelungen dafür geben, wie mit der Lohnsteuerbescheinigung in Fällen der Einkommensteuerveranlagung und der Nichtveranlagung zu verfahren ist.

[149] BFH, BStBl. 1993, II, 760.

Die Steuererklärung des Einzelanwalts und der Anwaltssozietät 123

ee) Lohnnebenkosten

Neben der Lohnsteuer, die der Arbeitgeber einzubehalten hat, hat er auch die Arbeitnehmeranteile der Sozialversicherung von dem Bruttoarbeitslohn einzubehalten und gemeinsam mit seinen Arbeitgeberanteilen abzuführen. Im Ergebnis ist also bei den Beiträgen, die vom Arbeitgeber und vom Arbeitnehmer je zur Hälfte getragen werden, die doppelte Summe dessen abzuführen, was beim Arbeitnehmer einbehalten wurde.

Die Beträge, die im Rahmen der gesetzlichen Sozialversicherung abzuführen sind, setzen sich zusammen aus

- Der Rentenversicherung; die Beiträge gehen für Angestellte an die BVA, für Arbeiter an die LVA. Sie betragen 19,3 % (ab 01.01.2000) und werden je zur Hälfte vom Arbeitgeber und vom Arbeitnehmer getragen;

- Die Krankenversicherung; es besteht grundsätzlich freie Krankenkassenwahl[150], so dass viele verschiedene Krankenkassenträger in Betracht kommen. Träger können sein die Ortskrankenkassen, die Ersatzkassen, die Betriebs- und die Innungskrankenkassen. Die Beiträge sind von Kasse zu Kasse verschieden und betragen ca. 13,5 %. Sie werden je zur Hälfte vom Arbeitgeber und vom Arbeitnehmer getragen.

- Die Arbeitslosenversicherung; Die Beiträge gehen an die Bundesanstalt für Arbeit. Sie betragen 6,5 % und werden vom Arbeitgeber und Arbeitnehmer je zur Hälfte getragen.

---

[150] Vgl. §§ 173 – 177 SGB V.

- Die Pflegeversicherung; Die Pflegeversicherungen sind eigenständige Körperschaften des öffentlichen Rechts, werden aber als Pflegekassen bei den Krankenkassen eingerichtet und arbeiten eng mit diesen zusammen. Die Beiträge betragen 1,7 %. Auch sie werden je zur Hälfte vom Arbeitgeber und vom Arbeitnehmer getragen.

- Die Unfallversicherung; Der Arbeitgeber hat für seine Arbeitnehmer eine Unfallversicherung abzuschließen, deren Kosten er alleine trägt. Ein Abzug vom Lohn des Arbeitnehmers findet insoweit also nicht statt. Träger dieser Unfallversicherung ist die Berufsgenossenschaft.

- Der Solidaritätszuschlag; Der Solidaritätszuschlag ist eine zeitlich unbefristete Abgabe, die aufgrund des Solidaritätszuschlagsgesetzes vom 23.06.1993 erhoben wird. Er wird als Ergänzungsabgabe zur Einkommen- und zur Körperschaftssteuer von allen ESt- oder KSt-pflichtigen Personen erhoben. Er beträgt 5,5 % der festgesetzten Einkommensteuer, bzw. der abzuführenden Lohnsteuer. Er wird alleine von dem Arbeitnehmer als einkommensteuerpflichtiger Person getragen.[151] Der Zuschlag ist vom Arbeitgeber einzubehalten und gemeinsam mit der Lohnsteuer an das Finanzamt abzuführen.

Die genannten Prozentsätze sind jeweils vom Bruttoarbeitsentgelt zu bemessen.

---

[151] Hierzu Plenker, BB 1995, 74.

Die Steuererklärung des Einzelanwalts und der Anwaltssozietät

Es werden jedoch jedes Jahr bestimmte Beitragsbemessungsgrenzen festgesetzt, von denen maximal die Sozialversicherungsbeiträge einbehalten werden, auch wenn der Arbeitnehmer mehr verdienen sollte. Für das Jahr 2000 betragen die Beitragsbemessungsgrenzen

- in den alten Bundesländern für die Rentenversicherung und die Arbeitslosenversicherung 103.200 DM jährlich[152] oder 8.600 DM monatlich, für die Krankenversicherung und die Pflegeversicherung 77.400 DM jährlich[153] oder 6.450 DM monatlich.

- In den neuen Bundesländern liegen die Beitragsbemessungsgrenzen für die Renten- und Arbeitslosenversicherung bei 85.200 DM jährlich[154] oder 7.100 DM monatlich und für die Kranken- und Pflegeversicherung bei 63.900 DM jährlich[155] bzw. 5.325 DM monatlich.

Neben diesen Beiträgen zur Sozialversicherung haben sich Arbeitgeber, die regelmäßig nicht mehr als 20 Arbeitnehmer beschäftigen, am sogenannten Ausgleichsverfahren zu beteiligen. Hierbei handelt es sich um ein Verfahren zum Ausgleich von Arbeitgeberaufwendungen bei der Entgeltfortzahlung von Arbeitern und Auszubildenden, sowie der Arbeitgeberleistungen bei Mutterschaft.

> Der Ausgleich bei Krankheit von Arbeitern ist für Sie als Anwalt bezüglich ihrer Fachangestellten uninteressant, weil es sich bei diesen gerade nicht um Arbeiter, sondern um Angestellte handelt, die nicht der Umlage U1 unterfallen. Relevant werden kann diese Umlage aber z.B. bei einer Putzkraft, da diese Arbeiter im Sinne der Umlage U1 ist.

---

[152] Für 1999: 102.000 DM = 8.500 DM monatlich.
[153] Für 1999: 76.500 DM = 6.375 DM monatlich.
[154] Für 1999: 86.400 DM = 7.200 DM monatlich.
[155] Für 1999: 64.800 DM = 5.400 DM monatlich.

Gerade bei der Frage der Einstellung von – zumeist weiblichen – Rechtsanwaltsfachangestellten, haben viele Arbeitgeber/Junganwälte Bedenken wegen einer drohenden Schwangerschaft.

Nach den Vorschriften des Mutterschutzgesetzes hat der Arbeitgeber an die schwangere Arbeitnehmerin Zuschüsse zu den Leistungen der Krankenkasse zu zahlen. Dabei handelt es sich um die Differenz zwischen dem Mutterschaftsgeld von der Krankenkasse (25,- DM täglich) und dem durchschnittlichen kalendertäglichen Arbeitslohn. Dieser Zuschuss ist grundsätzlich für 6 Wochen vor und für 8 Wochen nach der Entbindung zu zahlen. Bei Früh- und Mehrlingsgeburten verlängert sich die Frist auf 12 Wochen.

Diese Leistungen des Arbeitgebers fallen unter die Ausgleichsklasse U2 und werden aufgrund gesetzlicher Regelung seit dem 01.01.1997 zu **100 % erstattet**. Die Schwangerschaft einer Angestellten bringt daher unmittelbar keinerlei finanzielle Belastung mit sich.

Für die Inanspruchnahme der Erstattung ist bei der örtlichen AOK ein gesonderter Antrag auf Erstattung der Arbeitgeberzuschüsse zu stellen. Antragsformulare sind bei den örtlichen Krankenkassen erhältlich.

Jeder „chronisch Kranke" ist daher für den Arbeitgeber eine ungleich härtere „Belastung" als eine schwangere Angestellte.

Als Ausgleich für diese Erstattungen hat der Arbeitgeber im Rahmen des Ausgleichsverfahrens für jeden Angestellten, gleichgültig, ob männlich oder weiblich, eine Umlage zu zahlen. Diese darf nicht – auch nicht teilweise – auf den Arbeitnehmer abgewälzt werden. Die Umlagebeträge sind an die Krankenkasse zu richten, die das Ausgleichsverfahren für die entsprechenden Arbeitnehmer durchführt.

Die Steuererklärung des Einzelanwalts und der Anwaltssozietät 127

Die Umlage wird durch einen Prozentsatz von der Lohnsumme errechnet. Das heißt, dass nicht für jeden Arbeitnehmer auf Grundlage dessen Gehalt ein Umlagenanteil gezahlt wird, sondern dass die Summe aller im Betrieb gezahlten Gehälter Bemessungsgrundlage für die Berechnung der Umlage U2 ist. Die Umlagesätze werden von jeder Krankenkasse individuell festgesetzt und in den Beitragstabellen veröffentlicht.

Genauere Informationen über die Umlage und deren praktische Durchführung erhalten Sie unter *www.aok.de*.

Für Arbeitnehmer, die kranken-, pflege-, renten- oder arbeitslosenversicherungspflichtig sind, sind auf einem einheitlichen Meldevordruck Meldungen zu erstatten. Diese Meldungen dienen zugleich auch für die Erfassung im Rahmen des Ausgleichsverfahrens.

Die Meldefristen betragen (auszugsweise):

- Bei der Anmeldung eines Arbeitnehmers 2 Wochen (6 Wochen bei automatischem Meldeverfahren);
- Bei der Abmeldung 6 Wochen;
- Bei der Unterbrechungsmeldung 2 Wochen nach Ablauf des 1. Kalendermonats der Unterbrechung;
- Jahresmeldung bis zum 15.04. des Folgejahres;
- Meldung für geringfügig Beschäftigte 1 Woche.

Neben den genannten Beträgen hat der Arbeitgeber noch die Kirchensteuer des Arbeitnehmers einzubehalten und abzuführen.

Die Kirchensteuer wird aber nicht direkt an die Religionsgemeinschaft überwiesen, sondern gemeinsam mit der Lohnsteuer und dem Solidaritätszuschlag an das Finanzamt überwiesen. Die Kirchensteuer beträgt je nach Bundesland 8 % oder 9 % der Einkommen- bzw. Lohnsteuer.

4. Die Erfassung des zu versteuernden Einkommens durch die Finanzbehörden und die Tilgung der Einkommensteuerschuld

a) Die Entstehung der Einkommensteuer und anrechenbare Vorauszahlungen

Die bisherigen Ausführungen galten der Ermittlung der Einkünfte, bei dem Rechtsanwalt also des Gewinns, § 2 Abs.2 EStG.

Auf der privaten Ebene des Anwalts sind nun Einkünfte aus anderen Einkunftsarten (bspw. Vermietung und Verpachtung) hinzuzurechnen und Verluste aus anderen Einkunftsarten bis zu 100.000 DM unbeschränkt (bei Verheirateten, die zusammenveranlagt werden 200.000 DM) und Verluste über 100.000 DM insoweit auszugleichen, wie die positiven Einkünfte diese um mindestens das Doppelte übersteigen, § 2 Abs.3 EStG.

Ebenso im Bereich der privaten ESt-Schuld-Ermittlung des Rechtsanwalts sind nun Sonderausgaben und außergewöhnliche Belastungen abzuziehen, § 2 Abs.4, 10, 33 EStG.[156]

---

[156] Auf die Berechnung der Summe der Einkünfte auf der privaten Ebene des Rechtsanwalts wie auch auf die Ermittlung des zu versteuernden Einkommens soll hier nicht weiter eingegangen werden. Vorliegend sollen allein die Spezifika, die die § 4-III-Rechnung mit sich bringt dargestellt und nicht ein Gesamtlehrwerk zur Einkommensteuer vorgelegt werden. Sind Sie an der Vertiefung der Materie interessiert, so sei Ihnen

Die Einkommensteuer entsteht mit Ablauf des Veranlagungszeitraumes, regelmäßig also des Kalenderjahres, § 36 I EStG. Unbeschadet noch nicht entrichteter aber fällig gewordener Vorauszahlungen[157], ist die Steuerschuld innerhalb eines Monats nach Bekanntgabe des Steuerbescheides zu entrichten, § 36 IV EStG.

Die in § 36 IV EStG getroffene Regelung zur Zahlung der Steuerschuld binnen Monatsfrist bezeichnet die zu leistende Zahlung als Abschlusszahlung. Von einer Abschlusszahlung kann jedoch nur dann gesprochen werden, wenn zuvor bereits Zahlungen geleistet wurden, die mit der entstandenen Steuerschuld zu verrechnen sind.

Dies ist bei der Einkommensteuer regelmäßig der Fall. § 36 II Nr.1 EStG bestimmt, dass auf die ermittelte Einkommensteuer die Einkommensteuervorauszahlungen, die im laufenden Jahr durch die Finanzbehörden festgesetzt werden, angerechnet werden.

Einkommensteuervorauszahlungen sind geregelt in § 37 EStG. Hiernach hat der Steuerpflichtige am 10. März, am 10. Juni, am 10. September und am 10. Dezember Vorauszahlungen auf seine voraussichtliche Einkommensteuer für das laufende Jahr zu leisten.

Die Einkommensteuervorauszahlungen entstehen jeweils mit Beginn des Kalendervierteljahres, in dem die Vorauszahlungen zu entrichten sind, oder, wenn die Steuerpflicht erst im Laufe des Kalendervierteljahrs begründet wird, mit Begründung der Steuerpflicht, § 37 I 2 EStG.

Hemmer/Wüst/Stelzer, Einkommensteuerrecht und Hemmer/Wüst/Stelzer, Steuererklärung leicht gemacht zur Lektüre empfohlen.

[157] Dazu sogleich mehr.

Die Vorauszahlungen werden durch das Finanzamt durch Vorauszahlungsbescheid festgesetzt, § 37 III 1 EStG. Die Vorauszahlungen werden nach der Einkommensteuer aus dem letzten Veranlagungszeitraum, also aus dem letzten Kalenderjahr, berechnet.

Das Finanzamt kann nach der Ausübung pflichtgemäßen Ermessens die Vorauszahlungen für das laufende Kalenderjahr jederzeit an die voraussichtliche Steuerschuld des Kalenderjahres anpassen. Dies ist bei Erlass bis zum 31.03. des übernächsten Jahres, vgl. § 37 III 3 EStG, auch rückwirkend möglich.[158]

b) Die Erhebung der Einkommensteuer

aa) Grundsätze

Die Einkommensteuerschuld wird von der Finanzbehörde durch Steuerbescheid festgesetzt, § 155 I AO. Unter dem Steuerbescheid versteht man den nach § 122 AO bekanntgegebenen Steuerverwaltungsakt im Sinne des § 118 AO.[159]

Der Steuerbescheid wird auf Grundlage der Einkommensteuererklärung, die die wohl wichtigste Mitwirkungspflicht[160] des Anwalts bei der Ermittlung der Einkommensteuerschuld darstellt, erlassen.

---

[158] Dazu BFH BStBl 1982, II, 446.

[159] Die Abgabenordnung ist dem VwVfG äußerst ähnlich. Ein Steuerverwaltungsakt ist in § 118 AO wortlautidentisch mit § 35 VwVfG für den „normalen" Verwaltungsakt definiert.

[160] Den Steuerpflichtigen treffen bei der Ermittlung des Steueranspruchs durch die Finanzverwaltung (§ 88 AO – Untersuchungsgrundsatz) verschiedene Mitwirkungspflichten,

Die Pflicht zur Abgabe einer Steuererklärung ergibt sich für den Anwalt aus §§ 149 I AO, 25 III EStG, 56 EStDV. Nach § 56 S.1 Nr.2 lit. a) EStDV besteht die Pflicht zur Abgabe einer Steuererklärung, wenn der Gesamtbetrag der Einkünfte (vgl. § 2 Abs.4 EStG und die Ausführungen dazu oben) – im VZ 1999 – mehr als 13.175 DM betragen hat. Nach § 56 S.2 EStDV ist eine Steuererklärung außerdem abzugeben, wenn zum Schluss des vorangegangenen Veranlagungszeitraumes ein verbleibender Verlustabzug[161], § 10d EStG, festgestellt worden ist.

Nach § 149 I AO bestimmen die einzelnen Steuergesetzte, in unserem Fall also das EStG, wer zur Abgabe einer Steuererklärung verpflichtet ist. Nach § 149 II AO ist die Steuererklärung – sofern die Verpflichtung zur Abgabe einer solchen besteht - , wenn nicht die Einzelsteuergesetze etwas anderes bestimmen, bis spätestens fünf Monate nach Ablauf des Veranlagungszeitraums abzugeben.

Da das EStG diesbezüglich keine Sonderregelung bereit hält, gilt für Ihre Steuererklärung also grundsätzlich, dass Sie diese bis zum 31. Mai des Folgejahres abgegeben haben müssen. Diese Frist von 5 Monaten kann jedoch nach § 109 AO verlängert werden.

---

die von der Offenlegung der erheblichen Tatsachen und Benennung der Beweismittel, § 90 AO, bis zur Abgabe der Steuererklärung, § 149 AO, reichen.

[161] Haben Sie am Ende eines Jahres (Veranlagungszeitraumes) einen verbleibenden ausgleichsfähigen Verlust, z.B. aus Einkünften aus Vermietung und Verpachtung, so können Sie diesen grundsätzlich in den vergangenen Veranlagungszeitraum zurück- oder in die zukünftigen Veranlagungszeiträume vortragen. Hierdurch wird erreicht, dass die Ihnen entstandenen Verluste nicht „unter den Tisch" fallen, sondern in jedem Falle abgezogen werden können. Wenn auch, bedingt durch die Neuregelung des § 2 Abs.3 EStG, nicht immer in voller Höhe im Jahr ihrer Entstehung.

Wenn Sie Ihre Steuerklärung selbst fertigen, sich also keines steuerlichen Beraters bedienen, entspricht es der regelmäßigen Praxis der Finanzbehörden, auf einen formlosen Antrag hin die Erklärungsfrist bis zum 30.09. zu verlängern. Steuerberater erhalten darüber hinaus eine nochmalige Verlängerung bis in das nächste Jahr hinein, so dass Steuererklärungen für das Jahr 05 von Steuerberatern erst in 07 abgegeben werden.

Die Steuerklärung ist nach den amtlichen Vordrucken anzufertigen. Die amtlichen Vordrucke bestehen aus einem **Mantelbogen**, der zwingend immer auszufüllen ist. Ferner sind Anlagen für die entsprechenden Einkünfte, die der Anwalt im Veranlagungszeitraum verwirklicht hat, auszufüllen. Für Sie relevant ist insbesondere die **Anlage GSE** für die Erklärung von Einkünften aus selbstständiger Arbeit, § 18 EStG. Hierneben können je nach Ihrer persönlichen Einkommenssituation noch die **Anlage KSO** für die Erklärung von Einkünften aus Kapitalvermögen (Zinsen auf Bankguthaben, Dividenden aus Aktien etc.), § 20 EStG, und die **Anlage V** für die Erklärung von Einkünften aus Vermietung und Verpachtung, § 21 EStG, von Bedeutung sein.

Haben Sie einen Ehegatten, der z.B. Einkünfte aus nichtselbstständiger Arbeit erzielt, und werden Sie zusammen zur Einkommensteuer veranlagt[162], so ist zusätzlich die **Anlage N** für den Ehegatten auszufüllen und abzugeben. Falls Sie berücksichtigungsfähige Kinder haben, ist dies in der **Anlage Kinder** anzugeben.

Für einen Einzelanwalt ergeben sich hier keine besonderen Probleme. Sie haben den Mantelbogen und die Anlage GSE auszufüllen und einzureichen.

---

[162] Vgl. sogleich zur Berücksichtigung persönlicher Verhältnisse bei dem Steuerpflichtigen.

Sowohl für die Anwaltssozietät wie auch für den Einzelanwalt empfiehlt es sich aber, um Rückfragen und Verzögerungen zu vermeiden, der Erklärung die Einnahmeüberschussrechnung, wie sie im Beispiel für die Sozietät Mustermann und Musterfrau dargestellt ist, beizufügen. Sie erleichtern hierdurch dem Finanzamt die Arbeit und sichern sich, wenn die Einnahmeüberschussrechnung sorgfältig erstellt ist, gegebenenfalls das Wohlwollen des zuständigen Mitarbeiters.

Gerade im Umgang mit den Finanzbehörden gilt: Der Ton macht die Musik. Es ist immer wieder zu beobachten, dass diejenigen Steuerberater und Rechtsanwälte, die sich in freundlichem Ton um eine gütliche Einigung bemühen, häufig den größeren Erfolg im Umgang mit den Kollegen der Finanzverwaltung haben. Mit Hochnäsigkeit und Arroganz ist weder Ihnen noch der Sache gedient.

Führen Sie Ihre Buchhaltung in der Kanzlei mit Hilfe einer Anwaltssoftware, was durchaus empfehlenswert ist, so können Sie die Einnahmeüberschussrechnung für den vergangenen Veranlagungszeitraum „per Knopfdruck" abrufen.

Beachten Sie hierbei aber, dass der Computer, respektive das Programm, keine Abschreibung für Abnutzung, AfA, vornimmt und auch nicht den privaten Nutzungsanteil Ihres Pkw ermittelt. Dies haben Sie per Hand zu ergänzen, was nach der Lektüre der entsprechenden Ausführungen in diesem Leitfaden kein Problem mehr sein sollte, da besondere Vorkenntnisse hierfür nicht erforderlich sind.

Natürlich gibt es an vielen Stellen Besonderheiten und „Kniffe", mit denen sich die eine oder andere Mark sparen ließe. Jede dieser Möglichkeiten darzustellen, würde hier aber das vorgegebene Maß bei weitem sprengen.

> Ohne einen Steuerberater ist es kaum möglich, alle Optionen auszuschöpfen. Vor dem Hintergrund, dass auch die Kosten für einen Steuerberater als Sonderausgaben abzugsfähig sind, § 10 Abs.1 Nr.6 EStG, sollten Sie sich, sobald es die Ertragslage erlaubt, ohnehin eines steuerlichen Beraters bedienen, oder einen solchen sogar in die Sozietät aufnehmen.
> Die für den Existenzgründer wohl interessanteste Methode, in den Gründungsjahren Steuern zu sparen, war die sogenannte Ansparabschreibung zur Förderung kleiner und mittlerer Betriebe, geregelt in § 7g EStG. Nach Abs.3 der Norm konnten „Rücklagen" für künftige Anschaffungen gebildet werden. Das bedeutet, dass für den § 4-III-Rechner, der Sie als Anwalt ja sind, Betriebsausgaben in einem Jahr geltend gemacht werden können, in dem gar nichts angeschafft wurde. Sie erhalten so die Möglichkeit, in einem Jahr entstandene Gewinne für die Anschaffung von Wirtschaftsgütern in den Folgejahren zurückzulegen. Nach der geplanten Steuerrechtsänderung zum 01.01.2001 soll § 7g EStG jedoch aufgehoben werden. Die Vorschrift ist daher voraussichtlich letztmalig für den VZ 1999 anzuwenden.

bb) Berücksichtigung persönlicher Verhältnisse

Da, wie eingangs schon einmal dargestellt, die Sozietät ebenso wie der Einzelanwalt behandelt wird, das heißt, Steuersubjekt auch bei der Personengesellschaft die natürliche Person bleibt, spielen Ihre persönlichen Verhältnisse bei der Besteuerung eine wesentliche Rolle. Die Einkommensteuer ist Personensteuer, die auf solche Verhältnisse Rücksicht nimmt.

Persönliche Verhältnisse in diesem Sinne sind z.B. die Berücksichtigung von unterhaltsberechtigten Kindern, die Berücksichtigung des Ehegatten bei der Besteuerung, außergewöhnliche Belastungen und Sonderausgaben, die Ihnen erwachsen.

Da diese Verhältnisse, die Einfluss auf die Einkommensteuer haben können, nicht spezifisch Ihre Tätigkeit als Rechtsanwalt betreffen, soll hier nur kurz darauf eingegangen werden.

> Die Berücksichtigung persönlicher Verhältnisse hat nichts mit der verwirklichten Einkunftsart zu tun. Sie erfolgt, wie sich schon aus der Systematik des § 2 EStG ergibt, der Sonderausgaben und außergewöhnliche Belastungen erst in § 2 Abs.4 EStG erfasst, unabhängig von der verwirklichten Einkunftsart vorgenommen. Da Sie Ihre Einkünfte aus der anwaltlichen Tätigkeit, gleichgültig, ob als Einzelanwalt oder als Sozius in einer Personengesellschaft, in Ihrer privaten Einkommensteuererklärung anzugeben haben, sei hier kurz auch auf diese Punkte eingegangen. Halten Sie sich dabei aber immer vor Augen, dass die nachstehenden Ausführungen zu den persönlichen Verhältnissen keinerlei Einfluss auf den in Ihrer Anwaltskanzlei entstandenen Gewinn haben.

Abzugsfähige Sonderausgaben sind anders als Betriebsausgaben Aufwendungen, die aus dem privaten und nicht aus dem betrieblichen Bereich resultieren und aus Sozialzweckerwägungen abziehbar sind. Daraus folgt aber auch, dass es keine Generalnorm für die Abzugsfähigkeit gibt, sondern die zum Abzug zugelassenen Sonderausgaben abschließend in § 10 EStG aufgezählt sind.

Hierzu gehören z.B. Unterhaltsleistungen an einen geschiedenen oder dauernd getrennt lebenden Ehegatten, sofern dieser dem Abzug zugestimmt hat, bis zu einer Höhe von 27.000 DM jährlich, § 10 Abs.1 Nr.1 EStG.

Beiträge zu Kranken-, Pflege-, Unfall- und Haftpflichtversicherungen, zu den gesetzlichen Rentenversicherungen und an die Bundesanstalt für Arbeit sowie Beiträge zu bestimmten Versicherungen auf den Erlebens- oder Todesfall, § 10 Abs.1 Nr.2 EStG.

Ferner sind die gezahlte Kirchensteuer, § 10 Abs.1 Nr.4 EStG, und die Steuerberatungskosten, § 10 Abs.1 Nr.6 EStG, abzugsfähig.

Abgrenzungsprobleme ergeben sich oft bei der Behandlung von § 10 Abs.1 Nr.7 EStG. Hiernach sind Ausbildungskosten bis zu 1.800 DM im Jahr abzugsfähig. Ausbildungskosten sind zu unterscheiden von Fortbildungskosten, die als Betriebsausgaben in voller Höhe abziehbar sind.

Grundsätzlich wird man sagen können, dass Fortbildungskosten all solche Aufwendungen sind, die zur Weiterbildung in einem bereits erlernten und ausgeübten Beruf getätigt werden.[163]

Hierunter würden z.B. Seminargebühren für solche Veranstaltungen fallen, an denen Sie als Anwalt teilnehmen, um sich weiterzubilden. Dies könnte z.B. auch der Fall sein bei einem Kurs zur Erlangung der Fachanwaltsbezeichnung. Keine Fortbildungs-, sondern Ausbildungskosten sind hingegen z.B. die Aufwendungen für eine Promotion, auch wenn Sie sich hierdurch eine bessere Marktposition und erhöhte Mandantenakzeptanz versprechen.

Ebenfalls zu den zu berücksichtigenden persönlichen Verhältnissen gehören die außergewöhnlichen Belastungen, die dem Steuerpflichtigen erwachsen.

Die außergewöhnlichen Belastungen sind in §§ 33 ff. EStG geregelt. Während § 33 EStG die Grundnorm für außergewöhnliche Belastungen darstellt, sind in den §§ 33a bis 33c EStG typisierte Fälle von außergewöhnlichen Belastungen geregelt.

Unter außergewöhnlichen Belastungen versteht das Gesetz das beim Steuerpflichtigen zwangsläufige Entstehen größerer Aufwendungen als bei der Mehrzahl der anderen Steuerpflichtigen gleicher Einkommens-, Vermögens- und Familienverhältnisse.

---

[163] Schmdit/Heinicke, EStG 18. Aufl., § 4 Rn.122.

Wichtig hierbei ist, dass die Aufwendungen zwangsläufig entstanden sein müssen. Haben Sie z.b. BaFöG – Beträge zurückzuzahlen, so sind dies keine außergewöhnlichen Belastungen, da Sie die Darlehensverbindlichkeit nicht zwangsläufig, sondern freiwillig eingegangen sind. Dass Sie anderenfalls vielleicht nicht hätten studieren können, reicht für die Annahme einer zwangsläufigen Entstehung der Aufwendungen nicht aus.

§ 33 Abs.2 EStG formuliert, dass Aufwendungen dann zwangsläufig entstanden sind, wenn sich der Steuerpflichtige ihnen aus rechtlichen, tatsächlichen oder sittlichen Gründen nicht entziehen kann und die Aufwendungen notwendig und den Umständen angemessen sind.

Liegen außergewöhnliche Belastungen nach der Definition des Gesetzes vor, so sind diese nicht in voller Höhe abzugsfähig. Der Steuerpflichtige hat eine ihm zumutbare Eigenbelastung selbst zu tragen.

Die Höhe der zumutbaren Eigenbelastung ist davon abhängig, ob die Besteuerung nach § 32a Abs.1 EStG oder nach § 32a Abs.5 oder 6 EStG, dem sogenannten Splittingverfahren, erfolgt.

Die Höhe der zumutbaren Eigenbelastung ergibt sich aus der in § 33 Abs.3 EStG abgedruckten Tabelle:

Bei einem Gesamtbetrag der Einkünfte	Bis 30.000 DM	Über 30.000 DM bis 100.000 DM	Über 100.000 DM
1. Bei Steuerpflichtigen, die keine Kinder haben und bei denen die Einkommensteuer			
a) nach § 32a Abs.1	5	6	7
b) nach § 32a Abs.5 oder 6 (Splittingverfahren)	4	5	6
zu berechnen ist;			
2. bei Steuerpflichtigen mit			
a) einem Kind oder zwei Kindern,	2	3	4
b) drei oder mehr Kindern	1	1	2
	Vom Hundert des Gesamtbetrags der Einünfte		

Das Splittingverfahren nach § 32a Abs.5, 6 EStG ist auch auf Ehegatten anwendbar, die sich zusammen zur Einkommensteuer veranlagen lassen. Auch hierbei handelt es sich wieder um persönliche Verhältnisse des Steuerpflichtigen, auf die das Einkommensteuerrecht Rücksicht nimmt.

Die Zusammenveranlagung von Ehegatten ist in § 26 EStG geregelt. Hiernach können Ehegatten, die beide unbeschränkt steuerpflichtig sind[164], nicht dauernd getrennt leben und bei denen diese Voraussetzungen an mindestens einem Tag im Jahr vorgelegen haben, sich zusammen zur Einkommensteuer veranlagen lassen.

---

[164] Das heißt, grds. einen Wohnsitz oder ihren gewöhnlichen Aufenthalt im Inland haben, § 1 Abs.1 EStG i.V.m. §§ 8, 9 AO.

Die Steuererklärung des Einzelanwalts und der Anwaltssozietät

Die Zusammenveranlagung bringt dann erhebliche Progressionsvorteile mit sich, wenn einer der Ehegatten sehr viel mehr verdient als der andere, oder einer von beiden gar nicht berufstätig ist und damit überhaupt kein Einkommen erzielt. Wie sich die Zusammenveranlagung vollzieht, ist in § 26b EStG geregelt:

Bei der Zusammenveranlagung von Ehegatten werden die Einkünfte, die die Ehegatten erzielt haben, zusammengerechnet, den Ehegatten gemeinsam zugerechnet und, soweit nichts anderes vorgeschrieben ist, die Ehegatten sodann gemeinsam als Steuerpflichtiger behandelt.

Vereinfacht dargestellt kann man sagen, dass die Summe der Einkünfte beider Ehegatten zusammengerechnet und dann durch zwei geteilt werden. Hierauf ist dann der sich ergebende Steuersatz anzuwenden. Durch die Teilung durch zwei wird die absolute Summe dann geringer, wenn einer der Ehegatten nur geringe oder gar keine Einkünfte erzielt. Hierdurch verringert sich dann auch der anzusetzende Steuersatz. Verdienen beide Ehegatten in etwa gleich viel, so ergeben sich aus der Zusammenveranlagung keinerlei Vor-, aber auch selten Nachteile.

Es folgen die amtlichen Vordrucke, die für die Einkommensteuererklärung relevant werden können. Erschrecken Sie nicht wegen der Menge der Vordrucke. Halten Sie sich an das, was Sie hier gelesen haben und was sich in den Erläuterungen zu den amtlichen Vordrucken findet, so kann eigentlich nichts schief gehen.

Die grünen Felder werden vom Finanzamt ausgefüllt.

Nummer	Zeitr.	Steuernummer	Vorg.	Fallgruppe
12		11	10 99	

1999

Eingangsstempel

☐ **Einkommensteuererklärung**
Antrag auf Festsetzung der Arbeitnehmer-Sparzulage

☐ **Erklärung zur Feststellung des verbleibenden Verlustabzugs**

An das Finanzamt

Steuernummer — bei Wohnsitzwechsel: bisheriges Finanzamt

Ich rechne mit einer Einkommensteuererstattung.

Allgemeine Angaben
99 10 — Steuerpflichtige Person (Stpfl.), bei Ehegatten: Ehemann — Telefonische Rückfragen tagsüber unter Nr.

40 — Postempfänger
69 — Anschrift

Zeile 2 — Name

3 — Vorname

4 — Geburtsdatum: Tag Monat Jahr | Religion | Ausgeübter Beruf

5 — Straße und Hausnummer

6 — Postleitzahl, derzeitiger Wohnort

7 — Verheiratet seit dem | Verwitwet seit dem | Geschieden seit dem | Dauernd getrennt lebend seit dem

8 — Ehefrau: Vorname

9 — ggf. von Zeile 2 abweichender Name

10 — Geburtsdatum: Tag Monat Jahr | Religion | Ausgeübter Beruf

11 — Straße und Hausnummer, Postleitzahl, derzeitiger Wohnort (falls von Zeilen 5 und 6 abweichend)

12 — Nur von Ehegatten auszufüllen: ☐ Zusammenveranlagung ☐ Getrennte Veranlagung ☐ Besondere Veranlagung für das Jahr der Eheschließung — Wir haben Gütergemeinschaft vereinbart ☐ Nein ☐ Ja

99 17 — Art der Steuerfestsetzung

13 — **Bankverbindung** Bitte stets angeben!

10

14 — Kontonummer | Bankleitzahl

11 — Alter A B | Religion A B

15 — Geldinstitut (Zweigstelle) und Ort

77 — von bis — A KSt.-Pflicht — Dauer der
78 — von bis — B von Monat bis Monat

16 — Kontoinhaber lt. Zeilen 2 u. 3 oder: Name (im Fall der Abtretung bitte amtlichen Abtretungsvordruck beifügen)

17 — Der Steuerbescheid soll nicht mir/uns zugesandt werden, sondern

73 — Angaben zur Erstattung | 83 — Bescheid ohne Anschrift Ja = 1
74 — Veranlagungsart | 75 — Zahl d. zusätzl. Bescheide

18 41 — Name

19 42 — Vorname

70 — nichtamtlicher Vordruck Ja = 2.

20 43 — Straße und Hausnummer oder Postfach

21 45 — Postleitzahl, Wohnort

Unterschrift — Die mit der Steuererklärung angeforderten Daten werden aufgrund der §§ 149 ff. der Abgabenordnung und der §§ 25, 46 des Einkommensteuergesetzes erhoben.

22 — Ich versichere, dass ich die Angaben in dieser Steuererklärung wahrheitsgemäß nach bestem Wissen und Gewissen gemacht habe. Mir ist bekannt, dass
23 — Angaben über Kindschaftsverhältnisse und Pauschbeträge für Behinderte erforderlichenfalls der Gemeinde mitgeteilt werden, die für die Ausstellung der Lohnsteuerkarten zuständig ist.

Bei der Anfertigung dieser Steuererklärung hat mitgewirkt:

24

25

26

27 — Datum, Unterschrift(en)
Steuererklärungen sind eigenhändig – bei Ehegatten von beiden – zu unterschreiben.

ESt 1 A – Einkommensteuererklärung für unbeschränkt Steuerpflichtige – Aug. 99 (OFD Nbg – 10.99 – 2,3 Mio Lg. – 321)

– 2 –

Zeile	Einkünfte im Kalenderjahr 1999 aus folgenden Einkunftsarten:		
29			
30			Die Einnahmen aus Kapitalvermögen betragen nicht mehr als 6 100 DM, bei Zusammenveranlagung 12 200 DM. Zur Anrechnung von Steuerabzugsbeträgen und bei vergüteter Körperschaftsteuer bitte Anlage KSO abgeben.
31	Kapitalvermögen	☐ lt. Anlage KSO (Seite 1)	☐
32	Sonstige Einkünfte	☐ lt. Anlage KSO (Seite 2)	
33	Nichtselbständige Arbeit	☐ lt. Anlage N (für steuerpflichtige Person / bei Ehegatten: Ehemann)	☐ lt. Anlage N für Ehefrau
34	Gewerbebetrieb/Selbständige Arbeit	☐ lt. Anlage GSE	
35	Land- und Forstwirtschaft	☐ lt. Anlage L	
36	Vermietung und Verpachtung	☐ lt. Anlage(n) V	Anzahl
37			
38	**Ausländische Einkünfte und Steuern** ☐ lt. Anlage(n) AUS		Anzahl
39			
40	**Angaben zu Kindern** ☐ lt. Anlage(n) Kinder		Anzahl
41			
42	**Förderung des Wohneigentums** ☐ lt. Anlage(n) FW		Anzahl
43			

Sonstige Angaben und Anträge 99 18

Zeile				
44				
45	Für alle 1999 bezogenen außerordentlichen Einkünfte wird die ermäßigte Besteuerung unwiderruflich beantragt.		75	Ja = 1
46	Laut beigefügter Lohnsteuerbescheinigung(en) steuerfrei belassener Arbeitslohn aufgrund geringfügiger Beschäftigung(en) – sog. 630-DM-Arbeitsverhältnisse –	73 Stpfl./Ehemann DM	74 Ehefrau DM	73
47	Nur bei getrennter Veranlagung von Ehegatten ausfüllen: Laut beigefügtem gemeinsamem Antrag beträgt der bei mir zu berücksichtigende Anteil an den Aufwendungen für ein hauswirtschaftliches Beschäftigungsverhältnis und den außergewöhnlichen Belastungen		%	74
48	Im Kalenderjahr 1999 hingegebene Darlehen nach § 7 a des Fördergebietsgesetzes laut beigefügter Bescheinigung der Kapitalsammelstelle		49 DM	49
49	Einkommensersatzleistungen, die dem Progressionsvorbehalt unterliegen, z. B. Krankengeld, Mutterschaftsgeld (soweit nicht in Zeile 22 der Anlage N eingetragen) lt. beigefügter Bescheinigung	20 Stpfl./Ehemann DM	21 Ehefrau DM	20
				21
50	Nur bei zeitweiser unbeschränkter Steuerpflicht im Kalenderjahr 1999:			
51	Im Inland ansässig	vom – bis		
52	Ausländische Einkünfte, die außerhalb des in Zeile 51 genannten Zeitraums bezogen wurden und nicht der deutschen Einkommensteuer unterlegen haben		22 DM	22
53	Nur bei im Ausland ansässigen Personen, die auf Antrag als unbeschränkt steuerpflichtig behandelt werden:			
54	Positive Summe der nicht der deutschen Einkommensteuer unterliegenden Einkünfte		24 DM	24
55	Nur bei im Ausland ansässigen steuerpflichtigen Personen: Ich beantrage, für die Anwendung personen- und familienbezogener Steuervergünstigungen als unbeschränkt steuerpflichtig behandelt zu werden.			
56	☐ Die „Bescheinigung EU/EWR" ist beigefügt.			
57	☐ Die „Bescheinigung außerhalb EU/EWR" ist beigefügt.			
58	Nur bei im EU-/EWR-Ausland lebenden Ehegatten/Kindern:			
59	Ich beantrage als Staatsangehöriger eines EU-/EWR-Mitgliedstaates die Anwendung familienbezogener Steuervergünstigungen. Die „Bescheinigung EU/EWR" ist beigefügt.			
60	Nur bei im Ausland ansässigen Angehörigen des deutschen öffentlichen Dienstes, die im dienstlichen Auftrag außerhalb der EU oder des EWR tätig sind:			
61	Ich beantrage die Anwendung familienbezogener Steuervergünstigungen. Die „Bescheinigung EU/EWR" ist beigefügt.			

Zeile	Sonderausgaben					
62					99	52
63	Arbeitnehmeranteil am Gesamtsozialversicherungsbeitrag und/oder befreiende Lebensversicherung sowie andere gleichgestellte Aufwendungen (ohne steuerfreie Zuschüsse des Arbeitgebers)	DM		DM	30	
		30 Stpfl./Ehemann		31 Ehefrau	31	
64	– in der Regel auf der Lohnsteuerkarte bescheinigt –				82	
65	Nur bei steuerpflichtigen Personen, die nach dem 31. 12. 1957 geboren sind: Zusätzliche freiwillige Pflegeversicherung (nicht in Zeilen 64 und 68 enthalten)	82		87	87	
66						
67	Freiwillige Angestellten-, Arbeiterrenten-, Höherversicherung (abzüglich steuerfreier Arbeitgeberzuschuss) sowie Beiträge von Nichtarbeitnehmern zur Sozialversicherung			41 Stpfl./Ehegatten	41	
68	Kranken- und Pflegeversicherung (abzüglich steuerfreie Zuschüsse, z. B. des Arbeitgebers; ohne Beträge in den Zeilen 64 und 65)	1999 gezahlte Beiträge	1999 erstattete Beiträge ▸	40	40	
69	Unfallversicherung		– ▸	42	42	
70	Lebensversicherung – nicht in der Anlage VL enthalten – (einschl. Sterbekasse u. Zusatzversorgung; ohne Beträge in Zeile 64)		– ▸	44	44	
71	Haftpflichtversicherung (ohne Kasko-, Hausrat- und Rechtsschutzversicherung)		– ▸	43	43	
72					11	
73	Renten	Rechtsgrund, Datum des Vertrags	11 tatsächlich gezahlt	12 abziehbar %	12	%
74	Dauernde Lasten	Rechtsgrund, Datum des Vertrags		10	10	
75	Unterhaltsleistungen an den geschiedenen/dauernd getrennt lebenden Ehegatten lt. Anlage U			39	39	
76						
77	Kirchensteuer		13 1999 gezahlt	14 1999 erstattet	13	
78	Rentenversicherungspflichtig Beschäftigte in der Hauswirtschaft (grundsätzlich ohne sog. 630-DM-Arbeitsverhältnisse)				14	
79	vom – bis	Höhe der Aufwendungen DM	Steuerfreie Einnahmen – ▸ DM	22	22	
80	Steuerberatungskosten			16	16	
81	Aufwendungen für die eigene Berufsausbildung oder die Weiterbildung in einem nicht ausgeübten Beruf	Art der Aus-/Weiterbildung				
82	Art und Höhe der Aufwendungen			17	17	
83	Schulgeld an Ersatz- oder Ergänzungsschulen für das Kind lt. Zeile	der Anlage Kinder	Bezeichnung der Schule	71	71	
84						
85	Spenden und Beiträge für wissenschaftliche, mildtätige und kulturelle Zwecke	lt. beigef. Bestätigungen +	lt. Nachweis Betriebsfinanzamt ▸	18	18	
86	für kirchliche, religiöse und gemeinnützige Zwecke	+	▸	19	19	
87	Mitgliedsbeiträge und Spenden an politische Parteien (§§ 34 g, 10 b EStG)	+	▸	20	20	
88	an unabhängige Wählervereinigungen (§ 34 g EStG)	+	▸	70	70	
89					Summe der Umsätze, Löhne und Gehälter 21	
90						
91	Verlustabzug					
92	Verlustabzug nach § 10 d EStG lt. Feststellungsbescheid zum 31. 12. 1998		72 Stpfl./Ehemann	73 Ehefrau	72	
93	(Bitte weder in Rot noch mit Minuszeichen eintragen.) Antrag auf Beschränkung des Verlustrücktrags nach 1998 – Von den nicht ausgeglichenen negativen Einkünften 1999 soll folgender Gesamtbetrag nach 1998 zurück getragen werden				73	
94	Der Rücktrag nicht ausgeglichener negativer Einkünfte 1999 soll lt. Anlage VA für bestimmte Einkunftsarten begrenzt werden.					

– 4 –

Zeile	Außergewöhnliche Belastungen Behinderte und Hinterbliebene			Nachweis	ist beigefügt.	hat bereits vorgelegen.			99	53
95										
96	Name	Ausweis/Rentenbescheid/Bescheinigung ausgestellt am	gültig von – bis	hinter- blieben	behindert	blind / ständig hilflos	geh- und steh- behindert	Grad der Behinderung		
97									56	56 1. Person *)
98									57	57 2. Person *)
99	Nur bei geschiedenen oder dauernd getrennt lebenden Eltern oder bei Eltern nichtehelicher Kinder: Laut beigefügtem gemeinsamem Antrag sind die für Kinder zu gewährenden Pauschbeträge für Behinderte/Hinterbliebene in einem anderen Verhältnis als je zur Hälfte aufzuteilen.								*) bei Blinden u. ständig Pflege- bedürftigen: „300" eintragen	
100	Beschäftigung einer Hilfe im Haushalt		vom – bis		Aufwendungen im Kalenderjahr			DM	Hinterblieb.-Pauschbetrag 58 Anzahl	
101	Antragsgrund, Name und Anschrift der beschäftigten Person oder des mit den Dienstleistungen beauftragten Unternehmens								Hilfe im Haushalt/Unterbr. 60	
102	Heimunterbringung		vom – bis		der steuerpflichtigen Person			des Ehegatten	Pflege-Pauschbetrag 79	
103	ohne Pflegebedürftigkeit	zur dauernden Pflege		Art der Dienstleistungskosten					Summe der Unterhalts- zeiträume in Monaten insgesamt	
104	Bezeichnung, Anschrift des Heims								50	
105	Pflege-Pauschbetrag wegen unentgeltlicher persönlicher Pflege einer ständig hilflosen Person in ihrer oder in meiner Wohnung im Inland			Nachweis der Hilflosigkeit ist beigefügt.		hat bereits vorgelegen.			Eigene Einnahmen der unterhaltenen Person(en), ggf. „0" 51	
106	Name, Anschrift und Verwandtschaftsverhältnis der hilflosen Person(en)			Name anderer Pflegepersonen					Betriebsausgaben, Werbungskosten / Kostenpauschale	
107	Unterhalt für bedürftige Personen Name und Anschrift der unterhaltenen Person, Beruf, Familienstand								52	
108	Hatte jemand Anspruch auf Kindergeld oder einen Kinderfreibetrag für diese Person?		Nein	Ja	Verwandtschaftsver- hältnis zu dieser Person		Geburtsdatum		Unterhaltsleistungen Dritter 53	
109	Die unterstützte Person ist der geschiedene Ehegatte.		Die unterstützte Person ist als Kindesmutter/Kindesvater gesetzlich unterhaltsberechtigt.						Tatsächl. Unterhalts- leistungen i.d. Stpfl.	
110	Die unterstützte Person ist nicht unterhaltsberechtigt, jedoch wurden bei ihr öffentliche Mittel wegen der Unterhaltszahlungen gekürzt um							DM	Länderschlüssel 1 = ½ 80 2 = ⅔	
111	Aufwendungen für die unterhaltene Person (Art)					vom – bis		Höhe DM	Personell berechneter Betrag (§§ 33a, 33b EStG) 61	
112	Diese Person hatte a) im Unterhalts- zeitraum	Bruttoarbeitslohn DM	Öffentl. Ausbildungshilfen	Renten und andere Einkünfte / Bezüge sowie Vermögen (Art und Höhe)					Anerkannte außer- gewöhnliche Belastung – vor Abzug der zumut- baren Belastung –	
113	b) außerhalb des Unterhalts- zeitraums	DM	DM						62	
114	Diese Person lebte in meinem Haushalt	im eigenen / anderen Haushalt	zusammen mit folgenden Angehörigen							
115	Zum Unterhalt dieser Person haben auch beigetragen (Name, Anschrift, Zeitraum und Höhe der Unterhaltsleistungen)								99	12
116	Andere außergewöhnliche Belastungen Art der Belastung			Gesamtaufwand im Kalenderjahr DM		Erhaltene / zu erwartende Versicherungsleistungen, Beihilfen, Unterstützungen; Wert des Nachlasses usw. DM			Nr. Wert	
117										
118										
119										

99	30	11 Versp. Zuschl. in DM	45	Dauer der Verspätung in Monaten	38			

Verfügung 1. Die aufgeführten Daten sind mit Hilfe des geprüften und genehmigten Programms sowie unter Berücksichtigung der ggf. gespeicherten Daten maschinell zu ver- arbeiten. In Höhe des maschinell ermittelten Ergebnisses werden die Steuern, die Zinsen, die Arbeitnehmer-Sparzulagen, der Verspätungszuschlag und die Vor- auszahlungen festgesetzt oder es wird die Nichtveranlagung verfügt. Der verbleibende Verlustabzug wird festgestellt. Das Ergebnis ist bekannt zu geben.

Erledigt (Namensz., Datum)

2. ☐ Grunddaten prüfen . . . _____

3. ☐ KM fertigen . . . . . . _____

4. ☐ Belege zurückgeben . . . _____

5. ☐ Änderung/Berichtigung vermerken . . . . _____

6. Von der Steuererklärung wurde abgewichen ☐ nein ☐ ja

Stpfl. wurde(n) vorher angehört ☐ ja ☐ nein

Die Abweichung wurde im Bescheid erläutert ☐ ja ☐ nein

Erledigt (Namensz., Datum)

7. Zur Datenerfassung/Bearbeitereingabe . _____

8. ☐ Bescheid ergänzen (Anlage beifügen) _____

9. ☐ LSt-Karte(n) entwerten . . . _____

10. Z. d. A.

Erfasst

Kontrollzahl

SGL Datum Bearb.

Anlage GSE

1999

zur Einkommensteuererklärung

zur Feststellungserklärung

Name und Vorname/Gesellschaft

Steuernummer

99 44
89

Einkünfte aus Gewerbebetrieb

Zeile		Steuerpfl. Person Ehemann Gesellschaft	Ehefrau
	Gewinn (ohne die Beträge in den Zeilen 15, 16 und 20; bei ausländischen Einkünften: Anlage AUS beachten)	Bitte nur volle DM-Beträge eintragen.	
1		DM	DM
2	als Einzelunternehmer/der Gesellschaft (Art des Gewerbes, bei Verpachtung: Art des vom Pächter betriebenen Gewerbes) 1. Betrieb		
3		10	11
4	Weitere Betriebe	12	13
5	lt. gesonderter Feststellung (Betriebsfinanzamt und Steuernummer)	58	59
6	als Mitunternehmer (Gesellschaft, Finanzamt, Steuernummer) 1.	14	15
7	2.	16	17
8	3.	18	19
9	Weitere Beteiligungen	22	23
10	Verlustzuweisungsgesellschaften / ähnliche Modelle		
11	Der Tarifbegrenzung nach § 32 c EStG unterliegende gewerbesteuerpflichtige Einkünfte (in den Zeilen 3 bis 9 und 20 enthalten). Berechnung auf besonderem Blatt.	83	84

Veräußerungsgewinn vor Abzug etwaiger Freibeträge

99 45
89

Zeile		Steuerpfl. Person Ehemann Gesellschaft	Ehefrau
12	bei Veräußerung/Aufgabe	Bitte nur volle DM-Beträge eintragen.	
13	– eines ganzen Betriebs, eines Teilbetriebs, eines Mitunternehmeranteils (§ 16 EStG), – eines einbringungsgeborenen Anteils an einer Kapitalgesellschaft (§ 21 UmwStG) oder – in gesetzlich gleich gestellten Fällen, z. B. Wegzug in das Ausland (zum Antrag auf ermäßigte Besteuerung vgl. Zeile 45 des Hauptvordrucks):	DM	DM
14	Veräußerungsgewinn, wenn der **Freibetrag nach § 16 Abs. 4 EStG** wegen dauernder Berufsunfähigkeit oder Vollendung des 55. Lebensjahrs **beantragt** wird.		
15	Für nach dem 31.12.1995 erfolgte Veräußerungen/Aufgaben wurde der Freibetrag nach § 16 Abs. 4 EStG bei keiner Einkunftsart in Anspruch genommen.	24	25
16	Veräußerungsgewinn, wenn der **Freibetrag nach § 16 Abs. 4 EStG nicht beantragt** wird oder **nicht zu gewähren** ist.	30	31
17	Veräußerungsgewinn bei Veräußerung von Anteilen an Kapitalgesellschaften nach § 17 EStG, § 6 AStG, § 13 UmwStG und in gesetzlich gleich gestellten Fällen.	28	29
18	Zu den Zeilen 12 bis 17: Erwerber ist eine Gesellschaft, an der die veräußernde Person oder ein Angehöriger beteiligt ist (Erläuterungen auf besonderem Blatt).		
	Sonstiges		
19	In den Zeilen 3 bis 9 enthaltene begünstigte sonstige Gewinne i. S. d. § 34 Abs. 2 Nr. 2 bis 5 EStG (zum Antrag auf ermäßigte Besteuerung vgl. Zeile 45 des Hauptvordrucks):	55	56
20	Zuzurechnendes Einkommen der Organgesellschaft (Gesellschaft, Finanzamt, Steuer-Nr.)	66	67
21	Als Betriebsausgaben abgezogene Vergütungen an den Ehegatten und andere Angehörige		
22	Bei der Gewinnermittlung berücksichtigte erhöhte Absetzungen und Sonderabschreibungen (z. B. nach § 7 g EStG, §§ 2 bis 4 Fördergebietsgesetz)		
23	Anteile an Kapitalgesellschaften, Bezugsrechte sind 1999 übertragen worden. (Einzelangaben auf besonderem Blatt.)		

Zeile		außer Ansatz gelassene Verluste	DM	enthaltene ungekürzte Gewinne	DM	verrechnete Verluste aus and. Jahren	DM
24	Gewerbliche Tierzucht/-haltung: In den Zeilen 3 bis 9, 15 und 16						
25	Gewerbliche Termingeschäfte: In den Zeilen 3 bis 9, 15 und 16						

26	Der Rücktrag nicht ausgeglichener negativer Einkünfte 1999 aus Zeile 24 soll lt. **Anlage VA** begrenzt werden.

27	Kraftfahrzeugkosten	Zahl der Pkw im Betriebsvermögen einschließlich betrieblicher Leasingfahrzeuge	davon privat genutzt	Zahl der Privatnutzer einschließlich Unternehmer
28	Die private Kraftfahrzeugnutzung wurde ermittelt	durch Fahrtenbuch	monatlich mit 1% des jeweiligen Listenpreises zum Zeitpunkt der Erstzulassung ▶	Listenpreis(e) DM
29	Kfz.-Kosten für Fahrten zwischen Wohnung und Betrieb sowie für Familienheimfahrten	Betriebsausgaben gemindert um DM	Kfz.-Kosten für private Fahrten	privat gebuchter Kostenanteil DM

Anlage GSE für Einkünfte aus Gewerbebetrieb und selbständiger Arbeit – Aug. 99 (OFD Nbg /Mchn – 10.99 – 570 000/980 000 – 321)

- 2 -

Einkünfte aus selbständiger Arbeit

Zeile		Steuerpfl. Person Ehemann	Ehefrau Gesellschaft Bitte nur volle DM-Beträge eintragen.		
		DM	DM	99	22
30	**Gewinn** (ohne Veräußerungsgewinne in den Zeilen 43 bis 47) aus freiberuflicher Tätigkeit (genaue Berufsbezeichnung oder Tätigkeit)			89	
31				12	
32		12	13	13	
33	lt. gesonderter Feststellung (Finanzamt und Steuernummer)			58	
34		58	59	59	
35	aus Beteiligung (Gesellschaft, Finanzamt, Steuernummer) 1. Beteiligung			16	
36		16	17	17	
37	aus allen weiteren Beteiligungen			18	
38		18	19	19	
39	aus anderer selbständiger Arbeit tätig als (genau bezeichnen)			20	
40		20	21	21	
41	aus allen weiteren Tätigkeiten (genau bezeichnen)			22	
42		22	23	23	
43	**Veräußerungsgewinn** vor Abzug etwaiger Freibeträge bei Veräußerung/Aufgabe eines ganzen Betriebs, eines Teilbetriebs oder eines Mitunternehmeranteils (§ 16 EStG)			24	
44	(zum Antrag auf ermäßigte Besteuerung vgl. Zeile 45 des Hauptvordrucks):			25	
45	Veräußerungsgewinn, wenn der Freibetrag nach § 16 Abs. 4 EStG wegen dauernder Berufsunfähigkeit oder Vollendung des 55. Lebensjahrs beantragt wird. Für nach dem 31.12.1995 erfolgte Veräußerungen/Aufgaben wurde der Freibetrag nach § 16 Abs. 4 EStG bei keiner Einkunftsart in Anspruch genommen.	24	25	28 29	
46					
47	Veräußerungsgewinn, wenn der Freibetrag nach § 16 Abs. 4 EStG nicht beantragt wird oder nicht zu gewähren ist.	28	29	50	
48	Zu den Zeilen 43 bis 47: Erwerber ist eine Gesellschaft, an der die veräußernde Person oder ein Angehöriger beteiligt ist (Erläuterungen auf besonderem Blatt).			51	
49	**Sonstiges**				
50	In den Zeilen 31 bis 42 enthaltene begünstigte sonstige Gewinne i. S. d. § 34 Abs. 2 Nr. 4 EStG (zum Antrag auf ermäßigte Besteuerung vgl. Zeile 45 des Hauptvordrucks):	50	51		
51	Als Betriebsausgaben abgezogene Vergütungen an den Ehegatten und andere Angehörige				
52	Bei der Gewinnermittlung berücksichtigte erhöhte Absetzungen und Sonderabschreibungen (z. B. nach § 7 g EStG, §§ 2 bis 4 Fördergebietsgesetz)				
53	Aufwandsentschädigung aus der Tätigkeit als	Gesamtbetrag DM	davon als steuerfrei behandelt DM	Rest enthalten in Zeile(n)	
54	Kraftfahrzeugkosten	Zahl der Pkw im Betriebsvermögen einschließlich betrieblicher Leasingfahrzeuge	davon privat genutzt	Zahl der Privatnutzer einschließlich Unternehmer	
55	Die private Kraftfahrzeugnutzung wurde ermittelt	durch Fahrtenbuch	monatlich mit 1% des jeweiligen Listenpreises zum Zeitpunkt der Erstzulassung ▶	Listenpreis(e) DM	
56	Kfz.-Kosten für Fahrten zwischen Wohnung und Betrieb sowie für Familienheimfahrten	Betriebsausgaben gemindert um DM	Kfz.-Kosten für private Fahrten DM	privat gebuchter Kostenanteil DM	

1999

Name und Vorname/Gemeinschaft

Anlage KSO

Bitte Steuerbescheinigung(en) im Original beifügen!

99	54
89

Steuernummer

☐ zur Einkommensteuererklärung

☐ zur Feststellungserklärung

Einkünfte aus Kapitalvermögen, Anrechnung von Steuern

Zeile	Inländische Kapitalerträge	Einnahmen (einschließlich freigestellter Einnahmen, anzurechnender/vergüteter Kapitalertragsteuer/Zinsabschlag/ Solidaritätszuschlag, Körperschaftsteuer)		In Spalten 2 und 3 enthaltene Einnahmen ohne Steuerabzug aufgrund von Freistellungsaufträgen	Anzurechnen sind inländische:	
		Steuerpfl. Person Ehemann Gemeinschaft	Ehefrau		Kapitalertragsteuer Zinsabschlag	Körperschaftsteuer
	Zinsen und andere Erträge				lt. beigefügter Steuerbescheinigungen	
		DM	DM	DM	DM | Pf	DM | Pf
		2	3	4	5	6
4	aus Guthaben und Einlagen (z. B. Sparguthaben)					
5	aus Bausparguthaben					
6	aus festverzinslichen Wertpapieren, Investmentanteilen (einschließlich Stückzinsen und Zwischengewinne)					
7	aus Tafelgeschäften mit festverzinslichen Wertpapieren					
8	aus sonstigen Kapitalforderungen jeder Art, die dem Zinsabschlag unterliegen (z. B. Kursdifferenzpapiere, Instandhaltungsrücklagen)					
9	aus Aktien und anderen Anteilen (auch bei Tafelgeschäften)					
10	aus Wandelanleihen und Gewinnobligationen					
11	aus Lebensversicherungen, soweit einkommensteuerpflichtig					
12	aus stiller Gesellschaft / bei partiarischen Darlehen					
13	aus Beteiligung (Gemeinschaft, Finanzamt, St.Nr.)					
14	aus sonstigen Kapitalforderungen, die nicht dem Zinsabschlag unterliegen (z. B. Darlehen zwischen Privatpersonen)					
15	Vom Finanzamt erhaltene Zinsen für Steuererstattungen					
16	Summe der Zeilen 4 bis 15	30	31			
17	aus Beteiligung an Verlustzuweisungsgesellschaften / ähnlichen Modellen					
18	**Ausländische Kapitalerträge** Anlage AUS beachten (Einnahmen einschließlich der anzurechnenden / abzuziehenden ausländischen Quellensteuern, die in den Zeilen 7 bis 29 der Anlage AUS einzutragen sind, soweit sie nicht aus inländischem Sondervermögen stammen.)					
19	Zinsen aus Sparguthaben, Dividenden ggf. einschl. Avoir fiscal, Erträge aus ausl. Investmentanteilen, Erträge aus Beteiligungen, Hinzurechnungsbetrag nach § 10 AStG u. a.					
20	Bezeichnung	32	33			
21	**Sonstiges** Anzurechnende Kapitalertragsteuer / Zinsabschlag / Körperschaftsteuer aus anderen Einkunftsarten					
22	Summe der Zeilen 4 bis 21				35	34
23	In Zeile 22 Spalte 5 enthaltener Zinsabschlag				40	30
24	Summe der anzurechnenden Solidaritätszuschläge zur Kapitalertragsteuer / zum Zinsabschlag				39	31
25	Summe der vergüteten Körperschaftsteuer			88 DM Pf		35 DM Pf
26	**Werbungskosten**	Steuerpfl. Person Ehemann Gemeinschaft	Ehefrau			34
						40
27	zu den inländischen Kapitalerträgen	12	13	davon gesondert u. einheitl. festgestellt		39
28	zu den ausländischen Kapitalerträgen, ggf. einschließlich abzuziehender ausländischer Quellensteuer	18	19	davon gesondert u. einheitl. festgestellt		12
						13
29	zu den Beteiligungen an Verlustzuweisungsgesellschaften / ähnlichen Modellen					18
						19

Anlage KSO   für Einkünfte aus Kapitalvermögen und sonstige Einkünfte – Aug. 99 (OFD Nbg /Mchn – 10.99 – 760 000/1 260 000 – 321)

Sonstige Einkünfte

– 2 –

Zeile	Leibrenten		Steuerpflichtige Person Ehemann		Ehefrau			
	Einnahmen		1. Rente	2. Rente	1. Rente	2. Rente	99	55
30	Altersrente (Arbeiterrenten- oder Angestellten-Versicherung)						89	
31	Berufs- oder Erwerbsunfähigkeitsrenten (Arbeiterrenten- oder Angest.-Versicherung)			(Angaben zu weiteren Renten bitte auf besonderem Blatt)		(Angaben zu weiteren Renten bitte auf besonderem Blatt)		
32	Witwen-/Witwerrenten						50	
33	Sonstige Renten (z. B. Bergmannsrenten, Knappschaftsruhegeld)						52	%
34	Renten aus Grundstücksveräußerungen						54	
35	Renten aus Versicherungsverträgen						56	%
36	Renten aus (bitte angeben)						48	
							51	
37	Die Rente läuft seit		Tag Monat Jahr	Tag Monat Jahr	Tag Monat Jahr	Tag Monat Jahr	53	%
38	Die Rente erlischt mit dem Tod von						55	
39	Die Rente erlischt/wird umgewandelt spätest. am		Tag Monat Jahr	Tag Monat Jahr	Tag Monat Jahr	Tag Monat Jahr	57	%
							49	
40	Rentenbetrag (ohne 1999 zugeflossene Nachzahlungen für mehrere Jahre)		50 DM	54 DM	51 DM	55 DM	40	Renteneink. § 34
41	Falls bekannt: Ertragsanteil der Rente		52 %	56 %	53 %	57 %	41	Renteneink. § 34
42	Werbungskosten (Summe je Person)		48 DM		49 DM		42	*
43	Nachzahlungen für mehrere Jahre (in Zeile 40 nicht enthalten)		42 DM	44 DM	43 DM	45 DM	44 / 43	
	Andere wiederkehrende Bezüge/Unterhaltsleistungen		Steuerpflichtige Person Ehemann DM		Ehefrau DM			
44	Einnahmen aus		58		59		45	
45							58	
46	Unterhaltsleistungen, soweit sie vom Geber als Sonderausgaben abgezogen werden können		46		47		59	
47	Werbungskosten zu den Zeilen 45 und 46		60		61		46 / 47	
	Private Veräußerungsgeschäfte							
48							60	
49	Veräußerungspreis/Differenzausgleich/der durch den Wert einer veränderlichen Bezugsgröße bestimmte Geldbetrag oder Vorteil						61	
50	Anschaffungs-/Herstellungskosten abzüglich Absetzungen für Abnutzungen, erhöhte Absetzungen und Sonderabschreibungen; Werbungskosten (ggf. Aufstellung beifügen)		–		–		62 / 63	
51	Einkünfte		62		63		64	
	Leistungen							
52	Einnahmen						65	
53	Werbungskosten		–		–		70	
54	Einkünfte		64		65		71 / 72	
	Abgeordnetenbezüge							
55	Steuerpflichtige Einnahmen ohne Vergütungen für mehrere Jahre		70		71		73	
56	In Zeile 55 enthaltene Versorgungsbezüge		72		73		74	
57	Vergütungen für mehrere Jahre (in Zeile 55 nicht enthalten) lt. Angaben auf besonderem Blatt (zum Antrag auf ermäßigte Besteuerung vgl. Zeile 45 des Hauptvordrucks)		74		75		75 / 66	
58	In Zeile 57 enthaltene Versorgungsbezüge		66		67		67	
	Sonstiges	Anteile an Einkünften aus Verlustzuweisungsgesellschaften / ähnlichen Modellen						
59								
60	Der Rücktrag nicht ausgeglichener negativer Einkünfte 1999 aus den Zeilen 51 und/oder 54 soll lt. **Anlage VA** begrenzt werden.							

Name und Vorname/Gemeinschaft/Körperschaft	**Anlage V** ☐ zur Einkommensteuererklärung	**1999**
Steuernummer	☐ zur Körperschaftsteuererklärung ☐ zur Feststellungserklärung	

Einkünfte aus Vermietung und Verpachtung
(Bei ausländischen Einkünften: Anlage AUS beachten.)

Zeile	Einkünfte aus dem bebauten Grundstück							Angeschafft am	Fertig gestellt am	Bitte nur volle DM-Beträge eintragen. DM
1	Lage des Grundstücks / der Eigentumswohnung (Ort, Straße, Hausnummer)									
2	Eigengenutzter oder unentgeltlich an Dritte überlassener Wohnraum									m²
3	Mieteinnahmen für Wohnungen (ohne Umlagen)	Erdgeschoß DM	1. Obergeschoß DM		2. Obergeschoß DM	3. Obergeschoß DM		weitere Geschosse DM		
		Anzahl	Wohnfläche	Anzahl	Wohnfläche	Anzahl	Wohnfläche	Anzahl	Wohnfläche	Anzahl Wohnfläche
4			m²		m²		m²		m²	m²
5	für andere Räume (ohne Umlagen)	DM	DM		DM		DM		DM	DM
6	Einnahmen für an Angehörige vermietete Wohnungen (ohne Umlagen)								Anzahl	Wohnfläche m²
7	Umlagen, verrechnet mit Erstattungen (z. B. Wassergeld, Flur- und Kellerbeleuchtung, Müllabfuhr, Zentralheizung usw.) auf die Zeilen 3 und 5 entfallen									
8	auf die Zeile 6 entfallen									
9	Vereinnahmte Mieten für frühere Jahre/auf das Kalenderjahr entfallende Mietvorauszahlungen aus Baukostenzuschüssen									
10	Einnahmen aus Vermietung von Garagen, Werbeflächen, Grund und Boden für Kioske usw. sowie erstattete Umsatzsteuer									
11	Öffentliche Zuschüsse nach § 88 d II. WoBauG oder zu Erhaltungsaufwendungen, Aufwendungszuschüsse, Guthabenzinsen aus Bausparverträgen und sonstige Einnahmen	Gesamtbetrag DM			davon entfallen auf Wohnungen lt. Zeile 2		–		DM =	
12	Summe der Einnahmen									
13	Summe der Werbungskosten (Übertrag aus Zeile 56)									–
14	Überschuss (zu übertragen nach Zeile 16 oder nach Zeile 17 der zusammenfassenden Anlage V)									=

Zeile		Stpfl./Ehemann Gesellschaft DM	Ehefrau DM		
15	In diese Spalten bitte nur volle DM-Beträge eintragen.	20	21	99	25
16	Zurechnung des Betrags aus Zeile 14			89	
17	Summe der Beträge aus Zeile 14 aller weiteren Anlagen V	50	51	20	
18	**Anteile an Einkünften** aus (Gemeinschaft, Finanzamt, Steuer-Nr.)			21	
19	Bauherrengemeinschaften / Erwerbergemeinschaften	76	77	50	
20	geschlossenen Immobilienfonds	74	75	51	
21	Grundstücksgemeinschaften	56	57	76	
22		58	59	77	
23		24	25	74	
24	Verlustzuweisungsgesellschaften / ähnlichen Modellen			75	
				56	
				57	
				58	
				59	
25	**Andere Einkünfte** Einkünfte aus Untervermietung von gemieteten Räumen (Berechnung auf bes. Blatt)	66	67		
26 27	Einkünfte aus Vermietung und Verpachtung unbebauter Grundstücke, von anderem unbeweglichem Vermögen, von Sachinbegriffen sowie aus Überlassung von Rechten (Erläuterung auf besonderem Blatt)	52	53		

Anlage V für Einkünfte aus Vermietung und Verpachtung – Aug. 99 (OFD Nbg /Mchn – 10.99 – 760 000/1,4 Mio. – 321)

– 2 –

Zeile	Werbungskosten aus dem bebauten Grundstück in Zeile 1	Nur ausfüllen, wenn die Aufwendungen für das Gebäude nur teilweise Werbungskosten sind (siehe Anleitung zu den Zeilen 30 bis 55)				Werbungskosten DM
		Gesamtbetrag DM	Ausgaben, die nicht mit Vermietungseinkünften zusammenhängen			(ggf. Spalte 1 abzüglich Spalte 4)
			ermittelt durch direkte Zuordnung	ermittelt verhältnismäßig	nicht abziehbarer Betrag DM	
		1	2	3	4	5
33	Schuldzinsen (ohne Tilgungsbeträge)			%		
34						
35	Absetzung für Abnutzung nach §§ 7, 7 b Abs. 1 S. 2 EStG linear ☐ degressiv ☐ % ☐ wie 1998 ☐ lt. bes. Blatt ☐					
36	Erhöhte Absetzungen nach §§ 7 c, 7 k EStG (Zeilen 61 und 62 beachten) wie 1998 ☐					
37	nach § 14 a BerlinFG wie 1998 ☐					
38	nach § 14 d BerlinFG (Zeile 62 beachten) wie 1998 ☐					
39	nach § 82 a EStDV wie 1998 ☐					
40	nach §§ 7 h, 7 i EStG, §§ 82 g, 82 i EStDV, Schutzbaugesetz wie 1998 ☐ lt. bes. Blatt ☐					
41	Sonderabschreibungen nach § 4 Fördergebietsgesetz wie 1998 ☐ lt. bes. Blatt ☐					
42	Geldbeschaffungskosten (z. B. Schätz-, Notar-, Grundbuchgebühren)					
43	Renten, dauernde Lasten (Einzelangaben auf besonderem Blatt)					
44	1999 voll abzuziehende Erhaltungsaufwendungen, die ausschließlich auf den vermieteten Teil des Gebäudes entfallen					
45	auf das gesamte Gebäude entfallen					
46	Auf bis zu 5 Jahre zu verteilende Erhaltungsaufwendungen – nach §§ 11 a, 11 b EStG – nach § 82 b EStDV (vor dem 1. 1. 1999 entstanden, 1999 gezahlt) davon 1999 abzuziehen					
47	Gesamtaufwand DM DM					
48	Erhaltungsaufwendungen aus früheren Jahren aus 1995 aus 1996 DM + DM ▶					
49	aus 1997 aus 1998 DM + DM ▶					
50	Grundsteuer, Straßenreinigung, Müllabfuhr					
51	Wasserversorgung, Entwässerung, Hausbeleuchtung					
52	Heizung, Warmwasser					
53	Schornsteinreinigung, Hausversicherungen					
54	Hauswart, Treppenreinigung, Fahrstuhl					
55	Sonstiges					
56	**Summe der Werbungskosten** (zu übertragen nach Zeile 13)					

Zusätzliche Angaben

Zeile		Stpfl./Ehemann DM	Ehefrau DM
60	1999 vereinnahmte oder bewilligte Zuschüsse aus öffentlichen Mitteln zu den Anschaffungs-/Herstellungskosten (Erläuterungen auf besonderem Blatt)		
61	In Fällen der §§ 7 c, 7 k EStG (Zeile 36) Mittel aus öffentlichen Haushalten wurden unmittelbar oder mittelbar	☐ gewährt.	☐ nicht gewährt.
62	In Fällen des § 7 k EStG / § 14 d BerlinFG und bei Buchwertentnahme nach § 6 Abs. 1 Nr. 4 Satz 4 EStG vor dem 1. 1. 1999:	☐ Bescheinigung nach § 7 k Abs. 3 EStG ist beigefügt.	

Anlage N — 1999

Name und Vorname

Steuernummer

Bitte Lohnsteuerkarte(n) im Original beifügen!

Jeder Ehegatte mit Einkünften aus nichtselbständiger Arbeit hat eine eigene Anlage N abzugeben.

		99	4	Stpfl./Ehem. – 7 Ehefr. – 8
		89		

Einkünfte aus nichtselbständiger Arbeit

Zeile	Angaben zum Arbeitslohn	Erste Lohnsteuerkarte DM	Pf	Weitere Lohnsteuerkarte(n) DM	Pf			Veranlagungsgrund
1		10		11		85		
2	Bruttoarbeitslohn					10		
3	Lohnsteuer	40		41		40		
4	Solidaritätszuschlag	50		51		50		
						42		
5	Kirchensteuer des Arbeitnehmers	42		43		44		
6	Nur bei konfessionsverschiedener Ehe: Kirchensteuer für den Ehegatten	44		45		11		
7	Nachträgliche Steuerbefreiung für Arbeitslohn (in Zeile 2 enthalten) aufgrund geringfügiger Beschäftigung(en) – sog. 630-DM-Arbeitsverhältnisse – für die der Arbeitgeber den pauschalen Rentenversicherungsbeitrag (12 %) entrichtet hat. (Bitte Bescheinigung des Arbeitgebers beifügen.)			28		41		
8	Versorgungsbezüge (in Zeile 2 enthalten)			32		51 43		
9	Außerordentliche Einkünfte, die ermäßigt besteuert werden sollen (vgl. Zeile 45 des Hauptvordrucks): Versorgungsbezüge für mehrere Jahre			33		45		
10	Arbeitslohn für mehrere Jahre			13		28		
11	Entschädigungen (Bitte Vertragsunterlagen beifügen.)			66		32		
12	Steuerabzugsbeträge zu den Zeilen 9 bis 11	46 Lohnsteuer		52 Solidaritätszuschlag		33		
13		48 Kirchensteuer Arbeitnehmer		49 Kirchensteuer Ehegatte		13		
14	Steuerpflichtiger Arbeitslohn, von dem kein Steuerabzug vorgenommen worden ist			15				Vom Arbeitgeber ausgezahltes Kindergeld
15	Steuerfreier Arbeitslohn nach Doppelbesteuerungsabkommen zwischenstaatlichen Übereinkommen	Staat / Organisation		39		70		
16	nach Auslandstätigkeitserlass	Staat		36		67		Länderschlüssel (Arbeitgeber-FA)
17	Zu Zeile 15: Unter bestimmten Voraussetzungen erfolgt eine Mitteilung über die Höhe des in Deutschland steuerfreien Arbeitslohns an den anderen Staat. Einwendungen gegen eine solche Weitergabe bitte als Anlage beifügen.					86		
18	Grenzgänger nach	Beschäftigungsland		16 in ausländischer Währung Arbeitslohn ▶		17		Länderschlüssel
19	Schweizerische Abzugsteuer			35 SFr				
20	Steuerfrei erhaltene Aufwandsentschädig.	aus der Tätigkeit als		Betrag				
21	Kurzarbeitergeld, Winterausfallgeld, Zuschuss zum Mutterschaftsgeld, Verdienstausfallentschädigung nach dem Bundes-Seuchengesetz, Aufstockungsbeträge nach dem Altersteilzeitgesetz, Zuschläge auf Grund des § 6 Abs. 2 des Bundesbesoldungsgesetzes (lt. Lohnsteuerkarte)			19		19		
22	Andere Lohnersatzleistungen (z. B. Arbeitslosengeld, Arbeitslosenhilfe, Altersübergangsgeld, Überbrückungsgeld lt. Bescheinigung d. Arbeitsamts u. Krankengeld, Mutterschaftsgeld lt. Leistungsnachweis)			20		20		
23	Angaben über Zeiten und Gründe der Nichtbeschäftigung (Bitte Nachweise beifügen.)							

Angaben zum Antrag auf Festsetzung der Arbeitnehmer-Sparzulage

24	Beigefügte Bescheinigung(en) vermögenswirksamer Leistungen (Anlage VL) des Anlageinstituts/Unternehmens	Anzahl	99	8	Stpfl./Ehem. –7 Ehefr. –8

Ergänzende Angaben zu den Vorsorgeaufwendungen

25				89		
26	Es bestand 1999 **keine gesetzliche Rentenversicherungspflicht**, jedoch eine Anwartschaft auf Altersversorgung (ganz oder teilweise ohne eigene Beitragsleistung) aus dem aktiven Dienstverhältnis					Vorsorgepauschale gekürzt = 1 ungekürzt = 2
27	☐ als Beamter.	☐ als Vorstandsmitglied/ GmbH-Gesellschafter-Geschäftsführer.	als		35	
28	Es bestand 1999 **keine gesetzliche Rentenversicherungspflicht** und auch keine Anwartschaft auf Altersversorgung oder eine Anwartschaft nur aufgrund eigener Beitragsleistung aus der Tätigkeit				15	Bemessungsgrundl. für Vorwegabzug ohne Kürz.
29	☐ als Vorstandsmitglied/ GmbH-Gesellschafter-Geschäftsführer.	☐ im Rahmen von Ehegattenarbeitsverträgen, die vor dem 1.1.1967 abgeschloss. wurden.	als (z. B. Praktikant, Student)			
30	Ich habe 1999 bezogen ☐ beamtenrechtliche od. gleichgestellte Versorgungsbezüge.	☐ Altersruhegeld aus der gesetzlichen Rentenversicherung.				

- 2 -

Zeile	Werbungskosten								
31							40		Tage
							41		km
32	**Fahrten zwischen Wohnung und Arbeitsstätte** Aufwendungen für Fahrten mit eigenem oder zur Nutzung überlassenem						43		Tage
							44		km
33	☐ privatem Pkw	☐ Firmenwagen	☐ Motorrad/ Motorroller	Letztes amtl. Kennzeichen		☐ Moped/ Mofa	☐ Fahr- rad		
	Arbeitstage je Woche	Urlaubs- und Krankheitstage	Erhöhter Kilometersatz wegen Behinderung				46		Tage
34			Behinderungsgrad mindestens 70	Behinderungsgrad mindestens 50 und erhebliche Gehbehinderung			47		km
35	Arbeitsstätte in (Ort und Straße) – ggf. nach besonderer Aufstellung –			Einsatzwechseltätigkeit vom – bis	40 benutzt an [ ] Tagen	41 einfache Entfernung [ ] km	61		Schlüsselz. zu Kz 41
36					43 [ ] Tagen	44 [ ] km	62		Schlüsselz. zu Kz 44
37					46 [ ] Tagen	47 [ ] km	63		Schlüsselz. zu Kz 47
38	Aufwendungen für Fahrten mit öffentlichen Verkehrsmitteln			DM –	steuerfrei ersetzt DM ▶	49 DM	49		
39	Fahrtkostenersatz, der vom Arbeitgeber pauschal besteuert oder bei Einsatzwechseltätigkeit steuerfrei gezahlt wurde					50	50		
40	Beiträge zu Berufsverbänden (Bezeichnung der Verbände)					51	51		
41	Aufwendungen für Arbeitsmittel – soweit nicht steuerfrei ersetzt – (Art der Arbeitsmittel bitte einzeln angeben.)					DM			
42				+					
43				+					
44				+		▶	52	52	
45	**Weitere Werbungskosten** (z. B. Fortbildungskosten, Reisekosten bei Dienstreisen) – soweit nicht steuerfrei ersetzt –								
46				+					
47				+					
48				+		▶	53	53	
49	**Pauschbeträge für Mehraufwendungen für Verpflegung**				Vom Arbeit- geber steuerfrei ersetzt ▼				
50	☐ bei Einsatzwechseltätigkeit		☐ bei Fahrtätigkeit						
51	Abwesenheit mind. 8 Std. Zahl der Tage × 10 DM	Abwesenheit mind. 14 Std. Zahl der Tage × 20 DM	Abwesenheit von 24 Std. Zahl der Tage × 46 DM	Summe = DM	DM – ▶		54	54	
52								64	Werbungskosten zu Zeile 7
53	**Mehraufwendungen für doppelte Haushaltsführung** Der doppelte Haushalt wurde aus beruflichem Anlass begründet			Beschäftigungsort					Werbungskosten zu Zeilen 15 und 16
54	Grund am		und hat seitdem ununter- brochen bestanden bis 1999	Es bestand bereits eine frühere doppelte Haus- haltsführung am selben Beschäftigungsort	vom – bis		57		
55	Eigener Hausstand ☐ Nein ☐ Ja, in		seit	Falls nein, wurde Unterkunft am bisherigen Ort beibehalten? ☐ Nein ☐ Ja			58		Werbungskosten zu Zeilen 14 und 18
56	**Kosten d. ersten Fahrt zum Beschäftigungsort u. d. letzten Fahrt zum eigenen Hausstand** ☐ mit öffentlichen Verkehrsmitteln	☐ mit eigenem Kfz Entfernung km ×		DM =	DM				Werbungskosten zu Zeile 10
57	**Fahrtkosten für Heimfahrten** ☐ mit öffentlichen Verkehrsmitteln	☐ m. eigenem Kfz (Ent- fernung km)	Einzelfahrt DM ×	Anzahl	=	DM	59		
58	Kosten der Unterkunft am Arbeitsort (lt. Nachweis)				DM		60		Werbungskosten zu Zeile 11
59	**Verpflegungsmehraufwendungen**								Werbungskosten zu Versorgungs- bezügen
60	Abwesenheit mind. 8 Std. Zahl der Tage × 10 DM	Abwesenheit mind. 14 Std. Zahl der Tage × 20 DM	Abwesenheit von 24 Std. Zahl der Tage × 46 DM	= DM	Vom Arbeit- geber steuerfrei ersetzt ▼		87		
61					DM				
62	Summe der Zeilen 56 bis 61			DM	DM – ▶	55 DM	55		
63	**Besondere Pauschbeträge für bestimmte Berufsgruppen** (Bitte die Berufsgruppe genau bezeichnen und Aufstellung über steuerfreien Ersatz des Arbeitgebers beifügen.)						56	56	

Anlage Kinder 1999

Name und Vorname

Steuernummer

Bei mehr als 4 Kindern bitte weitere Anlagen Kinder abgeben.

99 3
89

Zeile	Angaben zu Kindern			Wohnort im	
	Vorname ggf. abweichender Familienname	ver- heiratet	Inland		Ausland (Bitte auch den Staat eintragen.)
1		ja			
2		ja			
3		ja			
4		ja			86 Haushaltsfreibetrag Ja = 1

Zeile	Kind in	Geburtsdatum T T M M J J J J	Für 1999 ausgezahltes Kindergeld / Höhe des zivilrechtlichen Ausgleichsanspruchs / vergleichbare Leistungen	Wohnort im Inland vom bis T M M T M M	Ausland vom bis T M M T M M	Volle KFB Zahl der Monate Inland / Ausland	Halbe KFB Zahl der Monate Inland / Ausland	Länderangaben in Drittel
5 6		16	15 DM					
7	Zeile 1	26	25			10 / 12	11 / 13	14
8	Zeile 2	36	35			20 / 22	21 / 23	24
9	Zeile 3	46	45			30 / 32	31 / 33	34
10	Zeile 4					40 / 42	41 / 43	44

Kindschaftsverhältnis

Zeile	Kind in	zur steuerpflichtigen Person			zum Ehegatten			Bei Pflegekindern: Empfangene Unterhaltsleistungen / Pflegegelder DM
11 12		leibliches Kind / Adoptivkind	Pflegekind	Enkelkind / Stiefkind	leibliches Kind / Adoptivkind	Pflegekind	Enkelkind / Stiefkind	
13	Zeile 1	☐	☐	☐	☐	☐	☐	
14	Zeile 2	☐	☐	☐	☐	☐	☐	
15	Zeile 3	☐	☐	☐	☐	☐	☐	
16	Zeile 4	☐	☐	☐	☐	☐	☐	

Kindschaftsverhältnis zu weiteren Personen

Zeile	Kind in	durch Tod des anderen Elternteils erloschen am:	hat bestanden zu (Name, letztbekannte Anschrift und Geburtsdatum dieser Personen, Art des Kindschaftsverhältnisses)	vom – bis
17 18				
19	Zeile 1			
20	Zeile 2			
21	Zeile 3			
22	Zeile 4			

Kinder ab 18 Jahren

Zeile	Kind in	Kinder von 18 bis 27 Jahren				Kinder von 18 bis 21 Jahren arbeitslos	Behinderte Kinder körperlich, geistig od. seelisch behindert	Kinder über 21 Jahre	27 Jahre Berufsausbildung	Dauer des gesetzlichen Grundwehr-/ Zivildienstes oder davon befreienden Dienstes vom – bis	Maßgeblicher Ausbildungs- oder vergleichbarer Zeitraum (nach Vollendung des 18. Lebensjahres) vom – bis
23 24 25		Schul-/ Berufsausbildung	Ausbildungsunterbrechung bis max. 4 Monate	Ausbildungsplatz fehlt	freiwilliges soziales oder ökologisches Jahr						
26	Zeile 1	☐	☐	☐	☐	☐	☐	☐	☐		
27	Zeile 2	☐	☐	☐	☐	☐	☐	☐	☐		
28	Zeile 3	☐	☐	☐	☐	☐	☐	☐	☐		
29	Zeile 4	☐	☐	☐	☐	☐	☐	☐	☐		

Anlage Kinder – Aug. 99 (OFD Nbg /Mchn – 10.99 – 1 010 000/1 520 000 – 321)

- 2 -

Einkünfte und Bezüge der Kinder ab 18 Jahren

Zeile			Bruttoarbeitslohn	darauf entfallende Werbungskosten	Öffentliche Ausbildungshilfen	Kapitalerträge (z. B. Zinseinnahmen)	andere Einkünfte/Bezüge (Art und Höhe)
30	Kind in	Zeile	DM	DM	DM	DM	
31		Einnahmen des Kindes im maßgeb. Berücksichtigungszeitraum					
32		außerhalb des maßgeb. Berücksichtigungszeitraums					
33	Zeile	Einnahmen des Kindes im maßgeb. Berücksichtigungszeitraum					
34		außerhalb des maßgeb. Berücksichtigungszeitraums					
35	Zeile	Einnahmen des Kindes im maßgeb. Berücksichtigungszeitraum					
36		außerhalb des maßgeb. Berücksichtigungszeitraums					

Übertragung des Kinderfreibetrags

Zeile						
37		Ich beantrage den vollen Kinderfreibetrag, weil der andere Elternteil		Der Übertragung auf die Stief-/Großeltern wurde lt. **Anlage K** zugestimmt.	Nur bei Stief-/Großeltern: Der Kinderfreibetrag ist lt. **Anlage K** zu übertragen.
38	Kind in	seine Unterhaltsverpflichtung nicht mind. zu 75% erfüllt hat	im Ausland lebte vom – bis			
39	Zeile	ja		ja	ja
40	Zeile	ja		ja	ja
41	Zeile	ja		ja	ja

Haushaltsfreibetrag

Zeile					
42		Die Kinder lt. den Zeilen 19 bis 22 waren am 1.1.1999 (oder erstmals 1999) mit Wohnung gemeldet		Bei Kindern, die bei beiden Elternteilen oder bei einem Elternteil und einem Großelternteil gemeldet sind:
43	Kind in	bei der stpfl. Person / dem nicht dauernd getrennt lebenden Ehegatten	und / oder bei sonstigen Personen (Name und Anschrift, ggf. Verwandtschaftsverhältnis zum Kind) oder in (Anschrift)		
44	Zeile			Ich beantrage die Zuordnung der Kinder. Die Mutter / der Vater hat lt. **Anlage K** zugestimmt.
45	Zeile			Ich habe zugestimmt, daß die Kinder dem Vater / dem Großelternteil zugeordnet werden.

Ausbildungsfreibetrag — Bei Kindern unter 18 Jahren bitte auch die Zeilen 31 bis 36 ausfüllen.

Zeile		Aufwendungen für die Berufsausbildung entstanden vom – bis	Auf den Ausbildungszeitraum entfallen aus den Zeilen 31, 33 od. 35	Bei auswärtiger Unterbringung Anschrift des Kindes	vom – bis
46					
47	Kind in				
48	Zeile		DM		
49	Zeile		DM		
50	Zeile		DM		

Nur bei geschiedenen oder dauernd getrennt lebenden Eltern oder bei Eltern nichtehelicher Kinder:
51 · Laut beigefügtem gemeinsamem Antrag sind die Ausbildungsfreibeträge auf einen Elternteil zu übertragen.

Kinderbetreuungskosten — für zum Haushalt gehörende Kinder bis 16 Jahre

Zeile							
52							
53	Kind in	Das Kind gehörte zu meinem Haushalt	vom – bis	Bei Alleinstehenden: Es bestand ein gemeinsamer Haushalt der Elternteile		vom – bis	
54	Zeile		Ich war vom – bis	erwerbstätig	behindert	krank	
55		Der Ehegatte oder (bei gemeinsamem Haushalt) der andere Elternteil war	vom – bis	erwerbstätig	behindert	krank	
56		Pauschbetrag	oder Art und Höhe der Aufwendungen	steuerfreier Arbeitgeberersatz		DM Dienstleistungen	vom – bis
57	Kind in	Das Kind gehörte zu meinem Haushalt	vom – bis	Bei Alleinstehenden: Es bestand ein gemeinsamer Haushalt der Elternteile		vom – bis	
58	Zeile		Ich war vom – bis	erwerbstätig	behindert	krank	
59		Der Ehegatte oder (bei gemeinsamem Haushalt) der andere Elternteil war	vom – bis	erwerbstätig	behindert	krank	
60		Pauschbetrag	oder Art und Höhe der Aufwendungen	steuerfreier Arbeitgeberersatz		DM Dienstleistungen	vom – bis

| 99 | 53 | Ausbildungsfreibeträge 65 | Kinderbetreuungskosten Aufwendungen 84 | Höchstbetrag 85 | Pauschbetrag 86 | 46 | |

cc) Besonderheiten der Erklärung bei Anwaltssozietäten

(1) Allgemeines

Auf den ersten Blick höchst kompliziert, im Ergebnis aber recht simpel, ist auch die Erklärung für Rechtsanwaltssozietäten.

Es ist bereits mehrfach dargestellt worden, dass Steuersubjekt auch in der Personengesellschaft die einzelne Person, der Steuerpflichtige (Rechtsanwalt), selbst bleibt. Die Gesellschaft dient lediglich als Subjekt der Steuerermittlung. Die Gewinne werden auf Ebene der Gesellschaft einheitlich festgestellt und dann gesondert auf die Gesellschafter nach dem im Gesellschaftsvertrag vorgesehenen Verteilungsschlüssel aufgeteilt. Die Gesellschafter haben den auf sie entfallenden Gewinnanteil dann in ihrer persönlichen Steuererklärung bei den Einkünften aus selbstständiger Tätigkeit, § 18 EStG, in der Anlage GSE aufzuführen.

Besonderheiten ergeben sich bei der Gewinnermittlung auf der Ebene der Gesellschaft nur insoweit, wie **Sonderbetriebseinnahmen** und **Sonderbetriebsausgaben** der jeweiligen Gesellschafter zu berücksichtigen sind.

Hierbei handelt es sich nicht, wie der Name vielleicht vermuten lässt, um besondere Arten von Betriebseinnahmen oder Betriebsausgaben. Vielmehr geht es um solche Betriebseinnahmen und –ausgaben, die allein einem der Gesellschafter zuzurechnen sind, und den Gewinn der Gesellschaft nicht mindern dürfen.

Gesetzlich begründet ist die Behandlung solcher Ausgaben und Einnahmen in § 15 Abs.1 S.1 Nr.2 EStG[165], der über die Verweisungsnorm des § 18 Abs.4 S.2 EStG auch für den Freiberufler Anwendung findet.

> (...) und die Vergütungen, die der Gesellschafter von der Gesellschaft für seine Tätigkeit im Dienst der Gesellschaft oder für die Hingabe von Darlehen oder für die Überlassung von Wirtschaftsgütern bezogen hat.[166]

Hiernach sind also Vergütungen, die der Gesellschafter von der Gesellschaft für bestimmte Gegenleistungen erhält, immer Einnahmen aus freiberuflicher Tätigkeit.

Die genaue Abgrenzung, welche Leistungen der Gesellschaft umqualifiziert werden sollen, ist umstritten. Voraussetzung dafür, dass Vergütungen Sondervergütungen im Sinne des § 15 Abs.1 S.1 Nr.2 EStG sind, ist, dass sie durch das Gesellschaftsverhältnis veranlasst sind. Hierbei können sie ihre rechtliche Grundlage sowohl in dem Gesellschaftsvertrag, als auch in einem hiervon unabhängigen anderweitigen Rechtsverhältnis haben.[167] Kaufverträge zwischen der Gesellschaft und einem Gesellschafter sind dagegen grundsätzlich als solche anzuerkennen. Kaufpreisstundungen hingegen können sich wieder als Darlehen und damit als Vergütungen im Sinne des § 15 Abs.1 S.1 Nr.2 EStG qualifizieren.[168]

---

[165] Die Vorschrift betrifft originär nur Einkünfte aus Gewerbebetrieb.
[166] § 15 Abs.1 S.1 Nr.2 S.1 2.Hs. EStG.
[167] Schmidt/Schmidt, EStG 18.Aufl., § 15 Rn.560 f.
[168] Schmidt/Schmidt, EStG 18.Aufl., § 15 Rn.575.

Als Beispiel kann die Vermietung des Bürogebäudes an die Gesellschaft durch einen der Gesellschafter angeführt werden. Die Vermietung von Räumen und Gebäuden führt nach § 21 Nr.1 EStG grundsätzlich zu Einkünften aus Vermietung und Verpachtung. Nicht so jedoch, wenn der Gesellschafter die besagten Räume an die Gesellschaft vermietet. Gemäß § 18 Abs.4 S.2 EStG i.V.m. § 15 Abs.1 S.1 Nr.2 S.1 EStG werden diese Einkünfte **umqualifiziert** in Einkünfte aus freiberuflicher Tätigkeit.

Die Leistung der Gesellschaft an den Gesellschafter wird als eine **Vereinbarung von Gewinn vorab**[169] angesehen. Der Gesellschafter soll unabhängig von dem tatsächlich erwirtschafteten Gewinn für die Überlassung des Wirtschaftsgutes einen Gewinnanteil vorab erhalten. Dieser ist ihm dann bei seinen Einkünften aus der freiberuflichen Tätigkeit zuzurechnen.

Da aber Gewinnauszahlungen an die Gesellschafter keine Betriebsausgaben sind und den Gewinn nicht mindern dürfen, dürfen diese Zahlungen auf Ebene der Gesellschaft auch nicht gewinnwirksam als Betriebsausgaben berücksichtigt werden. Der steuerpflichtige Gewinn erhöht sich daher um die an den Gesellschafter geleisteten Zahlungen.

Die übrigen Gesellschafter erfahren hierdurch keinen Nachteil. Wie Sie aus der Beispiels-Einnahmeüberschussrechnung ersehen können, erhöht sich zwar der Gewinn der Gesellschaft. Die Sonderbetriebseinnahmen eines Gesellschafters werden aber allein diesem zugerechnet und erhöhen nur seinen Gewinnanteil.

---

[169] Vgl. Schmidt/Schmidt, EStG 18.Aufl., § 15 Rn.561.

> Die Einkommensteuer wird allein auf den Gewinnanteil des jeweiligen Gesellschafters bei diesem persönlich erhoben und orientiert sich nicht am Gesamtgewinn der Gesellschaft. Erhöhen die Sonderbetriebseinnahmen also zwar den Gesamtgewinn der Gesellschaft, werden sie bei der Verteilung dieses Gewinns auf die einzelnen Gesellschafter aber allein dem Gesellschafter zugerechnet, bei dem sie auch zugeflossen sind, so erleiden die übrigen Gesellschafter hierdurch keinen Nachteil, da sich ihr Gewinnanteil, der der Einkommensbesteuerung zugrunde gelegt wird, nicht erhöht.

Hintergrund für diese Regelung ist der sogenannte Gleichbehandlungsgrundsatz. Ziel ist es, den Einzelunternehmer (-anwalt) mit den in einer Sozietät (Gesellschaft) zusammengeschlossenen Unternehmern (Anwälten) gleich zu behandeln.[170] Ein Einzelanwalt könnte sich selbst mit steuerlicher Wirkung keine Räume vermieten, ein Darlehen auszahlen oder mit sich ein Gehalt vereinbaren. § 15 Abs.1 S.1 Nr.2 EStG soll diese Möglichkeit auch der Personengesellschaft versagen, was nur konsequent ist, weil diese eben nicht Objekt der Besteuerung ist.

> Die Pläne der Bundesregierung, die insoweit bisher umstritten sind, sehen allerdings vor, ab dem 01.01.2001 auch Personengesellschaften und Einzelunternehmern die Möglichkeit einzuräumen, sich wie eine Kapitalgesellschaft besteuern zu lassen. Damit würden diese der Körperschaftssteuer unterfallen, hätten aber die Möglichkeit, da ihr Unternehmen nunmehr Steuersubjekt ist, sich selbst ein Gehalt zu zahlen und somit Einkünfte aus nichtselbstständiger Arbeit zu erzielen. Gleichsam könnte der Einzelunternehmer sich selbst – vorausgesetzt er hat einen guten Tag – ein Darlehen gewähren und die Zinsen bei dem Unternehmen gewinnwirksam als Betriebsausgaben abziehen. Auf seiner persönlichen Ebene würde er dann Einkünfte aus Kapitalvermögen erzielen.

---

[170] GrS BFH BStBl. 1993, II, 616.

> Anhand der vorstehenden Ausführungen wird deutlich, dass die geplanten Änderungen m.E. nicht besonders sinnvoll sind. Ob sie sich durchsetzen werden, bleibt abzuwarten.

Ein kleines Beispiel soll Ihnen die Behandlung von Sonderbetriebseinnahmen und Sonderbetriebsausgaben verdeutlichen:

Die Anwaltssozietät A & B GbR ermittelt ihren Gewinn zutreffend nach § 4 Abs.3 EStG. Der Jahresüberschuss für 05 beträgt 150.000 DM. A und B sind nach dem Gesellschaftsvertrag an der GbR zu je 50% beteiligt.

Die Sozietät wird in einem dem A gehörenden Bürogebäude betrieben. Hierfür zahlt die Gesellschaft an A eine monatliche Miete von 2.000 DM.[171] A hatte im Jahr 05 Aufwendungen für das vermietete Gebäude incl. AfA in Höhe von 20.000 DM.

Für die Anschaffung neuer Computer hat B der Gesellschaft am 01.01.05 ein Darlehen in Höhe von 20.000 DM gegeben, dass jährlich mit 5% zu verzinsen ist. Die Zinsen sind B am 10.01.05 im voraus ausgezahlt worden.

Die Gesellschafter der A und B GbR sind Rechtsanwälte und damit freiberuflich tätig. Die Einnahmeüberschussrechnung ergab einen Gewinn von 150.000 DM. Dieser ist um Sonderbetriebseinnahmen und Sonderbetriebsausgaben der Gesellschafter A und B zu berichtigen.

---

[171] Die Vermietung von Grundstücken ist nach § 4 Nr.12 lit.a UStG umsatzsteuerbefreit, so dass es sich hier um eine Nettomiete handelt. Der Vermieter kann jedoch nach § 9 UStG auf die Befreiung verzichten, wenn die Räume an einen anderen Unternehmer für dessen Unternehmen, § 2 UStG, vermietet werden. Dies führt zwar dazu, dass der mietende Unternehmer USt zahlen und der Vermieter diese abführen muss. Der Mieter kann die gezahlte USt jedoch nach § 15 UStG als Vorsteuer bei seiner eigenen Umsatzsteuerschuld gegenüber dem Finanzamt verrechnen. Für den Vermieter hat die Optierung zur USt-Pflicht den entscheidenden Vorteil, dass sämtliche Aufwendungen, die für das Gebäude getätigt werden, zum Vorsteuerabzug nach § 15 UStG berechtigen. Große Erhaltungsmaßnahmen können sich hierdurch extrem „verbilligen", da ein Erstattungsanspruch in Höhe von 16% USt auf alle Aufwendungen gegen das Finanzamt begründet wird.

Sowohl die Mietzins-, wie auch die Darlehenszinszahlungen sind Vergütungen, die der Gesellschafter für die Überlassung von Wirtschaftsgütern bzw. für die Gewährung von Darlehen erhalten hat. Sie unterfallen damit gemäß §§ 18 Abs.4 S.2, 15 Abs.1 S.1 Nr.2 EStG den Einkünften aus freiberuflicher Tätigkeit und sind dem jeweiligen Gesellschafter als Sonderbetriebseinnahmen zuzurechnen. Die in Zusammenhang mit den Sonderbetriebseinnahmen entstandenen Aufwendungen sind Sonderbetriebsausgaben, die wiederum dem jeweiligen Gesellschafter zuzurechnen sind.[172] Es ergibt sich daher ein korrigierter Gewinn der Gesellschaft und eine Verteilung auf die Gesellschafter wie folgt:

	Gesellschaftsebene/DM	Gfter A	Gfter B
Erklärter Gewinn	150.000,00	75.000,00	75.000,00
Mietzinszahlungen[173]	24.000,00	24.000,00	-,-
Aufwdgn. f.d. Geb.[174]	./. 20.000,00	./. 20.000,00	-,-
Darlehenszinsen[175]	1.000,00	-,-	1.000,00
Korrigierter Gewinn	**155.000,00**	**79.000,00**	**76.000,00**

---

[172] Die Summe aus Sonderbetriebseinnahmen und Sonderbetriebsausgaben ergibt das sog. Sonderbetriebsergebnis. Wirtschaftsgüter, die der Gesellschaft überlassen werden, stellen sog. Sonderbetriebsvermögen des Gesellschafters dar, verbleiben selbstverständlich in seinem Eigentum.

[173] Die Mietzinszahlungen sind als Betriebsausgaben gebucht worden, dürfen nach §§ 18 Abs.4 S.2, 15 Abs.1 S.1 Nr.2 EStG den Gewinn aber deshalb nicht mindern, weil sie als Einkünfte aus freiberuflicher Tätigkeit in Form der Auszahlung eines Gewinns vorab zu behandeln sind. Sie müssen daher dem Gewinn der Gesellschaft und dem Gewinnanteil des Gesellschafters, der die Vergütungen erhalten hat, hinzugerechnet werden.

[174] Werden die Vergütungen für die Überlassung der Gesellschaft und dem Gesellschafter als Gewinn hinzugerechnet, dann müssen andersherum natürlich die mit dem Wirtschaftsgut in Zusammenhang stehenden Aufwendungen, da sie durch die Gewinnerzielung veranlasst sind, auch auf Ebene der Gesellschaft und bei dem Gesellschafter, der sie getragen hat, zum Betriebsausgabenabzug führen.

[175] Für die Darlehenszinsen gelten die Ausführungen zu den Mietzinsen entsprechend. Auch diese dürfen den Gewinn nicht mindern, sind daher auf der Gesellschaftsebene und bei dem Gesellschafter, der sie erhalten hat zuzurechnen.

Die Berechnung der Sonderbetriebsausgaben und Sonderbetriebseinnahmen ist, wie Sie an diesem Beispiel leicht erkennen können, nicht besonders schwierig, und sollte Ihnen von daher keine großen Probleme bereiten.

Um das auf Ebene der Gesellschaft und der Gesellschafter ermittelte Ergebnis in die amtlichen Vordrucke „zu pressen", sind folgende Schritte zu beachten:

1. Für die Gesellschaft (die Sozietät) wird der amtliche Vordruck „**Erklärung zur gesonderten – und einheitlichen – Feststellung von Grundlagen für die Einkommensbesteuerung und die Eigenheimzulage**" ausgefüllt und abgegeben. Zuständig für die Abgabe dieses Vordruckes ist das Finanzamt, in dessen Bezirk die freiberufliche Tätigkeit vorwiegend ausgeführt wird, also regelmäßig das Finanzamt, in dessen Bezirk sich die Sozietät befindet, § 18 Abs.1 Nr.3 AO. Auf diesem Vordruck sind lediglich allgemeine Angaben zu machen und in Zeile 19 des Vordruckes auf die **Anlage GSE**, in Zeile 20 auf die **Anlage ESt 1, 2, 3 B** sowie in Zeile 24 auf **Anlage FB** zu verweisen. Letztere enthält Angaben über die Feststellungsbeteiligten, also die Gesellschafter der Sozietät. Wichtig ist, dass alle Gesellschafter den Vordruck unterschreiben.

2. In der **Anlage FB** müssen nun Angaben zu den beteiligten Gesellschaftern gemacht werden. Jeder Gesellschafter hat seine Anschrift mit zuständigem Finanzamt und Steuernummer anzugeben.

   Zuständig ist gemäß § 19 Abs.1 S.1 AO grds. das Finanzamt, in dessen Bezirk der Steuerpflichtige, also der Gesellschafter, seinen Wohnsitz hat.

Ferner sind in der Anlage FB die Art der Beteiligung (also z.B. Gesellschafter) und die Höhe der Beteiligung nach Bruchteilen und in % anzugeben (Bsp. 1 / 2 oder 50%).

3. Dann wird der Feststellungserklärung die **Anlage GSE** beigefügt. In dieser Anlage ist der Gewinn der Gesellschaft aufzuführen, wie dies oben im Beispielsfall der A & B GbR in der ersten Spalte geschehen ist. Eine Aufteilung auf die einzelnen Gesellschafter erfolgt an dieser Stelle noch nicht. Es geht also nur um den Gewinn der Gesellschaft selbst. Wichtig ist, dass Sie im Kopf der **Anlage GSE „zur Feststellungserklärung"** ankreuzen.[176]

4. Die Aufteilung der Gewinne der Gesellschaft unter Berücksichtigung der Beteiligungsverhältnisse und der Sonderbetriebseinnahmen und Sonderbetriebsausgaben, wie dies in der Tabelle im Beispielsfall in den Spalten 2 und 3 erfolgt ist, ist dann in der **Anlage ESt 1, 2, 3 B zur gesonderten und einheitlichen Feststellung von Grundlagen für die Einkommensbesteuerung** vorzunehmen. Es sind der Gewinn der Gesellschaft nach dem Beteiligungsschlüssel auf die Gesellschafter zu verteilen und die Sonderbetriebseinnahmen zuzuweisen sowie die Sonderbetriebsausgaben abzusetzen.

5. Nach dieser – bisher ausschließlich für die Gesellschaft erfolgten – Erklärung hat jeder Beteiligte (Gesellschafter) bei seinem Wohnsitzfinanzamt eine persönliche Einkommensteuererklärung abzugeben.

---

[176] Der Einzelanwalt kreuzt an dieser Stelle „zur Einkommensteuererklärung" an, was erklärt, dass die Anlage GSE sowohl bei der Erklärung des Einzelanwalts als auch bei der der Anwaltssozietät auftaucht.

Diese unterscheidet sich von der Einkommensteuererklärung eines Einzelanwalts nicht. Es ist der Mantelbogen auszufüllen und eine **Anlage GSE**[177] beizufügen. Hier ist bei den Einkünften aus selbstständiger Arbeit der Gewinnanteil einzutragen, der sich aus der **Anlage ESt 1, 2, 3 B** für ihn ergibt, also sein Gewinnanteil, erhöht um die Sonderbetriebseinnahmen, vermindert um die Sonderbetriebsausgaben.

> Auch wenn dies auf den ersten Blick alles höchst kompliziert klingen mag, so werden Sie in der praktischen Anwendung – insbesondere bei Softwareunterstützung – doch schnell erkennen, dass die Anfertigung einer Steuererklärung nichts mit höherer Mathematik zu tun hat. Halten Sie sich streng an die eben dargestellten Schritte und vergessen Sie nicht, dass Ihnen von Ihrem Buchhaltungsprogramm vorgegebene Ergebnis um die AfA und den privaten Nutzungsanteil ihres Pkw zu ergänzen, so wird Ihnen der Jahresabschluss keine grauen Haare wachsen lassen.
>
> Für die Vordrucke die Gesellschaft betreffend vergleichen Sie den Anhang im Anschluss an die Beispiels – Einnahmeüberschussrechnung in Abschnitt A. Für die Sie persönlich betreffenden Vordrucke soeben das Kapitel der Erklärung des Einzelanwalts.

(2) Ergänzungsbilanzen bei dem Eintritt neuer Gesellschafter

Im Kapitel über die Abschreibung haben wir schon einmal auf die Problematik der Abschreibung des Praxiswertes bei dem Eintritt neuer Gesellschafter oder der Gründung einer Gesellschaft durch zwei Einzelanwälte hingewiesen.

---

[177] Im Kopf dieser Anlage GSE ist natürlich wieder „zur Einkommensteuererklärung" anzukreuzen, da es sich hier ja um die persönliche Einkommensteuererklärung des Gesellschafters als natürliche Person handelt. Eine Feststellungserklärung gibt es insoweit nicht.

Aufhänger war die Abschreibung des Praxiswertes. Tritt ein Anwalt in die Kanzlei eines Kollegen ein, gründen diese also eine Sozietät, so wird in der Regel eine Abschlagszahlung vereinbart. Diese umfasst neben einem Anteil für die Wirtschaftsgüter, deren Eigentum teilweise mit auf den neuen Gesellschafter übergeht, auch einen Anteil für den Kundenstamm, das immaterielle Wirtschaftsgut Praxiswert („good will").

Auf diese Werte kann der eintretende Gesellschafter AfA geltend machen, da es sich um Anlagevermögen handelt. Dass auch der Praxiswert abschreibungsfähig ist, geht aus § 7 Abs.1 S.3 EStG hervor.

Diese Abschreibung nimmt der eintretende Gesellschafter in seiner Sonderbilanz, also bei seinen Sonderbetriebsausgaben vor.

Die Vornahme dieser Abschreibung im Sonderbetriebsvermögen des eintretenden Gesellschafters ändert aber nichts daran, dass die Gesellschaft weiterhin die bisher vorgenommene AfA auf dieselben Wirtschaftsgüter geltend macht. An dieser Gesellschaft ist der Eintretende aber z.B. zu 50 % beteiligt. Um nun zu vermeiden, dass der eintretende Gesellschafter dasselbe Wirtschaftsgut einmal in seiner Sonder – G.u.V. und ein weiteres mal – zumindest in Höhe seines Beteiligungsanteils – im Jahresabschluss der Gesellschaft abschreibt, ist für den eintretenden Gesellschafter eine weitere, die sogenannte Ergänzungsbilanz, zu erstellen. In dieser wird der Vorteil aus der doppelten Abschreibung wieder „neutralisiert".

> **Es existieren in diesem Fall also vier Gewinn- und Verlustrechnungen (G.u.V; hierunter versteht man die Gegenüberstellung aller gewinnrelevanten Vorgänge, also vornehmlich der Betriebseinnahmen und Betriebsausgaben):**

> Eine für die Gesellschaft, wie sie in Teil A dieses Buches zu Beginn dargestellt ist; jeweils eine für das Sonderbetriebsvermögen der einzelnen Gesellschafter, wie sie ebenfalls aus der Beispiels – Einnahmeüberschussrechnung in Teil A sowie aus dem vorstehenden Teil zu den Besonderheiten bei Gesellschaften zu entnehmen ist, und eine Ergänzungs – G.u.V. für den eintretenden Gesellschafter.

Der folgende kleine Beispielsfall soll dies verdeutlichen:

Rechtsanwalt A hat eine Kanzlei, die im Jahr 05 einen Überschuss der Betriebseinnahmen über die Betriebsausgaben in Höhe von 150.000 DM erzielt hat. In den Betriebsausgaben sind Abschreibungen auf die Betriebs- und Geschäftsausstattung (BGA) in Höhe von 40.000 DM enthalten.

Am 01.05.05 tritt Rechtsanwalt B in die Kanzlei ein, die nunmehr als GbR organisiert wird. B zahlt an A 300.000 DM, wobei sich beide darüber einig sind, dass 150.000 DM hiervon für den Erwerb der Miteigentumsanteile an der BGA entfallen.

In der Einnahmeüberschussrechnung der Gesellschaft bürgerlichen Rechts bleiben die Abschreibungen für die einzelnen Wirtschaftsgüter wie bisher erhalten. Auf Seite III der Beispiels – Einnahmeüberschussrechnung in Teil A würde sich daher nichts ändern.

Die Sonderbetriebseinnahmen und Sonderbetriebsausgaben des Gesellschafters A bleiben ebenfalls unverändert. Auch auf Seite X (M. Mustermann) in Teil A bliebe also alles gleich.

Bei den persönlichen Betriebseinnahmen und Betriebsausgaben des Gesellschafters B, in dem Beispiel in Teil A, also etwa der Gesellschafterin Musterfrau, Teil A Seite XIV, wäre erstmalig eine Änderung vorzunehmen.

Gesellschafter B hat in seinem persönlichen Bereich Aufwendungen gemacht, die durch seine berufliche Betätigung veranlasst sind. Er hat 150.000 DM für BGA und 150.000 DM für den Praxiswert aufgewendet.

Diese beiden Positionen wären in die Sonderbilanz aufzunehmen. Ab Zeile 111 auf Seite XIV wäre also eine Position AfA auf BGA und eine Position AfA auf Praxiswert einzufügen. Wegen der AfA auf die BGA wird überschlägig die Restnutzungsdauer für die Gesamtheit aller übernommenen Wirtschaftsgüter geschätzt und in der Regel linear abgeschrieben. Wie lange die Abschreibung vorzunehmen ist, richtet sich also danach, wie alt die übernommenen Wirtschaftsgüter sind. Häufig werden Zeiträume von etwa 3 Jahren angegeben.

Dies hieße, dass Gesellschafter B in seiner Sonder – G.u.V. zusätzliche Sonderbetriebsausgaben für die BGA in Höhe von (150.000 DM x 33 % =) 49.500 DM und für den Praxiswert in Höhe von (150.000 DM x 25 % =) 37.500 DM hat. Diese Sonderbetriebsausgaben in einer Gesamthöhe von 87.000 DM mindern zunächst einmal seinen Gewinnanteil.

Kurz zur Zusammenfassung: Gesellschafter B hat Geld dafür aufgewendet, Anteile an der Einzelpraxis zu erwerben. Diese Aufwendungen müssen steuerlich Berücksichtigung finden, da sie durch die Einkünfteerzielung veranlasst sind. Da sie aber der Anschaffung von Wirtschaftsgütern dienen, die betriebsgewöhnlich länger als ein Jahr nutzungsfähig sind, § 7 Abs.1 EStG, kann die Abschreibung nicht im Jahr der Anschaffung zu 100 % erfolgen, sondern muss auf die betriebsgewöhnliche Nutzungsdauer verteilt werden.

> Bei dem Erwerb von Praxisanteilen wird nicht jedes erwobene Wirtschaftsgut gesondert aufgeführt, sondern es werden alle in einer Position zusammengefasst. Für die AfA wird dann überschlägig ermittelt, wie lange die Gesamtheit der Wirtschaftsgüter wohl noch nutzungsfähig sein wird.

Die Gesellschaft hat auf die BGA in ihrer Einnahmeüberschussrechnung für 05 AfA in Höhe von 40.000 DM geltend gemacht. An der Gesellschaft ist B mit 50 % beteiligt. Das heißt, dass 20.000 DM der im Rahmen der Gesellschaft geltend gemachten AfA auf den Gewinnanteil von B entfallen. Auf dieselben Gegenstände macht B aber auch AfA im Rahmen seines Sonderbetriebsergebnisses geltend, soweit nicht Anlagenzugänge der neuen GbR betreffend.

> Kauft die neue GbR Gegenstände des Anlagevermögens, so ist die AfA für den „alten" und den „neuen" Gesellschafter natürlich identisch, da der neu eintretende Gesellschafter für diese Gegenstände ja keinen Abschlag gezahlt hat. Sie sind erst nach dem Eintritt angeschafft worden.

Diese „doppelte Abschreibung" muss neutralisiert werden. Für B ist daher eine Ergänzungs – G.u.V. aufzustellen, in der sein Anteil an der durch die Gesellschaft vorgenommenen Abschreibung wieder als „Einnahme" gegengebucht wird.

B hätte also in der Ergänzungs – G.u.V. 20.000 DM als Zugang auszuweisen. Von der AfA auf die BGA, die er im Rahmen seines Sonderbetriebsergebnisses geltend gemacht hat, bleiben daher im Ergebnis mit steuerlicher Wirkung nur (49.500 DM ./. 20.000 DM =) 29.500 DM übrig.

Folgende Grafik noch einmal zur zusammenfassenden Übersicht:

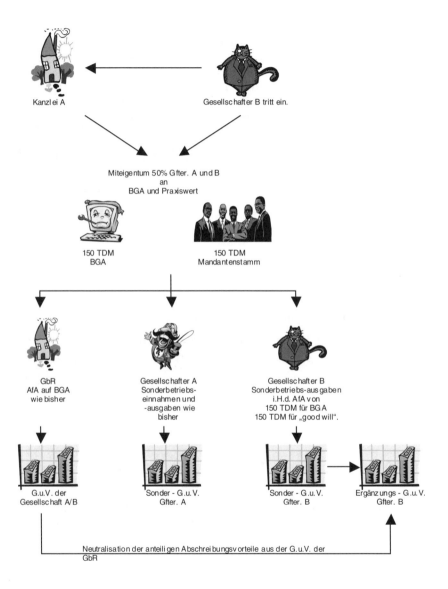

> Die Einbringung einer Einzelkanzlei in eine Gesellschaft gegen Entgelt stellt eine Leistung im Sinne des Umsatzsteuerrechts dar (dazu später in Teil II ausführlich). Dennoch ist für diesen Vorgang keine USt abzuführen, da die Einbringung eines Unternehmens in ein anderes nach § 1 Abs.1b S.2, 3 UStG von der Steuerbarkeit ausgenommen ist. Werden bei der Übertragung stille Reserven aufgedeckt (*Unterschiedsbetrag zwischen dem Buchwert (AK ./. AfA) und dem tatsächlichen Wert = gezahltem Preis*), so sind diese aber als Veräußerungsgewinne einkommensteuerpflichtig. In den Fällen des § 24 UmwStG ist jedoch eine Privilegierung dieser Veräußerungsgewinne vorgesehen.

c) Reaktionsmöglichkeiten auf einen falschen Steuerbescheid

Bei einem Steuerbescheid handelt es sich gemäß §§ 155 Abs.1 S.2, 118 Abgabenordnung (AO) um einen Verwaltungsakt. Für diesen Verwaltungsakt gelten zwar nicht die Regeln des Bundes- oder der Landes-VwVfG, sondern die Vorschriften der AO. Diese ist dem VwVfG jedoch so stark angenähert, dass Sie jederzeit auf Ihre Kenntnisse im allgemeinen öffentlichen Recht zurückgreifen können, und es nur noch gilt, die richtige Parallelvorschrift in der AO zu finden.

> Für die Bekanntgabe eines Steuerverwaltungsaktes gelten nach §§ 122 ff. AO z.B. die gleichen Regeln, wie für die Bekanntgabe eines sonstigen Verwaltungsaktes nach dem VwVfG. Eine Besonderheit gilt es bei Steuerverwaltungsakten jedoch zu beachten: Gemäß § 155 Abs.3 AO können gegen Steuerpflichtige, die eine Steuer als Gesamtschuldner schulden, § 44 Abs.1 AO, zusammengefasste Steuerbescheide ergehen.

> Hierbei handelt es sich dann zwar um so viele Steuerbescheide, wie es Beteiligte gibt, jedoch können diese in nur einer Urkunde zusammengefasst werden. Es ist jedem der Beteiligten eine Ausfertigung dieses zusammengefassten Steuerbescheides bekanntzugeben.[178]
> Eine weitere Besonderheit für zusammengefasste Steuerbescheide gilt dann nach § 155 Abs.5 AO wiederum für Ehegatten. Werden diese zusammenveranlagt, so reicht es für die Bekanntgabe an beide (oder wenn auch Kinder mitbetroffen sind, auch für die Kinder) aus, wenn eine Ausfertigung unter der gemeinsamen Anschrift bekannt gegeben wird.

Handelt es sich bei dem Steuerbescheid aber um einen „gewöhnlichen" Verwaltungsakt, so muss dieser auf die gleiche Weise angefochten werden können, wie ein Verwaltungsakt sonst auch.

Für die Einkommen- und die Umsatzsteuer, als die in der Anwaltskanzlei relevanten Steuern, ist statthafter Rechtsbehelf der Einspruch nach §§ 347 ff. AO.

Der Einspruch ist der „Widerspruch der Abgabenordnung". Er ist statthaft gegen alle Verwaltungsakte in Abgabenangelegenheiten, auf die die AO Anwendung findet, § 347 Abs.1 Nr.1 AO. Der Begriff der Abgabenangelegenheiten ist definiert in § 347 Abs.2 AO:

---

[178] Dies gilt nach § 155 Abs.4 AO nicht, wenn die anderen Beteiligten einverstanden sind, dass der Steuerbescheid nur einem der Beteiligten mit Wirkung für und gegen alle bekannt gegeben wird.

Abgabenangelegenheiten sind alle mit der Verwaltung der Abgaben einschließlich der Abgabenvergütungen oder sonst mit der Anwendung der abgabenrechtlichen Vorschriften durch die Finanzbehörden zusammenhängenden Angelegenheiten einschließlich der Maßnahmen der Bundesfinanzbehörden zur Beachtung der Verbote und Beschränkungen für den Warenverkauf über die Grenze; den Abgabenangelegenheiten stehen die Angelegenheiten der Finanzmonopole gleich.

Den Anwendungsbereich der AO definiert § 1 AO in Verbindung mit dem Gesetz über die Finanzverwaltung (FVG[179]). Hiernach gilt die AO für alle bundes- oder EG-rechtlich geregelten Steuern, soweit sie durch Bundes- oder Landesfinanzbehörden verwaltet werden.

Dies ist bei den Sie betreffenden Steuern immer der Fall.

Eine Besonderheit gibt es bei der Gewerbesteuer, von der Sie als freiberuflicher Anwalt nicht betroffen sind: Der Messbetrag, an dem sich die Höhe der Steuer orientiert, wird durch das jeweilige Finanzamt ermittelt und festgesetzt. Aufgrund dieses Messbetrages erheben dann die Gemeinden durch Gewerbesteuerbescheid die Gewerbesteuer. Wollen Sie gegen einen fehlerhaften Messbescheid vorgehen, so ist wie bei einem Einkommensteuer- oder Umsatzsteuerbescheid der Einspruch nach §§ 347 ff. AO statthaft. Halten Sie hingegen den Gewerbesteuerbescheid der Gemeinde für fehlerhaft, so ist dieser mit einem Widerspruch nach §§ 68 ff. VwGO anzugreifen. Es handelt sich insoweit nicht um eine Steuer, die von den Landes- oder Bundesfinanzbehörden verwaltet wird. Der Gewerbesteuerertrag steht allein den Gemeinden zu, weshalb auch die Hebesätze von Gemeinde zu Gemeinde differieren. Diese sind für die Festsetzung der Höhe des Hebesatzes und damit der Gewerbesteuer selbst verantwortlich.

---

[179] Nr.803 in der Beck´schen Textsammlung Steuergesetze.

Die Steuererklärung des Einzelanwalts und der Anwaltssozietät 157

Sind Sie in einer Anwaltssozietät tätig, und halten Sie den Feststellungsbescheid zur einheitlichen und gesonderten Gewinnfeststellung[180] für fehlerhaft, so müssen Sie dringend die Vorschrift des § 351 Abs.2 AO beachten.

Denkbar wäre es, den fehlerhaften Feststellungsbescheid nicht weiter zu beachten, da dieser ja noch keine persönliche Steuerschuld Ihnen gegenüber festsetzt. Sie könnten daher abwarten, bis aufgrund dieses Feststellungsbescheides ihr persönlicher Einkommensteuerbescheid ergeht, und gegen diesen dann Einspruch einlegen.

Dem steht allerdings § 351 Abs.2 AO entgegen:

Entscheidungen in einem Grundlagenbescheid (§ 171 Abs.10 AO) können nur durch Anfechtung dieses Bescheides, nicht auch durch Anfechtung des Folgebescheides, angegriffen werden.

Der Feststellungsbescheid ist ein solcher Grundlagenbescheid im Sinne des § 171 Abs.10 AO, da dieser hier ausdrücklich genannt ist und gemäß § 182 Abs.1 AO Bindungswirkung für den Einkommensteuerbescheid entfaltet.

Feststellungsbescheide sind, auch wenn sie noch nicht unanfechtbar sind, für andere Feststellungsbescheide, für Steuermessbescheide, für Steuerbescheide und für Steueranmeldungen (Folgebescheide)

---

[180] Vgl. Sie hierzu oben das Kapitel über die Erhebung der Steuer durch das Finanzamt und die sich hierbei ergebenden Besonderheiten bei der Behandlung von Sozietäten, oben b) cc).

bindend, soweit die in den Feststellungsbescheiden getroffenen Feststellungen für diese Folgebescheide von Bedeutung sind (§ 182 Abs.1 AO).

Dies hat neben dem zwingenden Erfordernis, dass Sie immer den fehlerhaften Feststellungsbescheid anzugreifen haben und nicht den Einkommensteuerbescheid abwarten dürfen, auch zur Folge, dass Sie sicher sein können, dass das Wohnsitzfinanzamt nicht von den Feststellungen des Sitzfinanzamtes abweicht. Durch das Sitzfinanzamt anerkannte Betriebsausgaben etwa können also von dem Wohnsitzfinanzamt nicht anders behandelt, also etwa nicht anerkannt werden.

Wie im Verwaltungsverfahren auch, beträgt die **Einspruchsfrist** einen Monat seit Bekanntgabe, § 122 AO, des Verwaltungsaktes, § 355 Abs.1 AO.

Hiernach wird auch ein fehlerhafter Verwaltungsakt bestandskräftig und kann nicht mehr aus der Welt geschafft werden. Gerade aus diesem Grunde ist die Anfechtung des Grundlagenbescheides so wichtig. Wird dieser bestandskräftig, ist die Aufhebung nicht mehr möglich. Andererseits aber entfaltet der Feststellungsbescheid Bindungswirkung nach § 182 Abs.1 AO, es darf von ihm bei der Einkommensteuerveranlagung nicht abgewichen werden.

Ebenfalls wie im Widerspruchsverfahren nach der VwGO ist auch im Einspruchsverfahren nach der AO eine Beschwer (Einspruchsbefugnis) erforderlich. Diese ist dann gegeben, wenn der Einspruchführer geltend macht, durch den Verwaltungsakt oder seine Unterlassung in seinem Recht auf ordnungsgemäße Besteuerung, § 85 AO, verletzt zu sein, § 350 AO.

Der Einspruch ist nach § 357 Abs.1 AO, ebenso wie in der VwGO, schriftlich oder zur Niederschrift bei der Behörde (dem Finanzamt) einzureichen, deren Verwaltungsakt angefochten wird.

Über den Einspruch entscheidet die Finanzbehörde, die den Verwaltungsakt erlassen hat, § 367 Abs.1 AO. Der Einspruch führt zur Gesamtaufrollung des Sachverhaltes, das heißt die Sache ist in vollem Umfang erneut zu prüfen, egal in welchem Umfang Sie den Verwaltungsakt angefochten haben. Dies kann ausweislich einer ausdrücklichen Ermächtigung in § 367 Abs.2 S.2 AO auch zu einer Verböserung (reformatio in peius) führen. Hierauf ist der Einspruchführer jedoch zuvor hinzuweisen, um ihm die Möglichkeit zu geben, den Einspruch zurückzunehmen.

Wird Ihr Einspruch abschlägig beschieden, so steht die finanzgerichtliche Klage offen, die sich nach der FGO richtet. Auch die FGO ist dem verwaltungsgerichtlichen Verfahren nach der VwGO sehr weit angenähert.

Im Falle der Anfechtung eines fehlerhaften Feststellungs- oder Steuerbescheides ist die Anfechtungsklage nach § 40 FGO statthaft. Die übrigen Zulässigkeitsvoraussetzungen sind mit denen der VwGO identisch.

d) Überprüfungsmöglichkeiten des Finanzamts bezüglich Ihrer Besteuerungsgrundlagen

Wie Sie aus der obigen Darstellung zur Erhebung, insbesondere zur Erklärung der Einkommensteuer erkannt haben, teilen Sie dem Finanzamt nur die von Ihnen erwirtschafteten Umsätze, die Höhe der Betriebsausgaben und den aus dieser Differenz resultierenden Gewinn mit. Dieser wird dann der Besteuerung zugrunde gelegt.

Die Belege, aus denen sich die Höhe der Einnahmen und Betriebsausgaben ergibt, haben Sie zwar gemäß § 147 Abs.1, 2 AO 10 Jahre aufzubewahren, Sie müssen Sie aber Ihrer Steuererklärung und der Erklärung zur einheitlichen und gesonderten Gewinnfeststellung nicht beilegen.

Im Grunde berechnen Sie daher die sich ergebende Steuerschuld selbst. Dass das Finanzamt diesbezüglich eine Möglichkeit haben muss, die von Ihnen ermittelten Gewinne, insbesondere die Höhe der Betriebsausgaben zu überprüfen, ist nachvollziehbar.

Diese Überprüfung erfolgt in Form einer sogenannten Außenprüfung. Die Rechtsgrundlage für die Durchführung und den zulässigen Umfang und Ablauf einer Außenprüfung findet sich in den §§ 193 ff. AO.

Nach § 193 Abs.1 AO ist eine Außenprüfung grundsätzlich zulässig bei Steuerpflichtigen, die einen gewerblichen oder land- und forstwirtschaftlichen Betrieb unterhalten oder die freiberuflich tätig sind. Zu letzterer Gruppe gehören Sie als Rechtsanwalt.

Die Außenprüfung dient gemäß § 194 AO der Ermittlung der steuerlichen Verhältnisse des Steuerpflichtigen. Sie kann eine oder mehrere Steuerarten und einen oder mehrere Besteuerungszeiträume umfassen. Hierbei hat der Außenprüfer die Besteuerungsgrundlagen zugunsten wie zuungunsten des Steuerpflichtigen zu prüfen, § 199 AO. Unter Besteuerungsgrundlagen versteht das Gesetz die tatsächlichen und rechtlichen Verhältnisse, die für die Steuerpflicht und für die Bemessung der Steuer maßgebend sind, ebenfalls § 199 AO.

Die Prüfung beschränkt sich nicht, wie man vielleicht meinen könnte, auf die Einkünfte aus freiberuflicher Tätigkeit, sondern kann auch die sonstigen Einkunftsarten mit erfassen, die Sie eventuell darüber hinaus erfüllen, z.B. also Einkünfte aus Kapitalvermögen, § 20 EStG, oder Vermietung und Verpachtung, § 21 EStG. Nach § 197 Abs.1 S.3 AO ist eine solche Ausdehnung der Prüfung der Sozietät auf die Gesellschafter allerdings auch diesen gegenüber bekannt zu geben.

Grundsätzlich ist für die Außenprüfung das Finanzamt zuständig, das auch die Besteuerung durchführt. Es kann jedoch andere Finanzämter mit der Durchführung beauftragen, § 195 AO.

Die Außenprüfung ist durch schriftliche Prüfungsanordnung[181], die sowohl den Umfang als auch den voraussichtlichen Prüfungsbeginn angibt, dem Steuerpflichtigen bekannt zu machen, §§ 196, 197 AO.

Hiervon kann nur dann abgesehen werden, wenn der Prüfungszweck hierdurch nicht gefährdet wird, § 197 Abs.1 S.1 AO. Werden gewichtige Gründe für eine Verlegung des Termins der Außenprüfung glaubhaft gemacht, so kann der Steuerpflichtige eine solche gemäß § 197 Abs.2 AO beantragen. Um dies zu verhindern, wird der Außenprüfer sein Kommen in der Regel zuvor auch telefonisch ankündigen.

Neben den sich in der AO findenden Rechtsgrundlagen richten sich Inhalt und Ausmaß der Außenprüfung zudem nach der Betriebsprüfungsordnung, BpO. Nach der BpO werden alle Betriebe in vier Größenklassen eingeteilt, nach denen sich in der Regel die Häufigkeit der Außenprüfung richtet. Natürlich müssen Sie in Ihrer Kanzlei – theoretisch – jährlich mit einer Außenprüfung rechnen.

---

[181] Die schriftliche Prüfungsanordnung ist ein Verwaltungsakt im Sinne des § 118 AO.

Die Erfahrung zeigt jedoch, dass Sie, solange Sie nicht in die höchste Klasse[182] einzustufen sind, in etwa alle zehn Jahre geprüft werden.

Bei dem Ablauf der Außenprüfung treffen Sie als Geprüften Mitwirkungspflichten, die Sie zu erfüllen haben. Sie sind normiert in § 200 AO:

Hiernach haben Sie alle nötigen Auskünfte zu erteilen, Aufzeichnungen, Bücher, Geschäftspapiere und andere Urkunden zur Einsicht und Prüfung vorzulegen und die zum Verständnis der Aufzeichnungen erforderlichen Erläuterungen zu geben, § 200 Abs.1 S.2 AO. Sie haben diese Papiere entweder in Ihren Geschäftsräumen, oder wenn ein geeigneter Geschäftsraum nicht zur Verfügung steht, in Ihren Wohnräumen vorzulegen.

In den Räumen des Steuerberaters, wie dies vor der Änderung der BpO möglich war, soll nur noch in Ausnahmefällen geprüft werden. Kann der Steuerpflichtige geeignete Räume nicht zur Verfügung stellen, so soll die Prüfung grundsätzlich im Amt stattfinden.

> **Dies bringt nicht nur eine unnötige Erschwernis dahingehend mit sich, dass bei dem beauftragten Steuerberater jederzeit sachkundige Auskünfte zu erhalten wären und alle Unterlagen zur Verfügung stünden, sondern birgt auch das Risiko, dass durch unbedachte Äußerungen der Angestellten im Büro des Steuerpflichtigen „Leichen im Keller" aufgedeckt werden können. Die Erfahrungen zeigen, dass wesentliche Ergebnisse einer Außenprüfung oft nicht durch die Einsicht von Unterlagen, sondern gerade durch „unverfängliche Gespräche" mit den Angestellten zu Tage gefördert werden. Impfen Sie daher ihre Angestellten ausdrücklich, wenn sich die Außenprüfung angesagt hat.**

---

[182] Die BpO teilt in vier Größenklassen ein: Große, mittlere, kleine und Kleinstbetriebe. Für freie Berufe wird die Einteilung wie folgt vorgenommen (Umsatzerlöse / steuerlicher Gewinn über TDM): Großbetriebe – 6.700/875; Mittelbetrieb – 1.250/200; Kleinbetrieb – 250/48; Kleinstbetrieb – darunter.

> Als Beispiel sei nur die Betriebs- oder Jubiläumsfeier genannt, die mit dem 40. Geburtstag verbunden wird, deren Kosten daher nach § 12 Nr. 1 EStG eigentlich nicht abzugsfähig wären. Wird dies im Gespräch deutlich, hat der Prüfer Ergebnisse gefunden, die aus den Belegen niemals ersichtlich gewesen wären.

Ferner haben Sie dem Außenprüfer für die Durchführung der Prüfung unentgeltlich einen Raum oder Arbeitsplatz mitsamt der erforderlichen Hilfsmittel zur Verfügung zu stellen, § 200 Abs.2 AO.

Das Ergebnis der Außenprüfung ist gemäß § 201 AO in einer Abschlussbesprechung festzuhalten. Hierauf kann nur dann verzichtet werden, wenn Sie damit einverstanden sind, oder wenn die Prüfung keine Änderung der Besteuerungsgrundlagen ergibt.

Bei dieser Abschlussprüfung sollte Ihr Steuerberater, ebenso wie beim erstmaligen Erscheinen des Prüfers, in Ihrer Kanzlei zu Beginn der Außenprüfung anwesend sein. Gerade im Rahmen der Abschlussbesprechung ergeben sich häufig „Vergleiche" hinsichtlich der Anerkennung oder Nichtanerkennung von Betriebsausgaben. Während Ihnen an der einen Stelle Betriebsausgaben aberkannt werden, erklärt sich der Prüfer an anderer Stelle bereit, keine Abzüge vorzunehmen. Hierzu sollte aber der Steuerberater anwesend sein, um dem Außenprüfer kein „zu leichtes Spiel" zu gewähren.

Zudem sollten Sie sich während der gesamten Außenprüfung möglichst kooperativ zeigen und alle Unterlagen geordnet und soweit möglich – und evtl. vertretbar - vollständig vorlegen. Unordnung könnte den Prüfer zu weiter gehenden Prüfungen zu der Suche nach „Leichen im Keller" veranlassen.

Hat sich der Prüfer zur Außenprüfung angemeldet und haben Sie doch einmal vorsätzlich Ausgaben zu Unrecht abgezogen oder Einnahmen nicht erklärt, so ist Ihnen, um einem Steuerstrafverfahren wegen Steuerhinterziehung, §§ 369, 370 AO, zu entgehen, dringend zu einer Selbstanzeige nach § 371 AO zu raten.

(1) Wer in den Fällen des § 370 unrichtige oder unvollständige Angaben bei der Finanzbehörde berichtigt oder ergänzt oder unterlassene Angaben nachholt, wird insoweit straffrei.

(2) Straffreiheit tritt nicht ein, wenn

   1. vor der Berichtigung, Ergänzung oder Nachholung

      a) ein Amtsträger der Finanzbehörde zur steuerlichen Prüfung oder zur Ermittlung einer Steuerstraftat oder einer Steuerordnungswidrigkeit erschienen ist, oder

      b) dem Täter oder seinem Vertreter die Einleitung des Straf- oder Bußgeldverfahrens wegen der Tat bekannt gegeben worden ist, oder

   2. die Tat im Zeitpunkt der Berichtigung, Ergänzung oder Nachholung ganz oder zum Teil bereits entdeckt war und der Täter dies wusste oder bei verständiger Würdigung der Sachlage damit rechnen musste.

(3) Sind Steuerverkürzungen bereits eingetreten oder Steuervorteile erlangt, so tritt für einen an der Tat Beteiligten Straffreiheit nur ein, soweit er die zu seinen Gunsten hinterzogenen Steuern innerhalb der ihm bestimmten angemessenen Frist entrichtet.

Die Nachholung unterlassener Angaben im Sinne des § 371 Abs.1 AO muss so vollständig sein, dass allein aufgrund der nachgeholten Angaben eine Verbescheidung durch das Finanzamt möglich ist.

Wie Sie aus den Absätzen 2 und 3 erkennen können, reicht es ebenfalls nicht aus, wenn Sie es während der Außenprüfung „darauf ankommen" lassen, ob der Prüfer die Schwachstellen findet, und die Berichtigung erst dann vornehmen, wenn der Prüfer ohnehin kurz davor steht, nach den entsprechenden Belegen zu fragen. Hat die Prüfung bereits begonnen oder mussten Sie damit rechnen, dass die Tat bereits entdeckt ist, so kann Straffreiheit nicht mehr eintreten.

An dieser Stelle sollen jedoch die Probleme des Steuerstrafrechts nicht weiter vertieft werden. Der vorliegende Leitfaden soll ermöglichen, eine richtige und vollständige Steuererklärung abzugeben und nicht Lücken oder Schlupflöcher des Steuerstrafrechts aufzeigen.

Die Vorschriften über die Außenprüfung gelten gleichermaßen für die Lohnsteuer. Man spricht insoweit von einer Lohnsteueraußenprüfung. Dies versteht sich eigentlich von selbst, wenn man sich vor Augen führt, dass die Lohnsteuer Teil der Einkommensteuer ist, die der Arbeitgeber nur für Rechnung seines Arbeitnehmers abzuführen hat.[183]

---

[183] Hierzu oben das Kapitel „Die Behandlung von Lohnkosten und Lohnnebenkosten für Arbeitnehmer".

II. Die Umsatzsteuer

1. Allgemeines

Die Umsatzsteuer in ihrer heutigen Form geht auf das erstmalig so bezeichnete Umsatzsteuergesetz vom 26.07.1918 zurück, das von einem Referenten im preußischen Innenministerium, Dr. Popitz, entworfen wurde. Seit dem 01.01.1968 wird in Deutschland die Umsatzsteuer in Form einer Mehrwertsteuer erhoben.[184]

Hiernach wurde das Umsatzsteuerrecht noch einmal wesentlich durch die Angleichung an die 6. EWG Richtlinie zur Harmonisierung der Umsatzsteuern vom 17.05.1977 geändert, die in Deutschland mit Wirkung ab dem 01.01.1980 in Kraft trat. Wesentlichste Rechtsgrundlagen sind das Umsatzsteuergesetz, UStG, die Umsatzsteuerdurchführungsverordnung, UStDV, sowie die Umsatzsteuerrichtlinien der Finanzverwaltung, UStR, die zwar – ebenso wie die ESt- und LSt-Richtlinien – keinerlei Bindungswirkung entfalten, nach denen die Finanzverwaltung aber regelmäßig entscheidet, weil ihnen fast durchgängig die Rechtsprechung des BFH zugrunde liegt. Auch die Richtlinien können daher wertvolle Informationen enthalten, und wertvolles Handwerkszeug des Juristen – nicht nur in der Beratung, sondern auch bei der Bearbeitung eigener steuerlicher Fragen – sein.

Unser heutiges Umsatzsteuergesetz begründet systematisch eine Netto-Allphasen-Umsatzsteuer mit Vorsteuerabzug. Ein Begriff, der bei erstmaligem Lesen wenig Klarheit bringt.

---

[184] Zum Mehrwertsteuersystem sogleich mehr.

Die Steuererklärung des Einzelanwalts und der Anwaltssozietät   167

Wesentlichste Aussage dieses Systems ist, dass die Umsatzsteuer in einer mehrgliedrigen Handelskette grundsätzlich auf jeder Handels- oder Produktionsstufe erhoben, letztlich aber nur der Endverbraucher mit der Umsatzsteuer belastet wird.

Da die Umsatzsteuer auf jeder Handelsstufe erhoben wird, ist es gleichgültig, ob ein Unternehmer an einen anderen Unternehmer Ware liefert, oder ob die Lieferung an den Endverbraucher erfolgt. Auf den Kaufpreis ist in jedem Fall vom Verkäufer Umsatzsteuer zu erheben und an das Finanzamt abzuführen.

Für den Verkäufer der Ware entsteht somit eine Verbindlichkeit gegenüber dem Finanzamt, die zum Ablauf des Umsatzsteuervoranmeldungszeitraumes zu erfüllen ist.[185]

Bsp.:
Elektrohändler B verkauft an Endverbraucher C einen Fernseher für netto 3.000 DM.
C hat die 3.000 DM zuzüglich der gesetzlichen Umsatzsteuer in Höhe von 16 % (§ 12 Abs.1 UStG), also zzgl. 480 DM, gleich 3.480 DM an B zu zahlen.

---

[185] Den Begriff des Voranmeldungszeitraumes kennen Sie bereits: Oben bei der Lohnsteuer ist schon die Lohnsteueranmeldung behandelt worden. Nicht anders verhält es sich bei der Umsatzsteuer auch: Um dem Staat liquide Mittel zu verschaffen, wird die Umsatzsteuer nicht erst zum Jahresende erhoben, sondern zum Ende eines jeden Voranmeldungszeitraumes. Zum Jahresende ist dann eine Umsatzsteuerjahreserklärung abzugeben, in der die gesamte Umsatzsteuerschuld berechnet und mit den geleisteten Zahlungen saldiert wird. Mehr dazu aber unten, bei der Erhebung der Umsatzsteuer.

Die 480 DM Umsatzsteuer hat B in seine Umsatzsteuervoranmeldung aufzunehmen, und bis spätestens 10 Tage nach Ablauf des Umsatzsteuervoranmeldungszeitraumes[186] an das Finanzamt abzuführen, § 18 Abs.1 UStG.

Für Geschäfte mit Endverbrauchern ist das System der Umsatzsteuer klar. Sie soll diesen belasten und wird daher bei Lieferungen an ihn erhoben.

Steuerträger ist damit der Endverbraucher. Steuerschuldner ist jedoch der Unternehmer, da dieser die Umsatzsteuer einzubehalten und abzuführen hat. Bei der Umsatzsteuer handelt es sich demgemäß um eine indirekte Steuer, weil Steuerschuldner und Steuerträger nicht identisch sind.

> Die Begriffe Steuerschuldner und Steuerträger sind nicht identisch. Steuerträger ist, wer mit der Steuer letztlich belastet ist. Steuerschuldner ist, wer die Steuer an das Finanzamt abzuführen hat. Auch die Begriffe Steuerschuldner und Steuerpflichtiger sind nicht identisch. Der Begriff des Steuerpflichtigen geht weiter. Dies ist jeder, den im Zusammenhang mit dem Besteuerungsverfahren irgendwelche Pflichten treffen. Dies können z.B. die Eltern eines Kindes sein, das steuerpflichtige Einnahmen erwirtschaftet (erbt etc.). Diese sind gesetzliche Vertreter des Kindes, §§ 1626 ff. BGB, und für die Erfüllung der Pflichten selbst verantwortlich, §§ 34, 69 AO.

Wie wirkt sich dieses System aber aus, wenn der Unternehmer nicht an einen Endverbraucher liefert, sondern an einen anderen Unternehmer, der die Ware zum Weiterverkauf anschafft?

---

[186] Ob Umsatzsteuervoranmeldungszeitraum das Kalendervierteljahr, so der Grundsatz, oder der Kalendermonat ist, bestimmt sich nach § 18 Abs.2 UStG. Ausnahmsweise kann das Finanzamt von der Verpflichtung zu Umsatzsteuervorauszahlungen und zur Abgabe von Umsatzsteuervoranmeldungen befreien. Mehr dazu aber ebenfalls unten im Kapitel „Erhebung der Umsatzsteuer".

Die Steuererklärung des Einzelanwalts und der Anwaltssozietät

Auch hier – es handelt sich um eine Allphasensteuer, und jetzt wird der Begriff klar – muss der liefernde Unternehmer von dem abnehmenden Unternehmer Umsatzsteuer einbehalten und abführen.

Angenommen, B hat den Fernseher seinerseits für 2.000 DM netto von Großhändler A erworben.

Dann musste B, um den Fernseher zu erhalten, an A 2.000 DM zzgl. 16 % USt = 320 DM, also insgesamt 2.320 DM zahlen. A hat die 320 DM Umsatzsteuer seinerseits in seine Umsatzsteuervoranmeldung aufzunehmen und an das Finanzamt abzuführen.

Muss auch der Unternehmer, der die Ware für sein Unternehmen kauft, Umsatzsteuer zahlen, so fragt sich, wie die Entlastung auf dieser (Zwischen-) Handelsstufe erreicht wird; belastet werden soll ja nur der Endverbraucher.

An dieser Stelle setzt nun das System des sogenannten **Vorsteuerabzuges** nach § 15 UStG ein:

Der Unternehmer, der umsatzsteuerpflichtige Umsätze ausführt, kann die von ihm selbst an Dritte für sein Unternehmen gezahlte Umsatzsteuer bei der Berechnung seiner Umsatzsteuerschuld abziehen und hat dann nur den Differenzbetrag zu überweisen.

> Die selbst auf Umsätze im Rahmen des Betriebes gezahlte Umsatzsteuer wird also als Vorsteuer bezeichnet, und kann grds. in voller Höhe abgezogen werden.

Für unser einfaches Beispiel bedeutet dies, dass Unternehmer B, der 480 DM USt vereinnahmt und selbst 320 DM USt gezahlt hat, im Ergebnis diese beiden Beträge in seine Umsatzsteuervoranmeldung aufzunehmen und dann den Differenzbetrag in Höhe von (480 DM ./. 320 DM =) 160 DM an das Finanzamt abzuführen hat.

Für die an A gezahlte Umsatzsteuer tritt demgemäß eine 100 %-ige Entlastung ein.

Sollte der Betrag der selbst gezahlten Umsatzsteuer einmal höher sein als die vereinnahmte Umsatzsteuer, der Differenzbetrag also negativ werden, so wird die Entlastung dadurch hergestellt, dass der Steuerpflichtige einen Erstattungsanspruch gegenüber dem Fiskus in Höhe der „zu viel" bezahlten Umsatzsteuer hat. Konnte also z.B. B den bei A für 2.000 DM zzgl. 320 DM USt gekauften Fernseher – aus welchen Gründen auch immer – nur für 1.000 DM zzgl. 160 DM USt verkaufen, so erlangt er, nach Abgabe seiner Umsatzsteuervoranmeldung und Zustimmung[187] des Finanzamtes, § 168 AO, einen Erstattungsanspruch gegen das Finanzamt in Höhe von (320 DM ./. 160 DM =) 160 DM.

Der Unternehmer hat die Steuerschuld, die sich aus der Saldierung der vereinnahmten Umsatzsteuer und der verausgabten Vorsteuer ergibt, in seiner Umsatzsteuererklärung daher selbst zu berechnen.[188]

Für Sie als Rechtsanwalt bedeutet dies, dass Sie auf Ihre Honorarforderungen gemäß § 12 UStG 16 % USt zu erheben und an das Finanzamt abzuführen haben. Für die auf Betriebsausgaben anfallende Umsatzsteuer können Sie jedoch den Vorsteuerabzug geltend machen.

---

[187] Zu dem Verfahren bei der Umsatzsteuervoranmeldung später noch einmal genauer.

[188] Zu den sich hieraus ergebenden rechtlichen Konsequenzen, die Ihnen im Kern schon bekannt sind, später noch einmal mehr.

> Sie sind also im Ergebnis mit der Umsatzsteuer, die Sie für betriebliche Ausgaben gezahlt haben, nicht belastet, da Sie genau in dieser Höhe die selbst vereinnahmte Umsatzsteuer, die eigentlich nicht Ihnen, sondern dem Finanzamt gehört, behalten dürfen (Saldierung). Wie Sie später im Kapitel „Vorsteuerabzug" noch sehen werden, kann dies aber natürlich nur für solche Umsätze gelten, die auch im Rahmen des Betriebes erfolgen. Sind Sie persönlich Endverbraucher, kaufen Sie sich also ein Buch für ihre private Bibliothek und nicht für Ihre Kanzlei so können Sie die hierauf entfallenden Vorsteuerbeträge selbstverständlich nicht als solche geltend machen. Entlastet werden sollen nämlich gerade nur die Personen, die Umsatzsteuer auf Beträge gezahlt haben, die Betriebsausgaben sind, also im Rahmen Ihrer beruflichen Betätigung angefallen sind.

2. Umsatzsteuerpflichtige Vorgänge

a) Objektive Umsatzsteuerpflicht

aa) Lieferung und sonstige Leistung

(1) Grundfälle

Gemäß § 1 Abs.1 Nr.1 UStG unterliegen der Umsatzsteuerpflicht Lieferungen und sonstige Leistungen eines Unternehmers im Inland gegen Entgelt. Man sagt, diese Leistungen sind steuerbar.

> Aus der Formulierung des § 1 Abs.1 Nr.1 UStG können Sie entnehmen, dass der Begriff der Leistung der Oberbegriff ist. Er umfasst die Lieferungen und die sonstigen Leistungen.
> Neben der Unterscheidung zwischen diesen beiden Leistungsmodalitäten müssen Sie auch die Begriffe der Steuerbarkeit und der Steuerpflichtigkeit auseinander halten. § 1 Abs.1 UStG nennt die der Umsatzsteuer unterliegenden Umsätze. Er ist überschrieben mit „Steuerbaren Umsätzen".

> Nicht alle Umsätze, die steuerbar sind, sind aber auch steuerpflichtig. Es gibt eine Reihe von Steuerbefreiungen,[189] die dazu führen, dass grundsätzlich zwar steuerbare Umsätze nicht steuerpflichtig sind, Umsatzsteuer also nicht erhoben wird.

Da der Anwalt in der Regel keine Lieferungen, die laut § 3 Abs.1 UStG die Verschaffung der Verfügungsmacht über einen Gegenstand darstellt, ausführen wird, kommt nur der Steuertatbestand der **sonstigen Leistung** in Betracht.

> Die Lieferung muss willentlich auf die Übertragung von Wert, Ertrag und Substanz eines Gegenstandes gerichtet sein. Ist eine Vermögensübertragung unwillentlich geschehen, z.B. ein Gegenstand gestohlen worden, so sind hierfür gezahlte Ersatzleistungen allenfalls als (echter oder unechter) Schadensersatz steuerpflichtig.

Der Begriff der sonstigen Leistung ist in § 3 Abs.9 UStG bestimmt. Alle Leistungen, die nicht Lieferungen sind, sind sog. sonstige Leistungen. Man versteht hierunter jedes Tun, Dulden oder Unterlassen[190], das um des Entgeltes willen erbracht wird. Insbesondere fällt hierunter das Honorar der Selbstständigen, also auch Ihr Anwaltshonorar.

Sonstige Leistungen sind so weit und so lange steuerpflichtig, wie nicht in § 4 UStG eine Steuerbefreiung vorgesehen ist. Diese Umsatzsteuerbefreiungen sind überwiegend Sozialzwecknormen. Durch die Steuerbefreiung wird nicht der Unternehmer, der die Lieferung oder die Leistung ausführt, begünstigt, sondern der Endverbraucher. Dieser ist ja schließlich Träger der Umsatzsteuer.

---

[189] Zu den Steuerbefreiungen nach § 4 UStG sogleich mehr.

[190] Die Definition ist die gleiche, wie sie in § 241 BGB zugrunde gelegt ist.

Den Unternehmer belastet diese nicht. Er erhebt sie zusätzlich zu dem ihm zustehenden Entgelt, was die Lieferung oder Leistung nur für den Endverbraucher verteuert.

Nichtsdestotrotz nehmen viele Unternehmer die Möglichkeit wahr, auf eine Steuerbefreiung nach § 4 UStG zu verzichten. Dies hat dann nämlich die positive Konsequenz, dass diese Unternehmer zum Abzug der Vorsteuer berechtigt sind, also die selbst gezahlte Umsatzsteuer abziehen dürfen. Häufig wird diese Vorgehensweise bei Einkünften aus Vermietung und Verpachtung gewählt, die nach § 4 Nr.12 UStG umsatzsteuerbefreit sind. Auf diese Befreiung kann nach § 9 UStG verzichtet werden. Dann ist auch die Miete, die der Vermieter vereinnahmt – einkommensteuerpflichtig nach § 21 EStG – umsatzsteuerpflichtig. Die Umsatzsteuer ist an das Finanzamt abzuführen. Im Gegenzug wird aber der Vorsteuerabzug für sämtliche Erhaltungsaufwendungen / Herstellungsaufwendungen für das Gebäude eröffnet, was bei umsatzsteuerfreien Umsätzen nicht möglich wäre. Zwingende Voraussetzung des Vorsteuerabzuges ist nämlich gemäß § 15 UStG die Steuerpflichtigkeit der Umsätze im Unternehmen, für das die Vorsteuer gezahlt wird.

Dies ist z.B. der Grund, warum die Leistungen der Ärzte und Zahnärzte umsatzsteuerbefreit sind. Der Endverbraucher soll insoweit nicht härter als nötig belastet werden. Auch hat der Arzt keine Möglichkeit, zur Steuerpflicht zu optieren, um einen Vorsteuerabzug für seine Betriebsausgaben zu erlangen. Die Einkünfte der Rechtsanwälte sind hingegen nicht umsatzsteuerbefreit. *Der Gesetzgeber sah dessen Leistungen anscheinend „nicht als sozial förderungswürdig" an.*

Im Gegensatz zur Lieferung muss die sonstige Leistung nicht immer an einem bestimmten Ort zu einer bestimmten Zeit stattfinden, sondern kann sich, wie bei der sonstigen Leistung eines Rechtsanwaltes üblich, über einen längeren Zeitraum hinziehen.

Es lässt sich daher als Ergebnis festhalten, dass Sie auf jede Ihrer Gebührenrechnungen, die sich aus der BRAGO oder aus Stundensätzen ergeben, Umsatzsteuer aufzuschlagen haben. Die **gesetzlichen Gebühren** verstehen sich daher immer als „**Netto-Gebühren**".

(2) Sonderfälle der sonstigen Leistung

Die oben behandelten Grundfälle der sonstigen Leistung betrafen die Leistungserbringung gegenüber fremden Dritten. Wie aber, wenn Sie z.B. das betriebliche Telefon, das betriebliche Fax oder den betrieblichen Kopierer für eigene – private – Zwecke verwenden? Die Kosten für diese Geräte haben sie umsatzsteuerrechtlich ebenso wie einkommensteuerrechtlich in Ansatz gebracht, das heißt Sie haben die auf diese Kosten entfallende Umsatzsteuer als Vorsteuer abgezogen. Die private Nutzung solcher betrieblich angeschafften Geräte wurde bis zum 31.03.1999 als „Eigenverbrauch" bezeichnet und unterlag als solcher der Umsatzbesteuerung. Der Begriff des Eigenverbrauchs ist durch die Umsatzsteuerreform, die zum 01.04.1999 in Kraft trat, abgelöst worden. Die bezeichneten Vorgänge, nämlich die Lieferung oder sonstige Leistung „an sich selbst" wird nunmehr der Lieferung oder Leistung im Sinne des § 1 Abs.1 Nr.1 UStG gleichgestellt und ist somit originär umsatzsteuerbar.

Gleiches gilt etwa, wenn Sie einen Stapel Kopierpapier für sich privat mit nach Hause nehmen. Es handelt sich hierbei gemäß § 3 Abs.1b Nr.1 UStG um eine gleichgestellte Lieferung, die die Steuerbarkeit auslöst.

§ 3 Abs.1b UStG:

Einer Lieferung gegen Entgelt werden gleichgestellt

1. *die Entnahme eines Gegenstandes durch einen Unternehmer aus seinem Unternehmen für Zwecke, die außerhalb des Unternehmens liegen;*

2. *die unentgeltliche Zuwendung eines Gegenstandes durch einen Unternehmer an sein Personal für dessen privaten Bedarf, sofern keine Aufmerksamkeiten[191] vorliegen;*

3. *jede andere unentgeltliche Zuwendung eines Gegenstandes, ausgenommen Geschenke von geringem Wert und Warenmuster für Zwecke des Unternehmens.*

Voraussetzung ist, dass der Gegenstand oder seine Bestandteile zum vollen oder teilweisen Vorsteuerabzug berechtigt haben.

---

[191] Aufmerksamkeiten sind Zuwendungen des Arbeitgebers, die nach ihrer Art und nach ihrem Wert Geschenken entsprechen, die im gesellschaftlichen Verkehr üblicherweise ausgetauscht werden und zu keiner ins Gewicht fallenden Bereicherung des Arbeitnehmers führen. Zu den Aufmerksamkeiten rechnen danach gelegentliche Sachzuwendungen bis zu einem Wert von 60 DM, z.B. Blumen, Genussmittel, ein Buch oder eine Schallplatte, die dem Arbeitnehmer oder seinen Angehörigen aus Anlass eines besonderen Ereignisses zugewendet werden. Gleiches gilt für Getränke und Genussmittel, die der Arbeitgeber den Arbeitnehmern zum Verzehr im Betrieb unentgeltlich überlässt, sowie für Speisen, die der Arbeitgeber den Arbeitnehmern anlässlich und während eines außergewöhnlichen Arbeitseinsatzes zum Verzehr unentgeltlich überlässt; vgl. BFH BStBl. 1985, II, 641.

> Auch an dieser Stelle erkennen Sie wieder die Bedeutung des Vorsteuerabzuges. Konnten Sie für bestimmte Umsätze die Ihnen hierbei entstandene Umsatzsteuer nicht als Vorsteuer abziehen, so kann auch die Entnahme dieses Gegenstandes keine Umsatzsteuer auslösen, da dies anderenfalls zu einer nicht gewollten Doppelbelastung führen würde. An Stellen wie diesen erschließt sich das System der Umsatzsteuer als Allphasen-Netto-Umsatzsteuer mit Vorsteuerabzug.

Eine vergleichbare Regelung findet sich in § 3 Abs.9a UStG für die den sonstigen Leistungen gleichgestellten Leistungen:

§ 3 Abs.9a UStG:

Einer sonstigen Leistung gegen Entgelt werden gleichgestellt:

1. die Verwendung eines dem Unternehmen zugeordneten Gegenstandes, der zum vollen oder teilweisen Vorsteuerabzug berechtigt, durch einen Unternehmer für Zwecke, die außerhalb des Unternehmens liegen, oder für den privaten Bedarf seines Personals, sofern keine Aufmerksamkeiten vorliegen;

2. die unentgeltliche Erbringung einer anderen sonstigen Leistung durch den Unternehmer für Zwecke, die außerhalb des Unternehmens liegen, oder für den privaten Bedarf seines Personals, sofern keine Aufmerksamkeiten vorliegen; Nummer 1 gilt nicht bei der Verwendung eines Fahrzeugs, bei dessen Anschaffung (...) Vorsteuerbeträge nach § 15 Abs.1b nur zu 50 vom Hundert abziehbar waren[192], oder wenn § 15a Abs.3 Nr.2 Buchstabe a anzuwenden ist.

---

[192] Die einkommen- und umsatzsteuerrechtliche Behandlung von Pkw ist Ihnen jetzt schon an verschiedenen Stellen begegnet. Gerade wegen diesen vielschichtigen Ansatzpunkten sei

Eine der sonstigen Leistung gleichgestellte Leistung wäre z.B. dann anzunehmen, wenn Sie Ihre Doktorarbeit oder den Roman / das Fachbuch ihres Ehegatten durch eine Schreibkraft der Kanzlei tippen lassen. Die Leistung der Schreibkraft für Zwecke außerhalb des Unternehmens[193] ist der sonstigen Leistung gleichzustellen und damit umsatzsteuerpflichtig.

Ein anderer Fall einer der sonstigen Leistung gleichgestellten Leistung ist schon ganz zu Anfang des Buches bei der Behandlung der Definition der Betriebseinnahmen im Sinne des EStG angesprochen worden: Verzichten Sie aus privaten, z.b. freundschaftlichen Gründen auf eine betrieblich begründete Forderung, so erzielen Sie hierdurch einkommensteuerrechtlich Einnahmen, da der BFH davon ausgeht, dass Sie eine im Betriebsvermögen entstandene und befindliche Forderung „entnommen" haben.

Dieser Vorgang löst aber nicht nur einkommensteuerrechtlich Einnahmen aus, sondern führt auch zu einer Leistung im Sinne des § 3 Abs. 9a Nr.2 UStG und ist damit umsatzsteuerpflichtig und umsatzsteuerbar.

---

aber auch hier wieder auf die einheitliche Behandlung bei der Erläuterung des Beispiels - § 4 – III – Rechnung der Sozietät Mustermann und Musterfrau verwiesen. Auch hier nur so viel: Für die private Mitbenutzung eines betrieblich gekauften Pkw müssen Sie seit dem 01.04.1999 grundsätzlich keinen privaten Nutzungsanteil mehr der **Umsatz**steuer unterwerfen.

[193] § 3 Abs.9a UStG nennt als gleichgestellte Leistungen „Leistungen des Unternehmers". Sie könnten jetzt auf den Gedanken kommen, dass die Leistung der Schreibkraft nicht Ihre Leistung ist. Dem ist nicht so. Für die Sozietät liegt das auf der Hand, denn die Sozietät ist Unternehmer im Sinne des UStG, wie Sie gleich – bei der subjektiven Steuerpflicht – sehen werden. Und auch bei dem Einzelanwalt zählt zum Unternehmen die gesamte unternehmerische Betätigung, zu der das Bedienen von Angestellten selbstverständlich auch zu rechnen ist. Anderenfalls dürften Sie auch für Gebührenrechnung von angestellten Rechtsanwälten keine Umsatzsteuer erheben.

Sie haben die auf den Wert der Forderung entfallende Umsatzsteuer abzuführen, obwohl Sie sie nicht vereinnahmt haben.

> Sinn und Zweck dieser Regelung ist es, den Vorsteuerabzug, der auf die Gesamtkosten, die im Rahmen Ihrer unternehmerischen Tätigkeit anfallen, geltend gemacht werden kann, insoweit zu relativieren, als Sie die gegebene Infrastruktur für private Zwecke nutzen. Dieser private Nutzungsanteil darf in die Bemessung der endgültigen Umsatzsteuerschuld, also der Differenz zwischen vereinnahmter Umsatzsteuer und verausgabter Vorsteuer, nicht unberücksichtigt bleiben. Den „Eigenverbrauch" kann man sich also wie eine umsatzsteuerbare und umsatzsteuerpflichtige Lieferung oder sonstige Leistung an sich selbst vorstellen, bei der zwar kein „Cash-flow" stattfindet, der aber so behandelt wird. Hätten Sie in dem entsprechenden Veranlagungszeitraum keine anderen Umsätze getätigt, so hätten Sie allein die auf den (so nicht mehr bezeichneten) „Eigenverbrauch" entfallende Umsatzsteuer abzuführen, obwohl Sie keine Mark (Umsatzsteuer) eingenommen haben.
> Häufig relevant wird die Frage der gleichgestellten Lieferungen und sonstigen Leistungen bei der Behandlung von betrieblich angeschafften Pkw, die dann auch zu privaten Zwecken genutzt werden. Hierzu aber unten bei der Erläuterung der Pkw-Kosten aus unserer Beispiels - § 4 III – Rechnung.

Wie die Berechnung der Umsatzsteuer für die gleichgestellten Lieferungen und sonstigen Leistungen erfolgt, wird unten im Kapitel „Bemessungsgrundlage der Umsatzsteuer" dargestellt.

b) Subjektive Umsatzsteuerpflicht

Ebenso wie bei der Einkommensteuer auch, ist bei der Umsatzsteuer zu fragen, wer umsatzsteuerpflichtig ist. Es sind nämlich nicht die Umsätze aller (juristischen oder natürlichen) Personen steuerbar.

Auch diese Frage wird durch § 1 UStG in Verbindung mit § 2 UStG beantwortet.

§ 1 Abs.1 Nr.1 UStG:

Der Umsatzsteuer unterliegen die folgenden Umsätze:

1. die Lieferungen und sonstigen Leistungen, die ein Unternehmer im Inland gegen Entgelt im Rahmen seines Unternehmens ausführt.

§ 2 Abs.1 UStG:

Unternehmer ist, wer eine gewerbliche oder berufliche Tätigkeit selbstständig ausübt. Das Unternehmen umfasst die gesamte gewerbliche oder berufliche Tätigkeit des Unternehmers. Gewerblich oder beruflich ist jede nachhaltige Tätigkeit zur Erzielung von Einnahmen, auch wenn die Absicht, Gewinn zu erzielen, fehlt oder eine Personenvereinigung nur gegenüber ihren Mitgliedern tätig wird.

Der Umsatzsteuer unterliegen nur Unternehmer im Sinne des § 2 UStG, die einen Umsatzsteuertatbestand im Sinne des § 1 UStG für ihr Unternehmen ausführen.

Neben der oben zitierten Nr.1 enthält § 1 UStG eine Reihe weiterer Umsatzsteuertatbestände. Diese sind aber in aller Regel für die Umsatzsteuerpflicht des Rechtsanwalts irrelevant.

> Das gesamte UStG ist natürlich sehr viel vielschichtiger, als es hier dargestellt werden kann. Ihnen soll nur das nötigste Handwerkszeug an die Hand gelegt werden, um Ihre persönliche Umsatzsteuererklärung abgeben zu können. Nicht umsonst sind ganze Bücher nur über die Umsatzsteuer geschrieben worden.
> Aus dem Zitat des § 2 UStG müsste Ihnen ein Unterschied zum EStG aufgefallen sein. Die Definition der gewerblichen Tätigkeit des § 15 Abs.2 EStG stellte zur Begründung der Steuerbarkeit auf die „Absicht Gewinn zu erzielen" ab, während nach § 2 UStG für die Begründung der Unternehmereigenschaft die Absicht, Einnahmen zu erzielen, ausreicht. Die Einnahmeerzielungsabsicht ist gegenüber der Gewinnerzielungsabsicht ein weniger, so dass die Unternehmereigenschaft und damit die Umsatzsteuerpflicht auch dann bejaht werden kann, wenn eine Einkommensteuerpflicht nicht besteht.

Unternehmer im Sinne des UStG ist jedes Subjekt, das die in § 2 UStG genannten Voraussetzungen erfüllt. Hieraus folgt, dass in der Anwaltssozietät nicht jeder Anwalt für sich Unternehmer ist und eine eigene Umsatzsteuererklärung und Umsatzsteuervoranmeldung abzugeben hat, sondern dass die Sozietät, also die GbR oder die Partnerschaftsgesellschaft Subjekt der Umsatzsteuer ist. Anders als Sie dies aus dem **EStG** kennen, ist Ihre Rechtsanwalts GbR also rechtsfähig im Sinne des UStG.

> Dies hat zur *wichtigen* Konsequenz, dass im Rahmen des Vorsteuerabzuges nur solche Beträge abgezogen werden können, für die die Gesellschaft in der Rechnung als Empfänger/Rechnungsadressat[194] bezeichnet ist.

---

[194] Im Kapitel über den Vorsteuerabzug werden Sie noch sehen, dass das Vorliegen einer ordnungsgemäßen Rechnung im Sinne der §§ 14 f. UStG i.V.m. § 33 UStDV zwingende Voraussetzung für den Vorsteuerabzug ist. Von daher ist auf die richtige Empfängerangabe auf der Rechnung gesteigerter Wert zu legen.

> **Ist die Gesellschaft Schuldner der Umsatzsteuer, so kann sie auch nur auf sie lautende Vorsteuerbeträge abziehen. Lassen Sie die Rechnungen –wenn Sie Sozius einer Kanzlei sind – also niemals auf sich persönlich ausstellen. Sie begeben sich damit dem Vorsteuerabzug.**

Als Zwischenergebnis ist festzuhalten, dass der Einzelanwalt oder die Sozietät „Unternehmer" im Sinne des UStG ist und sonstige Leistungen im Sinne des § 1 Abs.1 Nr.1 UStG in Verbindung mit § 3 Abs.9, 9a UStG ausführen, deren Umsätze damit umsatzsteuerbar und mangels einer Befreiungsvorschrift auch umsatzsteuerpflichtig sind.

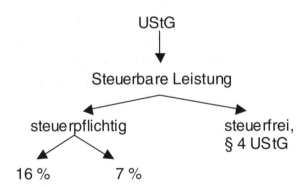

3. Bemessungsgrundlage der Umsatzsteuer

Gemäß § 1 Abs.1 UStG unterliegen der Umsatzsteuer die dort genannten Umsätze.

Der in § 12 UStG genannte Steuersatz – in der Regel 16 %, ausnahmsweise 7 % - ist also von dem steuerpflichtigen und steuerbaren Umsatz zu erheben.

Wie der Umsatz bemessen wird, bestimmt § 10 UStG:

(1) Der Umsatz wird bei Lieferungen und sonstigen Leistungen (§ 1 Abs.1 Nr.1 Satz 1) und bei (...) nach dem Entgelt bemessen.

Entgelt ist alles, was der Leistungsempfänger aufwendet, um die Leistung zu erhalten, jedoch abzüglich der Umsatzsteuer. Zum Entgelt gehört auch, was ein anderer als der Leistungsempfänger dem Unternehmer für die Leistung gewährt. (...) Die Beträge, die der Unternehmer im Namen und für Rechnung eines anderen vereinnahmt und verausgabt (durchlaufende Posten), gehören nicht zum Entgelt.

(4) Der Umsatz wird bemessen

1. bei (...) Lieferungen im Sinne des § 3 Abs.1b nach dem Einkaufspreis zuzüglich der Nebenkosten für den Gegenstand oder für einen gleichartigen Gegenstand oder mangels eines Einkaufspreises nach den Selbstkosten, jeweils zum Zeitpunkt des Umsatzes;

2. *bei sonstigen Leistungen im Sinne des § 3 Abs.9a Nr.1 nach den bei der Ausführung dieser Umsätze entstandenen Kosten, soweit sie zum vollen oder teilweisen Vorsteuerabzug berechtigt haben;*

3. *bei sonstigen Leistungen im Sinne des § 3 Abs.9a Nr.2 nach den bei der Ausführung dieser Umsätze entstandenen Kosten.*

Die Umsatzsteuer gehört nicht zur Bemessungsgrundlage.

Die 16 % Umsatzsteuer (bzw. in den in § 12 Abs.2 UStG genannten Fällen 7 %) wird also vom Netto-Entgelt berechnet, das der Empfänger der Leistung aufwenden muss, um die Leistung zu erhalten. Für Ihr Anwaltshonorar bedeutet dies, dass Sie das Honorar berechnen, wie Sie dies nach BRAGO zu tun haben. Auf die sich aus der BRAGO ergebende Summe erheben Sie dann 16 % Umsatzsteuer. Der sich aus der BRAGO ergebende Gebührenwert ist daher immer ein Nettowert.

Aus der Formulierung „Entgelt ist alles, was der Empfänger aufwendet, um den Gegenstand zu erwerben", können Sie entnehmen, dass es sich bei dem Entgelt im Sinne des § 10 UStG nicht um Geld handeln muss. Entgelt kann daher durchaus auch in Sachleistungen bestehen.

Ähnlich wie im EStG ist also auch die Zahlung des Anwaltshonorars in Sachleistungen der Umsatzsteuer zu unterwerfen. Werden Sie also z.B. von einem Künstler mit einem Bild bezahlt, so ist dessen Wert die Bemessungsgrundlage für die Umsatzsteuer.

Ist Ihr Mandant in einer privaten Angelegenheit bei Ihnen, so ist er mit den 16 % Umsatzsteuer endgültig belastet. Ist das Mandat unternehmerisch veranlasst, so kann der Mandant die in der Rechnung enthaltene Umsatzsteuer bei seiner eigenen Umsatzsteuervoranmeldung wieder als Vorsteuer abziehen. Er ist letztlich nicht belastet, was dem System entspricht. Eine Belastung soll nur auf Seiten des Endverbrauchers eintreten.

> Endverbraucher heißt hier nicht, dass die Leistung, so wie sie empfangen wurde, weitergegeben werden muss. Dies wäre bei einer anwaltlichen Leistung, insbesondere einer Prozessvertretung, nur schwer möglich. Endverbraucher heißt, dass die Leistung nicht für unternehmerische Zwecke empfangen wird. Der Unternehmer aber, der im Rahmen seiner unternehmerischen Betätigung auf die Inanspruchnahme eines Anwalts angewiesen ist, nimmt die Dienstleistung nicht für private Zwecke in Anspruch. Ein Vorsteuerabzug wird deshalb gewährt.

Bei den der Lieferung und der sonstigen Leistung gleichgestellten Leistungen ist kein Entgelt vorhanden, das dem Unternehmer für die Überlassung des Gegenstandes oder der sonstigen Leistung gezahlt wird. Nach § 10 Abs.4 Nr.1 UStG bestimmt sich die Bemessungsgrundlage dann für den Lieferungen gleichgestellte Leistungen nach dem Einkaufspreis des überlassenen Gegenstandes. Ist ein solcher nicht vorhanden, so sind die Selbstkosten maßgeblich.

Nehmen Sie also etwa einen Stapel Kopierpapier, für das Sie 4,95 DM netto gezahlt haben mit nach Hause, so löst dies eine Umsatzsteuerschuld nach §§ 1 Abs.1 Nr.1, 3 Abs.1b Nr.1, 10 Abs.4 Nr.1, 12 Abs.1 UStG in Höhe von (4,95 x 16 % =) 0,79 DM aus.

> Bei dem Kopierpapierbeispiel scheint dies trivial zu sein. Ganz anders sieht dies aber dann aus, wenn Sie nicht Papier, sondern z.B. einen Computer, ein Klimagerät oder sonst einen teureren Gegenstand aus dem Büro mit nach Hause nehmen. Betragen die Anschaffungskosten z.B. nicht 4,95 DM, sondern 4.950 DM, dann beträgt die Umsatzsteuer, die Sie dem Finanzamt schulden, ohne selbst Geld eingenommen zu haben, 792 DM. Mehrere solcher Entnahmen können dann durchaus zu Buche schlagen.

Für die Benutzung eines Gegenstandes des Unternehmens für Zwecke außerhalb des Unternehmens bestimmt sich die Bemessungsgrundlage für die Umsatzsteuer nach § 10 abs.2 Nr.2 UStG.

Maßgeblich sind die auf den Gebrauch entfallenden Kosten. Voraussetzung ist aber, dass sie zum vollen oder teilweisen Vorsteuerabzug berechtigt haben.

Drucken Sie das durch die Kanzleikraft getippte Werk ihres Ehegatten also z.B. auf dem Drucker der Kanzlei aus, so sind die Kosten für diese Ausdrucke umsatzsteuerpflichtig und umsatzsteuerbar, da die Kosten für den Drucker und dessen Betriebsaufwendungen zum vollen Vorsteuerabzug berechtigen.

Für die Leistung der Schreibkraft, die das Manuskript getippt hat, sind ebenfalls die hierbei angefallenen Kosten der Umsatzsteuer zu unterwerfen. Hat die Schreibkraft also z.B. zwei volle Arbeitstage an dem Manuskript geschrieben, so ist der auf zwei Tage entfallende Anteil des Monatsgehalts als Bemessungsgrundlage für die Umsatzsteuer heranzuziehen.

Eine Regelung für die letztgenannte Alternative – es handelt sich um Fälle des § 3 Abs. 9a Nr.2 UStG – findet sich, wie gesehen, in § 10 Abs.4 Nr.3 UStG.

Dass die entstandenen Kosten hierbei zum Vorsteuerabzug berechtigt haben, ist nicht notwendig. Dies ist nur konsequent, da es sich gerade um Leistungen handelt, die nicht in der Überlassung oder dem Gebrauch von unternehmerisch angeschafften Gegenständen handelt. Die an Angestellte gezahlten Gehälter sind aber nicht umsatzsteuerpflichtig.[195] Ein Vorsteuerabzug kommt hierbei also nie in Betracht, was die Eigenverbrauchsbesteuerung ausschließen würde.

4. Der Vorsteuerabzug

Wiederholt war bisher die Rede vom sogenannten Vorsteuerabzug. Worum es hierbei geht, ist in den Grundzügen bereits erläutert worden. Der Unternehmer kann die für sein Unternehmen gezahlte Umsatzsteuer gegenüber dem Finanzamt von der durch ihn vereinnahmten Umsatzsteuer abziehen. In Höhe der Vorsteuerbeträge ergibt sich daher ein „Guthaben" des Steuerpflichtigen beim Finanzamt.

a) Allgemeines

Der Vorsteuerabzug ist geregelt in § 15 UStG.

---

[195] Warum dies nicht so ist, sollte Ihnen schon bekannt sein: Der Umsatzsteuer unterliegen Leistungen von Unternehmern. Unternehmer ist, wer eine gewerbliche oder berufliche Tätigkeit selbstständig ausübt, § 2 Abs.1 UStG. Bei Angestellten fehlt es an diesem Merkmal der Selbstständigkeit, so dass diese auf das an sie gezahlte Gehalt keine Umsatzsteuer zu erheben haben.

§ 15 Abs.1 Nr.1 UStG:

Der Unternehmer kann die folgenden Vorsteuerbeträge abziehen:

1. *die in Rechnungen im Sinne des § 14 gesondert ausgewiesene Steuer für Lieferungen oder sonstige Leistungen, die von anderen Unternehmern für sein Unternehmen ausgeführt worden sind. Soweit der gesondert ausgewiesene Steuerbetrag auf eine Zahlung vor Ausführung dieser Umsätze entfällt, ist er bereits abziehbar, wenn die Rechnung vorliegt und die Zahlung geleistet worden ist;*

(...)

Die Voraussetzungen des Vorsteuerabzuges gehen aus der Regelung des § 15 Abs.1 Nr.1 UStG deutlich hervor:

Zunächst ist nur ein Unternehmer zum Vorsteuerabzug berechtigt. Unternehmer in diesem Sinne ist ein solcher im Sinne des § 2 UStG. Hierdurch wird sichergestellt, dass nur zum Vorsteuerabzug berechtigt ist, wer auch selbst verpflichtet ist, auf die von ihm ausgeführten Leistungen Umsatzsteuer zu erheben. Privatpersonen sind daher nicht zum Vorsteuerabzug berechtigt.

Weiterhin ist Voraussetzung, dass die Lieferung, für die Vorsteuer geltend gemacht wird, von einem anderen Unternehmer ausgeführt wurde. Die Regelung gewährleistet, dass keine Vorsteuerbeträge geltend gemacht werden, wo nicht tatsächlich auch Umsatzsteuer einbehalten wird.

Ein Unternehmer, der Leistungen ausführt, ist verpflichtet, Umsatzsteuer zu erheben. Wo keine Umsatzsteuer erhoben wird, kann auch kein Vorsteuerabzug stattfinden.

Eigentlich keiner Erwähnung bedürfte die Tatsache, dass die Vorsteuer natürlich immer nur mit dem Steuersatz abgezogen werden darf, der auch gezahlt wurde. Nach § 12 Abs.1 UStG beträgt der regelmäßige Steuersatz 16 %. Dieser gilt auch für ihr Anwaltshonorar. Das Gesetz sieht allerdings – wie bereits mehrfach erwähnt – in § 12 Abs.2 UStG auch einen ermäßigten Steuersatz von 7 % vor. Wann dieser anzuwenden ist, bestimmt § 12 Abs.2 UStG in Verbindung mit der Anlage zum UStG, die in der Beck´schen Textsammlung „Steuergesetze" hinter dem UStG abgedruckt ist.

Ein für Sie wichtiger Fall des ermäßigten Steuersatzes von 7 % ist der Kauf von Büchern.

Die Lieferung von Büchern, Zeitschriften und anderen graphischen Erzeugnissen unterliegt gemäß Nr.49 der Anlage nur einem Steuersatz von 7 %. Nur dieser kann dann natürlich auch als Vorsteuer geltend gemacht werden.

Nächste Voraussetzung ist, dass die Leistung für das Unternehmen des Empfängers ausgeführt wird. Auch wenn Sie als Anwalt ein Unternehmen im Sinne des § 2 UStG führen, ist der private Lebensmittelkauf nicht für das Unternehmen ausgeführt. Sie können die in dem Kaufpreis für die Lebensmittel enthaltene Umsatzsteuer (gemäß § 12 Abs.2 UStG i.V.m. der Anlage zum UStG 7 %) nicht als Vorsteuer abziehen. Hierdurch kommt wieder zum Ausdruck, dass mit der Umsatzsteuer der Endverbraucher belastet werden soll. Auch Unternehmer können Endverbraucher sein. Sie sind dies in der Regel dann, wenn sie nicht für ihr Unternehmen einkaufen.

Gemäß § 15 Abs.2 UStG ist der Vorsteuerabzug für solche Leistungen ausgeschlossen, die der Unternehmer zur Ausführung von umsatzsteuerfreien Umsätzen verwendet, § 15 Abs.2 Nr.1 UStG.

Ein Arzt z.B. kann für die von ihm getätigten Einkäufe und Aufwendungen für seine Praxis keinen Vorsteuerabzug geltend machen. Die Leistungen eines Arztes sind gemäß § 4 Nr.14 UStG von der Umsatzsteuer befreit. Nach § 15 Abs.2 Nr.1 UStG soll dann aber auch kein Vorsteuerabzug geltend gemacht werden können, da dies in jedem Voranmeldungszeitraum wieder zu einem Erstattungsanspruch führen würde. Etwas plakativ ausgedrückt lässt sich sagen, dass derjenige, der keine Umsatzsteuer abzuführen hat, auch keine Umsatzsteuer abziehen darf.

Ganz entsprechend gilt dies auch für Sie, wenn Sie z.B. Vermietungsumsätze tätigen. Haben Sie also z.B. die in Ihrem Eigentum stehenden Kanzleiräume an die Sozietät vermietet, so sind diese Vermietungsumsätze nach § 4 Nr.12 UStG umsatzsteuerfrei. Die mit dem Gebäude in Zusammenhang stehenden Aufwendungen können daher nicht als Vorsteuer abgezogen werden, § 15 Abs.2 Nr.1 UStG.

Für die Fälle der Vermietung, also des § 4 Nr.12 UStG[196], gilt es allerdings eine Besonderheit zu beachten:

Gemäß § 9 Abs.1 UStG kann der Vermieter, der ja unstreitig unter die Definition des § 2 UStG fällt, also Unternehmer ist, der eine sonstige Leistung im Sinne der §§ 1 Abs.1 Nr.1, 3 Abs.9 UStG ausführt[197], zur Umsatzsteuer optieren.

---

[196] Ebenso für § 4 Nr.8 Buchstabe a bis g und k, Nr.9 Buchstabe a, Nr.13, 19.

[197] Hier sehen Sie wieder den Unterschied zwischen der Steuerbarkeit von Umsätzen und der

Unter dieser Option ist der Verzicht auf die Steuerbefreiung des § 4 UStG zu verstehen. Dadurch wird der getätigte Umsatz steuerpflichtig und der Vermieter (Unternehmer) ist verpflichtet, auf die Miete Umsatzsteuer zu erheben und abzuführen.

Diese Option ist allerdings nur dann zulässig, wenn der Umsatz an einen anderen Unternehmer für dessen Unternehmen ausgeführt wird.

In den Fällen des § 4 Nr.9 und Nr.12 UStG, also auch in den Fällen der Grundstücksvermietung, ist gemäß § 9 Abs.2 UStG zudem Voraussetzung, dass der Empfänger der Leistung (der Mieter) das Grundstück ausschließlich für Umsätze verwendet oder zu verwenden beabsichtigt, die den Vorsteuerabzug nicht ausschließen.

Hierdurch wird sichergestellt, dass die sozialpolitische Zwecksetzung der Steuerbefreiungen des § 4 UStG nicht unterlaufen wird. Kann die Option zur Steuerpflicht nur ausgeübt werden, wenn an einen Unternehmer vermietet wird, der das Grundstück seinerseits ausschließlich zu steuerbaren und steuerpflichtigen Umsätzen verwendet, so kann er die auf die Miete entfallende Umsatzsteuer seinerseits wieder als Vorsteuer abziehen. Der Mieter ist mit der Umsatzsteuer daher nicht belastet, wodurch die gleiche Rechtsfolge erreicht wird, als wenn die Steuerbefreiung durchgehalten worden wäre. Der Unternehmer ist an die Option zur Umsatzsteuer bei Grundstücken 10 Jahre lang gebunden, da anderenfalls die Korrektur des Vorsteuerabzuges nach § 15a Abs.1 S.2 UStG eingreift.

Steuerpflichtigkeit. Ein Umsatz ist steuerbar, wenn er von einem Unternehmer im Sinne des § 2 UStG ausgeführt wird und eines der Tatbestandsmerkmale des § 1 UStG erfüllt. Steuerpflichtig ist der Umsatz hingegen nur dann, wenn keine Steuerbefreiung des § 4 UStG greift. § 9 UStG gibt nun die Möglichkeit, auf die Steuerbefreiung des § 4 UStG zu verzichten, mit der Folge, dass der steuerbare Umsatz auch steuerpflichtig wird.

b) Eingangsrechnungen und Ausgangsrechnungen

Die Rechnungen, die Sie Ihren Mandanten stellen, und in denen Sie Ihr Anwaltshonorar zuzüglich 16 % USt fordern, nennt man **Ausgangsrechnungen.** In diesen Rechnungen müssen Sie nach Maßgabe der BRAGO angeben, auf welcher rechtlichen Grundlage Sie die Rechnung erhoben haben. Ferner müssen anrechenbare Beträge, wie z.b. Vorauszahlungen, ausgewiesen sein. Da Sie auch auf die von Ihnen erhobenen Vorschüsse Umsatzsteuer zu erheben haben, muss eine solche Teilzahlung der Gesamtumsatzsteuerschuld ebenfalls – zusammen mit dem Vorschuss – auf der Rechnung ausgewiesen werden.

Eine vollständige und korrekte Rechnung sieht daher wie folgt aus:

Herrn 11/5/2000
Alfred Mustermandant
Friedenstr. 7
97072 Würzburg

Kostennote
in Sachen Mustermandant ./. Gegner
243/00 Hö

Sehr geehrter Herr Mustermandant,

für unsere Bemühungen in oben bezeichneter Angelegenheit
erlauben wir uns folgende Kosten abzurechnen.

Gebühr	Streitwert	Faktor	Betrag
Prozessgebühr § 31 Abs.1 Nr.1 BRAGO	3.100,00	10/10	265,00 DM
Verhandlungsgebühr § 31 Abs.1 Nr.2 BRAGO	3.100,00	10/10	265,00 DM
Beweisgebühr § 31 Abs.1 Nr.3 BRAGO	3.100,00	10/10	265,00 DM
Vergleichsgebühr § 23 BRAGO	3.100,00	10/10	265,00 DM
Pauschale Postauslagen § 26 BRAGO			40,00 DM
Fotokopien § 27 BRAGO	Anzahl: 25		25,00 DM

Zwischensumme:		**1.125,00 DM**
MwSt	16%	180,00 DM
verauslagte Gerichtskosten		435,00 DM
Summe		1.740,00 DM
abzüglich Vorschüsse netto		./. 500,00 DM
MwSt auf Vorschüsse		./. 80,00 DM
Endbetrag		**1.160,00 DM**
Darin enthaltene MwSt		160,00 DM
Endbetrag in □ (brutto)		**€ 593,10**

Rechnungen, die nicht den Anforderungen an eine ordnungsgemäße Rechnungslegung entsprechen, können vom Mandanten angefochten werden. Sie sollten daher stets darauf achten, dass Sie ordnungsgemäße Ausgangsrechnungen stellen, um diesen Problemen zu entgehen. Die meisten Anwaltsprogramme sehen Formvordrucke für Ausgangsrechnungen vor und sind häufig auch mit einer Plausibilitätsprüfung die Gebührenhöhe betreffend kombiniert.

Hierauf sollten Sie beim Kauf einer Anwaltssoftware auch achten, da dies erhebliche Vorteile bringt. Außerdem kann wichtig werden, dass das Programm eine Schnittstelle für die DATEV-Software besitzt, da dies das von nahezu allen Steuerberatern verwendete Programm ist. Sollten Sie irgendwann expandieren und sich mit einem Steuerberater assoziieren, so erspart der weitsichtige Kauf eine Umstellung der gesamten Software im Büro.

Den Ausgangsrechnungen stehen die sogenannten **Eingangsrechnungen** gegenüber. So werden Rechnungen bezeichnet, die Ihnen im Rahmen Ihrer Kanzlei gestellt werden.

Hierbei kann es sich um Rechnungen für die Anschaffung von Büromaterial, Literatur, Telefon etc. handeln.

Wie Sie aus der Regelung des § 15 Abs.1 Nr.1 UStG ersehen können, ist das Vorliegen einer ordnungsgemäßen Rechnung im Sinne des § 14 UStG zwingende Voraussetzung für den Vorsteuerabzug.[198] Dies bedeutet im Klartext, dass Sie nur solche Vorsteuerbeträge abziehen können, die einer Rechnung des liefernden Unternehmers ausdrücklich aufgeführt sind.

§ 14 UStG, der die Anforderungen an eine ordnungsgemäße Rechnung im Sinne des UStG normiert, stellt an eine Rechnung folgende Anforderungen:

---

[198] Dies stellt R 192 Abs.4 UStR auch noch einmal ausdrücklich klar.

(1) *Führt der Unternehmer steuerpflichtige Lieferungen oder sonstige Leistungen nach § 1 Abs.1 Nr.1 aus, so ist er berechtigt und, soweit er die Umsätze an einen anderen Unternehmer für dessen Unternehmen ausführt, auf Verlangen des anderen verpflichtet, Rechnungen auszustellen, in denen die Steuer gesondert ausgewiesen ist. Diese Rechnungen müssen die folgenden Angaben enthalten:*

1. *den Namen und die Anschrift des leistenden Unternehmers*

2. *den Namen und die Anschrift des Leistungsempfängers,*

3. *die Menge und die handelsübliche Bezeichnung des Gegenstandes der Lieferung oder die Art und den Umfang der sonstigen Leistung,*

4. *den Zeitpunkt der Lieferung oder der sonstigen Leistung,*

5. *das Entgelt für die Lieferung oder sonstige Leistung (§ 10) und*

6. *den auf das Entgelt (Nummer 5) entfallenden Steuerbetrag.*

(...)

(4) Rechnung ist jede Urkunde, mit der ein Unternehmer oder in seinem Auftrag ein Dritter über eine Lieferung oder sonstige Leistung gegenüber dem Leistungsempfänger abrechnet, gleichgültig, wie diese Urkunde im Geschäftsverkehr bezeichnet wird.

Sowohl für Eingangs- als auch für Ausgangsrechnungen ist also wichtig, dass neben dem Absender und dem Empfänger auch die Art der Leistung

Die Steuererklärung des Einzelanwalts und der Anwaltssozietät

und vor allem das Entgelt mit gesondert ausgewiesener Umsatzsteuer[199] angegeben wird. Es reicht daher nicht aus, wenn nur der Bruttobetrag genannt wird. Es muss der Steuerbetrag und der Steuersatz angegeben sein.

> Fehlt eine dieser Angaben, so handelt es sich nicht um eine Rechnung im Sinne des § 14 UStG und die – tatsächlich – enthaltene Umsatzsteuer kann nicht abgezogen werden, da nach § 15 Abs.1 Nr.1 UStG das Vorliegen einer Rechnung im Sinne des § 14 UStG zwingende Voraussetzung für den Vorsteuerabzug ist.

Hier sei noch einmal wiederholt, dass es für Sie auch entscheidend wichtig ist, sollten Sie in einer Sozietät tätig sein, dass Eingangsrechnungen immer auf die Sozietät lauten, § 14 Abs.1 Nr.2 UStG. Die Sozietät ist der Unternehmer im Sinne des UStG, der die vereinnahmte Umsatzsteuer schuldet. Nur auf sie entfallende Vorsteuerbeträge können hierbei berücksichtigt werden. Dazu ist aber auch erforderlich, dass die Rechnung den Namen und die Anschrift des leistungsempfangenden Unternehmers trägt.

Bei der Durchsicht Ihrer Rechnungen werden Sie nun vielleicht feststellen, dass einige Rechnungen den Steuerbetrag nicht gesondert ausweisen, sondern nur den Bruttobetrag unter Angabe des darin enthaltenen Steuersatzes.

Eine solche vereinfachte Rechnungsstellung ist durch die UStDV kraft der Ermächtigung in § 14 Abs.6 UStG für sogenannte Kleinbetragsrechnungen zugelassen.

---

[199] Es reicht daher nicht, dass die Gesamtsumme angegeben wird. Die Rechnung muss den Nettobetrag, den USt-Betrag und die Gesamtsumme enthalten. Dies gilt auch für die von Ihnen gestellten (Ausgangs-) Rechnungen; vgl. R 192 Abs.4 UStR.

§ 33 UStDV:

Rechnungen, deren Gesamtbetrag 200 Deutsche Mark nicht übersteigt, müssen mindestens folgende Angaben enthalten:

1. den Namen und die Anschrift des leistenden Unternehmers,

2. die Menge und die handelsübliche Bezeichnung des Gegenstandes der Lieferung oder die Art und den Umfang der sonstigen Leistung,

3. das Entgelt und den Steuerbetrag für die Lieferung oder sonstige Leistung in einer Summe,

4. den Steuersatz.

Bei solchen Kleinbetragsrechnungen ist in Vereinfachung zu § 14 UStG ein Vorsteuerabzug also auch dann möglich, wenn die Angabe des Empfängers und der gesonderte Ausweis des Umsatzsteuerbetrages sowie des Zeitpunktes der Leistung fehlen.

§ 35 Abs.1 UStDV gestattet den Vorsteuerabzug ausdrücklich, wenn der Rechnungsbetrag durch den Steuerpflichtigen in Entgelt und Vorsteuerbetrag aufgeteilt wird.

Solche Kleinbetragsrechnungen werden Ihnen regelmäßig beim Buchkauf oder bei Bewirtungsrechnungen begegnen.

Die Ermittlung des in dem Gesamtbetrag enthaltenen Umsatzsteueranteiles erfordert keine herausragende mathematische Begabung:

Die Steuererklärung des Einzelanwalts und der Anwaltssozietät 197

Es ist der Rechnungsbetrag durch die Zahl 1,16 (bei einem Steuersatz von 16 %) und durch die Zahl 1,07 (bei einem Steuersatz von 7 %) zu dividieren, um den Nettozahlbetrag zu erhalten. Die Differenz aus dem Brutto- und dem Nettobetrag ist dann der enthaltende Umsatzsteuerbetrag.

Haben Sie also z.B. Büromaterial für 174,- DM erworben und hierfür eine Rechnung im Sinne des § 33 UStDV erhalten, so gestattet Ihnen § 35 UStDV den Vorsteuerabzug, wenn Sie den Betrag in Entgelt und Steuerbetrag aufteilen.

Es ergibt sich ein Nettoentgelt von

174,- : 1,16 = 150 DM.

Hieraus folgt ein Umsatzsteuerbetrag von

174,- ./. 150,- = 24,-

Sie können daher aus dieser Rechnung einen Vorsteuerbetrag von 24,- DM zum Abzug bringen.[200]

Handelt es sich bei der gekauften Ware nicht um Büromaterial, sondern um Bücher, deren Lieferung nur einem Steuersatz von 7 % unterliegt, dann sieht die Rechnung wie folgt aus:

Das Nettoentgelt beträgt

174,- : 1,07 = 162, 65.

Hieraus folgt ein Umsatzsteuerbetrag von

174,- ./. 162, 65 = 11,35.

Sie können aus dieser Rechnung einen Vorsteuerbetrag von 11,35 DM in Abzug bringen.

---

[200] Einen anderen Rechenweg stellt bei dem selben Zahlenbeispiel R 194 Abs.2 UStR dar.

c) Die 10 % - Grenze des § 15 Abs.1 S.2 UStG

Soeben haben Sie gesehen, dass ein Vorsteuerabzug nur dann möglich ist, wenn die Leistung von einem Unternehmen an Sie als Unternehmer für Ihr Unternehmen ausgeführt wird.

§ 15 Abs.1 S.2 UStG enthält nun eine unwiderlegliche gesetzliche Vermutung dahingehend, dass eine Lieferung dann nicht als für das Unternehmen ausgeführt gilt, wenn der Unternehmer den Gegenstand zu weniger als 10 % betrieblich nutzt.

Diese Regelung kann man nur dann verstehen, wenn man weiß, dass grundsätzlich ein Wahlrecht besteht, ob ein Gegenstand dem unternehmerischen Bereich zugeordnet wird oder nicht. Natürlich kann auch nur Vorsteuer in Höhe des unternehmerischen Nutzungsanteils abgezogen werden. Der Gegenstand als solcher bleibt aber dem Unternehmen zugeordnet.

Dieses Wahlrecht wird durch § 15 Abs.1 S.2 UStG eingeschränkt. Nutzen Sie einen Gegenstand also zu weniger als 10 % betrieblich, so können Sie überhaupt keinen Vorsteuerabzug geltend machen. Eine Aufteilung kann nicht mehr stattfinden, da der Gegenstand als nicht für das Unternehmen geliefert gilt. Ist ein Gegenstand aber nicht für das Unternehmen geliefert, so kann ein Vorsteuerabzug auch für den tatsächlich unternehmerisch veranlassten Nutzungsanteil nach § 15 Abs.1 S.1 UStG nicht in Betracht kommen.

d) Sonstige Abzugsverbote

§ 15 Abs.1a UStG enthält darüber hinaus noch weitere Vorsteuerabzugsverbote. So sind Vorsteuern, die auf Aufwendungen im Sinne des § 4 Abs.5 Satz 1 Nr.1 bis 4, 7, Abs.7 oder des § 12 Nr.1 EStG[201] entfallen, nicht abzugsfähig, § 15 Abs.1a Nr.1 UStG. Dies ist auch konsequent: Dürfen die genannten Aufwendungen den Gewinn nicht mindern, weil der Gesetzgeber der Ansicht ist, sie ließen sich nicht von einer privaten bzw. persönlichen Veranlassung trennen, so darf auch keine Vorsteuer abgezogen werden, da diese bei persönlicher Veranlassung ebenso wenig abzugsfähig ist, wie Betriebsausgaben im Rahmen des EStG. Wenn Sie Ihre Umsatzsteuervoranmeldung ausfüllen und die Belege studieren, behalten Sie also immer auch die einkommensteuerrechtlichen Regeln im Hinterkopf.

Obwohl die Einkommensteuererklärung erst zum 31. Mai des Folgejahres abzugeben ist, die Umsatzsteuervoranmeldungen aber monatlich / vierteljährlich, ist es unerlässlich, bei der Berechnung der Umsatzsteuer auch die einkommensteuerrechtlichen Regeln im Hinterkopf zu behalten. Es ist nahezu unverzichtbar, rechtzeitig eine Hochrechnung auf die zu erwartende Einkommensteuerschuld zu machen, um entsprechende Rücklagen bilden zu können.

> **Dies wird Ihnen spätestens bewusst werden, wenn das Finanzamt möglicherweise ab dem zweiten Jahr Ihrer beruflichen Betätigung Einkommensteuervorauszahlungen[202] festsetzt.**

---

[201] Zu diesen nicht abzugsfähigen Aufwendungen im Sinne des EStG vgl. Sie oben die Ausführungen im Kapitel „Einkommensteuer".

[202] Vgl. Sie hierzu oben im Kapitel „Einkommensteuer".

Ferner sind nicht abzugsfähig die Vorsteuerbeträge, die auf Reisekosten des Unternehmers und seines Personals entfallen, soweit es sich um Verpflegungskosten, Übernachtungskosten oder um Fahrtkosten für Fahrzeuge des Personals handelt, § 15 Abs.1a Nr.2 UStG.

Diese Beschränkung wird in der anwaltlichen Praxis eher selten zum Tragen kommen, und soll hier daher nur der Vollständigkeit halber erwähnt werden. Gleiches gilt für § 15 Abs.1a Nr.3 UStG, der den Vorsteuerabzug für Umzugskosten bei einem Wohnungswechsel ausschließt.

e) Aufteilung der Vorsteuerbeträge bei nur teilweise abzugsberechtigender Nutzung

Auch mehr der Vollständigkeit halber erwähnt werden soll hier noch die Aufteilung der Vorsteuerbeträge, wenn Sie einen Gegenstand zwar insgesamt unternehmerisch nutzen, aber ein Teil dieser unternehmerischen Nutzung zum Vorsteuerabzug berechtigt, ein anderer Teil hingegen nicht.

Um dies zu verstehen ist wichtig, dass Sie sich § 2 UStG, der die Unternehmereigenschaft bestimmt, noch einmal ins Gedächtnis rufen. Nach § 2 Abs.1 S.2 UStG umfasst das Unternehmen die gesamte gewerbliche oder berufliche Betätigung des Unternehmers. Dies bedeutet, dass nicht nach einzelnen Firmen, Betätigungen oder etwa gesellschaftsrechtlichen Trennungen aufzuteilen ist. Sind Sie Unternehmer, so gilt im Rahmen dieses Unternehmens jede Ihrer umsatzsteuerpflichtigen Tätigkeiten als ausgeübt. Das bereits häufiger angeführte Beispiel, dass Sie neben ihrer anwaltlichen Tätigkeit auch Wohnräume vermieten, wäre ein solcher Fall nur eines Unternehmens: Das Unternehmen umfasst die gesamte berufliche Betätigung, also sowohl die anwaltliche Tätigkeit, als auch die Vermietungstätigkeit.

> Haben Sie oder konnten Sie nicht zur Umsatzsteuer optieren, weil z.B. der Mieter nicht Unternehmer ist[203], so üben Sie im Rahmen Ihrer unternehmerischen Tätigkeit Umsätze aus, die teilweise zum Vorsteuerabzug berechtigen (die anwaltliche Tätigkeit), teilweise jedoch nicht, vgl. §§ 15 Abs.2 Nr.1 i.V.m. 4 Nr.12 UStG.

Liegt ein solcher Fall der nur teilweisen Nutzung im Rahmen einer zum Vorsteuerabzug berechtigenden Tätigkeit vor, so ist der Teil des Vorsteuerbetrages, der wirtschaftlich der nicht zum Abzug berechtigenden Nutzung zuzurechnen ist, gemäß § 15 Abs.4 UStG nicht abziehbar.

Die Regelung ist eigentlich aus sich heraus verständlich, wenn man die Hintergründe einmal erfasst hat. Die Vorsteuerbeträge sollen nur insoweit geltend gemacht werden können, wie sich die Nutzung des gelieferten Gegenstandes auf seinerseits steuerpflichtige Umsätze erstreckt. Dies entspricht wieder dem Grundsystem, das sich durch das gesamte UStG zieht.

5. Die Erfassung der Umsatzsteuer und die Erhebung durch die Finanzverwaltung

a) Berechnung der Umsatzsteuer nach vereinbarten oder vereinnahmten Entgelten

Soll die Umsatzsteuer durch die Finanzbehörden erhoben werden, so ist es zunächst wichtig zu wissen, welcher Zeitpunkt für die Erfassung von Umsatzsteuerbeträgen maßgeblich ist.

---

[203] Zur Option als Verzicht auf die Umsatzsteuerbefreiung vgl. Sie oben die Ausführungen zu a) „Allgemeines".

§ 16 UStG ordnet an, dass die Umsatzsteuer grundsätzlich nach vereinbarten Entgelten zu berechnen ist, der sogenannten **Soll-Besteuerung.**

Dies bedeutet, dass es für die Berechnung der Umsatzsteuer gleichgültig ist, ob der in Rechnung gestellte Betrag schon beglichen wurde. Der Unternehmer hat die auf das vereinbarte Entgelt entfallende Umsatzsteuer mit dem Datum der Ausführung der Leistung in seine Umsatzsteuervoranmeldung aufzunehmen und eventuell schon Umsatzsteuer abzuführen, die er noch gar nicht vereinnahmt hat.

Bsp.:
Sie führen als Rechtsanwalt einen Prozess am 21.02.2000, für den Gebühren in Höhe von 10.000 DM zzgl. 1.600 DM USt anfallen. Voranmeldungszeitraum soll das Kalendervierteljahr sein.[204] *Der Mandant zahlt auf Ihre Rechnung am 15.04.2000.*

Sie haben die vereinbarte Umsatzsteuer in Ihre Umsatzsteuervoranmeldung für das erste Quartal 2000 aufzunehmen, obwohl die Zahlung erst im 2. Quartal erfolgte. Dies bedeutet, dass Sie die in der Voranmeldung errechnete Umsatzsteuerschuld, in denen die 1.600 DM USt aus obigem Vorgang enthalten sind, bis spätestens 10.04.2000 zu zahlen haben, § 18 Abs.1 S.3 UStG.

Dass diese Soll-Besteuerung zu erheblichen wirtschaftlichen Härten führen kann, liegt auf der Hand. Die Liquidität, gerade eines jungen Unternehmens bzw. einer jungen Anwaltskanzlei, kann durch den „Vorschuss" auf die Umsatzsteuer stark eingeschränkt werden.

---

[204] Zu dem maßgeblichen Voranmeldungszeitraum gleich noch ausführlich.

Aus diesem Grunde sieht das Umsatzsteuergesetz unter bestimmten Voraussetzungen auch die Möglichkeit einer Versteuerung nach vereinnahmten Entgelten, die sogenannte **Ist-Besteuerung,** vor. Diese Möglichkeit ist in § 20 UStG normiert und jedem Anwalt dringend zu empfehlen:

§ 20 Abs.1 UStG:

Das Finanzamt kann auf Antrag gestatten, dass ein Unternehmer,

1. *dessen Gesamtumsatz (§ 19 Abs.3) im vorangegangenen Kalenderjahr nicht mehr als 250.000 Deutsche Mark betragen hat, oder*

2. *der von der Verpflichtung, Bücher zu führen und auf Grund jährlicher Bestandsaufnahmen regelmäßig Abschlüsse zu machen, nach § 148 der Abgabenordnung befreit ist, oder*

3. *soweit er Umsätze aus einer Tätigkeit als Angehöriger eines freien Berufs im Sinne des § 18 Abs.1 Nr.1 Einkommensteuergesetz ausführt,*

die Steuer nicht nach den vereinbarten Entgelten (§ 16 Abs.1 S.1), sondern nach den vereinnahmten Entgelten berechnet.

Für den Anwalt (mit Ausnahme der Anwalts-GmbH, da diese gewerblich tätig ist) ist § 20 Abs.1 Nr.3 UStG einschlägig. Wie Sie aus den Ausführungen zum Einkommensteuerrecht wissen, sind Sie als Anwalt Freiberufler im Sinne des § 18 Abs.1 Nr.1 EStG.

Sie haben damit die Möglichkeit, unabhängig von den Umsatzzahlen der Kanzlei die Ist-Besteuerung zu beantragen. Ein Feld für diesen Antrag ist unter Nr.20 auf dem Fragebogen zur Anmeldung einer selbstständigen Tätigkeit vorgesehen.

Sobald Sie sich als Anwalt niederlassen bzw. eine Sozietät gründen, haben Sie dies dem Finanzamt mitzuteilen und einen entsprechenden Fragebogen auszufüllen. Hiernach wird Ihnen – sofern noch nicht geschehen – eine Steuernummer zugeteilt. In diesem Fragebogen können Sie von dem Wahlrecht des § 20 UStG schon Gebrauch machen.

Die Vorteile, die sich aus diesem Antrag ergeben, sind offensichtlich: Besteuerung nach vereinnahmten Entgelten (= Ist-Besteuerung) heißt, dass Sie Umsatzsteuerbeträge erst dann in Ihre Umsatzsteuervoranmeldung aufzunehmen und folglich zu begleichen haben, wenn Sie diese selbst vereinnahmt haben. Es kommt daher nicht mehr auf die Ausführung der Umsätze, wie bei der Soll-Versteuerung an, sondern darauf, wann Ihr Mandant die Rechnung begleicht. Liquiditätsprobleme können hierdurch vermieden werden. Sie zahlen an das Finanzamt nur, was Sie schon von dritter Seite erhalten haben.

Die Ausübung dieses Wahlrechts bringt Ihnen daher nur Vorteile und sollte unbedingt wahrgenommen werden.

b) Umsatzsteuervoranmeldung und Voranmeldungszeitraum

Schon häufiger war die Rede von der sogenannten Umsatzsteuervoranmeldung. Hierbei handelt es sich um eine Art „Steuererklärung", die grundsätzlich vierteljährlich abzugeben ist.

Gesetzliche Grundlage für die Umsatzsteuervoranmeldung ist § 18 UStG:

(1) Der Unternehmer hat bis zum 10. Tag nach Ablauf jedes Voranmeldungszeitraumes eine Voranmeldung nach amtlich vorgeschriebenem Vordruck abzugeben, in der er die Steuer für den Voranmeldungszeitraum (Vorauszahlung) selbst zu berechnen hat. § 16 Abs.1 und 2 und § 17 sind entsprechend anzuwenden. Die Vorauszahlung ist am 10. Tag nach Ablauf des Voranmeldungszeitraumes fällig.

(2) Voranmeldungszeitraum ist das Kalendervierteljahr. Beträgt die Steuer für das vorangegangene Kalenderjahr mehr als 12.000 Deutsche Mark, ist der Kalendermonat Voranmeldungszeitraum. Beträgt die Steuer für das vorangegangene Kalenderjahr nicht mehr als 1.000 Deutsche Mark, kann das Finanzamt den Unternehmer von der Verpflichtung zur Abgabe der Voranmeldungen und Entrichtung der Vorauszahlungen befreien.

Die Regelung ist klar und unmissverständlich. Die Umsatzsteuervoranmeldung ist eine Steueranmeldung im Sinne des § 150 Abs.1 S.2 AO, da gesetzlich vorgeschrieben ist, dass der Steuerpflichtige seine Steuer selbst zu berechnen hat.

Dies ist oben unter I 3 b cc (Verfahren bei Anmeldung und Abführung der Lohnsteuer) schon einmal Gegenstand der Behandlung gewesen. Das Finanzamt muss, wenn der Steuerpflichtige seine Steuerschuld selbst berechnet, natürlich die Möglichkeit haben, diese Berechnung zu überprüfen und gegebenenfalls zu ändern.

Dies wird dadurch erreicht, dass die Umsatzsteuervoranmeldung gemäß § 168 AO einer Steuerfestsetzung unter dem Vorbehalt der Nachprüfung gleichsteht. Wesentlichste Folge dieser Festsetzung ist, dass sie innerhalb der Festsetzungsfrist, die regelmäßig vier Jahre beträgt, § 169 Abs.2 Nr.2 AO, von beiden Seiten, also auch von dem Steuerpflichtigen selbst[205], jederzeit vollumfänglich geändert werden kann.

Die Umsatzsteuervoranmeldung ist gemäß § 18 Abs.1 UStG auf dem amtlich vorgeschriebenen Vordruck abzugeben. Diesen auszufüllen, stellt keine große Schwierigkeit dar.

---

[205] Einzig strittig ist, ob eine Änderung zu Gunsten des Steuerpflichtigen durch diesen selbst einen schlichten Änderungsantrag darstellt, oder als neuerliche Festsetzung unter dem Vorbehalt der Nachprüfung gemäß § 168 AO zu behandeln ist. Dies führt jedoch schon in die dogmatischen Tiefen der Abgabenordnung und ist nicht Gegenstand dieses Buches.

- Bitte weiße Felder ausfüllen oder ☒ankreuzen, Anleitung beachten -

2000

Fallart	Steuernummer	Unterfallart
11	.	56

Finanzamt

_____

_____

_____

Unternehmer – ggf. abweichende Firmenbezeichnung – Anschrift – Telefon

30 Eingangsstempel oder -datum

Umsatzsteuer-Voranmeldung 2000

Voranmeldungszeitraum

bei monatlicher Abgabe bitte ankreuzen / bei vierteljährlicher Abgabe bitte ankreuzen

00 01	Jan.	00 07	Juli	00 41	I. Kalendervierteljahr
00 02	Feb.	00 08	Aug.	00 42	II. Kalendervierteljahr
00 03	März	00 09	Sept.	00 43	III. Kalendervierteljahr
00 04	April	00 10	Okt.	00 44	IV. Kalendervierteljahr
00 05	Mai	00 11	Nov.		
00 06	Juni	00 12	Dez.		

Berichtigte Anmeldung
(falls ja, bitte eine „1" eintragen) **10**

Betragsangaben in Euro (= EUR) **32** ← EURO
(falls ja, bitte eine „1" eintragen)

I. Anmeldung der Umsatzsteuer-Vorauszahlung

Lieferungen und sonstige Leistungen (einschließlich unentgeltlicher Wertabgaben)		Bemessungsgrundlage ohne Umsatzsteuer		Steuer	
Steuerfreie Umsätze mit Vorsteuerabzug		volle DM/EUR	Pf/Ct	DM/EUR	Pf/Ct
Innergemeinschaftliche Lieferungen (§ 4 Nr. 1 b UStG) an Abnehmer mit USt-IdNr.	41		—		
neuer Fahrzeuge an Abnehmer ohne USt-IdNr.	44		—		
neuer Fahrzeuge außerhalb eines Unternehmens (§ 2 a UStG)	49		—		
Weitere steuerfreie Umsätze mit Vorsteuerabzug (z. B. Ausfuhrlieferungen, Umsätze nach § 4 Nr. 2 bis 7 UStG)	43		—		
Steuerfreie Umsätze ohne Vorsteuerabzug					
Umsätze nach § 4 Nr. 8 bis 28 UStG	48		—		
Steuerpflichtige Umsätze (Lieferungen und sonstige Leistungen einschl. unentgeltlicher Wertabgaben)					
zum Steuersatz von 16 v.H.	51		—		
zum Steuersatz von 15 v.H. (für Umsätze bis zum 31. März 1998)	50		—		
zum Steuersatz von 7 v.H.	86		—		
Umsätze, die anderen Steuersätzen unterliegen	35			36	
Umsätze land- und forstwirtschaftlicher Betriebe nach § 24 UStG					
Lieferungen in das übrige Gemeinschaftsgebiet an Abnehmer mit USt-IdNr.	77		—		
Umsätze, für die eine Steuer nach § 24 UStG zu entrichten ist (Sägewerkserzeugnisse, Getränke und alkohol. Flüssigkeiten, z. B. Wein)	76		—	80	
Innergemeinschaftliche Erwerbe					
Steuerfreie innergemeinschaftliche Erwerbe Erwerbe nach § 4 b UStG	91		—		
Steuerpflichtige innergemeinschaftliche Erwerbe					
zum Steuersatz von 16 v.H.	97		—		
zum Steuersatz von 15 v.H. (für Umsätze bis zum 31. März 1998)	92		—		
zum Steuersatz von 7 v.H.	93		—		
neuer Fahrzeuge von Lieferern ohne USt-IdNr. zum allgemeinen Steuersatz	94		—	96	
Lieferungen des ersten Abnehmers (§ 25 b Abs. 2 UStG) bei innergemeinschaftlichen Dreiecksgeschäften	42		—		
Steuer infolge Wechsels der Besteuerungsart/-form sowie Nachsteuer auf versteuerte Anzahlungen wegen Steuersatzerhöhung				65	
Umsatzsteuer .... zu übertragen in Zeile 45					

USt 1 A – Umsatzsteuer-Voranmeldung 2000 – (OFD Nbg/Mchn – 11.99 – 350 000/640 000 Bg. u. 180 000/310 000 Lg. – 321)

Zeile			Steuer DM/EUR	P
44				
45		Übertrag		
46	**Abziehbare Vorsteuerbeträge**			
47	Vorsteuerbeträge aus Rechnungen von anderen Unternehmern (§ 15 Abs. 1 Nr. 1 UStG) und aus innergemeinschaftlichen Dreiecksgeschäften (§ 25 b Abs. 5 UStG)	66		
48	Vorsteuerbeträge aus dem innergemeinschaftlichen Erwerb von Gegenständen (§ 15 Abs. 1 Nr. 3 UStG)	61		
49	entrichtete Einfuhrumsatzsteuer (§ 15 Abs. 1 Nr. 2 UStG)	62		
50	Vorsteuerbeträge, die nach allgemeinen Durchschnittsätzen berechnet sind (§§ 23 und 23 a UStG)	63		
51	Berichtigung des Vorsteuerabzugs (§ 15 a UStG)	64		
52	Vorsteuerabzug für innergemeinschaftliche Lieferungen neuer Fahrzeuge außerhalb eines Unternehmens (§ 2 a UStG) sowie von Kleinunternehmern im Sinne des § 19 Abs. 1 UStG (§ 15 Abs. 4 a UStG)	59		
53	Verbleibender Betrag			
54	Steuerbeträge, die vom letzten Abnehmer eines innergemeinschaftlichen Dreiecksgeschäfts geschuldet werden (§ 25 b Abs. 2 UStG); in Rechnungen unberechtigt ausgewiesene Steuerbeträge (§ 14 Abs. 2 und 3 UStG), Steuerbeträge, die nach § 6 a Abs. 4 Satz 2 oder § 17 Abs. 1 Satz 2 UStG geschuldet werden, sowie Kürzungsbeträge nach dem Berlinförderungsgesetz für frühere Kalenderjahre	69		
55				
56	**Umsatzsteuer-Vorauszahlung/Überschuß**			
57	Anrechnung (Abzug) der festgesetzten **Sondervorauszahlung** für Dauerfristverlängerung (nur auszufüllen in der letzten Voranmeldung des Besteuerungszeitraums, in der Regel Dezember)	39		
58	**Verbleibende Umsatzsteuer-Vorauszahlung** (Bitte in jedem Fall ausfüllen)	83		
59	**Verbleibender Überschuß** - bitte dem Betrag ein Minuszeichen voranstellen -		(kann auf 10 Pf zu Ihren Gunsten gerundet werden)	

Zeile		Bemessungsgrundlage volle DM/EUR		Steuer DM/EUR	P
60	**II. Anmeldung der Umsatzsteuer im Abzugsverfahren (§§ 51 bis 56 UStDV)**				
61	für Werklieferungen und sonstige Leistungen im Ausland ansässiger Unternehmer (§ 51 Abs. 1 Nr. 1 UStDV)				
62	Leistungen, für die wegen Anwendung der sog. Null-Regelung (§ 52 Abs. 2 UStDV) keine Umsatzsteuer einzubehalten ist	71			
63	Leistungen, für die Umsatzsteuer einzubehalten ist	72			
64	für Lieferungen von sicherungsübereigneten Gegenständen (§ 51 Abs. 1 Nr. 2 UStDV) sowie von Grundstücken				
65	im Zwangsversteigerungsverfahren (§ 51 Abs. 1 Nr. 3 UStDV)				
66	Lieferungen, für die wegen Anwendung der sog. Null-Regelung (§ 52 Abs. 2 UStDV) keine Umsatzsteuer einzubehalten ist	78			
67	Lieferungen, für die Umsatzsteuer einzubehalten ist	79			
68	**Umsatzsteuer im Abzugsverfahren**			75	
69				(kann auf 10 Pf zu Ihren Gunste gerundet werden)	

III. Sonstige Angaben und Unterschrift

Zeile			
70			
71	Ein Erstattungsbetrag wird auf das dem Finanzamt benannte Konto überwiesen, soweit nicht eine Verrechnung mit Steuerschulden vorzunehmen ist.		
72	**Verrechnung** des Erstattungsbetrages erwünscht / Der Erstattungsbetrag ist abgetreten. (falls ja, bitte eine „1" eintragen)	29	
73	Geben Sie bitte die Verrechnungswünsche auf einem besonderen Blatt oder auf dem beim Finanzamt erhältlichen Vordruck „Verrechnungsantrag" an.		
74	Die **Einzugsermächtigung** wird ausnahmsweise (z. B. wegen Verrechnungswünschen) für diesen Voranmeldungszeitraum **widerrufen** (falls ja, bitte eine „1" eintragen)	26	
75	Ich versichere, die Angaben in dieser Steueranmeldung wahrheitsgemäß nach bestem Wissen und Gewissen gemacht zu haben.		
76	Bei der Anfertigung dieser Steueranmeldung hat mitgewirkt: (Name, Anschrift, Telefon)		
77			
78		Datum, Unterschrift	
79		**Hinweis nach den Vorschriften der Datenschutzgesetze:** Die mit der Steueranmeldung angeforderten Daten werden aufgrund §§ 149 ff. der Abgabenordnung und der §§ 18, 18 b des Umsatzsteuergesetzes erhoben. Die Angabe der Telefonnummern ist freiwillig.	
80			
81		Vom Finanzamt auszufüllen	
82	**Bearbeitungshinweis** 1. Die aufgeführten Daten sind mit Hilfe des geprüften und genehmigten Programms sowie ggf. unter Berücksichtigung der gespeicherten Daten maschinell zu verarbeiten.	11	19
83			
84	2. Die weitere Bearbeitung richtet sich nach den Ergebnissen der maschinellen Verarbeitung.		12
85		Kontrollzahl und/oder Datenerfassungsvermerk	
86	Datum, Namenszeichen/Unterschrift		

Unter der lfd. Nummer (Zeile) 27 (Steuerpflichtige Umsätze - zum Steuersatz von 16 v.H.) tragen Sie in der Spalte Bemessungsgrundlage die von Ihnen vereinnahmten Honorare ein (sofern Sie den Antrag auf Ist-Versteuerung gestellt haben, anderenfalls die durch Tätigwerden verwirkten Honorare), in der Spalte Steuer die sich aus der Bemessungsgrundlage (Nettohonorare) ergebende – und von Ihnen ja tatsächlich schon vereinnahmte – Umsatzsteuer.

Auf der zweiten Seite tragen Sie ganz oben in Zeile 44 in der Spalte Steuer den Übertrag, also den sich aus der ersten Seite ergebenden Umsatzsteuerbetrag ein. In der Zeile 47 (Vorsteuerbeträge aus Rechnungen von anderen Unternehmen [§ 15 Abs.1 Nr.1 UStG]) haben Sie dann die Summe aller abziehbaren Vorsteuerbeträge aufzunehmen.

In Zeile 53 (verbleibender Betrag) bilden Sie dann die Differenz aus den beiden Zahlen, also die Differenz aus vereinnahmter Umsatzsteuer und abzugsfähiger Vorsteuer und tragen diese ein.

Dieser Differenzbetrag wird grundsätzlich unverändert in den Zeilen 56 und 58 noch einmal aufgeführt.

Jetzt haben Sie nur noch in den Zeilen 76 bis 78 Name, Anschrift und Telefon von Personen anzugeben, die bei der Erstellung der Umsatzsteuervoranmeldung evt. mitgewirkt haben, und die Erklärung zu unterschreiben.[206]

---

[206] Für die Voranmeldung ist anders als für die Jahressteuererklärung die eigenhändige Unterschrift des Unternehmers nicht vorgeschrieben. Bei der Jahreserklärung ist die Unterschrift durch einen Vertreter hingegen regelmäßig unzulässig; R 225 Abs.1 UStR.

208 Die Steuererklärung des Einzelanwalts und der Anwaltssozietät

Haben Sie das System der Umsatzsteuer verstanden, und sich die oben vermittelten Grundlagen zu eigen gemacht, dann sollte das Ausfüllen einer Voranmeldung für Sie kein Problem sein.

Aus § 18 Abs.2 UStG haben Sie schon entnommen, dass der Voranmeldungszeitraum grundsätzlich das Kalendervierteljahr ist. Sie haben daher für jedes Quartal bis zum 10. Tag nach Ablauf des Quartals, also zum 10.04., zum 10.07., zum 10.10. eines jeden Jahres und zum 10.01. des folgenden Jahres eine Umsatzsteuervoranmeldung abzugeben. Gleichzeitig mit der Voranmeldung haben Sie die errechnete Umsatzsteuerschuld zu begleichen. Diese wird mit dem 10. Tage nach Ablauf des Voranmeldungszeitraumes fällig. Ab diesem Tag können daher Säumniszuschläge gemäß § 240 Abs.1 AO in Höhe von 1 % des Steuerbetrages erhoben werden.

Für die Verspätungszuschläge bei Nichtabgabe der Umsatzsteuervoranmeldung gilt das gleiche wie für die Lohnsteueranmeldung.[207]

In Anbetracht dieser relativ kurzen Frist von 10 Tagen nach Ablauf des Voranmeldungszeitraumes sehen die §§ 46 ff. UStDV aufgrund der Ermächtigung in § 18 Abs.6 UStG die Möglichkeit einer Dauerfristverlängerung zur Abgabe der Umsatzsteuervoranmeldung und zur Zahlung der Umsatzsteuervorauszahlungen vor.

Hiernach ist eine Fristverlängerung um einen Monat auf Antrag des Steuerpflichtigen zu gewähren, wenn der Steueranspruch dadurch nicht gefährdet scheint.[208]

---

[207] Vgl. oben „Verfahren bei der Anmeldung und Abführung der Lohnsteuer" I 3 b cc.

[208] Es handelt sich um einen Anspruch des Steuerpflichtigen auf diese begünstigende Regelung,

Eine Gefährdung ist dann anzunehmen, wenn der Steuerpflichtige innerhalb der Frist die Anmeldung nicht abgibt oder die Schuld nicht begleicht.[209]

Die Fristverlängerung ist so lange gültig, wie sie nicht widerrufen und der Antrag nicht durch den Unternehmer zurückgenommen wird. Sie muss also nicht für jeden Voranmeldungszeitraum und auch nicht für jedes Kalenderjahr neu beantragt werden.[210]

Bei solchen Unternehmern, die zur monatlichen Zahlung von Umsatzsteuervorauszahlungen verpflichtet sind, wird die Dauerfristverlängerung von einer jährlichen Sondervorauszahlung in Höhe von 1/11 der letzten Umsatzsteuerjahresschuld abhängig gemacht.

Haben Sie schon Umsätze in einer solchen Höhe, dass Sie eine Umsatzsteuervoranmeldung monatlich abzugeben haben (mehr als 12.000 DM Umsatzsteuerschuld im vorangegangenem Kalenderjahr), dann wird die Dauerfristverlängerung nur unter der Auflage gewährt, dass Sie eine Sondervorauszahlung auf die Umsatzsteuer leisten, § 47 UStDV. Die Sondervorauszahlung beträgt 1/11 der Summe der Vorauszahlungen für das vorangegangene Kalenderjahr.

Sie haben also am Anfang des Jahres eine einmalige Zahlung zu leisten, um die Dauerfristverlängerung in Anspruch nehmen zu können. Beachten Sie aber, dass diese Regelung zur Sondervorauszahlung nur für „Monatszahler" und nicht für „Quartalszahler" gilt.

---

der nur dann abgelehnt werden kann, wenn eine Steuergefährdung zu erwarten ist; Bunjes/Geist-Cissée, UStG 5.Aufl., § 18 Anm.14.

[209] R 228 Abs.1 S.3 UStR.
[210] R 228 Abs.4 UStR.

Der Antrag für die Dauerfristverlängerung ist auf einem bundeseinheitlichen amtlichen Vordruck zu stellen, der bei den Finanzämtern erhältlich ist.[211]

Der Antrag muss bis zu dem Zeitpunkt abgegeben werden, zu dem die Voranmeldung für den Voranmeldungszeitraum, für den die Verlängerung erstmalig gelten soll, hätte abgegeben werden müssen, § 48 Abs.1 S.1 UStDV.

c) Die Umsatzsteuerjahreserklärung

Gemäß § 18 Abs.3 UStG hat der Unternehmer – unabhängig von den Umsatzsteuervoranmeldungen – für das Kalenderjahr auf amtlichem Vordruck eine Umsatzsteuerjahreserklärung abzugeben.

Diese ist gemäß § 149 Abs.2 AO bis spätestens 31.05. des Folgejahres einzureichen. Hierbei besteht allerdings nach ständiger Verwaltungspraxis eine formlose Verlängerungsmöglichkeit bis 30.09. des Folgejahres, wenn sie steuerlich vertreten werden oder Gründe für eine Verlängerung, etwa fehlende Unterlagen, darlegen können.

Auch die Umsatzsteuerjahreserklärung ist wieder eine Steueranmeldung im Sinne des § 150 Abs.1 S.2 AO, da auch hier der Unternehmer seine Steuerschuld selbst zu berechnen hat. Im Ergebnis ist die Jahreserklärung nichts anderes, als die Zusammenfassung der vier quartalsmäßig bzw. der zwölf monatsweise erstellten Umsatzsteuervoranmeldungen.

---

[211] § 48 Abs. 1 S.2 UStDV; R 228 Abs.3 UStR.

Wichtig ist jedoch, dass Sie im Rahmen der Jahresanmeldung die Möglichkeit haben, die sich aus den Voranmeldungen ergebenden Ergebnisse zu korrigieren. Haben Sie also Einnahmen „vergessen" oder irgendwelche Vorsteuerbeträge, für die Sie erst jetzt die Belege wiedergefunden haben, bisher nicht geltend gemacht, so steht Ihnen dies nunmehr offen.

Im Prinzip ist die Jahresanmeldung aber nichts anderes als die Voranmeldung auch. Haben Sie die Voranmeldungen daher selbst erstellt, sollte auch der „Umsatzsteuerjahresabschluss" kein Problem darstellen.

Kommt bei der Jahresanmeldung ein von der Summe der Voranmeldungen abweichender Betrag heraus, so haben Sie diesen, handelt es sich um einen Betrag zu Gunsten des Finanzamtes, also eine Umsatzsteuerschuld bei Ihnen, binnen einen Monats nach dem Eingang der Anmeldung zu begleichen, § 18 Abs.4 S.1 UStG.

– Bitte weiße Felder ausfüllen oder ☒ ankreuzen, Anleitung beachten –

1999

Zeile		
1	An das Finanzamt	Eingangsstempel

Zeile	Fallart	Steuernummer	Unter-fallart	Jahr	Vor-gang		Sach-bereich
2							
3	11		50	99	1		99 11

Umsatzsteuererklärung — 121

Zeile		
6	Berichtigte Steuererklärung (falls ja, bitte eine „1" eintragen)	110
7	EURO ──→ Betragsangaben in Euro (= EUR) (falls ja, bitte eine „1" eintragen)	132

A. Allgemeine Angaben

Zeile		
9	Name des Unternehmers	ggf. abweichender Firmenname
10	Art des Unternehmens	
11	Straße, Haus-Nr.	
12	PLZ, Ort	Telefon

Zeile	Dauer der Unternehmereigenschaft (nur ausfüllen, falls nicht vom 1. Januar bis zum 31. Dezember 1999)	vom Tag Monat	bis zum Tag Mon
14	1. Zeitraum	200	
15	2. Zeitraum	201	

Zeile		
16	Die Abschlußzahlung ist binnen einem Monat nach der Abgabe der Steuererklärung zu entrichten (§ 18 Abs. 4 UStG). Ein Erstattungsbetrag ist auf mein dem Finanzamt benanntes Konto zu überweisen, soweit nicht eine Verrechnung mit Steuerschulden vorzunehmen ist.	
17	Verrechnung des Erstattungsbetrags erwünscht / Der Erstattungsbetrag ist abgetreten. (falls ja, bitte eine „1" eintragen)	129
18	Geben Sie bitte die Verrechnungswünsche auf einem besonderen Blatt oder auf dem beim Finanzamt erhältlichen Vordruck „Verrechnungsantrag" an.	
19	**Ein Umsatzsteuerbescheid ergeht nur, wenn von Ihrer Berechnung der Umsatzsteuer abgewichen wird.**	
20	Hinweis nach den Vorschriften der Datenschutzgesetze: Die mit der Steuererklärung angeforderten Daten werden aufgrund de §§ 149 ff. der Abgabenordnung sowie der §§ 18, 18 b des Umsatzsteuergesetzes erhoben. Die Angabe der Telefonnummern ist freiwillig.	

B. Angaben zur Besteuerung der Kleinunternehmer (§ 19 Abs. 1 UStG)

Zeile		Betrag volle DM/EUR
22	Die Zeilen 23 und 24 sind nur auszufüllen, wenn der Umsatz 1998 (zuzüglich Steuer) nicht mehr als 32 500 DM betragen hat und auf die Anwendung des § 19 Abs. 1 UStG nicht verzichtet worden ist.	
23	Umsatz im Kalenderjahr 1998 ⎫	238
24	Umsatz im Kalenderjahr 1999 ⎭ (Berechnung nach § 19 Abs. 1 und 3 UStG)	239

Unterschrift

Zeile		
25	Ich habe dieser Steuererklärung die Anlage UR	Bei der Anfertigung dieser Steuererklärung einschließlich der Anlagen hat mitgewirkt:
26	☐ beigefügt	
27	☐ nicht beigefügt, weil ich darin keine Angaben zu machen hatte.	
28	Ich versichere, die Angaben in dieser Steuererklärung wahrheitsgemäß nach bestem Wissen und Gewissen gemacht zu haben.	

USt 2 A – Umsatzsteuererklärung 1999 – (OFD Nbg/Mchn – 11.99 – 485 000/820 000 Lg. – 321)

Zeile	C. Steuerpflichtige Lieferungen, sonstige Leistungen und Eigenverbrauch	Bemessungsgrundlage ohne Umsatzsteuer volle DM/EUR		Steuer DM/EUR	Pf/Ct
31					
32	**Umsätze zum allgemeinen Steuersatz**				
33	ab 1. April 1998 Lieferungen und sonstige Leistungen .... zu 16 v.H.	290			
34	Unentgeltliche Wertabgaben ab 1. April 1999 .. zu 16 v.H.	295			
35	Eigenverbrauch bis zum 31. März 1999: a) Entnahme von Gegenständen .... zu 16 v.H.	291			
36	b) Entnahme von sonstigen Leistungen .... zu 16 v.H.	292			
37	c) Aufwendungen i. S. des § 4 Abs. 5 Satz 1 Nr. 1 bis 7 oder Abs. 7 oder § 12 Nr. 1 EStG zu 16 v.H.	293			
38	Unentgeltliche Leistungen von Gesellschaften an ihre Gesellschafter usw. bis zum 31. März 1999 zu 16 v.H.	294			
39	vom 1. Januar 1993 bis zum 31. März 1998 Lieferungen und sonstige Leistungen .... zu 15 v.H.	280			
40	Eigenverbrauch bis zum 31. März 1998: a) Entnahme von Gegenständen .... zu 15 v.H.	281			
41	b) Entnahme von sonstigen Leistungen .... zu 15 v.H.	282			
42	c) Aufwendungen i. S. des § 4 Abs. 5 Satz 1 Nr. 1 bis 7 oder Abs. 7 oder § 12 Nr. 1 EStG zu 15 v.H.	283			
43	Unentgeltliche Leistungen von Gesellschaften an ihre Gesellschafter usw. März 1998. bis zum 31. März 1998. zu 15 v.H.	284			
44	**Umsätze zum ermäßigten Steuersatz** Lieferungen und sonstige Leistungen .... zu 7 v.H.	275			
45	Unentgeltliche Wertabgaben ab 1. April 1999 ... zu 7 v.H.	296			
46	Eigenverbrauch bis zum 31. März 1999: a) Entnahme von Gegenständen .... zu 7 v.H.	276			
47	b) Entnahme von sonstigen Leistungen .... zu 7 v.H.	277			
48	c) Aufwendungen i. S. des § 4 Abs. 5 Satz 1 Nr. 1 bis 7 oder Abs. 7 oder § 12 Nr. 1 EStG .. zu 7 v.H.	278			
49	Unentgeltliche Leistungen von Gesellschaften an ihre Gesellschafter usw. bis zum 31. März 1999. zu 7 v.H.	279			
50	**Umsätze aus früheren Kalenderjahren** zu anderen Steuersätzen.........................	155		156	
51	**Umsätze land- und forstwirtschaftlicher Betriebe nach § 24 UStG**				
52	a) Lieferungen in das übrige Gemeinschaftsgebiet an Abnehmer mit USt-IdNr......................	777			
53	b) Steuerpflichtige Lieferungen (einschl. unentgeltlicher Wertabgaben) und Eigenverbrauch von **Sägewerkserzeugnissen**, die in der Anlage zum UStG nicht aufgeführt sind .	255		256	
54	c) Steuerpflichtige Lieferungen (einschl. unentgeltlicher Wertabgaben) und Eigenverbrauch von **Getränken**, die in der Anlage zum UStG nicht aufgeführt sind, sowie von alkoholischen Flüssigkeiten (z.B. Wein)				
55	ab 1. April 1999 .... zu 7 v.H.	343			
56	vom 1. Juli 1998 bis zum 31. März 1999 ..... zu 6 v.H.	342			
57	in früheren Kalenderjahren	257		258	
58	d) übrige steuerpflichtige Umsätze land- und forstwirtschaftlicher Betriebe, für die keine Steuer zu entrichten ist ...	361			
59	Nachsteuer auf versteuerte Anzahlungen u.ä. wegen Steuersatzänderung..........			319	
60	Summe .... (zu übertragen in Zeile 92)			340	

- 3 -

Zeile	D. Abziehbare Vorsteuerbeträge (ohne die Berichtigung nach § 15 a UStG)	Steuer DM/EUR	Pf/C
61			
62	Vorsteuerbeträge aus Rechnungen von anderen Unternehmern (§ 15 Abs. 1 Nr. 1 UStG)	320	
63	Vorsteuerbeträge aus dem innergemeinschaftlichen Erwerb von Gegenständen (§ 15 Abs. 1 Nr. 3 UStG)	761	
64	entrichtete Einfuhrumsatzsteuer (§ 15 Abs. 1 Nr. 2 UStG)	762	
65	Vorsteuerbeträge, die nach den allgemeinen Durchschnittsätzen berechnet sind (§ 23 UStG)	333	
66	Vorsteuerbeträge nach dem Durchschnittsatz für bestimmte Körperschaften, Personenvereinigungen und Vermögensmassen (§ 23 a UStG)	334	
67	Vorsteuerabzug für innergemeinschaftliche Lieferungen **neuer Fahrzeuge** außerhalb eines Unternehmens (§ 2 a UStG) sowie von Kleinunternehmern im Sinne des § 19 Abs. 1 UStG (§ 15 Abs. 4 a UStG)..	759	
68	Vorsteuerbeträge aus innergemeinschaftlichen Dreiecksgeschäften (§ 25 b Abs. 5 UStG)	760	
69	Summe .... (zu übertragen in Zeile 99)		

E. Berichtigung des Vorsteuerabzugs (§ 15 a UStG)

70	Bei Wirtschaftsgütern, die über das Kalenderjahr der erstmaligen Verwendung hinaus zur Ausführung von Umsätzen verwendet werden, ist der Vorsteuerabzug aus den Anschaffungs- oder Herstellungskosten zu berichtigen, wenn sich die im Kalenderjahr der erstmaligen Verwendung für den Vorsteuerabzug maßgebenden Verhältnisse ändern. Der Berichtigungszeitraum beträgt für Grundstücke, Grundstücksteile, Gebäude oder Gebäudeteile 10 Jahre, für bewegliche Wirtschaftsgüter 5 Jahre.		
71			
72	1. Sind im Kalenderjahr 1999 **Grundstücke, Grundstücksteile, Gebäude oder Gebäudeteile**, für die Umsatzsteuer gesondert in Rechnung gestellt wurde, erstmals zur Ausführung von Umsätzen verwendet worden? Falls ja, bitte eine „1" eintragen	370	
73			
74	(Geben Sie bitte auf besonderem Blatt für jedes Grundstück oder Gebäude gesondert an: Lage, Zeitpunkt der erstmaligen Verwendung, Art und Umfang der Verwendung im Erstjahr, insgesamt angefallene Vorsteuer, in den Vorjahren bereits abgezogene Vorsteuer)		
75	2. Haben sich im Kalenderjahr 1999 die Verhältnisse, die für die Beurteilung des Vorsteuerabzugs maßgebend waren, bei **Grundstücken, Grundstücksteilen, Gebäuden oder Gebäudeteilen** geändert, die innerhalb der letzten 10 Jahre erstmals zur Ausführung von Umsätzen verwendet wurden? Falls ja, bitte eine „1" eintragen	371	
76			
77	Falls ja: die Verhältnisse, die ursprünglich für die Beurteilung des Vorsteuerabzugs maßgebend waren, haben sich seitdem geändert durch		
78	☐ Veräußerung	☐ Lieferung i.S. des § 3 Abs. 1 b UStG (bis 31. März 1999: Entnahme zum Eigenverbrauch)	
79	☐ Nutzungsänderung, und zwar		
80	☐ Übergang von steuerpflichtiger zu steuerfreier Vermietung (insbesondere bei Mieterwechsel) oder umgekehrt.		
81	☐ Steuerfreie Vermietung bisher eigengewerblich genutzter Räume oder umgekehrt.		
82	☐ Übergang von einer Vermietung für NATO- oder ähnliche Zwecke zu einer nach § 4 Nr. 12 UStG steuerfreien Vermietung.		
83	☐ Änderung des Verwendungsschlüssels bei gemischt genutzten Grundstücken.		
84	☐		
85	3. Haben sich im Kalenderjahr 1999 die Verhältnisse, die für die Beurteilung des Vorsteuerabzugs maßgebend waren, bei **beweglichen Wirtschaftsgütern** geändert, die innerhalb der letzten 5 Jahre erstmals zur Ausführung von Umsätzen verwendet wurden? Falls ja, bitte eine „1" eintragen	372	

		nachträglich abziehbar		zurückzuzahlen	
86	4. Vorsteuerberichtigungsbeträge	DM/EUR	Pf/Ct	DM/EUR	Pf/C
87	zu 2. (Grundstücke usw.)				
88	zu 3. (bewegliche Wirtschaftsgüter)				
89	Summe	357		359	
90		Zu übertragen in Zeile 100		Zu übertragen in Zeile 97	

- 4 -

Zeile	F. Berechnung der zu entrichtenden Umsatzsteuer	Steuer	
		DM/EUR	Pf/Ct
91			
92	Umsatzsteuer auf steuerpflichtige Lieferungen, sonstige Leistungen und Eigenverbrauch... (aus Zeile 60)		
93	Umsatzsteuer für Leistungen, die dem Abzugsverfahren unterlegen haben - nur für im Ausland ansässige Unternehmer - .... (aus Zeile 28 der Anlage UN)		
94	Umsatzsteuer auf innergemeinschaftliche Erwerbe............ (aus Zeile 15 der Anlage UR)		
95	Umsatzsteuer, die vom letzten Abnehmer im innergemeinschaftlichen Dreiecksgeschäft geschuldet wird (§ 25 b Abs. 2 UStG).......... (aus Zeile 24 der Anlage UR)		
96	Nachsteuer/Anrechnung der Steuer, die auf bereits versteuerte Anzahlungen entfällt....................................... (aus Zeile 29 der Anlage UR)		
97	Vorsteuerbeträge, die aufgrund des § 15 a UStG zurückzuzahlen sind........... (aus Zeile 89)		
98	Zwischensumme		
99	Abziehbare Vorsteuerbeträge......................................., (aus Zeile 69)		
100	Vorsteuerbeträge, die aufgrund des § 15 a UStG nachträglich abziehbar sind...... (aus Zeile 89)		
101	Andere Kürzungsbeträge für frühere Kalenderjahre (z. B. nach den §§ 24 a, 26 Abs. 4 UStG sowie nach dem Berlinförderungsgesetz)...	505	
102	Verbleibender Betrag...		
103	In Rechnungen unberechtigt ausgewiesene Steuerbeträge (§ 14 Abs. 2 und 3 UStG) sowie Steuerbeträge, die nach § 6 a Abs. 4 Satz 2 UStG geschuldet werden	318	
104	Steuerbeträge, die nach § 17 Abs. 1 Satz 2 UStG geschuldet werden	331	
105	Steuer-, Vorsteuer- und Kürzungsbeträge, die auf frühere Besteuerungszeiträume entfallen (nur für Kleinunternehmer, die § 19 Abs. 1 UStG anwenden)	391	
106	Umsatzsteuer .... Überschuß - bitte dem Betrag ein Minuszeichen voranstellen -		
107	Anrechnung der einbehaltenen Umsatzsteuer im Abzugsverfahren (§ 58 Abs. 2 UStDV)		
108	a) für Werklieferungen und sonstige Leistungen (§ 51 Abs. 1 Nr. 1 UStDV) - nur für im Ausland ansässige Unternehmer - .... (aus Zeile 30 der Anlage UN)		
109	b) für Lieferungen von sicherungsübereigneten Gegenständen (§ 51 Abs. 1 Nr. 2 UStDV) sowie von Grundstücken im Zwangsversteigerungsverfahren (§ 51 Abs. 1 Nr. 3 UStDV) (Bitte Bescheinigungen nach § 53 Abs. 7 UStDV beifügen)........................	897	
110	Anrechnung der bei der Beförderungseinzelbesteuerung entrichteten Umsatzsteuer (§ 18 Abs. 5 b UStG).................................... - Bitte Belege beifügen -	888	
111	Verbleibende Umsatzsteuer .... (Bitte in jedem Fall ausfüllen)	816	
112	Verbleibender Überschuß - bitte dem Betrag ein Minuszeichen voranstellen -	(kann auf 10 Pf zu Ihren Gunsten gerundet werden)	
113	Vorauszahlungssoll 1999 (einschließlich Sondervorauszahlung)		
114	Noch an die Finanzkasse zu entrichten - Abschlußzahlung - (Bitte in jedem Fall ausfüllen) Erstattungsanspruch - bitte dem Betrag ein Minuszeichen voranstellen -	820	
115	**Bearbeitungshinweis**		
116	1. Die aufgeführten Daten sind mit Hilfe des geprüften und genehmigten Programms sowie ggf. unter Berücksichtigung der gespeicherten Daten maschinell zu verarbeiten.		
117	2. Die weitere Bearbeitung richtet sich nach den Ergebnissen der maschinellen Verarbeitung.		
118		Kontrollzahl und/oder Datenerfassungsvermerk	
119			
120			

6. Kleinunternehmerregelung

Sind Sie Existenzgründer, lassen Sie sich also gerade erst nieder, so ist für Sie die Regelung des § 19 UStG von besonderer Bedeutung. Nach dieser Vorschrift sind sogenannte Kleinunternehmer von der Umsatzsteuerpflicht befreit. Dies bedeutet, dass der Kleinunternehmer nicht verpflichtet ist, auf seine Rechnungen Umsatzsteuer zu erheben.

Sind Sie als Rechtsanwalt noch als Kleinunternehmer einzustufen, können Sie Ihre Anwaltsleistung also zum „Nettotarif" anbieten, was Ihnen bei der Privatmandantschaft einen nicht unerheblichen Wettbewerbsvorteil verschaffen kann.

Kleinunternehmer ist, wer im vorangegangenen Kalenderjahr Bruttoumsätze von nicht mehr als 32.500 DM getätigt hat und im laufenden Jahr voraussichtlich nicht mehr als 100.000 DM Bruttoumsatz erwirtschaften wird. Mit Bruttoumsatz sind die Entgelte zuzüglich der darauf entfallenden Umsatzsteuer gemeint.

> **Für Sie als Anwalt kann die Regelung daher fast nur im ersten Jahr ihrer beruflichen Tätigkeit interessant sein. Sie haben im vorangegangenem Jahr keine 32.500 DM verdient, da Sie nicht berufstätig waren und werden im ersten Jahr ihrer Anwaltstätigkeit wohl kaum 100.000 DM Umsatz erwirtschaften. Im zweiten Jahr wird dies aber schon anders aussehen, da anzunehmen ist, dass Sie auch im ersten Jahr ihrer Tätigkeit mehr als 32.500 DM verdienen werden.**

Die Einstufung als Kleinunternehmer bringt jedoch einen Wermutstropfen mit sich: Wer als Kleinunternehmer nicht verpflichtet ist, Umsatzsteuer zu erheben, ist auch **nicht berechtigt**, die auf Eingangsrechnungen entfallende **Vorsteuer abzuziehen**.

Dies kann gerade dann erhebliche Nachteile mit sich bringen, wenn Sie die Möglichkeit haben, die Vorteile, die sich aus der Kleinunternehmerregelung ergeben, zu nutzen. Im ersten Jahr Ihrer beruflichen Tätigkeit haben Sie erfahrungsgemäß erheblichen Gründungsaufwand, von der Einrichtung des Büros bis zur Anschaffung der nötigen Literatur. Sind Sie infolge des § 19 Abs.1 UStG nicht berechtigt, die hierauf entfallenden Vorsteuerbeträge geltend zu machen, verteuert sich die Kanzleigründung um 7 – 16 %. Und dies gerade, wo Sie in der Regel noch keine sehr hohen Einnahmen erwirtschaften werden, so dass Sie regelmäßig einen Erstattungsanspruch gegen den Fiskus hätten.

Diese Nachteile hat auch der Gesetzgeber gesehen und eine Abhilfemöglichkeit geschaffen. Gemäß § 19 Abs.2 UStG hat der Unternehmer die Möglichkeit, durch Erklärung gegenüber dem Finanzamt auf die Besteuerung als Kleinunternehmer zu verzichten. Dies hat zur Folge, dass der Unternehmer als Regelunternehmer besteuert wird, und die vorstehenden Ausführungen uneingeschränkt gelten. Diese Erklärung kann dem Finanzamt gegenüber formlos abgegeben werden. Sie ist möglich bis zur Unanfechtbarkeit der Steuerfestsetzung, die durch die Jahresumsatzsteuererklärung erfolgt. Mit Eintritt der Unanfechtbarkeit bindet die Erklärung für fünf Jahre.

Diese Bindung ist für Sie in der Regel unerheblich. Denn wenn Sie zu Umsatzsteuerpflicht dadurch optieren, dass Sie auf § 19 Abs.1 UStG verzichten, führt dies zu einer Regelbesteuerung, die ab dem zweiten Jahr Ihrer beruflichen Tätigkeit im Zweifel ohnehin greifen würde.
Umsätze, die Sie vor Abgabe der Erklärung ausgeführt haben, unterfallen dennoch dem § 19 Abs.1 UStG. Die Änderung tritt also erst für nach der Erklärung ausgeführte Umsätze ein.

> **Haben Sie Anzahlungen für Umsätze erhalten, die Sie erst nach der Erklärung zur Regelbesteuerung ausführen, so sind diese Anzahlungen im ersten Voranmeldungszeitraum nach der Erklärung anzugeben.**[212]

Sie werden also gründlich abwägen müssen, ob sich der Wettbewerbsvorteil, zum Nettoentgelt arbeiten und anbieten zu können, gegenüber dem versagten Vorsteuerabzug – insbesondere in der Gründungsphase – lohnt. Dies zumal die Unternehmermandantschaft, die die eigentlich interessanten Mandate bringt, hieraus keinerlei Vorteile zieht, da sie ohnehin bezüglich der auf ihr Honorar entfallenden Umsatzsteuer zum Vorsteuerabzug berechtigt wäre.

> **Wollen Sie selbst diese Entscheidung nicht treffen, so bietet es sich an, mit der Frage einen Steuerberater zu beauftragen, der Ihnen die verschiedenen Optionen vorrechnet und Vor- und Nachteile darstellt.**

7. Umsatzsteuerliche Aufzeichnungspflichten

Daraus, dass Sie die Umsatzsteuerschuld selbst zu berechnen haben, ergeben sich natürlich zum Zwecke der Nachprüfbarkeit durch das Finanzamt Aufzeichnungspflichten, die Sie als umsatzsteuerpflichtiger Unternehmer zu beachten haben.

Geregelt sind diese sehr ausführlich in § 22 UStG und in § 56 UStDV.

Aus Ihren Aufzeichnungen müssen erkennbar sein der Nettobetrag Ihrer Umsätze, die darauf entfallende Umsatzsteuer und der Steuersatz, der bei Ihnen als Anwalt i.d.R. 16 % beträgt.

---

[212] R 253 Abs.1 UStR.

Haben Sie für bestimmte Umsätze zur Umsatzsteuer gemäß § 9 UStG optiert, so ist auch dies aus den Aufzeichnungen erkenntlich zu machen. Ferner müssen die Aufzeichnungen enthalten[213]:

1. den Namen und die Anschrift des leistenden Unternehmers,

2. die Art und den Umfang der Leistung,

3. den Tag oder den Kalendermonat der Leistung,

4. den Tag oder den Kalendermonat der Zahlung des Entgeltes.

Ähnlich wie im Einkommensteuerrecht auch, haben Sie daher alle umsatzsteuerrechtlich relevanten Informationen vollumfänglich zu dokumentieren. Die § 4 – III – Rechnung stellt, wie Sie inzwischen wohl gemerkt haben werden, kein Buch mit sieben Siegeln, aber auch keinen Freibrief für „Schlamper" dar.

Sie haben den wesentlichen Teil dieses Buches hinter sich gebracht und einen Einblick in die sich in der Anwaltskanzlei ergebenden Steuerfragen erhalten. Aufgrund dieser Grundlagen sollte es Ihnen möglich sein, in den ersten Jahren ihrer beruflichen Laufbahn ohne einen Steuerberater auszukommen. Natürlich konnten wir nicht alle Tipps, Schlupflöcher und Möglichkeiten darstellen, die sich im Rahmen einer möglichst günstigen Besteuerung ergeben. Auf kurz oder lang kommen Sie um die Hilfe eines Steuerberaters ohnehin nicht herum, da dieser – wenn Ihre Kanzlei einmal gut läuft – billiger ist, als ihre Arbeitszeit, die Sie opfern müssten, um die Erklärungen zu erstellen und abzugeben.

---

[213] Vgl. § 56 Abs.2 UStDV, der selbstverständlich auch noch einmal das Nettoentgelt und den Umsatzsteuerbetrag als aufzuzeichnende Größen nennt.

Noch einmal sei an dieser Stelle deutlich darauf hingewiesen, dass es sich bei dem vorliegenden Buch nicht um ein Beraterhandbuch handelt. Dieses Buch zielt nicht darauf, Sie auf die steuerliche Beratung ihrer Mandanten vorzubereiten.[214] Es soll allein Ihnen persönlich als Leitfaden für die eigene Steuererklärung und Handhabung in ihrer Praxis dienen.

C. ERLÄUTERUNG DER EINNAHMEÜBERSCHUSSRECHNUNG DER ANWALTSSOZIETÄT MUSTERMANN UND MUSTERFRAU

Im Folgenden, letzten Kapitel dieses Buches sollen die einzelnen Positionen aus der im ersten Teil abgedruckten Einnahmeüberschussrechnung der Kanzlei Mustermann und Musterfrau auf der Grundlage der im letzten Kapitel erarbeiteten steuerrechtlichen Kenntnisse erläutert werden.
Ausführlich gehen wir dabei nur auf solche Punkte ein, die bisher nicht Gegenstand der gründlicheren Behandlung waren. Insbesondere stellen wir die Probleme dar, die sich im Rahmen der Behandlung eines betrieblichen oder betrieblich genutzten privaten Kfz ergeben.

Die Einnahmeüberschussrechnung besteht aus dem Titelblatt, auf dem der Name der Kanzlei bezeichnet und deren Ort angegeben wird, dem Inhaltsverzeichnis und den dort aufgeführten Positionen und im Anschluss daran aus den amtlichen Vordrucken, in die die Werte aus der vorstehenden Überschussrechnung nachrichtlich übernommen werden.

---

[214] Ein solches umfassendes Werk wird voraussichtlich bis Ende des Jahres in dieser Reihe erscheinen.

Belege werden der Einnahmeüberschussrechnung nicht beigefügt. Diese kann das Finanzamt im Rahmen einer Außenprüfung bei Ihnen einsehen.

Ziff.1: An erster Stelle muss die Einnahmeüberschussrechnung natürlich die Erlöse enthalten, die Sie (bzw. die Kanzlei) im Veranlagungszeitraum erzielt hat. Hierbei handelt es sich um die Honorare, die Sie für die anwaltliche Tätigkeit von Ihren Mandanten erhalten haben. Beachten Sie allerdings, dass nur die Nettohonorare aufzuführen sind, also die Summen, wie sie sich aus der BRAGO bzw. den Honorarvereinbarungen ergeben und tatsächlich zugeflossen sind, da es sich bei der § 4-III-Rechnung um eine reine Geldrechnung handelt.

Ziff.2: Nach den Erlösen nennen Sie die auf diese entfallende Umsatzsteuer. Hier wird noch einmal deutlich, dass es sich bei der Umsatzsteuer nicht um einen durchlaufenden Posten handelt, sondern dass Sie diese als Einnahme zu verbuchen haben. Sie erhöht damit grundsätzlich einmal ihre Einnahmen und geht so in die Gewinnermittlung mit ein.

Ziff.3: Halten Sie betriebliche Konten, was anzunehmen ist, so sind die Zinsen, die auf diese Konten gewährt werden, Betriebseinnahmen aus § 18 Abs.1 Nr.1 S.2 EStG und nicht aus § 20 Abs.1 Nr.7 EStG (Einkünfte aus Kapitalvermögen), da § 20 Abs.3 EStG insoweit eine Subsidiaritätsregelung enthält. Sie müssen solche Zinserträge demgemäß in Ihre Einnahmeüberschussrechnung der Kanzlei mit aufnehmen.

Ziff.4: Gleiches gilt für Mieteinnahmen, die die Kanzlei erzielt. Dies ist z.b. vorstellbar, wenn die GbR als teilrechtsfähige Gesellschaft im Sinne des bürgerlichen Rechts die Kanzleiräume als Hauptmieter mietet und zum Teil z.b. an einen Steuerberater untervermietet. Dann erzielt die Kanzlei Einkünfte aus Vermietung, die ebenfalls wieder den Einkünften aus § 18 Abs.1 Nr.1 S.2 EStG zugerechnet werden, da auch § 21 EStG (Einkünfte aus Vermietung und Verpachtung) in Abs.3 eine Subsidiaritätsanordnung enthält.

Ziff.5: Warum an dieser Stelle Umsatzsteuer aus Einkünften aus der Vermietung von Räumen aufgeführt ist, sollte Ihnen klar sein: Die Vermietung von Räumen stellt eine umsatzsteuerpflichtige Leistung im Sinne des § 1 Abs.1 Nr.1 UStG dar, die aber grundsätzlich nicht steuerbar ist, weil die Befreiung des § 4 Nr.12 UStG greift. Wird dennoch Umsatzsteuer erhoben und erklärt, bedeutet dies, dass der Unternehmer gemäß § 9 UStG zur Umsatzsteuer optiert, das heißt auf die Steuerbefreiung verzichtet hat, was bei Räumen nur dann möglich ist, wenn der Empfänger der Leistung, also der Mieter, gleichfalls Unternehmer ist, und die Räume ausschließlich für Zwecke seines Unternehmens nutzt.

Ziff.6: Möglicherweise verwundert es Sie, dass bei den Einkünften aus anwaltlicher, also freiberuflicher Tätigkeit nun auch Einkünfte aus Anlagenverkäufen aufgeführt sind. Dies hat eine sehr einfache Erklärung:

Kaufen Sie für Ihr Unternehmen Gegenstände, die dem Betrieb des Unternehmens dienen sollen, also z.b. einen Kopierer, einen Computer, einen Schreibtischstuhl etc., so sind die Kosten hierfür als Betriebsausgaben abzugsfähig. Hierneben können Sie die auf die Anschaffung entfallende Umsatzsteuer als Vorsteuer abziehen.

Die so erworbenen Gegenstände gehören zum Sachanlagevermögen des Unternehmens.[215]

Nun kann es aber nicht möglich sein, dass Sie einen Gegenstand unter Inspruchnahme aller steuerrechtlichen Vorteile erwerben, ihn unmittelbar danach aber wieder verkaufen und sich dieser Verkauf steuerlich nicht auswirkt.

Die steuerliche Gleichstellung wird dadurch erreicht, dass der Verkauf von Gegenständen, die zum Betriebsvermögen gehören, mit dem daraus erzielten Erlös sowohl einkommen-, wie auch umsatzsteuerpflichtig ist. Dies bedeutet, dass Sie den erzielten Kaufpreis als Betriebseinnahmen versteuern und auf ihn 16 % (bzw. z.B. bei Büchern 7 %) USt erheben, auf jeden Fall aber abführen müssen.

Bsp.:

Sie kaufen am 01.01.01 ein Kopiergerät für 5.000 DM netto, stellen dann aber schnell fest, dass das Gerät Ihren Ansprüchen doch nicht genügt.

---

[215] Vgl. hierzu schon im ersten Kapitel des Buches unter B I 2 e – „Aufzeichnungspflichten".

Sie verkaufen das Gerät daraufhin am 01.02.01 für 4.500 DM an einen Privatabnehmer und kaufen sich ein neues Gerät zum Preis von 10.000 DM netto.

Die 5.000 DM Anschaffungskosten zzgl. den darauf entfallenden 800 DM USt stellen Betriebsausgaben dar. Die Anschaffungskosten haben Sie in die AfA einzustellen, die USt können Sie im Wege des Vorsteuerabzuges geltend machen. Die AfA für den Kopierer in 01 beträgt 1/12 der Jahres-AfA, da Sie das Gerät ja nur einen Monat im Jahr 01 im Betriebsanlagevermögen gehalten haben.

Beachten Sie, dass die vereinfachende Halbjahresregel[216], nach der Sie bei der Anschaffung beweglicher Wirtschaftsgüter im ersten Halbjahr die ganze Jahres-AfA geltend machen können, gerade nur für die Anschaffung gilt und nicht für die Aussonderung aus dem Betriebsvermögen. Verkaufen Sie den Gegenstand also im laufenden Jahr, so können Sie nur die zeitanteilige AfA geltend machen.

Als AfA für den ersten Kopierer können Sie daher in 01 (5.000 x 20 % x 1/12 =) 84 DM geltend machen. Der Restwert zum Zeitpunkt des Verkaufs beträgt daher (5.000 ./. 84 =) 4.916 DM.

Der Erlös für das Gerät in Höhe von 4.500 DM ist als Betriebseinnahme zu versteuern, soweit er den Kaufpreis darstellt. Da Sie aber auf den Verkauf von Anlagegütern USt zu erheben haben, stellen die 4.500 DM das Bruttoentgelt dar.

---

[216] Vgl. Sie oben das Kapitel über die AfA.

Als Nettoentgelt ergeben sich daher (4.500 : 1,16 =) 3.879,30 DM. An USt haben Sie 620,70 DM abzuführen.[217] Dass hiermit noch nicht alle mit dem Verkauf im Zusammenhang stehenden Fragen geklärt sein können, liegt auf der Hand: Sie haben nur 84 DM Betriebsausgaben in Form der AfA geltend gemacht, aber 3.879,30 DM Betriebseinnahmen als Verkaufserlös zu versteuern.

Diese „Ungerechtigkeit" wird durch den sogenannten **Restwertabzug** aufgelöst: Verkaufen Sie ein Wirtschaftsgut des Anlagevermögens, oder scheidet dies aus anderen Gründen aus dem Anlagevermögen aus, bevor Sie die gesamte AfA für dieses Wirtschaftsgut geltend machen konnten, so wird das verbleibende AfA – Volumen, also der noch nicht abgeschriebene Teil des Anschaffungspreises, als Betriebsausgabe verbucht.

Der Restwert im Zeitpunkt des Ausscheidens des ersten Kopierers aus dem Betriebsvermögen betrug 4.916 DM. Dieser ist als Anlagenabgang gewinnmindernd zu erfassen.

Steuerlich ergibt sich daraus also eine Gegenüberstellung von Betriebseinnahmen, Betriebsausgaben, Umsatzsteuer und Vorsteuer für den Kauf und Verkauf des ersten Kopierers wie folgt:

---

[217] Zu der Errechnung des Nettoentgelts lesen Sie oben die Bemessungsgrundlage der USt.

	BE	BA	VorSt	USt
Kauf		./. 84,00 DM	./. 800,00	
		(AfA)		
Verkauf	3.879,30 DM	./. 4.916,00 DM	620,70	
	(Verkaufserlös)	(Restwertabzug)		
Summe		./. 1.120,70 DM	./. 179,30	

Der Kauf und Verkauf des ersten Kopierers hat in der Summe also zu Betriebsausgaben in Höhe von 1.120,70 DM und zu einen verbleibenden Vorsteuerabzug in Höhe von 179,30 DM geführt. – Der Verkauf stellte sich als Verlustgeschäft dar.

Für den Kauf des neuen Kopierers können Sie jetzt wieder die volle Vorsteuer auf 10.000 DM, also 1.600 DM abziehen und die AfA für das ganze Jahr, also (20 % x 10.000 DM =) 2.000 DM geltend machen, da Sie das Gerät im ersten Halbjahr angeschafft haben und insoweit die Vereinfachungsregel der Finanzverwaltung gilt.

Ziff.8 :	Unter Ziff. 8 ist die Summe der Betriebseinnahmen zusammengefasst.
Ziff.9:	In den Ziff.9 ff. werden nun die Betriebsausgaben aufgeschlüsselt. An oberster Stelle stehen die Personalkosten, die gewöhnlich die größte Position bei den Betriebsausgaben einnehmen. Zu der Behandlung von Personalkosten vergleichen Sie oben das entsprechende, ausführlich behandelte Kapitel.
Ziff.10:	Bei den Raumkosten handelt es sich um die Miete für die Kanzleiräume. Diese stellt selbstverständlich Betriebsausgaben dar. Denken Sie daran, dass Mietzahlungen grundsätzlich gemäß § 4 Nr.12 UStG umsatzsteuerbefreit sind, auf diese Befreiung von Seiten des Vermieters aber durch Option nach § 9 UStG verzichtet werden kann, wenn der Mieter auch Unternehmer ist.
Ziff.11:	Ziff.11 führt als Betriebsausgaben die auf Ziff. 10 gezahlte Vorsteuer an. Hieraus erkennen Sie, dass der Vermieter von der Option nach § 9 UStG bei der Vermietung an einen Unternehmer Gebrauch gemacht hat. Die Miete war umsatzsteuerpflichtig. Die auf die Miete entfallende Vorsteuer wird als Betriebsausgabe abgezogen.

Auch hieran erkennen Sie wieder, dass es sich bei der Umsatzsteuer nicht um einen durchlaufenden Posten handelt, sondern dass vereinnahmte Umsatzsteuer Betriebseinnahmen darstellt, verausgabte Betriebsausgaben.

Ziff.12: Eigene Gerichtskosten werden bei den Betriebsausgaben aufgeführt. Es handelt sich um Aufwendungen, die im Zusammenhang mit der Einkünfteerzielung entstanden, also durch diese veranlasst sind. Hierunter fallen z.B. Kosten für Mahnbescheide in eigener Sache und eigene streitige Verfahren. Nicht zu den Betriebsausgaben gehören die Gerichtskosten, die namens des Mandanten verausgabt werden. Hierbei handelt es sich um durchlaufende Posten sowohl im Sinne des EStG, § 4 Abs.3 S.2 EStG, als auch im Sinne des UStG, § 10 Abs.1 S.5 UStG.

Ziff.13, 14: In Ziff.13, 14 wird wieder der Charakter der Umsatzsteuer deutlich. Der Unternehmer vereinnahmt im Zusammenhang mit seinen Leistungen Umsatzsteuer.

Diese hat er an das Finanzamt abzuführen. Dies allerdings nicht erst am Ende des Jahres auf einen Schlag, sondern um die Liquidität des Staates zu sichern, in regelmäßigen Voranmeldungszeiträumen. Bei den Umsätzen der Sozietät Mustermann und Musterfrau ist der Kalendermonat Voranmeldungszeitraum nach § 18 Abs.2 S.1 UStG.

Die Sozietät hat also jeden Monat eine Voranmeldung abzugeben, in der die Umsatzsteuer für den betreffenden Monat aufgeschlüsselt und auch gleich abgeführt wird. Die Betriebseinnahmen von oben Ziff.1 und 5, werden durch die Betriebsausgaben „Vorauszahlungen" gleichsam neutralisiert.

Bei den laufenden Umsatzsteuervorauszahlungen unter Ziff. 13 handelt es sich um die Umsatzsteuervorauszahlungen für das Kalenderjahr 05, die in 05 geleistet werden.

Bei den Umsatzsteuervorauszahlungen Vorjahr, Ziff. 14, handelt es sich um solche Vorauszahlungen, die noch für 04 geleistet werden. Die Umsatzsteuervoranmeldung für Dezember 04 wird erst in 05 abgegeben, die Umsatzsteuervorauszahlung daher auch erst in 05 geleistet. Dies führt dann aber auch zu Betriebsausgaben erst im Jahr 05.

Ziff.15: Die Ausgaben für Fachliteratur sind selbstverständlich Betriebsausgaben. Beachten Sie, dass auf Literatur nur ein Umsatzsteuersatz von 7 % erhoben wird, mehr also an Vorsteuer auch nicht abgezogen werden kann.

Ziff.16, 17: Auch bei Ziff. 16, 17 ergeben sich keine Besonderheiten. Es handelt sich zweifelsfrei um Betriebsausgaben, die lediglich der Höhe nach nachgewiesen werden müssen.

Dies kann nur dann zum Problem werden, wenn der Berufseinsteiger zunächst in der eigenen Wohnung tätig wird, und den auch privat benutzten Telefonanschluss für die Kanzlei nutzt. Dann muss der berufliche Telefonkostenanteil über einen Einzelverbindungsnachweis dargelegt werden. Anhand dieser Angaben wird dann in Zukunft geschätzt.

Die Aufteilung der Kosten erstreckt sich dann auch auf die Grundgebühr, § 12 Nr.1 EStG findet nach der Rechtsprechung des BFH, obwohl dieser der Vorschrift ein konstitutives Aufteilungs- und Abzugsverbot entnimmt, keine Anwendung.[218]

Ziff.18: Auch die für die berufliche Tätigkeit abgeschlossenen Versicherungen und z.B. Beiträge für die Kammer gehören zu den Betriebsausgaben, da sie betrieblich veranlasst sind. Insoweit ergeben sich ebenfalls keine Probleme. Nicht zu den Betriebsausgaben gehören aber etwa private Lebensversicherungen, auch wenn sie die Sozietät für die Sozien abgeschlossen hat. In einem solchen Falle liegen Sonderbetriebseinnahmen des betreffenden Sozius vor, die den Gewinn der Gesellschaft nicht mindern dürfen.[219]

---

[218] Vgl. dazu oben das Kapitel „Abzugsverbot nach § 12 EstG".

[219] Vgl. dazu oben das Kapitel über die Besonderheiten bei der Behandlung von Gesellschaften.

Ziff.19: Auch Repräsentationskosten der Sozietat sind als Betriebsausgaben absetzbar, obwohl § 12 Nr.1 EStG ein Abzugsverbot für solche Repräsentationsaufwendungen normiert. Der Unterschied besteht darin, dass § 12 Nr.1 EStG verhindern will, dass privat veranlasste Aufwendungen in den steuerlichen Nexus erhoben werden.

Da aber Aufwendungen, die aus der gesellschaftlichen Stellung resultieren, regelmäßig im Wesentlichen auch privat veranlasst sind, verbietet § 12 Nr.1 EStG den Abzug zur Gänze. Die Sozietät als Gesellschaft bürgerlichen Rechts oder Partnerschaftsgesellschaft hat aber keinen privaten Bereich, in den die Betriebsausgaben zur Umgehung des Abzugsverbotes erhoben werden könnten. Aufwendungen, die eindeutig die Repräsentation der Gesellschaft und der Anwaltssozietät betreffen, können daher abgezogen werden. Dies ist ein entscheidender Vorteil, den die Sozietät gegenüber dem Einzelunternehmer genießt.

Ziff.20: Bei den Kfz – Mietkosten handelt es sich um eine Position, die mit der besonderen Gestaltung der Kfz – Nutzung in diesem Beispiel zusammenhängt. Dies soll unten unter Ziff. 75 dargestellt werden.

Ziff.21: Die Kosten des Geldverkehrs und Zinsen, die die Gesellschaft belasten, sind, sofern es sich um betriebliche Konten oder Unterkonten handelt, betrieblich veranlasst und damit als Betriebsausgaben abzugsfähig.

Ziff.22: Ziff.22 nennt dann die im Rahmen betrieblicher Anschaffungen gezahlte Vorsteuer, die als Betriebsausgabe zu erfassen ist.

Ziff.23: Alle übrigen Kosten, die bis hierher nicht aufgeführt sind, und für die sich keine eigenständige Position „lohnt", werden in einem Punkt „sonstige Kosten" zusammengefasst.

Ziff.24, 25: Die Einzelpositionen werden zu der Summe der Betriebsausgaben zusammengefasst. Diese wird dann von der Summe der Betriebseinnahmen subtrahiert, woraus sich der Jahresüberschuss ergibt. Dieser Schritt ist es, den § 4 Abs.3 EStG, die Vorschrift zur Einnahmeüberschussrechnung, beschreibt:

„Steuerpflichtige (...) können als Gewinn den Überschuss der Betriebseinnahmen über die Betriebsausgaben ansetzen."

Dieser Überschuss wird also grundsätzlich der Besteuerung zugrunde gelegt.

Die Steuererklärung des Einzelanwalts und der Anwaltssozietät 229

Ziff.27-31: Dass der oben zu Ziff.24 und 25 ermittelte Überschuss aber noch nicht den endgültigen Überschuss darstellt, so wie er tatsächlich der Besteuerung zugrunde gelegt wird, hätte Ihnen auffallen müssen. Bei den Betriebsausgaben fehlt bisher jede Angabe zur AfA für die im Betrieb genutzten Gegenstände.

Zur AfA gehören dabei nicht nur die über mehrere Jahre abgeschriebenen Gegenstände, sondern auch die geringwertigen Wirtschaftsgüter, die im Jahr der Anschaffung komplett „abgeschrieben" werden.[220]

Hier im allgemeinen Teil werden nur die Summen der AfA addiert und von dem bisherigen Überschuss abgezogen. Die Aufschlüsselung der einzelnen AfA – Positionen erfolgt dann im Abschreibungsverzeichnis, unten Ziff.44 bis 66 und 67 bis 74.

Der unter Ziff.33 ermittelte Überschuss stellt dann tatsächlich den Überschuss dar, der als Gewinn der Gesellschaft dem Verteilungsschlüssel auf die Gesellschafter zugrunde gelegt wird.

Ziff.34: Die Gesellschaft dient, wie oben im Kapitel Einkommensteuer – Allgemeines dargestellt, nur als Subjekt der Einkommensteuerermittlung, nicht als Subjekt der Einkommensbesteuerung.

---

[220] Zu den GWG vergleichen Sie oben das Kapitel im Abschnitt „Absetzung für Abnutzung".

Ist der Gewinn auf Ebene der Gesellschaft also ermittelt, muss er auf die Gesellschafter verteilt werden. Dies geschieht im Wege der einheitlichen und gesonderten Gewinnfeststellung.[221]

Am einfachsten darstellen lässt sich die Verteilung in Tabellenform.

Hier werden die Gewinne der Gesellschaft nach dem im Gesellschaftsvertrag festgelegten Verteilungsschlüssel auf die Gesellschafter verteilt (im Bsp. je 50 %). Dem jeweiligen Gewinnanteil werden die Sonderbetriebseinnahmen[222] des betreffenden Gesellschafters hinzugerechnet und die Sonderbetriebsausgaben[220] abgezogen. Das Ergebnis sind die Einkünfte des Gesellschafters aus selbstständiger Arbeit, die dieser in seine persönliche Einkommensteuererklärung, Anlage GSE, zu übernehmen hat.

Ziff.37: In Zeile 37 ist der Gewinn genannt, der nach den vorstehenden Positionen ermittelt wurde.

Ziff.38: Dieser wird in Zeile 38 zu je 50 % auf die Gesellschafter verteilt.

---

[221] Dazu ebenfalls oben im Kapitel „Einkommensteuer – Allgemeines" und „Erhebung der Einkommensteuer durch die Finanzbehörden".

[222] Vgl. oben das Kapitel Einkommensteuer – „Besonderheiten bei der Behandlung von Sozietäten."

Ziff. 40, 41: Zu dem Gewinn der Gesellschaft insgesamt und dem Gewinnanteil des jeweilig betroffenen Gesellschafters werden dann die Sonderbetriebseinnahmen[220] hinzugerechnet, und die Sonderbetriebsausgaben[220] abgezogen. Um diese nicht hier schon en detail aufschlüsseln zu müssen, wird auf die Anlage verwiesen und hier nur die Summe genannt, um auf einen Blick feststellen zu können, wie hoch der Anteil des Gesellschafters ist, der in die persönliche Steuererklärung übernommen werden muss, Zeile 43.

Ziff. 44: Bevor nun die einzelnen Gesellschafter mit ihren persönlichen Einnahmen und Ausgaben behandelt werden, fehlt auf der Gesellschaftsebene noch die Abschreibungstabelle, die hier als Inventar- und Abschreibungstabelle bezeichnet ist, da auch schon längst abgeschriebene Gegenstände in diese aufgenommen sind. Es handelt sich daher um ein Verzeichnis des kompletten Inventars, das hier für die Beispielsrechnung natürlich etwas verkürzt wurde. Es sind grundsätzlich alle Anlagegüter[223] in das Verzeichnis aufzunehmen. Dies wird daher nach einigen Jahren über mehrere Seiten lang sein.

---

[223] Zu der Erklärung des Begriffes Anlagegüter vgl. den grauen Kasten im Abschnitt Einkommensteuer – „Aufzeichnungspflichten".

Ziff.46, 47: In die AfA – Tabelle sind aufzunehmen das Anschaffungsdatum und der Anschaffungspreis, die Nutzungsdauer des Wirtschaftsgutes (i.d.R. nach den AfA – Tabellen des BMF) und die AfA – Rate in %. Ferner ist der Wert zu Beginn des behandelten Wirtschaftsjahres, die AfA für das betreffende Jahr und der daraus resultierende Wert am Ende des Wirtschaftsjahres aufzuführen.

Die Spalte Zugang betrifft die Wirtschaftsgüter, die im betreffenden Jahr angeschafft wurden, für die es einen Wert zu Beginn des Jahres also nicht gibt.

Auch wenn das Wirtschaftsgut am 01.01. des Jahres angeschafft wird, wird es mit den Anschaffungskosten nicht bei Wert am 01.01. eingetragen, sondern unter Zugang, um deutlich zu machen, dass die Anschaffung in diesem Jahr erfolgte.

Ziff.49: Einbauregale sind Wirtschaftsgüter, die dem Betrieb auf Dauer zu dienen bestimmt sind und erfahrungsgemäß länger als ein Jahr nutzungsfähig sind. Sie sind daher in die AfA – und Inventartabelle aufzunehmen. Die Regale wurden am 01.01.01 angeschafft, bis zum 01.01.05. also schon über 4 Jahre abgeschrieben. Die Nutzungsdauer beträgt laut AfA – Tabelle 10 Jahre, die lineare AfA nach § 7 Abs.1 EStG daher 10 % jährlich, was bei Anschaffungskosten von 5.500 DM eine AfA von 550 DM jährlich ergibt.

Bei vier Jahren vorgenommener Abschreibung beträgt der Wert am 01.01.05 also (5.500 ./. 4 x 550 =) 3.300 DM. Von diesem Betrag wird nun die AfA für 05 (= ebenfalls 550 DM, da lineare AfA) abgezogen, was zum 31.12.05 einen Restwert der Regale von 2.750 DM ergibt.

Ziff.50, 51: Ebenso wie für die Regale wird auch für die Schreibtische unter Ziff. 50 und 51 verfahren.

Auch wenn es sich um identische Wirtschaftsgüter, mit gleichem Anschaffungsdatum handelt, sind diese getrennt aufzuführen und die AfA getrennt zu ermitteln. Sie können nicht einfach eine 2 vor die Spalte setzen und beide Schreibtische gemeinschaftlich behandeln. Deutlich wird dies, wenn z.B. ein Schreibtisch zerstört wird und Sie den Restwert abschreiben wollen. Dann ist eine getrennte Behandlung und Darstellung unumgänglich.

Ziff.52: Auch bei Ziff. 52 handelt es sich um einen Schreibtisch, also um ein bewegliches Wirtschaftsgut des Anlagevermögens. Auch dieser ist daher nach der AfA – Tabelle 10 Jahre nutzungsfähig. Dennoch ist hier eine AfA – Rate von 30 % angegeben und ein AfA – Satz für 05 von 432 DM. Der Restwert nach vier Jahren AfA seit dem 01.01.01 beträgt noch 1.009 DM.

Wie erklären sich diese ungeraden und anscheinend nicht zusammenpassenden Zahlen?

Für diesen Schreibtisch ist nicht die lineare, sondern die degressive AfA nach § 7 Abs.2 EStG geltend gemacht. Bei beweglichen Wirtschaftsgütern des Anlagevermögens besteht regelmäßig ein Wahlrecht, welche AfA der Steuerpflichtige geltend machen will.

Die degressive AfA ermittelt sich im Beispiel wie folgt:

Die Anschaffungskosten betragen 6.000 DM, die Nutzungsdauer nach AfA – Tabelle 10 Jahre.

Die lineare AfA würde daher 10 % = 600 DM über 10 Jahre betragen. Die degressive AfA nach § 7 Abs.2 EStG darf das Dreifache des linearen Satzes, maximal jedoch 30 % betragen.[224] Das Dreifache des linearen Satzes ergibt einen AfA – Satz von 30 %, die Beschränkung kommt daher nicht zum Tragen.

Der AfA – Satz von 30 % bleibt jetzt über die 10 Jahre konstant und wird vom jeweiligen Restbuchwert ermittelt.

Im ersten Jahr 01 betrug die AfA daher (30 % x 6.000 =) 1.800 DM. Der Restbuchwert am 31.12.01 war daher mit 4.200 DM anzusetzen.

Im Jahr 02 ist von diesen 4.200 DM wieder AfA in Höhe von 30 % geltend zu machen. Dies ergibt eine AfA von (4.200 x 30 % =) 1.260 DM und einen Restbuchwert zum 31.12.02 von 2.940 DM.

---

[224] Die Reformpläne der Bundesregierung, die bei Redaktionsschluss noch nicht endgültig verabschiedet waren, sehen vor, dass die maximale Höhe der degressiven AfA auf das Doppelte des linearen Satzes, maximal jedoch 20 % beschränkt werden soll.

Für 03 beträgt die AfA (2.940 x 30 % =) 882 DM, woraus sich dann ein Restbuchwert am 31.12.03 in Höhe von (2.940 ./. 882 =) 2.058 DM ergibt.

Daraus resultiert eine AfA für 04 in Höhe von (2.058 x 30 % =) 617,40 DM und ein Restbuchwert am 31.12.04 von (2.058 ./. 617,40 =) 1.440,60 DM, der auf 1.441 DM gerundet als Wert am 01.01.05 in die Abschreibungstabelle für 05 aufgenommen wird.

Die AfA für 05 beträgt (1.441 x 30 % =) 432,30 DM, gerundet auf 432 DM. Der Restbuchwert am 31.12.05 ist daher mit 1.009 DM anzusetzen.

Ziff.53: Bei dem am 01.01.01 angeschafften Computer, der über 4 Jahre nutzungsfähig ist, also linear mit 25 % abgeschrieben wird, handelt es sich um ein bereits voll abgeschriebenes Wirtschaftsgut. Der Computer wird daher mit einem Buchwert von 0,- DM geführt. Die früher übliche Praxis, abgeschriebene Wirtschaftsgüter mit einem „Erinnerungswert" von 1,- DM zu führen hat sich erübrigt, da das Vorhandensein des Wirtschaftsgutes aus dem vollständigen Inventarverzeichnis hervorgeht.

> **Zum Teil wird es dennoch von einigen Steuerberatern nach wie vor für empfehlenswert gehalten, abgeschriebene Wirtschaftsgüter mit einem „Erinnerungswert" von 1,- DM zu führen.**

> Hierdurch wird deutlich gemacht, dass es sich nicht um wertlose Wirtschaftsgüter handelt, sondern um solche, in denen noch stille Reserven enthalten sind. Der auf null abgeschriebene Kopierer ist nach vier Jahren nicht wertlos, sondern könnte noch einen Verkaufserlös erzielen. Um dies dem außenstehenden Leser deutlich zu machen, wird der Wert von 1,- DM von manchen für sinnvoll gehalten.

Ziff.54: Bei dem zum 01.04.05 angeschafften Computer, dessen Anschaffungswert jetzt unter Zugang und nicht unter Wert am 01.01.05 gebucht wird, ist, obwohl die Anschaffung erst im Laufe des Jahres erfolgte, die gesamte Jahres – AfA geltend gemacht worden.

Dies erklärt sich daraus, dass es sich um ein bewegliches Wirtschaftsgut handelt, das in der ersten Jahreshälfte angeschafft worden ist. Nach der Richtlinie R 44 Abs.2 S.3 EStR ist es aus Vereinfachungsgründen nicht zu beanstanden, wenn bei beweglichen Wirtschaftsgütern des Anlagevermögens, die im ersten Halbjahr angeschafft werden, die gesamte Jahres – AfA in Ansatz gebracht wird.

Wird das Wirtschaftsgut in der zweiten Jahreshälfte angeschafft, kann die halbe Jahres – AfA geltend gemacht werden.[225]

---

[225] Vgl. hierzu oben den Abschnitt Zeitpunkt der AfA.

Ziff.55: Auch ein einzelnes Telefon ist ein Wirtschaftsgut des Anlagevermögens und unterfällt damit der AfA. Kostet es mehr als 800 DM netto, so müssen die Kosten über die betriebsgewöhnliche Nutzungsdauer verteilt werden, die bei Nebenstellengeräten mit 8 Jahren angesetzt wird.

Ziff.56: Bei dem Drucker, der ebenfalls ein selbstständig nutzungsfähiges Wirtschaftsgut darstellt, handelt es sich wieder um ein Wirtschaftsgut, das bereits vollständig abgeschrieben ist, und daher mit 0,- DM im Inventarverzeichnis geführt wird.

Ziff.57: Keine Besonderheiten ergeben sich auch bei dem zum 01.01.01 angeschafften Drehsessel, der über 10 Jahre abgeschrieben werden muss. Hier ist wiederum die lineare AfA gewählt worden.

Ziff.58: Der zweite Drehsessel ist ein Neuzugang vom 01.12.05. Der Anschaffungswert (netto, da VorSt – abzugsberechtigt) ist daher wieder unter Zugang aufzuführen.

Die AfA beträgt nach der oben dargestellten vereinfachenden „Halbjahresregel" der Finanzverwaltung die Hälfte der Jahres – AfA, obwohl das Wirtschaftsgut erst am 01.12.05 angeschafft wurde.

Ziff.59, 60: Bei beiden Positionen handelt es sich um Teppichboden, der am 01.01.05 angeschafft wurde. Dennoch beträgt die Nutzungsdauer einmal 5 und einmal 15 Jahre, was natürlich erhebliche Auswirkungen auf die Höhe der AfA hat.

Dies erklärt sich aus der Qualität des angeschafften Teppichbodens. Die AfA – Tabellen des BMF unterscheiden zwischen normalen und hochwertigen Teppichböden. Hochwertige Teppichböden liegen hiernach vor, wenn der m^2 – Preis 1.000 DM und mehr beträgt. Solcher Boden soll dementsprechend länger nutzungsfähig und damit über längere Zeit abzuschreiben sein.

Machen Sie sich an dieser Stelle noch einmal bewusst, dass es keinen Einfluss auf die Gesamtabschreibung der Anschaffungskosten hat, wenn Sie einen nach AfA – Tabelle über 15 Jahre nutzungsfähigen Teppichboden nach 8 Jahren austauschen. Der dann noch zu Buche stehende Restwert wird als Betriebsausgabe abgezogen, der neue Teppich dann wieder ganz normal abgeschrieben.

Ziff.61, 62: Bei Ziff. 61 und 62 ergeben sich dann wiederum keine Besonderheiten.

Es handelt sich einmal mehr um ein bewegliches Wirtschaftsgut, das in Anwendung der Halbjahresregel bereits über drei Jahre abgeschrieben wurde (Ziff. 61) und zum anderen um ein Wirtschaftsgut, das im Jahr 05 neu zugegangen ist, und nur mit der halben Jahres – AfA angesetzt werden kann, da es mit dem 01.07.05 in der zweiten Jahreshälfte angeschafft wurde.

> **Denken Sie immer daran, dass die Halbjahresregel nur bei der Anschaffung von beweglichen Wirtschaftsgütern gilt. Bei der „Abschaffung" findet sie keine Anwendung. Veräußern Sie also ein bewegliches Wirtschaftsgut in der ersten oder der zweiten Jahreshälfte, so können Sie die AfA immer nur pro rata temporis, also zeitanteilig geltend machen.**

Ziff.63: Unter Ziff. 63 sind dann die Summen der einzelnen Positionen zusammengefasst. Die Summe der AfA auf die Geschäftsausstattung beträgt, wie unter Ziff.28 schon in die Gesamtrechnung aufgenommen, 12.726,00 DM.

Ziff.65: Nicht zu der Geschäftsausstattung gehören z.B. Pkw – Stellplätze, Garagen etc., also Wirtschaftsgüter, die dem Unternehmen dienen, aber nicht unter den Begriff der Geschäftsausstattung gefasst werden können. Diese werden dann, der Übersichtlichkeit halber, gesondert aufgeführt. Bei Pkw – Stellplätzen handelt es sich um unbewegliche Wirtschaftsgüter des Anlagevermögens, die keine Gebäude oder Gebäudeteile sind, für die also nicht die Gebäude – AfA nach § 7 Abs.4, 5 EStG greift, sondern die lineare AfA nach

§ 7 Abs.1 EStG.[226]

Ziff.67-73: In den Ziff. 67 – 73 sind dann die im Jahre 05 angeschafften geringwertigen Wirtschaftsgüter unter der Artikelbezeichnung mit genauem Anschaffungsdatum und Anschaffungspreis aufgeführt. Die Angabe der Bezugsquelle ist fakultativ, kann also unterbleiben.

Wie Sie oben aus den Ausführungen der Abzugsfähigkeit von GWG´s gesehen haben, ist die Führung eines solchen Verzeichnisses zwingende Voraussetzung für die volle Abzugsfähigkeit im Jahr der Anschaffung.

Ziff.74: In Ziff. 74 ist dann die Summe aller GWG angegeben. Diese hat in die Berechung des Jahresüberschusses (= Gewinns) bereits unter der Position AfA Eingang gefunden. Auch § 6 Abs.2 EStG, der die Abzugsfähigkeit von GWG regelt, ist eine AfA – Vorschrift, weshalb die GWG hier aufzuführen sind.

Ziff.75: An dieser Stelle endlich werden wir näher auf die Behandlung von Kfz eingehen.

---

[226] Vgl. H 42 EStR „Unbewegliche Wirtschafgüter, die keine Gebäude oder Gebäudeteile sind".

Dass die Kfz Kosten hier unter Sonderbetriebseinnahmen und Sonderbetriebsausgaben des Gesellschafters aufgeführt werden, hat seinen Grund in einer besonderen Gestaltung, die hier gewählt wurde.

Grundsätzlich ist zu dem Sonderbetriebsergebnis der einzelnen Gesellschafter, das sich aus Sonderbetriebseinnahmen und Sonderbetriebsausgaben zusammensetzt, zu sagen, dass dieses natürlich gesondert aufgeschlüsselt werden muss. Die sich aus dieser Aufstellung ergebenden Zahlenwerte sind dann oben in die Anlage zur einheitlichen und gesonderten Gewinnfeststellung zu übernehmen, Ziff. 34 – 43. Wir haben oben[227] gesehen, dass Vergütungen, die der Gesellschafter von der Gesellschaft für seine Dienste gegenüber der Gesellschaft und für die Überlassung von Wirtschaftsgütern oder Darlehen an die Gesellschaft erhält, Gewinne aus selbstständiger Tätigkeit im Sinne des § 18 EStG darstellen, §§ 18 Abs.4 S.2, 15 Abs.1 S.1 Nr.2 EStG.

Bevor nun auf die besondere Gestaltung der Pkw – Behandlung in diesem Beispiel eingegangen wird, zunächst die Grundsätze der Behandlung von Pkw.

Grundsätzlich ist zu unterscheiden, zwischen betrieblichen Pkw, die ausschließlich betrieblich genutzt werden,

---

[227] Vgl. das Kapitel „Besonderheiten bei der Besteuerung von Sozietäten" im Rahmen der Einkommensteuer.

betrieblichen Pkw, die auch privat genutzt werden und privaten Pkw, die auch betrieblich genutzt werden.

Wann ein betrieblicher, wann ein privater Pkw anzunehmen ist, bestimmt sich zum einen danach, wer den Pkw anschafft, zum anderen danach, in welchem Verhältnis die private und die betriebliche Nutzung zueinander stehen.

Kauft die Sozietät den Pkw, wozu bei einem Einzelanwalt natürlich keine Möglichkeit besteht, so handelt es sich zwingend um einen betrieblichen Pkw, da die Sozietät keine Privatsphäre hat.

Bei vielen Sozietäten stellt die Anschaffung durch die Sozietät den Regelfall dar.

Kauft der Anwalt, gleichgültig ob Partner in einer Sozietät oder Einzelanwalt, den Pkw, so entscheidet der Grad der Nutzung darüber, ob es sich einkommensteuerrechtlich um einen betrieblichen oder privaten Pkw handelt.

Die nachstehenden Ausführungen beziehen sich zunächst auf die einkommensteuerrechtliche Behandlung. Im Anschluss hieran werden die sich ergebenden umsatzsteuerrechtlichen Folgen dargestellt.

Nutzen Sie den Pkw zu weniger als 10 % betrieblich, was fast nur denkbar ist, wenn es sich um einen Zweitwagen handelt, so handelt es sich um notwendiges Privatvermögen.

Die Kosten, weder die für die Anschaffung (AfA), noch die Betriebskosten, können einkommensteuerrechtlich geltend gemacht werden.

Nutzen Sie den Pkw zu mehr als 50 % betrieblich, so handelt es sich um notwendiges Betriebsvermögen. Sie haben nicht den betrieblichen Anteil der Nutzung abzusetzen, sondern die Gesamtkosten einkommensteuerrechtlich geltend zu machen, und den privaten Nutzungsanteil dann als Entnahme zu versteuern, was sogleich dargestellt wird.

Bei einer betrieblichen Nutzung zwischen 10 und 50 % ist umstritten, ob dem Steuerpflichtigen das Wahlrecht offen steht, den Pkw als Betriebsvermögen zu behandeln, sog. gewillkürtes Betriebsvermögen. Dem § 4 – I – Rechner ist diese Möglichkeit gegeben. Die Finanzverwaltung lehnt dies aber im Einvernehmen mit dem BFH für den § 4 – III – Rechner ab, da dieser keine Bilanz führt, in die der Pkw als Betriebsvermögen aufgenommen und das Wahlrecht so ausgeübt werden könnte.

Handelt es sich bei dem Pkw um Privatvermögen, so können die Kosten für die Anschaffung und den Unterhalt grundsätzlich nicht geltend gemacht werden. Eine Aufteilung nach betrieblichem und privatem Nutzungsanteil verbietet § 12 Nr.1 EStG in seiner Auslegung durch den BFH[228], sofern es sich um Privatvermögen handelt.

---

[228] Dazu oben die Ausführungen zu § 12 EStG.

Um die betriebliche Nutzung eines privaten Pkw in den steuerlichen Nexus zu erheben, müssen Sie dann alle betrieblichen Fahrten durch ein Fahrtenbuch nachweisen.

Wichtig ist hierbei, dass das Fahrtenbuch nicht jeden km enthalten muss, sondern wirklich nur die betrieblichen Fahrten aufzuführen hat. Vergessen Sie hierbei einmal eine Eintragung, hat dies zwar zur Folge, dass Sie für diese Fahrt keinen Abzug geltend machen können, jedoch führt dies nicht zur Ablehnung des gesamten Fahrtenbuchs.

Für jeden betrieblich gefahrenen km können Sie dann 0,52 DM als Betriebsausgaben in Ansatz bringen.

Jetzt wird auch deutlich, warum Sie jeden betrieblich gefahrenen km aufzeichnen müssen. Diese können Sie dann der Berechnung ihrer Betriebsausgaben zugrunde legen.

Ein Abzug bzw. steuerliche Folgen darüber hinaus ergeben sich nicht. Die Behandlung privater Pkw, die auch betrieblich genutzt werden, ist also relativ einfach, eröffnet aber auch nur geringe Möglichkeiten zur steuerlichen Gestaltung.

Handelt es sich bei dem Pkw nach den oben dargestellten Grundsätzen um einen betrieblichen Pkw, so wird die Behandlung schon etwas schwieriger:

Sie können auf die Anschaffungskosten die gewöhnliche AfA geltend machen. Nach den Tabellen des BMF ist für einen Neuwagen eine Nutzungsdauer von 5 Jahren anzusetzen. Die AfA – Rate beträgt daher 20 %.

Sämtliche Unterhaltsaufwendungen sind Betriebsausgaben und mindern damit in voller Höhe den Gewinn.

> **Dass die Pkw – AfA und die laufenden Pkw – Kosten in der Beispielsrechnung nicht bei den Betriebsausgaben und der AfA der Sozietät auftauchen, hängt wiederum mit der besonderen Gestaltung in diesem Fall zusammen und wird zum Abschluss erklärt.**

Wird der Pkw ausschließlich betrieblich genutzt, haben Sie also für die Privatfahrten, zu denen auch die morgendlichen Fahrten in das Büro und die abendlichen Fahrten nach Hause zählen, einen zusätzlichen Pkw, so hat es dabei sein Bewenden. Dies wird allerdings der absolute Ausnahmefall sein. Welche Sozietät hat schon einen Pkw, der auf dem Hof steht, und nicht einmal für die Fahrten nach Hause genutzt wird.

Den Regelfall stellt die auch private Mitbenutzung des betrieblichen Pkw dar. In diesem Fall hat der Steuerpflichtige erhebliche Vorteile daraus, dass die gesamten Kosten steuerlich wirksam geltend gemacht werden können, was bei einem privaten Pkw nicht möglich wäre. Aus diesem Grunde muss der Steuerpflichtige diese Vorteile seiner Einkommensbesteuerung unterwerfen, was letztlich zu Betriebseinnahmen in Form der Entnahme führt.

> **Rufen Sie sich an dieser Stelle noch einmal das Schema der Gewinnermittlung in Erinnerung: Betriebseinnahmen ./. Betriebsausgaben + Entnahmen ./. Einlagen.**

> Entnahmen erhöhen daher den Gewinn und stellen somit eine „Art Betriebseinnahme" dar. Beachten Sie hierbei aber, dass die Einlage und Entnahmevorschriften zwar auch für den § 4 – III – Rechner Anwendung finden. Dies gilt allerdings nicht für die Einlage und die Entnahme von Geld. Nehmen Sie 2.000 DM aus der Kasse, und verbrauchen Sie diese für private Zwecke, so erhöht dies nicht den Gewinn. Geldzuflüsse erhöhen den Gewinn im Zeitpunkt des Zuflusses, betrieblich veranlasste Abflüsse im Zeitpunkt des Abflusses. Nicht betrieblich veranlasste Zu- oder Abflüsse in Geld sind nicht zu berücksichtigen.

Für die steuerliche Berücksichtigung dieses Vorteils stellt das Gesetz in § 6 Abs.1 Nr.4 S.2 und 3 EStG nun zwei Möglichkeiten zur Verfügung:

Zum einen können Sie ein Fahrtenbuch führen, in dem nunmehr aber jeder gefahrene km mit Veranlassung und Fahrtziel aufzuführen ist. Lücken im Fahrtenbuch können zur kompletten Nichtanerkennung des Fahrtenbuchs führen.

Anhand des Fahrtenbuchs werden dann der betriebliche und der private Nutzungsanteil auseinanderdividiert, und die Gesamtaufwendungen aufgeteilt. In Höhe des Anteils, der auf die private Nutzung entfällt, liegen Entnahmen vor, die den Gewinn und damit letztlich auch die Steuerschuld erhöhen.

Die Regelung hierzu findet sich in § 6 Abs.1 Nr.4 S.3 EStG:

Die private Nutzung kann abweichend von Satz 2 mit den auf die Privatfahrten entfallenden Aufwendungen angesetzt werden, wenn die für das Kraftfahrzeug insgesamt entstehenden Aufwendungen durch Belege und das Verhältnis der privaten zu den übrigen Fahrten durch ein ordnungsgemäßes Fahrtenbuch nachgewiesen werden.

Dies stellt die genaueste Möglichkeit dar, wie Sie den Entnahmeanteil für die privaten Fahrten mit dem betrieblichen Pkw ermitteln.

Da die Regelung aber mit den Worten „abweichend von Satz 2" beginnt, ist zu klären, welche Möglichkeit der Berücksichtigung Satz 2 enthält.

Hierbei handelt es sich um die sogenannte „1 % - Regel", die Ihnen vielleicht schon einmal irgendwo begegnet ist. Führt der Steuerpflichtige kein Fahrtenbuch, so hat er für jeden Kalendermonat 1 % des inländischen Listenpreises zuzüglich Sonderausstattung einschließlich der Umsatzsteuer als Entnahme anzusetzen. Nutzen Sie den Pkw also das ganze Jahr über auch privat, ohne ein Fahrtenbuch zu führen, so müssen Sie 12 % des Bruttolistenpreises für das konkrete Modell, also incl. aller Sonderausstattung, als Entnahmewert verbuchen. Dies gilt auch dann, wenn es sich um ein gebrauchtes Fahrzeug handelt. Auch dann ist der Bruttolistenpreis im Zeitpunkt der ersten Zulassung anzusetzen.

Fahren Sie also einen alten Mercedes 200 D, für den Sie heute noch 800 DM bekämen, so hätten Sie trotzdem den Neupreis zur Berechnung des Entnahmewertes zugrunde zu legen.

Angenommen der Neupreis hat 65.000 DM brutto incl. aller Sonderausstattung betragen, dann hätten Sie im Jahr Entnahmen in Höhe von (65.000 x 1 % x 12 =) 7.800 DM zu versteuern.

Für solch extreme Fälle, wie den dargestellten, in denen der Entnahmewert den Wert des Pkw übersteigt, gibt es dann aber Sonder- und Härteregeln. Das Beispiel sollte nur verdeutlichen, dass es sich bei Gebrauchtwagen durchaus zum Nachteil des Steuerpflichtigen darstellen kann, wenn Sie einen privaten Nutzungsanteil aus dem betrieblichen Pkw zu versteuern haben.

Zwischen beiden Möglichkeiten der steuerlichen Behandlung besteht grundsätzlich ein Wahlrecht. Ist ihr privater Nutzungsanteil sehr gering, so bietet es sich an, ein Fahrtenbuch zu führen, da die 1 % - Regel doch zu erheblichen Entnahmewerten führen kann.

Ist ihr privater Nutzungsanteil hingegen sehr hoch, so ist die 1 % - Regel von Vorteil, da die tatsächlich private Nutzung nicht zu Buche schlägt. Bei hohen privaten Nutzungsanteilen wird durch die 1 % - Regel i.d.R. ein geringerer Betrag herauskommen, als wenn Sie die auf die private Nutzung tatsächlich entfallenden Kosten ermitteln.

In umsatzsteuerrechtlicher Hinsicht haben sich durch das Änderungsgesetz zum 01.04.1999 erhebliche Änderungen ergeben.

Für betriebliche Pkw, die auch privat genutzt werden, kann gemäß § 15 Abs.1b UStG seit dem 01.04.1999 sowohl die auf die Anschaffung, wie auch die auf den Betrieb entfallende Umsatzsteuer nur noch zur Hälfte als Vorsteuer abgezogen werden.

> Ob es sich umsatzsteuerrechtlich um einen betrieblichen oder privaten Pkw handelt, wird grundsätzlich nach den gleichen prozentualen Nutzungsanteilen entschieden, wie im Einkommensteuerrecht. Zwei Abweichungen gibt es jedoch, wobei nur eine davon zu einem anderen Ergebnis führt: Die betriebliche Nutzung zu weniger als 10 %, die nach gefestigter Rechtsprechung im Einkommensteuerrecht zu notwendigem Privatvermögen führt, ist seit dem 01.04.1999 für das Umsatzsteuerrecht normiert: § 15 Abs.1 S.2 UStG legt fest, dass Lieferungen eines Gegenstandes, der zu weniger als 10 % betrieblich genutzt wird, als nicht für das Unternehmen ausgeführt gilt.
> Die zweite Abweichung betrifft die Nutzung oberhalb von 10 %. Hier hat der Unternehmer grundsätzlich ein Wahlrecht, das durch nichts beschränkt wird, ob er den Gegenstand dem Unternehmen zuordnen möchte, oder nicht. Eine Beschränkung wie für das gewillkürte Betriebsvermögen im Einkommensteuerrecht gibt es hier nicht.

Kaufen Sie sich also einen Pkw für 100.000 DM netto, und gehen Sie erst einmal für 100 DM netto tanken, dann können Sie von der auf die Anschaffung entfallenden Vorsteuer in Höhe von 16.000 DM nur 8.000 DM (= 8 %) und von den auf die Tankquittung entfallenden 16 DM Vorsteuer nur 8 DM (= 8 %) tatsächlich als Vorsteuer abziehen. Mit den übrigen 50 % der Vorsteuer bleiben Sie endgültig belastet.

Dies heißt aber nicht, dass die nicht als Vorsteuer abziehbaren 50 % steuerlich überhaupt nicht geltend gemacht werden können. Für die Anschaffung trifft § 9b Abs.1 EStG die entsprechende Regelung:

Hiernach gehören zu den Anschaffungskosten auch die Umsatzsteuerbeträge, die nicht im Wege des Vorsteuerabzugs abgesetzt werden können. Können aber 50 % der Vorsteuer auch tatsächlich zum Abzug bei der Umsatzsteuervoranmeldung gebracht werden, so erhöhen die übrigen 50 % die Anschaffungskosten und damit auch die Bemessungsgrundlage für die AfA. Bei dem obigen Autobeispiel bedeutet dies, dass Sie die AfA von 108.000 DM berechnen (also 108.000 x 20 % = 21.600 DM) und 8.000 DM im Wege des Vorsteuerabzuges geltend machen.

Gleiches gilt für die laufenden Aufwendungen: Sie haben Betriebsausgaben in Höhe von 108 DM und abziehbare Vorsteuer in Höhe von 8 DM.

Im Ausgleich dafür, dass Sie nur noch die halbe Vorsteuer geltend machen können, müssen Sie aber umsatzsteuerrechtlich keinen Eigenverbrauch mehr besteuern. Bis zum 01.04.1999 war es so, dass Sie die Vorsteuer in voller Höhe abziehen konnten, dafür aber auch für den privaten Eigenverbrauch, das heißt, für die einkommensteuerrechtliche Entnahme, Umsatzsteuer zu zahlen hatten. Bemessungsgrundlage hierfür war der Wert der Entnahme, der sich entweder durch Fahrtenbuch oder, ganz entsprechend der einkommensteuerrechtlichen Regelung, nach der 1 % - Regel berechnete.

> **Für das obige Beispiel hätte dies bedeutet, dass Sie bei einem Nettolistenpreis incl. aller Sonderausstattung von 100.000 DM die 16.000 DM Vorsteuer voll hätten abziehen können, aber aus 116.000 DM x 1 % je Monat, also aus 1.160 DM monatlich Umsatzsteuer in Höhe von 16 %, also 185,60 DM USt zu zahlen hätten, was eine jährliche Umsatzsteuerschuld bei 12 Monaten auch privater Nutzung von 2.227,20 DM ergeben hätte.**

Diese Umsatzbesteuerung des privaten Nutzungsanteils ist mit der Einführung des § 15 Abs.1b UStG abgeschafft worden. Systematisch wurde dies so gelöst, dass die private Nutzung, das heißt die Nutzung zu Zwecken, die außerhalb des Unternehmens liegen, entgegen § 3 Abs.9a S.1 Nr.1 UStG nicht einer sonstigen Leistung gleichgestellt wird, sofern es sich um einen Pkw handelt, für den die Regelung des § 15 Abs.1b UStG Anwendung gefunden hat, § 3 Abs.9a S.2 UStG.

§ 15 Abs.1b UStG gilt nur, und das ist wichtig, für Pkw, die auch privat genutzt werden. Für ausschließlich betrieblich genutzte Pkw bleibt es bei dem Vorsteuerabzug in voller Höhe, sowohl für die Anschaffungs- als auch für die Betriebskosten.

Die Berechnung eines privaten Mitbenutzungsanteils entfällt dann notwendigerweise, wenn es sich um einen ausschließlich betrieblich genutzten Pkw handelt.

> Sie sehen also, dass es sich bei der Einführung des § 15 Abs.1b UStG im Ergebnis um einen pauschalierende Vereinfachungsregelung handelt: Sie können zwar nur noch die halbe Vorsteuer abziehen, haben dafür aber umsatzsteuerrechtlich keinen privaten Nutzungsanteil mehr zu versteuern. Auf die einkommensteuerrechtliche Besteuerung des privaten Anteils hat dies aber selbstverständlich keinen Einfluss. Die Wirksamkeit des § 15 Abs.1b UStG war nicht unumstritten. So hat der V. Senat des FG Niedersachsen mit Urteil vom 10.02.2000 (5 K 515/99) entschieden, dass die Begrenzung des Vorsteuerabzuges auf 50 % für nach dem 31.03.1999 angeschaffte Fahrzeuge[229] derzeit mit dem Gemeinschaftsrecht, auf dem die Änderungen des UStG basieren, nicht zu vereinbaren sei, da dieses eine Beschränkung des Vorsteuerabzuges nicht vorsehe. Der Rat der Europäischen Union hat daraufhin mit Entscheidung vom 28.02.2000 die Bundesrepublik Deutschland rückwirkend zum 01.04.1999 zu einer abweichenden Regelung bis spätestens 31.12.2002 ermächtigt. Die Regelung des § 15 Abs.1b UStG ist damit zur Zeit aktuell und verbindlich.

In dieser Neuregelung des § 15 Abs.1b UStG hat auch die in der Beispiels – Einnahmeüberschussrechnung gewählte Gestaltung ihren Grund:

Sie haben unter Ziff. 75 gesehen, dass der Gesellschafter Sonderbetriebseinnahmen aus der Vermietung eines Pkw Mercedes SLK 230 zuzüglich der hierauf entfallenden Umsatzsteuer hat.

---

[229] Nur für solche gilt § 15 Abs.1b UStG.

Als Sonderbetriebsausgaben sind dagegen laut gesonderter Anlage die Pkw – Kosten aufgeführt.

Grundlage der Gestaltung ist also folgende:

Es kaufen weder die Gesellschaft ein betriebliches Auto, das dann privat mitbenutzt wird, noch der Gesellschafter ein privates Auto, das er auch betrieblich im Sinne seiner anwaltlichen Tätigkeit nutzt.

Vielmehr kaufen die Gesellschafter als natürliche Personen je ein Auto, das sie dann an die Gesellschaft vermieten und dort selbst nutzen.

> **Dies ist von der Finanzverwaltung fälschlicherweise zunächst nicht anerkannt worden, da diese sich auf den Standpunkt gestellt hat, der Gesellschafter als Privatperson könnte der Gesellschaft nicht einen Gegenstand vermieten, den er dann in seiner Funktion als Gesellschafter nutze. Im finanzgerichtlichen Verfahren ist der Anwaltssozietät, die dieses Modell eingeführt hat, dann aber Recht gegeben worden. Selbstverständlich kann der Gesellschaft ein Gegenstand vermietet werden, den dann der Gesellschafter in dieser Funktion (auch) selbst nutzt. Hätte der Gesellschafter der Gesellschaft eine Bibliothek vermietet, so hätte auch niemand Anstoß daran genommen, dass er in Ausübung seiner beruflichen Tätigkeit selbst in den Palandt schaut (vgl. auch R 213 Abs.1 UStR).**

Die Gesellschaft zahlt an den Gesellschafter Mietzinsen, die dieser als Einnahmen zu versteuern hat. Hierbei handelt es sich in Anwendung der §§ 18 Abs.4 S.2, 15 Abs.1 S.1 Nr.2 EStG nicht um Einkünfte aus Vermietung und Verpachtung, sondern um solche aus freiberuflicher Tätigkeit, also aufgrund der Umqualifizierung um Sonderbetriebseinnahmen.

> Zur Erinnerung: Hintergrund für diese Umqualifizierung ist der dem Steuerrecht zugrunde liegende Gleichbehandlungsgrundsatz: Ein Einzelanwalt könnte sich selbst – die Reformpläne der Bundesregierung mal unbeachtet gelassen – keinen Pkw vermieten. Dass dies bei der Gesellschaft möglich ist, soll nicht zu Einkünften aus anderen Einkunftsarten und daraus evt. resultierenden Steuervorteilen führen (insbesondere denkbar hinsichtlich der GewSt bei anderen Einkünften als freiberuflichen). Also qualifiziert man die Einkünfte in solche um, wie sie die Gesellschaft erzielt.

Dass der vermietende Anwalt die Mietzinsen als Sonderbetriebseinnahmen zu versteuern hat, stellt keinen Nachteil dar, da die Einkünfte der Gesellschaft in entsprechender Höhe gemindert sind, sein Gewinnanteil aus dem Überschuss also geringer ausfällt. Der Steuernachteil aus den Sonderbetriebseinnahmen und der Steuervorteil aus dem um die Betriebsausgaben verminderten Gewinnanteil heben sich auf.

Der entscheidende Vorteil dieser Gestaltung liegt nun aber darin, dass der Vermieter des Kfz hinsichtlich der Vermietungstätigkeit auch Unternehmer im Sinne des UStG ist (R 213 Abs.1 UStR).

> **Bisher war nur die Gesellschaft Unternehmer. Beachten Sie hier den wesentlichen Unterschied zwischen Umsatz- und Einkommensteuerrecht. Während die GbR einkommensteuerrechtlich nicht rechtsfähig ist, ist sie dies umsatzsteuerrechtlich sehr wohl, weshalb die Gesellschaft Unternehmer im Sinne des § 2 UStG ist. Durch die Vermietungstätigkeit wird nun auch der Gesellschafter selbst Unternehmer mit allen sich daraus ergebenden Rechten und Pflichten.**

Gegenstand des Unternehmens ist die Vermietung von Kfz. Diese ist nicht nach § 4 Nr.12 UStG umsatzsteuerbefreit, da diese Vorschrift nur Grundstücke und Zubehör erfasst. Die Ausübung einer Option nach § 9 UStG ist daher nicht erforderlich.

Als Vermieter des Kfz nutzt der Vermieter das Kfz aber ausschließlich zu betrieblichen Zwecken. Dass der Anwalt in seiner Funktion als Gesellschafter das Fahrzeug auch privat nutzt, muss insoweit unerheblich sein, da es sich umsatzsteuerrechtlich um zwei verschiedene Unternehmen handelt. Die Anschaffung erfolgt für die umsatzsteuerlichen Vermietungsumsätze, in deren Rahmen eine Privatnutzung nicht stattfindet. Es kann daher im Rahmen der Vermietungstätigkeit die gesamte Vorsteuer abgezogen werden. Die Beschränkung auf 50 % nach § 15 Abs.1b UStG greift nicht.

Ist die Miete hoch genug, um ein Umgehungsgeschäft im Sinne des § 42 AO[230] anzunehmen, so ist es sinnvoll, dass

---

[230] Die AO sieht in § 42 AO eine Missbrauchssperre vor, die in der Praxis allerdings nur sehr selten

der Mietvertrag vorsieht, dass die Unterhaltungsaufwendungen von dem Vermieter zu tragen sind. Denn auch insoweit kann dann wieder der gesamte, auf die Unterhaltungsaufwendungen entfallende Vorsteuerbetrag abgezogen werden.

Die AfA für das Kfz kann der Vermieter im Rahmen seiner Sonderbetriebsausgaben geltend machen. Sie sind Teil der Kfz – Kosten, die – natürlich ist die Miete als Sonderbetriebseinnahme zu verbuchen – Sonderbetriebsausgabe ist und in das Sonderbetriebsergebnis einfließt.

Da Sie das Auto in Ihrer Funktion als Gesellschafter dann aber auch privat nutzen, haben Sie einkommensteuerrechtlich, ebenso, als handelte es sich um ein Auto der Sozietät, entweder der 1 % - Regel folgend jährlich 12 % des Bruttolistenpreises zu versteuern oder aber den privaten Nutzungsanteil durch ein Fahrtenbuch km – genau zu ermitteln. Diesbezüglich ergeben sich keine Änderungen gegenüber dem gewöhnlichen Gestaltungsweg.

Die Gesellschaft zahlt auf den Mietzins Umsatzsteuer. Da das Auto aber im Rahmen der Gesellschaft auch zu außerbetrieblichen Zwecken genutzt wird, nämlich durch den

---

zur Anwendung kommt. Zunächst ist es zulässig, Gestaltungsmöglichkeiten zur günstigsten Besteuerung auszunutzen. Dies wird nur dann versagt, wenn offensichtlich Gestaltungswege gewählt werden, die umständlich und unpraktikabel sind und allein zur missbräuchlichen Steuerverkürzung genutzt werden. Die Grenzen sind fließend, bei der hier vorgeschlagenen Gestaltung aber wohl nicht erreicht.

Gesellschafter privat, kann die Gesellschaft von diesen Vorsteuerbeträgen nach § 15 Abs.1b UStG nur 50 % abziehen. Die übrigen 50 % sind Betriebsausgaben für die Pkw-Nutzung und können als solche abgezogen werden.

Ein umsatzsteuerlicher Entnahmeeigenverbrauch ist von dem Gesellschafter nicht zu versteuern. Da die Gesellschaft auf den Mietzins nur die halbe Vorsteuer geltend machen kann, ist der Anteil des privaten Gebrauchs bzw. für eine außerhalb des Unternehmens liegende Nutzung abgegolten. Obwohl § 3 Abs.9a S.2 UStG, der für die Fälle des § 15 Abs.1b UStG eine Befreiung von der Besteuerung des Leistungseigenverbrauchs vorsieht, die Miete, anders als § 15 Abs.1b UStG nicht ausdrücklich nennt, ist dieser auch auf Vermietungsfälle anwendbar.[231]

In unserem Beispiel von oben, in dem ein Auto für 100.000 DM netto gekauft wird, beträgt der steuerliche Vorteil – abgesehen von Reparaturen, Inspektionen etc., die noch hinzukämen – allein bei der Anschaffung 8.000 DM VorSt, die so direkt abgezogen werden kann, und anderenfalls nur über die AfA auf 5 Jahre hätte geltend gemacht werden können. Nachteile ergeben sich aus dieser Gestaltung keine.

---

[231] Vgl. Schreiben des BMF zur Umsatzbesteuerung bei betrieblichen und privaten Pkw Tz.1; abrufbar unter www.bundesfinanzministerium.de unter der Rubrik Fachabteilungen/Infos – Besitz- und Verkehrssteuern.

> ***Wichtiger Hinweis:*** Bei dem vorgeschlagenen Modell handelt es sich um eine Gestaltung, die bisher nur für Altfälle vor dem 01.04.1999 verbeschieden ist. Wie die Finanzverwaltung in Fällen entscheiden wird, die nach dem 31.03.1999 angeschaffte Pkw betreffen, kann nicht sicher vorhergesehen werden. Die vorgeschlagene Konstruktion nutzt eine Lücke im Gesetz. Grundsätzlich ist das Ausnutzen steuerlicher Gestaltungsmöglichkeiten zugunsten des Steuerpflichtigen möglich. Es ist allerdings denkbar, dass die Finanzverwaltung versuchen wird, in der Gestaltung einen Missbrauch nach § 42 AO zu sehen. Sollten Sie sich für dieses Modell entscheiden, so kann es diesbezüglich zu Unstimmigkeiten mit der Finanzverwaltung kommen. Die Gestaltung orientiert sich streng am Wortlaut des Gesetzes, sollte daher also zuzulassen sein. Da es sich bei dem Begriff des Missbrauchs in § 42 AO aber um einen unbestimmten Rechtsbegriff handelt, der der Auslegung durch die Finanzverwaltung bedarf, ist eine Vorhersage schwer möglich. In jedem Fall sei Ihnen empfohlen, die diesbezügliche Rechtsprechung im Auge zu behalten.

Da die Gestaltung für jemanden, der sich mit steuerlichen Problemen und Gestaltungsmöglichkeiten noch nie beschäftigt hat, sehr kompliziert erscheinen mag, hier noch einmal eine kurze Zusammenfassung der wesentlichen Schritte der hier gewählten Gestaltungsmöglichkeit.

> Natürlich ist diese Gestaltung nur bei Sozietäten möglich, funktioniert für den Einzelanwalt aber ganz entsprechend, wenn nicht er der Sozietät, sondern z.B. der Ehepartner ihm das Fahrzeug vermietet.[232]
> 1. Es kauft nicht die Gesellschaft ein Kfz, das dann der Gesellschafter sowohl betrieblich als auch privat nutzt.
> 2. Das Kfz wird von dem Gesellschafter (privat) gekauft und dann an die Gesellschaft bürgerlich – rechtlich vermietet.
> 3. Hierdurch wird der Gesellschafter als natürliche Person Unternehmer im Sinne des § 2 UStG.[233]
> 4. Die Vermietung ist eine umsatzsteuerbare und umsatzsteuerpflichtige Leistung. Auf den Mietzins ist daher USt zu erheben, die die Gesellschaft in ihrer Umsatzsteuervoranmeldung zu 50 % als Vorsteuer abziehen kann, da der Pkw auch zu unternehmensfremden Zwecken genutzt wird. Der Gesellschafter muss die USt als vereinnahmte Umsatzsteuer in seiner nunmehr „privat" abzugebenden Umsatzsteuervoranmeldung in voller Höhe auf- und abführen.
> 5. Die auf die Anschaffung entfallende Umsatzsteuer kann von dem Gesellschafter in voller Höhe als Vorsteuer abgezogen werden, da er im Rahmen seiner Vermietungstätigkeit das Kfz nicht privat nutzt.
> 6. Die AfA für den Pkw macht der Gesellschafter im Rahmen der Vermietungstätigkeit geltend, die im Rahmen des Sonderbetriebsergebnisses bei den Einkünften aus freiberuflicher Tätigkeit berücksichtigt wird.
> 7. Im Mietvertrag wird vereinbart, dass der Vermieter alle Aufwendungen zu tragen hat, damit auch insoweit der volle Vorsteuerabzug gewährleistet bleibt.

---

[232] Beachten Sie dann aber die Ausführungen oben im Kapitel einkommensteuerrechtliche Abzugsverbote zu den Verträgen unter nahen Angehörigen.

[233] Bedenken Sie, dass zuvor nach § 2 UStG nur die Gesellschaft Unternehmer war. Die GbR ist umsatzsteuerrechtlich – anders als im Einkommensteuerrecht – rechtsfähig. Durch die Vermietungstätigkeit wird nun auch der Gesellschafter Unternehmer.

> 8. Auf der Gesellschaftsebene hat der Gesellschafter entweder nach der 1 % - Regel oder aufgrund der sachgenauen Ermittlung anhand eines Fahrtenbuches einkommensteuerrechtlich Entnahmen für die private Nutzung zu verbuchen.

Sie haben gesehen, dass es durchaus sinnvoll war, die ausführliche Behandlung der steuerlichen Gestaltungsmöglichkeiten bei der Pkw – Nutzung nicht schon im Rahmen der Einkommen- oder der Umsatzsteuer zu besprechen, sondern erst am Ende, nachdem die notwendigen Grundlagen dargestellt wurden. Hätten Sie alles auf einmal erfassen müssen, wären die Vorteile verschiedener Gestaltungen wohl nicht deutlich geworden.

Ziff.76: In Ziff. 76 wird die auf die Vermietung des Pkw entfallende Umsatzsteuer, die die Sozietät als Vorsteuer abziehen kann, beim Gesellschafter als Sonderbetriebseinnahme in Form der vereinnahmten Umsatzsteuer aufgeführt.

Ziff.77: Ziff. 74 stellt die Sonderbetriebseinnahmen insgesamt dar, wie sie in der Anlage zur einheitlichen und gesonderten Gewinnfeststellung übernommen worden sind, vgl. Ziff. 40.

Ziff.78: Der vermietende Gesellschafter hat die vereinnahmte Umsatzsteuer in seine Umsatzsteuervoranmeldung aufzunehmen und abzuführen.

Hier sollte aus Vereinfachungsgründen davon ausgegangen werden, dass die Vorauszahlungen mit der letztlich geschuldeten Umsatzsteuerschuld identisch sind.

Ziff.79: Hieraus wird noch einmal der aus der gewählten Gestaltung resultierende Vorteil deutlich. Die auf den Unterhalt des Fahrzeugs entfallende Vorsteuer kann voll abgezogen werden, was, hätte die Sozietät das Fahrzeug gekauft, nur zur Hälfte möglich gewesen wäre.

Ziff.80: Der Übersichtlichkeit halber werden auch die einzelnen Kfz – Kosten in einer gesonderten Anlage dargestellt. Die Erläuterung erfolgt bei dieser unter den Ziff. 85 – 92.

Ziff.81: Der berufliche Telefonkostenanteil betrifft die Fälle, in denen das Büro – wie regelmäßig – nicht zu Hause geführt wird. Dennoch ist es natürlich nicht auszuschließen, dass auch einmal von zu Hause beruflich veranlasst telefoniert wird. Um nicht jede Monatsrechnung mit Einzelverbindungsnachweis gesondert „auseinandernehmen" zu müssen, gestattet die Finanzverwaltung in Anlehnung an den BFH die Schätzung des beruflichen Telefonkostenanteils in Abweichung zu der selbstgeschaffenen Auslegung des § 12 Nr.1 EStG.[234]

---

[234] Vgl. Sie hierzu oben die Ausführungen zu dem Abzugsverbot des § 12 EStG und der Kritik

Vorliegend wurde der berufliche Telefonkostenanteil mit DM 20 / Monat angesetzt. Da dieser aber der Schätzung unterliegt, ist die Summe natürlich abhängig von der Gesamtrechnung. Es ist zu empfehlen, ihn zunächst – in Maßen – etwas höher anzusetzen, um dem Finanzamt etwas zum „rausstreichen" und „feilschen" anzubieten. Wie im Abschnitt über die Außenprüfung erwähnt, gleicht die Abschlussbesprechung nicht selten einem Basar. Sie müssen dem Finanzamt an einer Stelle etwas anbieten, damit dieses Ihnen an anderer Stelle entgegenkommt.

Ziff.82: Die Beiträge zur Berufshaftpflichtversicherung sind völlig unproblematisch Sonderbetriebsausgaben, sofern der Gesellschafter diese selbst gezahlt hat, was von der Gestaltung des Sozietätsvertrages abhängig ist.

Ziff.83: In der Beispielsrechnung sind an dieser Stelle noch Kosten für ein häusliches Arbeitszimmer aufgeführt. **Besonders wichtig** ist aber, dass Sie die Änderung der Rechtslage hierzu beachten: Wir haben oben im Abschnitt der Abzugsverbote nach *§ 4 Abs.5 EStG* unter Ziff. (8) dargestellt, inwieweit die Kosten für das häusliche Arbeitszimmer überhaupt noch, und wenn, in welchem Maße abzugsfähig sind.

---

hieran.

Diese Ausführungen sollen hier nicht noch einmal wiederholt werden. Nur so viel: Die Kosten für ein häusliches Arbeitszimmer können, sofern für die anwaltliche Tätigkeit ein Büro zur Verfügung steht (anderenfalls wäre § 4 Abs.5 Nr.6b EStG ohnehin nicht anwendbar, vgl. oben aaO.), nur dann abgezogen werden, wenn sie im Zusammenhang mit anderen Einkünften – auch der gleichen Einkunftsart – stehen. Sie haben dann allerdings in der Einnahmeüberschussrechnung der Sozietät bei den Sonderbetriebsausgaben nichts zu suchen.

Die Aufnahme hier sollte nur noch einmal auf das Problem hinweisen. Möglich wäre ein Abzug im Rahmen der Sonderbetriebsausgaben z.B. dann, wenn Sie sich als Berufseinsteiger zusammengetan haben und irgendwo für die Repräsentation Besprechungs- und Empfangsräume gemietet haben, die eigentliche Arbeit aber – aus Platzgründen – zu Hause vollzogen wird.

Ziff.84: Ziff. 84 ist die Summe der Betriebsausgaben, die im Saldo mit der Summe der Sonderbetriebseinnahmen das Sonderbetriebsergebnis bildet.

Ziff.85-88: In den Ziff. 85 – 88 sind die laufenden Kosten für das Kfz aufgeschlüsselt, die in die Kfz – Kosten bei den Sonderbetriebsausgaben eingegangen sind.

Sie sehen, dass auf die Aufwendungen für Benzin und Reparaturen Vorsteuer in voller Höhe, das heißt in Höhe von 16 %, geltend gemacht werden konnte, was Folge der hier gewählten Gestaltung ist. Die Sozietät hätte jeweils nur 50 % der Vorsteuer abziehen können.

Ziff.89-92: Ebenfalls zu den Kosten für das Kfz, die Sonderbetriebsausgaben des Gesellschafters darstellen, gehört die AfA für das Kfz. Diese wird – bei der hier gewählten Gestaltung – im Rahmen der Vermietungstätigkeit abgezogen, die aber in Einkünfte aus freiberuflicher Tätigkeit umqualifiziert wird, und deshalb in das Sonderbetriebsergebnis eingeht.

Aus der AfA – Rate in Höhe von 14.000 DM bei 5 Jahren Nutzungsdauer, also einem linearen AfA – Satz von 25 % erkennen Sie, dass die Anschaffungskosten des Pkw 70.000 DM betragen haben (70.000 x 25 % = 14.000).

Der in Zeile 90 angegebene Wert ist daher nicht der Anschaffungspreis, sondern der Restwert am 01.01.05. Das Kfz ist daher bereits ein Jahr abgeschrieben, also irgendwann in der ersten Jahreshälfte[235] 04 angeschafft worden.

Zeile 91 nennt dann die AfA für 05, die als Sonderbetriebsausgabe geltend gemacht werden kann.

---

[235] In der ersten Jahreshälfte 04, weil auch das Kfz ein bewegliches Wirtschaftsgut ist und insoweit die vereinfachende Halbjahresregel der Finanzverwaltung gilt.

Zeile 92 stellt dann den Stand am 31.12.05 für die verschiedenen Positionen dar. An erster Stelle den Restwert des Kfz zum 31.12.05, nämlich (56.000 ./. 14.000 =) 42.000 DM, sowie an zweiter Stelle die Summe der Kfz – Kosten, wie Sie in die Aufstellung des Sonderbetriebsergebnisses (Ziff. 80) eingegangen sind und an dritter Stelle die auf die laufenden Aufwendungen geltend gemachte Vorsteuer in Höhe von 200 DM, die ebenfalls in das Sonderbetriebsergebnis eingegangen ist (Ziff. 79).

Ziff.93, 94: Um die endgültige Summe zu ermitteln, die der Gesellschafter aus seiner Beteiligung an der freiberuflich tätigen Gesellschaft (man spricht insoweit von einer *freiberuflichen Mitunternehmerschaft*) erzielt hat, und die dann in seine persönliche Steuererklärung, Anlage GSE, zu übernehmen ist, sind die Einlagen und Entnahmen sowie die Sonderbetriebsausgaben und Sonderbetriebseinnahmen auf den Gewinnanteil zu addieren bzw. von diesem abzuziehen. Dies ist zwar nicht genau das, was hier unter der Ermittlung der Einlagen und Entnahmen dargestellt wird, kann hieraus aber abgelesen werden. Sinn und Zweck dieser Aufstellung ist es eigentlich, die Grundlage für die Entwicklung des Kapitalkontos des Gesellschafters zu legen.

Unter dem Kapitalkonto versteht man die Beteiligungsverhältnisse des Gesellschafters.

Es kommt selten vor, dass Sie im Laufe des Jahres genau die Summe entnommen haben, die Ihnen nach der Gewinnverteilung auch zusteht. Die nicht entnommene Summe aber, die Sie eigentlich hätten entnehmen dürfen, erhöht Ihr Kapitalkonto und somit Ihre Beteilung an der Gesellschaft. Andersherum gilt das gleiche, wenn Sie zu viel entnommen haben. Ihr Kapitalkonto wird vermindert, ihre Kapitalbeteiligung an der Gesellschaft verschlechtert sich.

Relevant wird der Stand des Kapitalkontos in der Regel erst, wenn die Gesellschaft aufgelöst wird, oder einer der Beteiligten aussteigt.

Sie erinnern sich: Die Entnahme- und Einlagevorschriften gelten auch für den § 4 – III – Rechner, mit Ausnahme der Entnahme und der Einlage von Geld.

Die Gesellschaft bürgerlichen Rechts kann ihren Gesellschaftern mit steuerlicher Wirkung kein Gehalt zahlen und tut dies in den Regelfällen der Anwaltssozietät auch nicht. Die Gesellschafter entnehmen, je nach der Finanzlage der Gesellschaft, Gelder, die sie für ihren Lebensunterhalt brauchen. Gesellschafter Mustermann hat im Jahr 05 300.000 DM in bar (bzw. durch Überweisung) entnommen.

Hinzukommt, dass auch andere Leistungen, die die Gesellschaft für die Gesellschafter übernimmt, Entnahmen darstellen, sofern es sich um Zahlungen handelt, die eine private Zwecksetzung haben.

Ziff.95: Dies ist z.b. der Fall bei Renten- und Lebensversicherungen. Zahlt die Gesellschaft solche für den Gesellschafter, so handelt es sich um eine Art Gewinnentnahme, da es eigentlich Sache eines jeden selbst ist, für die Altersversorgung zu sorgen.

Ziff.96: Aus der Darstellung oben zu Ziff. 75, der Gestaltung bei der Pkw – Nutzung, haben Sie gesehen, dass auch in dem gewählten Modell, wie bei der gewöhnlichen Gestaltung, nämlich dem Kauf des Pkw durch die Sozietät oder dem Kauf durch den Einzelanwalt und der Behandlung als Betriebsvermögen, einkommensteuerrechtlich eine Eigenverbrauchsbesteuerung vorzunehmen ist.

Diese hat aber auf der Ebene der Gewinnermittlung bei der Gesellschaft nichts verloren. Es handelt sich um Entnahmen, die der Gesellschafter in seiner persönlichen Steuererklärung, Anlage GSE, einzutragen hat. Für die Gesellschaft stellt der private Nutzungsanteil keinen steuerlich relevanten Vorgang dar. Ebensowenig ist die private Nutzung eine Sonderbetriebseinnahme des Gesellschafters, wie Sie schon aus der Regelung des § 6 Abs.1 Nr.4 S.2 EStG entnehmen können, der ausdrücklich von Entnahmen spricht.

Sie müssen also, wenn Sie das Ergebnis aus der Einnahmeüberschussrechnung in Ihre persönliche Einkommensteuererklärung übernehmen, die Entnahmen und Einlagen noch berücksichtigen.

Ziff.97, 98: Um die Auswirkungen auf das Eigenkapitalkonto zu ermitteln, müssen natürlich auch die Sonderbetriebseinnahmen und die Sonderbetriebsausgaben berücksichtigt werden, die ja Einfluss auf den Gewinnanteil haben und tatsächlich geflossen sind, da es anderenfalls keine SBE und SBA wären. Ist aber das Eigenkapitalkonto der Unterschied zwischen tatsächlich Entnommenem und dem nach der Gewinnverteilung Zustehenden, so müssen alle tatsächlich geflossenen Positionen in Summe dem Gewinnanteil gegenübergestellt werden.

Ziff.99-101: Dies geschieht in der Saldierung von Ziff. 99 bis 101. Es werden alle Entnahmen einschließlich der Sonderbetriebseinnahmen addiert und von diesen dann die Sonderbetriebsausgaben, die ja tatsächlich für die Gesellschaft geleistete Zahlungen darstellen, abgezogen. Der sich so in Zeile 101 ergebende Betrag ist die Summe der entnommenen Werte.

Ziff.102: Diese Summe wird dann dem Gewinnanteil gegenübergestellt. Ist der Gewinnanteil höher, so ergibt sich eine Erhöhung des Kapitalkontos, da zu wenig entnommen wurde. Ist der Gewinnanteil niedriger, so ergibt sich eine Verringerung des Kapitalkontos, da zu viel entnommen wurde.

Ziff.103: Im Beispiel hat Max Mustermann im Jahr 05 (459.222,00 Gewinnanteil ./. 339.460,00 DM Summe der Entnahme =) 109.762,00 DM zu wenig entnommen. Um diesen Betrag erhöht sich sein Kapitalkonto.

Ziff.104: In den Ziff. 104 ff. ist dann die Entwicklung des Kapitalkontos aufgeschlüsselt. Aus der letzten Einnahmeüberschussrechnung für 04 hat sich ein Kapitalkonto für Max Mustermann in Höhe von 115.000,00 DM ergeben. Dies ist der dem 01.01.05 zugrunde zu legende Wert.

Ziff.105, 106: Der Wert 01.01.05 ist nun um den sich für 05 ergebenden Saldo zu korrigieren. Dieser Saldo ermittelt sich, wie bereits dargelegt, aus der Summe der Entnahmen in Differenz zum Gewinnanteil für 05.

Ziff.107: Das Ergebnis dieser Differenzbildung ist dann das Kapitalkonto, wie es sich am 31.12.06 ergibt, und für die Weiterentwicklung in 06 zugrunde zu legen ist.

Ziff.108-117: Die gleiche Aufschlüsselung, wie sie für den Gesellschafter Max Mutermann erfolgt ist, hat dann auch für die Gesellschafterin Marianne Musterfrau zu erfolgen.

Auch hier sind die Sonderbetriebseinnahmen und die Sonderbetriebsausgaben aufzuschlüsseln.

In der Sozietät Mustermann und Musterfrau ist die Gestaltung mit der Pkw – Vermietung, wie sie unter Ziff. 75 erläutert worden ist, für beide Gesellschafter vorgenommen worden.

> Dies ist ein weiterer Vorteil der gewählten Gestaltungsmöglichkeit. Unabhängig davon, was für ein Auto der Gesellschafter fährt, insbesondere unabhängig von dessen Preis, kann jedem Gesellschafter der gleiche Vorteil dadurch gewährt werden, dass die gleiche Miete gezahlt wird. So wird die Gleichbehandlung in der Sozietät gewährleistet und potentieller Streit vermieden.

Bei den übrigen Sonderbetriebsausgaben ergeben sich keine Besonderheiten. Ausgaben für eine Fortbildungsveranstaltung, auf die einer der Gesellschafter geht, sind als Seminarkosten[236] diesem Gesellschafter als Sonderbetriebsausgaben zuzurechnen.

Ziff.118-125: Auch für die Ermittlung der Kfz – Kosten ergeben sich keine Abweichungen zu der Behandlung bei Max Mustermann. Bei der AfA (Zeilen 122 bis 124) erkennen Sie an der AfA – Rate in Höhe von 20.000 DM, dass das Auto von Marianne Musterfrau (100.000 x 20 % = 20.000 DM) mehr als das von Max Mustermann, nämlich 100.000 DM (netto), gekostet hat.

---

[236] Zu der Behandlung von Seminarkosten beachten Sie oben die Ausführungen im Rahmen des Abzugsverbots nach § 12 EStG.

Die Steuererklärung des Einzelanwalts und der Anwaltssozietät 271

> Der Unterschied in den Anschaffungskosten macht sich aber auf der Ebene der Gesellschaft nicht bemerkbar, da die Gesellschaft als Mietzins (nach der Umqualifizierung Gewinn vorab[237]) an beide Gesellschafter 30.000 DM netto zahlt.

Ziff.126-136: Auch bei der Darstellung der Entnahmen von Marianne Musterfrau ergeben sich keine Abweichungen gegenüber Max Mustermann. Auch Marianne Musterfrau hat zu wenig entnommen, was demgemäß zu einer Erhöhung des Kapitalkontos führt, was in den Ziff. 137 bis 140 dargestellt ist.

> Zuwenigentnahmen in der hier dargestellten Höhe werden auch in gutgehenden Anwaltssozietäten den absoluten Ausnahmefall darstellen. Es bringt keinerlei Vorteile, solch hohe Summen in der Gesellschaft zu belassen. Die Darstellung erfolgte hier nur deshalb anhand solch hoher Zahlen, um die Auswirkungen plakativ vermitteln zu können.

Anhang: Im Anschluss an die bis hierher erfolgten Angaben in der Einnahmeüberschussrechnung müssen Sie nun die Vordrucke für die Erklärung zur gesonderten – und einheitlichen – Feststellung von Besteuerungsgrundlagen für die Einkommensbesteuerung und die Anlage ESt 1, 2, 3 B zur gesonderten und einheitlichen Feststellung von Besteuerungsgrundlagen für den entsprechenden Veranlagungszeitraum beilegen.

---

[237] Hierzu die Ausführungen zu den Besonderheiten der Behandlung von Sozietäten.

Das Ausfüllen dieser Anlagen bereitet keine besonderen Probleme, da Sie nur die bereits zuvor ermittelten Zahlenwerte an den entsprechenden Stellen einzufügen haben.

Sie haben es geschafft – zumindest den ersten Schritt in die Richtung, sich mit der unbekannten Dimension des Steuerrechts befasst zu haben. Nach der aufmerksamen Lektüre dieses Buches sollte es Ihnen in den Anfangsjahren möglich sein, die auf Sie zukommende steuerliche Belastung abschätzen und eine korrekte Behandlung bis hin zur Steuererklärung vornehmen zu können.
Das Steuerrecht ist für viele Juristen ein Buch mit sieben Siegeln, obwohl Sie kraft ihrer Ausbildung zur Steuerberatung berechtigt sind und anders als z.B. Betriebswirtschaftler keine besondere Prüfung brauchen. Die Aversionen gegen das Steuerrecht sind dabei nur schwer verständlich, da es sich um eines der systematischsten Rechtsgebiete überhaupt handelt.
Aber nochmal: Das vorliegende Buch soll Sie nicht zur Beratung Ihrer Mandanten befähigen, sondern nur Ihrem Eigengebrauch dienen. Wollen Sie auch in die – lukrative – steuerliche Beratung einsteigen, so sei Ihnen das voraussichtlich Ende 2000 in dieser Reihe erscheinende Komplettwerk „Steuerrecht" empfohlen. Hier finden Sie alle Rechtsgebiete und in der Praxis des Rechtsanwalts relevanten Verknüpfungen zum Steuerrecht.

D. ANHANG

I. Allgemeine AfA – Tabellen des BMF[238]

Anlagegüter	Nutzungsdauer i.J.	Linearer AfA-Satz v.H.	Lfd. Nr.
A			
Abfüllanlagen (vollautomatisch)	7	14	5.22.1
Abfüllanlagen, sonstige	10	10	5.22.2
Abgasmessgeräte (für Kfz)	5	20	3.3.2.1
Abgasmessgeräte, sonstige	6	17	3.3.2.2
Abkantmaschinen	10	10	5.27
Abrichtmaschinen	10	10	5.1
Abscheider, Fett-	5	20	6.6
Abscheider, Magnet-	6	17	6.7
Abscheider, Nass-	5	20	6.8
Abspielgeräte, Video-	5	20	6.13.4
Abzugsvorrichtungen	10	10	3.11.6
Adressiermaschinen	5	20	6.13.1
Akkumulatoren	10	10	3.1.3
Alarmanlagen	8	12	3.11.7
Abhänger	8	12	4.2.6
Anleimmaschinen	10	10	5.27
Anspitzmaschinen	10	10	5.27
Antennenmasten, mobil	5	20	6.12.6.2
Antennenmasten, stationär	10	10	6.12.6.1
Aquarelle (ab 10.000,-- DM)	20	5	6.18.5.1
Aquarelle (sonstige)	10	10	6.18.5.2
Arbeitsbühnen, mobil	8	12	3.4.4.2
Arbeitsbühnen, stationär	10	10	3.4.4.1
Arbeitszelte	6	17	6.11
Ätzmaschinen	10	10	5.27
Audiogeräte	5	20	6.13.4
Aufbauten, Wechsel-	8	12	4.2.6

---

[238] Abrufbar unter www.steuernetz.de.

Aufbereitungsanlagen, Wasser-	12	8	3.1.10
Auflieger	8	12	4.2.6
Aufzüge, mobil	8	12	3.4.4.2
Aufzüge, stationär	10	10	3.4.4.1
Auslaufbauwerke einschl. Rechen und Schützen (Bauwerke)	33	3	2.7.1
Auslaufbauwerke einschl. Rechen und Schützen (maschinelle Einrichtungen)	20	5	2.7.2
Außenbeleuchtung	15	7	2.4
Automaten, Fahrkarten-	8	12	7.5.7
Automaten, Getränke-	5	20	7.5.1
Automaten, Leergut-	5	20	7.5.1
Automaten, Passbild-	5	20	7.5.6
Automaten, Spiel-	4	25	7.5.3
Automaten, Unterhaltungs- (Musik-)	5	20	7.5.5.1
Automaten, Unterhaltungs- (Video-)	3	33	7.5.5.2
Automaten, Visitenkarten-	5	20	7.5.8
Automaten, Waren-	5	20	7.5.2
Automaten, Zigaretten-	5	20	7.5.4
Autotelefone	4	25	6.12.3
Autowaschstraßen	8	12	3.11.5
B			
Bahnen, Hänge-	10	10	3.4.1
Bahnen, Rollen-	10	10	3.4.1
Bahnkörper (nach gesetzl. Vorschriften)	25	4	3.4.2.1
Bahnkörper (sonstige)	10	10	3.4.2.2
Ballone, Heißluft-	5	20	4.3.3
Bänder, Förder-	10	10	3.4.1
Bänder, Platten-	10	10	3.4.1
Bänder, Transport-	10	10	3.4.1
Banderoliermaschinen	8	12	5.26
Baracken	10	10	1.1.6
Barkassen	20	5	4.4.1
Baubuden	8	12	1.1.7
Baucontainer	8	12	3.6
Bautrocknungsgeräte	5	20	7.2.11
Bauwagen	8	12	4.2.10

Beleuchtung, Straßen- bzw. Außen-	15	7	2.4
Belüftungsgeräte (mobil)	8	12	6.5
Bepflanzungen in Gebäuden	5	20	6.17
Beschallungsanlagen	5	20	6.13.5
Beschichtungsmaschinen	10	10	5.27
Betonkleinmischer	6	17	7.1
Betonmauer	20	5	2.3.1
Betriebsfunkanlagen	8	12	6.12.5
Betten, Kranken-	6	17	7.4
Betten, Pflege-	6	17	7.4
Biegemaschinen	10	10	5.2
Bierzelte	8	12	1.1.8
Bilder (ab 10.000,-- DM)	20	5	6.18.5.1
Bilder (sonstige)	10	10	6.18.5.2
Blockheizkraftwerke	10	10	3.1.4
Bohnermaschinen	6	17	7.2.1
Bohrhämmer	5	20	5.4
Bohrmaschinen, mobil	5	20	5.3.2
Bohrmaschinen, stationär	10	10	5.3.1
Brennstofftanks	25	4	3.11.3
Brücken, Schilder-	10	10	2.5
Brücken, Straßen- (Holz)	15	7	2.2.2
Brücken, Straßen- (Stahl und Beton)	33	3	2.2.1
Brücken, Wege- (Holz)	15	7	2.2.2
Brücken, Wege- (Stahl und Beton)	33	3	2.2.1
Brückenwaagen	20	5	3.11.1
Brunnen	20	5	2.8.1
Buden, Bau-	8	12	1.1.7
Buden, Verkaufs-	5	20	6.16
Bühnen, Arbeits- (mobil)	8	12	3.4.4.2
Bühnen, Arbeits- (stationär)	10	10	3.4.4.1
Bühnen, Hebe- (mobil)	8	12	3.4.4.2
Bühnen, Hebe- (stationär)	10	10	3.4.4.1
Bulldog	8	12	4.2.4
Bürocontainer	8	12	3.6
Büromöbel	10	10	6.14
Bürstmaschinen	10	10	5.5

C

Cassettenrecorder	5	20	6.13.4
CD-Player	5	20	6.13.4
Computer, Personal-	4	25	6.13.3.2
Container, Bau-	8	12	3.6
Container, Büro-	8	12	3.6
Container, Transport-	8	12	3.6
Container, Wohn-	8	12	3.6

D

Dampferzeugung	15	7	3.1.1
Dampfhochdruckreiniger	5	20	7.2.4
Dampfkessel	15	7	3.1.1
Dampfmaschinen	15	7	3.1.1
Dampfturbinen	15	7	3.1.2
Datenhallen, mobil	15	7	1.1.2
Desinfektionsgeräte	10	10	7.2.2
Drahtzaun	10	10	2.3.3
Drainagen (aus Beton oder Mauerwerk)	33	3	2.8.2.1
Drainagen (aus Ton oder Kunststoff)	10	10	2.8.2.2
Drehbänke	10	10	5.6
Drehflügler	14	7	4.3.2
Drehscheiben (nach gesetzlichen Vorschriften)	25	4	3.4.2.1
Drehscheiben (sonstige)	10	10	3.4.2.2
Drucker	4	25	6.13.3.3
Druckkessel	15	7	3.1.9
Druckluftanlagen, mobil	5	20	3.1.13.2
Druckluftanlagen, stationär	10	10	3.1.13.1
Druckmaschinen	10	10	5.27

E

EC-Kartenleser	5	20	6.13.14
Einlaufbauwerke einschl. Rechen und Stützen (Bauwerke)	33	3	2.7.1
Einlaufbauwerke einschl. Rechen und Stützen (maschinelle Einrichtungen)	20	5	2.7.2
Elektrokarren	5	20	4.5
Elevatoren	10	10	3.4.1
Eloxiermaschinen	10	10	5.27

Emissionsmessgeräte (für Kfz)	5	20	3.3.2.1
Emissionsmessgeräte (sonstige)	6	17	3.3.2.2
Entfettungsmaschinen	10	10	5.27
Entfeuchtungsgeräte, Bau-	5	20	7.2.11
Entgratmaschinen	10	10	5.27
Enthärtungsanlagen, Wasser-	12	8	3.1.11
Entlüftungsgeräte (mobil)	8	12	6.5
Entstaubungsvorrichtungen	10	10	3.11.6
Erodiermaschinen	10	10	5.27
Etikettiermaschinen	10	10	5.27

F

Fahnenmasten	10	10	7.6
Fahrbahnen (in Kies, Schotter, Schlacken)	5	20	2.1.2
Fahrbahnen (mit Packlage)	15	7	2.1.1
Fahrkartenautomaten	8	12	7.5.7
Fahrräder	5	20	4.2.2
Fahrzeuge, Feuerwehr-	10	10	4.2.8.1
Fahrzeuge, Krankentransport-	6	17	4.1.8.2
Fahrzeuge, Rettungs-	6	17	4.2.8.2
Falzmaschinen	10	10	5.27
Färbmaschinen	10	10	5.27
Faxgeräte	5	20	6.12.4
Feilmaschinen	10	10	6.27
Fernschreiber	5	20	6.12.4
Fernsprechnebenstellenanlagen	8	12	6.12.1
Fettabscheider	5	20	6.6
Feuerwehrfahrzeuge	10	10	4.2.8.1
Filmgeräte	5	20	6.13.4
Fleischwaagen	8	12	6.18.6
Flugzeuge unter 20 t höchstzulässigem Fluggewicht	14	7	4.3.1
Folienschweißgeräte	10	10	5.23
Förderbänder	10	10	3.4.1
Förderschnecken	10	10	3.4.1
Fotogeräte	5	20	6.13.4
Frankiermaschinen	5	20	6.13.1
Fräsmaschinen, mobil	5	20	5.7.2

Fräsmaschinen, stationär	10	10	5.7.1
Funkanlagen	8	12	6.12.5
Funkenerosionsmaschinen	7	14	5.8
Funktelefon	4	25	6.12.2.2
G			
Galvanisiermaschinen	10	10	5.27
Garagen, Tief-	30	3,3	1.1.10
Gaststätteneinbauten	7	14	3.8
Gebläse, Heißluft- (mobil)	8	12	6.9
Gebläse, Kaltluft- (mobil)	8	12	6.9
Gebläse, Sandstrahl-	5	20	5.16
Geldprüfgeräte	5	20	6.13.12
Geldsortiergeräte	5	20	6.13.12
Geldwechselgeräte	5	20	6.13.12
Geldzählgeräte	5	20	6.13.12
Gelenkwagen-Waggons	20	5	4.1.2
Gemälde (ab 10.000,--DM)	20	5	6.18.5.1
Gemälde (sonstige)	10	10	6.18.5.2
Gemüsewaagen	8	12	6.18.6
Generatoren, Strom-	15	7	3.1.2
Gerüste, mobil	8	12	3.4.4.2
Gerüste, stationär	10	10	3.4.4.1
Geschirrspülmaschinen	5	20	7.2.3
Getränkeautormaten	5	20	7.5.1
Gießmaschinen	10	10	5.27
Gleichrichter	15	7	3.1.2
Gleisanlagen (nach gesetzlichen Vorschriften)	25	4	3.4.2.1
Gleisanlagen (sonstige)	10	10	3.4.2.2
Golfplätze	20	5	2.10
Grafiken (ab 10.000,-- DM)	20	5	6.18.5.1
Grafiken (sonstige)	10	10	6.18.5.2
Graviermaschinen	10	10	5.27
Großrechner	5	20	6.13.3.1
Grünanlagen	10	10	2.9
H			
Hallen, Daten- (mobil)	15	7	1.1.2
Hallen, in Leichtbauweise	10	10	1.1.1.2

Die Steuererklärung des Einzelanwalts und der Anwaltssozietät / **Anhang** 279

Hallen, Kühl-	20	5	1.1.5
Hallen, massiv	25	4	1.1.1.1
Hallen, Squash-	20	5	1.1.3
Hallen, Tennis-	20	5	1.1.3
Hallen, Tragluft-	10	10	1.1.4
Handy	4	25	6.12.2.2
Hängebahnen	10	10	3.4.1
Härtemaschinen	10	10	3.27
Häuser, Pumpen-	20	5	1.2
Hebebühnen, mobil	8	12	3.4.4.2
Hebebühnen, stationär	10	10	3.4.4.1
Heftmaschinen	10	10	5.27
Heißluftanlagen	10	10	3.1.8
Heißluftballone	5	20	4.3.3
Heißluftgebläse (mobil)	8	12	6.9
Heizgeräte, Raum-, mobil	5	20	6.10
Hobelmaschinen, mobil	5	20	5.9.2
Hobelmaschinen, stationär	10	10	5.9.1
Hochdruckreiniger	5	20	7.2.4
Hochgeschwindigkeitszüge	15	7	4.1.1
Hochregallager (automatisiert)	15	7	3.5.1
Hochregallager (herkömmliche Bauweise)	10	10	3.5.2
Hobelbefestigungen (in Kies, Schotter, Schlacken)	5	20	2.1.2
Hobelbefestigungen (mit Packlage)	15	7	2.1.1
Holzzaun	5	20	2.3.4
Hublifte, mobil	8	12	3.4.4.2
Hublifte, stationär	10	10	3.4.4.1
Hubschrauber	14	7	4.3.2
I			
Industriestaubsauger	4	25	7.2.5
K			
Kabinen, Toiletten-	6	17	7.11
Kälteanlagen	10	10	3.1.8
Kaltluftgebläse (mobil)	8	12	6.9
Kameras	5	20	6.13.4
Karren, Elektro-	5	20	4.5

Kartenleser (EC-, Kredit-)	5	20	6.13.14
Kassen, Registrier-	5	20	6.13.7
Kehrmaschinen	6	17	7.2.6
Kessel einschl. Druckkessel	15	7	3.1.9
Kessel, Druck-	15	7	3.1.9
Kessel, Druckwasser-	15	7	3.1.9
Kessel, Wasser-	15	7	3.1.9
Kesselwagen	15	7	4.1.3
Kipper	7	14	4.2.3
Kläranlagen mit Zu- und Ableitung	20	5	2.8.3
Kleintraktoren	5	20	4.2.5
Klimageräte (mobil)	8	12	6.4
Kombinationsschutzräume	16	6	3.7
Kombiwagen	5	20	4.2.1
Kommunikationsendgeräte, allgemein	6	17	6.12.2.1
Kompressoren	10	10	3.1.8
Kopiergeräte	5	20	6.13.10
Kraft-Wärmekopplungsanlagen (Blockheizkraftwerke)	10	10	3.1.4
Kraftwagen, Personen-	5	20	4.2.1
Krananlagen (ortsfest oder auf Schienen)	15	7	3.4.3.1
Krananlagen (sonstige)	10	10	3.4.3.2
Krankenbetten	6	17	7.4
Krankentransportfahrzeuge	6	17	4.2.8.2
Kreditkartenleser	5	20	6.13.14
Kühleinrichtungen	5	20	6.3
Kühlhallen	20	5	1.1.5
Kühlschränke	8	12	7.7
Kunstwerke (ab 10.000,-- DM)	20	5	6.18.5.1
Kunstwerke (sonstige)	10	10	6.18.5.2
Kuvertiermaschinen	5	20	6.13.1
L			
Laboreinrichtungen	10	10	6.1
Laborgeräte	10	10	7.8
Lackiermaschinen	10	10	5.27
Ladeaggregate	15	7	3.1.2
Ladeneinbauten	7	14	3.8

Ladeneinrichtungen	8	12	6.2
Laderampen	25	4	1.6
Lager, Hochregal- (automatisiert)	15	7	3.5.1
Lager, Hochregal- (herkömmliche Bauweise)	10	10	3.5.2
Lagereinrichtungen	10	10	6.1
Laptops	4	25	6.13.3.2
Lastkraftwagen	7	14	4.2.3
Lautsprecher	5	20	6.13.4
Leergutautomaten	5	20	7.5.1
Leinwände	5	20	6.13.6
Leser, Karten-	5	20	6.13.14
Lichtreklame	6	17	3.9
Lifte, Hub-, mobil	8	12	3.4.4.2
Lifte, Hub-, stationär	10	10	3.4.4.1
Lkw	7	14	4.2.3
Lokomotiven	20	5	4.1.2
Loren	5	20	4.1.4
Löschwasserteiche	20	5	2.8.4
Lötgeräte	10	10	5.20
Luftschiffe	8	12	4.3.4
M			
Magnetabscheider	6	17	6.7
Masten, Antennen-, mobil	5	20	6.12.6.2
Masten, Antennen-, stationär	10	10	6.12.6.1
Materialprüfgeräte	7	14	3.3.3
Messeinrichtungen (allgemein)	15	7	3.3.1
Messgeräte, Abgas-	5	20	3.3.2.1
Messgeräte, Emissions- (für Kfz)	5	20	3.3.2.1
Messgeräte, Emissions- (sonstige)	6	17	3.3.2.2
Mikroskope	10	10	7.8
Mikrowellengeräte	5	20	7.9
Mischer, Betonklein-	6	17	7.1
Mobilfunkendgeräte	4	25	6.12.2.2
Monitore	5	20	6.13.4
Motorräder	5	20	4.2.2
Motorroller	5	20	4.2.2
Musik-Unterhaltungsautomaten	5	20	7.5.5.1

N

Nassabscheider	5	20	6.8
Nebenstellenanlagen, Fernsprech-	8	12	6.12.1
Nietmaschinen	10	10	5.27
Notebooks	4	25	6.13.3.2
Notstromaggregate	15	7	3.1.2

O

Obstwaagen	8	12	6.18.6
Omnibusse (sonstige)	7	14	4.2.7.2
Omnibusse, Reise-	6	17	4.2.7.2
Orientierungssysteme	10	10	2.5
Overhead-Projektoren	5	20	6.13.6

P

Paginiermaschinen	8	12	6.13.2
Panzerschränke	20	5	6.18.2
Parkhäuser	30	3,3	1.1.9
Parkplätze (in Kies, Schotter, Schlacken)	5	20	2.1.2
Parkplätze (mit Packlage)	15	7	2.1.1
Passbildautomaten	5	20	7.5.6
Peripheriegeräte (Drucker, Scanner u.ä.)	4	25	6.13.3.3
Personalcomputer	4	25	6.13.3.2
Personenkraftwagen	5	20	4.2.1
Pflegebetten	6	17	7.4
Photovoltaikanlagen	20	5	3.1.6
Plastiken (ab 10.000,-- DM)	20	5	6.18.5.1
Plastiken (sonstige)	10	10	6.18.5.2
Plattenbänder	10	10	3.4.1
Poliermaschinen, mobil	5	20	5.10.2
Poliermaschinen, stationär	10	10	5.10.1
Pontons	30	3,3	4.4.2
Portalwaschanlagen	7	14	3.11.4
Präsentationsgeräte	5	20	6.13.6
Präzisionswaagen	10	10	7.8
Pressen	10	10	5.11
Presslufthämmer	5	20	5.4
Projektoren, Overhead-	5	20	6.13.6
Prüfgeräte, Geld-	5	20	6.13.12

Pumpenhäuser	30	5	1.2
R			
Räder, Fahr-	5	20	4.2.2
Räder, Motor-	5	20	4.2.2
Radios	5	20	6.13.4
Rampen, Lade-	25	4	1.6
Rasenmäher	6	17	7.10
Räumgeräte	6	17	7.2.7
Raumheizgeräte (mobil)	5	20	6.10
Recorder	5	20	6.13.4
Regeleinrichtungen (allgemein)	15	7	3.3.1
Registrierkassen	5	20	6.13.4
Reinigungsanlagen, Wasser-	8	12	3.1.12
Reinigungsgeräte, fahrbar	6	17	7.2.6
Reinigungsgeräte, Teppich-	4	25	7.2.9
Reiseomnibusse	6	17	4.2.7.1
Reißwölfe	5	20	6.13.13
Rettungsfahrzeuge	6	17	4.2.7.1
Rohrpostanlagen	10	10	6.18.7
Rollenbahnen	10	10	3.4.1
Roller, Motor-	5	20	4.2.2
Rückgewinnungsanlagen	10	10	3.2
Rüttelplatten	8	12	5.13
S			
Sägen aller Art, mobil	5	20	5.14.2
Sägen aller Art, stationär	10	10	5.14.1
Sandstrahlgebläse	5	20	5.16
Sattelschlepper	7	14	4.2.3
Scanner (u.ä. Peripheriegeräte)	5	20	6.13.3.3
Schalthäuser	20	5	1.2
Schaufensteranlagen	7	14	3.8
Schaukästen	5	20	3.10
Scheren, mobil	5	20	5.18.2
Scheren, stationär	10	10	5.18.1
Schilderbrücken	10	10	2.5
Schleifmaschinen, mobil	5	20	5.17.2
Schleifmaschinen, stationär	10	10	5.17.1

Schlepper	8	12	4.2.4
Schlepper, Sattel-	7	14	4.2.3
Schnecken, Förder-	10	10	3.4.1
Schneidemaschinen, mobil	5	20	5.18.2
Schneidemaschinen, stationär	10	10	5.18.1
Schornsteine (Mauerwerk o. Beton)	33	3	1.5.1
Schornsteine (aus Metall)	10	10	1.5.2
Schränke, Kühl-	8	12	7.7
Schränke, Panzer-	20	5	6.18.2
Schränke, Stahl-	10	10	6.18.1
Schreibmaschinen	5	20	6.13.8
Schuppen	10	10	1.1.6
Schutzräume, Kombinations-	16	6	3.7
Schweißgeräte	10	10	5.20
Schweißgeräte, Folien-	10	10	5.23
Segelyachten	20	5	4.4.3
Shredder	6	17	5.19
Signalanlagen (nach gesetzlichen Vorschriften)	25	4	3.4.2.1
Signalanlagen (sonstige)	10	10	3.4.2.2
Silobauten (Beton)	33	3	1.3.1
Silobauten (Kunststoff)	17	6	1.3.3
Silobauten (Stahl)	25	4	1.3.2
Skulpturen (ab 10.000,-- DM)	20	5	6.18.5.1
Skulpturen (sonstige)	10	10	6.18.5.2
Solaranlagen	10	10	3.1.7
Sortiergeräte, Geld-	5	20	6.13.12
Speicher, Wasser-	20	5	2.8.3
Speisewasseraufbereitungsanlagen	12	8	3.1.11
Spezialwagen	15	7	4.1.3
Spielautomaten	4	25	7.5.3
Spritzgussmaschinen	10	10	5.21
Spülmaschinen, Geschirr-	5	20	7.2.3
Squashhallen	20	5	1.1.3
Stahlschränke	10	10	6.18.1
Stampfer	8	12	5.13
Stände, Verkaufs-	5	20	6.16
Stanzen	10	10	5.11

Stapler	5	20	4.5
Staubsauger, Industrie-	4	25	7.2.5
Stauchmaschinen	10	10	5.12
Stempelmaschinen	8	12	5.25
Sterilisatoren	10	10	7.2.8
Straßenbeleuchtung	15	7	2.4
Straßenbrücken (Holz)	15	7	2.2.2
Straßenbrücken (Stahl und Beton)	33	3	2.2.1
Stromerzeugung	15	7	3.1.2
Stromgeneratoren	15	7	3.1.2
Stromumformer	15	7	3.1.2
V			
Visitenkartenautomaten	5	20	7.5.8
Vitrinen	5	20	3.10
W			
Waagen (Obst-, Gemüse-, Fleisch- u.ä.)	8	12	6.18.6
Waagen, Brücken-	20	5	3.11.1
Waagen, Präzisions-	10	10	7.8
Wagen, Bau-	8	12	4.2.10
Wagen, Kessel-	15	7	4.1.3
Wagen, Kombi-	5	20	4.2.1
Wagen, Lastkraft-	7	14	4.2.3
Wagen, Personenkraft-	5	20	4.2.1
Wagen, Spezial-	15	7	4.1.3
Wagen, Toiletten-	6	17	7.11
Wagen, Wohn-	6	17	4.2.9
Waggons	20	5	4.1.2
Warenautomaten	5	20	7.5.2
Wärmetauscher	15	7	3.1.14
Waschanlagen, Portal-	7	14	3.11.4
Wäschetrockner	5	20	7.3
Waschmaschinen	8	12	7.2.10
Waschstraßen, Auto-	8	12	3.11.5
Wasseraufbereitungsanlagen	12	8	3.1.10
Wasserenthärtungsanlagen	12	8	3.1.11
Wasserhochdruckreiniger	5	20	7.2.4
Wasserreinigungsanlagen	8	12	3.1.12

Wasserspeicher	20	5	2.8.5
Wassertürme	33	3	1.4
Wechselaufbauten	8	12	4.2.6
Wechselgeräte, Geld-	5	20	6.13.12
Wegebrücken (Holz)	15	7	2.2.2
Wegebrücken (Stahl und Beton)	33	3	2.2.1
Wehre (Bauwerke)	33	3	2.7.1
Wehre (maschinelle Einrichtungen)	20	5	2.7.2
Weichen (nach gesetzlichen Vorschriften)	25	4	3.4.2.1
Weichen (sonstige)	10	10	3.4.2.2
Werkstatteinrichtungen	10	10	6.1
Winden, mobil	8	12	3.4.4.2
Winden, stationär	10	10	3.4.4.1
Windkraftanlagen	12	8	3.1.5
Wohncontainer	8	12	3.6
Wohnmobile	6	17	4.2.9
Wohnwagen	6	17	4.2.9
Workstations	4	25	6.13.3.2
Y			
Yachten, Segel-	20	5	4.4.3
Z			
Zählgeräte, Geld-	5	20	6.13.12
Zapfanlagen, Treib- und Schmierstoff-	10	10	3.11.2
Zeichengeräte, elektronisch	5	20	6.13.9.1
Zeichengeräte, mechanisch	10	10	6.13.9.2
Zeichnungen (ab 10.000,-- DM)	20	5	6.18.5.1
Zeichnungen (sonstige)	10	10	6.18.5.2
Zeiterfassungsgeräte	5	20	6.13.11
Zelte, Arbeits-	6	17	6.11
Zelte, Bier-	8	12	1.1.8
Zentrifugen	10	10	7.12
Ziegelmauer	20	5	2.3..1
Zigarettenautomaten	5	20	7.5.4
Züge, Hochgeschwindigkeits-	15	7	4.1.1
Zusammentragmaschinen	8	12	5.24

II. Allgemeine Lohnsteuertabellen (Gültig ab 01.01.2000)

Quelle: Bundesanzeiger v. 04.12.1999, Nr.230a (ISSN 0720-6100), S.21 bis 43 **(=23 Seiten)**; Herausgegeben vom Bundesministerium der Justiz

Allgemeine Jahreslohnsteuertabelle 2000
Lohnsteuer und Bemessungsgrundlage für Zuschlagsteuern in DM

Jahres-arbeitslohn bis...DM	Lohnsteuer in Steuerklasse		Bemessungsgrundlage für Zuschlagsteuer bis... Kinderfreibeträgen											
			0,5	1	1,5	2	2,5	3	3,5	4	4,5	5	5,5	6	6,5 und mehr
20467.99	V	I 4592	187	0	0	0	0	0	0	0	0	0	0	0	0
	VI	II 5254	0	0	0	0	0	0	0	0	0	0	0	0	0
		III	0	0	0	0	0	0	0	0	0	0	0	0	0
		IV	187	0	0	0	0	0	0	0	0	0	0	0	0
20521.99	V	I 4620	187	0	0	0	0	0	0	0	0	0	0	0	0
	VI	II 5270	0	0	0	0	0	0	0	0	0	0	0	0	0
		III	0	0	0	0	0	0	0	0	0	0	0	0	0
		IV	187	0	0	0	0	0	0	0	0	0	0	0	0
20575.99	V	I 4648	199	0	0	0	0	0	0	0	0	0	0	0	0
	VI	II 5288	0	0	0	0	0	0	0	0	0	0	0	0	0
		III	0	0	0	0	0	0	0	0	0	0	0	0	0
		IV	199	0	0	0	0	0	0	0	0	0	0	0	0
20629.99	V	I 4670	212	0	0	0	0	0	0	0	0	0	0	0	0
	VI	II 5306	0	0	0	0	0	0	0	0	0	0	0	0	0
		III	0	0	0	0	0	0	0	0	0	0	0	0	0
		IV	212	0	0	0	0	0	0	0	0	0	0	0	0
20683.99	V	I 4686	225	0	0	0	0	0	0	0	0	0	0	0	0
	VI	II 5322	0	0	0	0	0	0	0	0	0	0	0	0	0
		III	0	0	0	0	0	0	0	0	0	0	0	0	0
		IV	225	0	0	0	0	0	0	0	0	0	0	0	0
20737.99	V	I 4704	237	0	0	0	0	0	0	0	0	0	0	0	0
	VI	II 5340	0	0	0	0	0	0	0	0	0	0	0	0	0
		III	0	0	0	0	0	0	0	0	0	0	0	0	0
		IV	237	0	0	0	0	0	0	0	0	0	0	0	0
20791.99	V	I 4718	237	0	0	0	0	0	0	0	0	0	0	0	0
	VI	II 5358	0	0	0	0	0	0	0	0	0	0	0	0	0
		III	0	0	0	0	0	0	0	0	0	0	0	0	0
		IV	237	0	0	0	0	0	0	0	0	0	0	0	0
20845.99	V	I 4736	250	0	0	0	0	0	0	0	0	0	0	0	0
	VI	II 5376	0	0	0	0	0	0	0	0	0	0	0	0	0
		III	0	0	0	0	0	0	0	0	0	0	0	0	0
		IV	250	0	0	0	0	0	0	0	0	0	0	0	0
20899.99	V	I 4754	263	0	0	0	0	0	0	0	0	0	0	0	0
	VI	II 5392	0	0	0	0	0	0	0	0	0	0	0	0	0
		III	0	0	0	0	0	0	0	0	0	0	0	0	0
		IV	263	0	0	0	0	0	0	0	0	0	0	0	0
20953.99	V	I 4770	275	0	0	0	0	0	0	0	0	0	0	0	0
	VI	II 5408	0	0	0	0	0	0	0	0	0	0	0	0	0
		III	0	0	0	0	0	0	0	0	0	0	0	0	0
		IV	275	0	0	0	0	0	0	0	0	0	0	0	0
21007.99	V	I 4788	288	0	0	0	0	0	0	0	0	0	0	0	0
	VI	II 5428	0	0	0	0	0	0	0	0	0	0	0	0	0
		III	0	0	0	0	0	0	0	0	0	0	0	0	0
		IV	288	0	0	0	0	0	0	0	0	0	0	0	0
21061.99	V	I 4804	288	0	0	0	0	0	0	0	0	0	0	0	0
	VI	II 5444	0	0	0	0	0	0	0	0	0	0	0	0	0
		III	0	0	0	0	0	0	0	0	0	0	0	0	0
		IV	288	0	0	0	0	0	0	0	0	0	0	0	0
21115.99	V	I 4822	301	0	0	0	0	0	0	0	0	0	0	0	0
	VI	II 5462	0	0	0	0	0	0	0	0	0	0	0	0	0
		III	0	0	0	0	0	0	0	0	0	0	0	0	0
		IV	301	0	0	0	0	0	0	0	0	0	0	0	0
21169.99	V	I 4838	313	0	0	0	0	0	0	0	0	0	0	0	0
	VI	II 5478	0	0	0	0	0	0	0	0	0	0	0	0	0
		III	0	0	0	0	0	0	0	0	0	0	0	0	0
		IV	313	0	0	0	0	0	0	0	0	0	0	0	0
21223.99	V	I 4856	326	0	0	0	0	0	0	0	0	0	0	0	0
	VI	II 5498	0	0	0	0	0	0	0	0	0	0	0	0	0
		III	0	0	0	0	0	0	0	0	0	0	0	0	0
		IV	326	0	0	0	0	0	0	0	0	0	0	0	0
21277.99	V	I 4874	339	0	0	0	0	0	0	0	0	0	0	0	0
	VI	II 5514	0	0	0	0	0	0	0	0	0	0	0	0	0
		III	0	0	0	0	0	0	0	0	0	0	0	0	0
		IV	339	0	0	0	0	0	0	0	0	0	0	0	0
21331.99	V	I 4892	339	0	0	0	0	0	0	0	0	0	0	0	0
	VI	II 5532	0	0	0	0	0	0	0	0	0	0	0	0	0
		III	0	0	0	0	0	0	0	0	0	0	0	0	0
		IV	339	0	0	0	0	0	0	0	0	0	0	0	0
21385.99	V	I 4908	352	0	0	0	0	0	0	0	0	0	0	0	0
	VI	II 5548	0	0	0	0	0	0	0	0	0	0	0	0	0
		III	0	0	0	0	0	0	0	0	0	0	0	0	0
		IV	352	0	0	0	0	0	0	0	0	0	0	0	0
21439.99	V	I 4926	365	0	0	0	0	0	0	0	0	0	0	0	0
	VI	II 5566	0	0	0	0	0	0	0	0	0	0	0	0	0
		III	0	0	0	0	0	0	0	0	0	0	0	0	0
		IV	365	0	0	0	0	0	0	0	0	0	0	0	0
21493.99	V	I 4942	377	0	0	0	0	0	0	0	0	0	0	0	0
	VI	II 5582	0	0	0	0	0	0	0	0	0	0	0	0	0
		III	0	0	0	0	0	0	0	0	0	0	0	0	0
		IV	377	0	0	0	0	0	0	0	0	0	0	0	0
21547.99	V	I 4960	390	0	0	0	0	0	0	0	0	0	0	0	0
	VI	II 5602	0	0	0	0	0	0	0	0	0	0	0	0	0
		III	0	0	0	0	0	0	0	0	0	0	0	0	0
		IV	390	0	0	0	0	0	0	0	0	0	0	0	0

Wegen der Ermittlung der Bemessungsgrundlage für Zuschlagsteuern bei 6,5 und mehr Kinderfreibeträgen siehe Seite 351

Allgemeine Jahreslohnsteuertabelle 2000
Lohnsteuer und Bemessungsgrundlage für Zuschlagsteuern in DM

Jahres-arbeitslohn bis ... DM	Lohnsteuer in Steuerklasse			Bemessungsgrundlage für Zuschlagsteuer bis ... Kinderfreibeträgen										
				0,5	1	1,5	2	2,5	3	3,5	4	4,5	5	5,5	6	6,5 und mehr
21601.99	V 4976	I	390	0	0	0	0	0	0	0	0	0	0	0	0	Wegen der
	VI 5620	II	0	0	0	0	0	0	0	0	0	0	0	0	0	Ermittlung der
		III	0	0	0	0	0	0	0	0	0	0	0	0	0	Bemessungs-
		IV	390	0	0	0	0	0	0	0	0	0	0	0	0	grundlage für
21655.99	V 4994	I	403	0	0	0	0	0	0	0	0	0	0	0	0	Zuschlagsteuern
	VI 5636	II	0	0	0	0	0	0	0	0	0	0	0	0	0	bei 6,5 und mehr
		III	0	0	0	0	0	0	0	0	0	0	0	0	0	Kinderfrei-
		IV	403	0	0	0	0	0	0	0	0	0	0	0	0	beträgen siehe
21709.99	V 5010	I	416	0	0	0	0	0	0	0	0	0	0	0	0	Seite 351
	VI 5654	II	0	0	0	0	0	0	0	0	0	0	0	0	0	
		III	0	0	0	0	0	0	0	0	0	0	0	0	0	
		IV	416	12	0	0	0	0	0	0	0	0	0	0	0	
21763.99	V 5030	I	429	0	0	0	0	0	0	0	0	0	0	0	0	
	VI 5670	II	0	0	0	0	0	0	0	0	0	0	0	0	0	
		III	0	0	0	0	0	0	0	0	0	0	0	0	0	
		IV	429	24	0	0	0	0	0	0	0	0	0	0	0	
21817.99	V 5046	I	442	0	0	0	0	0	0	0	0	0	0	0	0	
	VI 5688	II	0	0	0	0	0	0	0	0	0	0	0	0	0	
		III	0	0	0	0	0	0	0	0	0	0	0	0	0	
		IV	442	37	0	0	0	0	0	0	0	0	0	0	0	
21871.99	V 5064	I	442	0	0	0	0	0	0	0	0	0	0	0	0	
	VI 5706	II	0	0	0	0	0	0	0	0	0	0	0	0	0	
		III	0	0	0	0	0	0	0	0	0	0	0	0	0	
		IV	442	37	0	0	0	0	0	0	0	0	0	0	0	
21925.99	V 5080	I	455	0	0	0	0	0	0	0	0	0	0	0	0	
	VI 5722	II	0	0	0	0	0	0	0	0	0	0	0	0	0	
		III	0	0	0	0	0	0	0	0	0	0	0	0	0	
		IV	455	49	0	0	0	0	0	0	0	0	0	0	0	
21979.99	V 5096	I	468	0	0	0	0	0	0	0	0	0	0	0	0	
	VI 5742	II	0	0	0	0	0	0	0	0	0	0	0	0	0	
		III	0	0	0	0	0	0	0	0	0	0	0	0	0	
		IV	468	62	0	0	0	0	0	0	0	0	0	0	0	
22033.99	V 5116	I	480	0	0	0	0	0	0	0	0	0	0	0	0	
	VI 5760	II	0	0	0	0	0	0	0	0	0	0	0	0	0	
		III	0	0	0	0	0	0	0	0	0	0	0	0	0	
		IV	480	74	0	0	0	0	0	0	0	0	0	0	0	
22087.99	V 5132	I	493	0	0	0	0	0	0	0	0	0	0	0	0	
	VI 5776	II	0	0	0	0	0	0	0	0	0	0	0	0	0	
		III	0	0	0	0	0	0	0	0	0	0	0	0	0	
		IV	493	86	0	0	0	0	0	0	0	0	0	0	0	
22141.99	V 5150	I	493	0	0	0	0	0	0	0	0	0	0	0	0	
	VI 5794	II	0	0	0	0	0	0	0	0	0	0	0	0	0	
		III	0	0	0	0	0	0	0	0	0	0	0	0	0	
		IV	493	86	0	0	0	0	0	0	0	0	0	0	0	
22195.99	V 5166	I	506	0	0	0	0	0	0	0	0	0	0	0	0	
	VI 5812	II	0	0	0	0	0	0	0	0	0	0	0	0	0	
		III	0	0	0	0	0	0	0	0	0	0	0	0	0	
		IV	506	99	0	0	0	0	0	0	0	0	0	0	0	
22249.99	V 5184	I	519	0	0	0	0	0	0	0	0	0	0	0	0	
	VI 5830	II	0	0	0	0	0	0	0	0	0	0	0	0	0	
		III	0	0	0	0	0	0	0	0	0	0	0	0	0	
		IV	519	111	0	0	0	0	0	0	0	0	0	0	0	
22303.99	V 5202	I	532	0	0	0	0	0	0	0	0	0	0	0	0	
	VI 5846	II	0	0	0	0	0	0	0	0	0	0	0	0	0	
		III	0	0	0	0	0	0	0	0	0	0	0	0	0	
		IV	532	124	0	0	0	0	0	0	0	0	0	0	0	
22357.99	V 5218	I	545	0	0	0	0	0	0	0	0	0	0	0	0	
	VI 5864	II	0	0	0	0	0	0	0	0	0	0	0	0	0	
		III	0	0	0	0	0	0	0	0	0	0	0	0	0	
		IV	545	136	0	0	0	0	0	0	0	0	0	0	0	
22411.99	V 5236	I	545	0	0	0	0	0	0	0	0	0	0	0	0	
	VI 5882	II	0	0	0	0	0	0	0	0	0	0	0	0	0	
		III	0	0	0	0	0	0	0	0	0	0	0	0	0	
		IV	545	136	0	0	0	0	0	0	0	0	0	0	0	
22465.99	V 5254	I	558	0	0	0	0	0	0	0	0	0	0	0	0	
	VI 5900	II	0	0	0	0	0	0	0	0	0	0	0	0	0	
		III	0	0	0	0	0	0	0	0	0	0	0	0	0	
		IV	558	149	0	0	0	0	0	0	0	0	0	0	0	
22519.99	V 5270	I	571	0	0	0	0	0	0	0	0	0	0	0	0	
	VI 5916	II	0	0	0	0	0	0	0	0	0	0	0	0	0	
		III	0	0	0	0	0	0	0	0	0	0	0	0	0	
		IV	571	162	0	0	0	0	0	0	0	0	0	0	0	
22573.99	V 5288	I	585	0	0	0	0	0	0	0	0	0	0	0	0	
	VI 5934	II	0	0	0	0	0	0	0	0	0	0	0	0	0	
		III	0	0	0	0	0	0	0	0	0	0	0	0	0	
		IV	585	174	0	0	0	0	0	0	0	0	0	0	0	
22627.99	V 5306	I	598	0	0	0	0	0	0	0	0	0	0	0	0	
	VI 5952	II	0	0	0	0	0	0	0	0	0	0	0	0	0	
		III	0	0	0	0	0	0	0	0	0	0	0	0	0	
		IV	598	187	0	0	0	0	0	0	0	0	0	0	0	
22681.99	V 5322	I	598	0	0	0	0	0	0	0	0	0	0	0	0	
	VI 5970	II	0	0	0	0	0	0	0	0	0	0	0	0	0	
		III	0	0	0	0	0	0	0	0	0	0	0	0	0	
		IV	598	187	0	0	0	0	0	0	0	0	0	0	0	

Allgemeine Jahreslohnsteuertabelle 2000
Lohnsteuer und Bemessungsgrundlage für Zuschlagsteuern in DM

Jahres-arbeitslohn bis...DM	Lohnsteuer in Steuerklasse			Bemessungsgrundlage für Zuschlagsteuer bis... Kinderfreibeträgen											
				0,5	1	1,5	2	2,5	3	3,5	4	4,5	5	5,5	6	6,5 und mehr
22735.99	V	5340	I	611	0	0	0	0	0	0	0	0	0	0	0	0	Wegen der
	VI	5988	II	0	0	0	0	0	0	0	0	0	0	0	0	0	Ermittlung der
			III	0	0	0	0	0	0	0	0	0	0	0	0	0	Bemessungs-
			IV	611	199	0	0	0	0	0	0	0	0	0	0	0	grundlage für
22789.99	V	5358	I	624	0	0	0	0	0	0	0	0	0	0	0	0	Zuschlagsteuern
	VI	6004	II	0	0	0	0	0	0	0	0	0	0	0	0	0	bei 6,5 und mehr
			III	0	0	0	0	0	0	0	0	0	0	0	0	0	Kinderfrei-
			IV	624	212	0	0	0	0	0	0	0	0	0	0	0	beträgen siehe
22843.99	V	5376	I	637	0	0	0	0	0	0	0	0	0	0	0	0	Seite 351
	VI	6022	II	0	0	0	0	0	0	0	0	0	0	0	0	0	
			III	0	0	0	0	0	0	0	0	0	0	0	0	0	
			IV	637	225	0	0	0	0	0	0	0	0	0	0	0	
22897.99	V	5392	I	650	0	0	0	0	0	0	0	0	0	0	0	0	
	VI	6040	II	0	0	0	0	0	0	0	0	0	0	0	0	0	
			III	0	0	0	0	0	0	0	0	0	0	0	0	0	
			IV	650	237	0	0	0	0	0	0	0	0	0	0	0	
22951.99	V	5408	I	650	0	0	0	0	0	0	0	0	0	0	0	0	
	VI	6058	II	0	0	0	0	0	0	0	0	0	0	0	0	0	
			III	0	0	0	0	0	0	0	0	0	0	0	0	0	
			IV	650	237	0	0	0	0	0	0	0	0	0	0	0	
23005.99	V	5428	I	663	0	0	0	0	0	0	0	0	0	0	0	0	
	VI	6076	II	0	0	0	0	0	0	0	0	0	0	0	0	0	
			III	0	0	0	0	0	0	0	0	0	0	0	0	0	
			IV	663	250	0	0	0	0	0	0	0	0	0	0	0	
23059.99	V	5444	I	676	0	0	0	0	0	0	0	0	0	0	0	0	
	VI	6094	II	0	0	0	0	0	0	0	0	0	0	0	0	0	
			III	0	0	0	0	0	0	0	0	0	0	0	0	0	
			IV	676	263	0	0	0	0	0	0	0	0	0	0	0	
23113.99	V	5462	I	690	0	0	0	0	0	0	0	0	0	0	0	0	
	VI	6112	II	0	0	0	0	0	0	0	0	0	0	0	0	0	
			III	0	0	0	0	0	0	0	0	0	0	0	0	0	
			IV	690	275	0	0	0	0	0	0	0	0	0	0	0	
23167.99	V	5478	I	703	0	0	0	0	0	0	0	0	0	0	0	0	
	VI	6128	II	0	0	0	0	0	0	0	0	0	0	0	0	0	
			III	0	0	0	0	0	0	0	0	0	0	0	0	0	
			IV	703	288	0	0	0	0	0	0	0	0	0	0	0	
23221.99	V	5498	I	703	0	0	0	0	0	0	0	0	0	0	0	0	
	VI	6146	II	0	0	0	0	0	0	0	0	0	0	0	0	0	
			III	0	0	0	0	0	0	0	0	0	0	0	0	0	
			IV	703	288	0	0	0	0	0	0	0	0	0	0	0	
23275.99	V	5514	I	716	0	0	0	0	0	0	0	0	0	0	0	0	
	VI	6164	II	0	0	0	0	0	0	0	0	0	0	0	0	0	
			III	0	0	0	0	0	0	0	0	0	0	0	0	0	
			IV	716	301	0	0	0	0	0	0	0	0	0	0	0	
23329.99	V	5532	I	729	0	0	0	0	0	0	0	0	0	0	0	0	
	VI	6182	II	0	0	0	0	0	0	0	0	0	0	0	0	0	
			III	0	0	0	0	0	0	0	0	0	0	0	0	0	
			IV	729	313	0	0	0	0	0	0	0	0	0	0	0	
23383.99	V	5548	I	743	0	0	0	0	0	0	0	0	0	0	0	0	
	VI	6200	II	0	0	0	0	0	0	0	0	0	0	0	0	0	
			III	0	0	0	0	0	0	0	0	0	0	0	0	0	
			IV	743	326	0	0	0	0	0	0	0	0	0	0	0	
23437.99	V	5566	I	756	0	0	0	0	0	0	0	0	0	0	0	0	
	VI	6218	II	0	0	0	0	0	0	0	0	0	0	0	0	0	
			III	0	0	0	0	0	0	0	0	0	0	0	0	0	
			IV	756	339	0	0	0	0	0	0	0	0	0	0	0	
23491.99	V	5582	I	756	0	0	0	0	0	0	0	0	0	0	0	0	
	VI	6236	II	0	0	0	0	0	0	0	0	0	0	0	0	0	
			III	0	0	0	0	0	0	0	0	0	0	0	0	0	
			IV	756	339	0	0	0	0	0	0	0	0	0	0	0	
23545.99	V	5602	I	769	0	0	0	0	0	0	0	0	0	0	0	0	
	VI	6254	II	0	0	0	0	0	0	0	0	0	0	0	0	0	
			III	0	0	0	0	0	0	0	0	0	0	0	0	0	
			IV	769	352	0	0	0	0	0	0	0	0	0	0	0	
23599.99	V	5620	I	782	0	0	0	0	0	0	0	0	0	0	0	0	
	VI	6270	II	0	0	0	0	0	0	0	0	0	0	0	0	0	
			III	0	0	0	0	0	0	0	0	0	0	0	0	0	
			IV	782	365	0	0	0	0	0	0	0	0	0	0	0	
23653.99	V	5636	I	796	0	0	0	0	0	0	0	0	0	0	0	0	
	VI	6288	II	0	0	0	0	0	0	0	0	0	0	0	0	0	
			III	0	0	0	0	0	0	0	0	0	0	0	0	0	
			IV	796	377	0	0	0	0	0	0	0	0	0	0	0	
23707.99	V	5654	I	809	0	0	0	0	0	0	0	0	0	0	0	0	
	VI	6306	II	0	0	0	0	0	0	0	0	0	0	0	0	0	
			III	0	0	0	0	0	0	0	0	0	0	0	0	0	
			IV	809	390	0	0	0	0	0	0	0	0	0	0	0	
23761.99	V	5670	I	809	0	0	0	0	0	0	0	0	0	0	0	0	
	VI	6324	II	0	0	0	0	0	0	0	0	0	0	0	0	0	
			III	0	0	0	0	0	0	0	0	0	0	0	0	0	
			IV	809	390	0	0	0	0	0	0	0	0	0	0	0	
23815.99	V	5688	I	822	0	0	0	0	0	0	0	0	0	0	0	0	
	VI	6342	II	0	0	0	0	0	0	0	0	0	0	0	0	0	
			III	0	0	0	0	0	0	0	0	0	0	0	0	0	
			IV	822	403	0	0	0	0	0	0	0	0	0	0	0	

Allgemeine Jahreslohnsteuertabelle 2000
Lohnsteuer und Bemessungsgrundlage für Zuschlagsteuern in DM

Jahres-arbeitslohn bis ... DM	Lohnsteuer	in Steuerklasse	Bemessungsgrundlage für Zuschlagsteuer bis ... Kinderfreibeträgen											
			0,5	1	1,5	2	2,5	3	3,5	4	4,5	5	5,5	6	6,5 und mehr
23869.99	V	I	836	12	0	0	0	0	0	0	0	0	0	0	0
	VI	II	0	0	0	0	0	0	0	0	0	0	0	0	0
	6360	III	0	0	0	0	0	0	0	0	0	0	0	0	0
		IV	836	416	12	0	0	0	0	0	0	0	0	0	0
23923.99	V	I	849	24	0	0	0	0	0	0	0	0	0	0	0
	VI	II	0	0	0	0	0	0	0	0	0	0	0	0	0
	6376	III	0	0	0	0	0	0	0	0	0	0	0	0	0
		IV	849	429	24	0	0	0	0	0	0	0	0	0	0
23977.99	V	I	862	37	0	0	0	0	0	0	0	0	0	0	0
	VI	II	0	0	0	0	0	0	0	0	0	0	0	0	0
	6394	III	0	0	0	0	0	0	0	0	0	0	0	0	0
		IV	862	442	37	0	0	0	0	0	0	0	0	0	0
24031.99	V	I	876	49	0	0	0	0	0	0	0	0	0	0	0
	VI	II	0	0	0	0	0	0	0	0	0	0	0	0	0
	6412	III	0	0	0	0	0	0	0	0	0	0	0	0	0
		IV	876	455	49	0	0	0	0	0	0	0	0	0	0
24085.99	V	I	889	62	0	0	0	0	0	0	0	0	0	0	0
	VI	II	0	0	0	0	0	0	0	0	0	0	0	0	0
	6432	III	0	0	0	0	0	0	0	0	0	0	0	0	0
		IV	889	468	62	0	0	0	0	0	0	0	0	0	0
24139.99	V	I	903	74	0	0	0	0	0	0	0	0	0	0	0
	VI	II	0	0	0	0	0	0	0	0	0	0	0	0	0
	6450	III	0	0	0	0	0	0	0	0	0	0	0	0	0
		IV	903	480	74	0	0	0	0	0	0	0	0	0	0
24193.99	V	I	916	86	0	0	0	0	0	0	0	0	0	0	0
	VI	II	0	0	0	0	0	0	0	0	0	0	0	0	0
	6468	III	0	0	0	0	0	0	0	0	0	0	0	0	0
		IV	916	493	86	0	0	0	0	0	0	0	0	0	0
24247.99	V	I	930	99	0	0	0	0	0	0	0	0	0	0	0
	VI	II	0	0	0	0	0	0	0	0	0	0	0	0	0
	6484	III	0	0	0	0	0	0	0	0	0	0	0	0	0
		IV	930	506	99	0	0	0	0	0	0	0	0	0	0
24301.99	V	I	943	111	0	0	0	0	0	0	0	0	0	0	0
	VI	II	0	0	0	0	0	0	0	0	0	0	0	0	0
	6502	III	0	0	0	0	0	0	0	0	0	0	0	0	0
		IV	943	519	111	0	0	0	0	0	0	0	0	0	0
24355.99	V	I	957	124	0	0	0	0	0	0	0	0	0	0	0
	VI	II	0	0	0	0	0	0	0	0	0	0	0	0	0
	6520	III	0	0	0	0	0	0	0	0	0	0	0	0	0
		IV	957	532	124	0	0	0	0	0	0	0	0	0	0
24409.99	V	I	970	136	0	0	0	0	0	0	0	0	0	0	0
	VI	II	0	0	0	0	0	0	0	0	0	0	0	0	0
	6540	III	0	0	0	0	0	0	0	0	0	0	0	0	0
		IV	970	545	136	0	0	0	0	0	0	0	0	0	0
24463.99	V	I	984	149	0	0	0	0	0	0	0	0	0	0	0
	VI	II	0	0	0	0	0	0	0	0	0	0	0	0	0
	6558	III	0	0	0	0	0	0	0	0	0	0	0	0	0
		IV	984	558	149	0	0	0	0	0	0	0	0	0	0
24517.99	V	I	997	162	0	0	0	0	0	0	0	0	0	0	0
	VI	II	0	0	0	0	0	0	0	0	0	0	0	0	0
	6574	III	0	0	0	0	0	0	0	0	0	0	0	0	0
		IV	997	571	162	0	0	0	0	0	0	0	0	0	0
24571.99	V	I	1011	174	0	0	0	0	0	0	0	0	0	0	0
	VI	II	0	0	0	0	0	0	0	0	0	0	0	0	0
	6592	III	0	0	0	0	0	0	0	0	0	0	0	0	0
		IV	1011	585	174	0	0	0	0	0	0	0	0	0	0
24625.99	V	I	1024	187	0	0	0	0	0	0	0	0	0	0	0
	VI	II	0	0	0	0	0	0	0	0	0	0	0	0	0
	6612	III	0	0	0	0	0	0	0	0	0	0	0	0	0
		IV	1024	598	187	0	0	0	0	0	0	0	0	0	0
24679.99	V	I	1038	199	0	0	0	0	0	0	0	0	0	0	0
	VI	II	0	0	0	0	0	0	0	0	0	0	0	0	0
	6630	III	0	0	0	0	0	0	0	0	0	0	0	0	0
		IV	1038	611	199	0	0	0	0	0	0	0	0	0	0
24733.99	V	I	1051	212	0	0	0	0	0	0	0	0	0	0	0
	VI	II	0	0	0	0	0	0	0	0	0	0	0	0	0
	6646	III	0	0	0	0	0	0	0	0	0	0	0	0	0
		IV	1051	624	212	0	0	0	0	0	0	0	0	0	0
24787.99	V	I	1065	225	0	0	0	0	0	0	0	0	0	0	0
	VI	II	0	0	0	0	0	0	0	0	0	0	0	0	0
	6666	III	0	0	0	0	0	0	0	0	0	0	0	0	0
		IV	1065	637	225	0	0	0	0	0	0	0	0	0	0
24841.99	V	I	1078	237	0	0	0	0	0	0	0	0	0	0	0
	VI	II	0	0	0	0	0	0	0	0	0	0	0	0	0
	6684	III	0	0	0	0	0	0	0	0	0	0	0	0	0
		IV	1078	650	237	0	0	0	0	0	0	0	0	0	0
24895.99	V	I	1092	250	0	0	0	0	0	0	0	0	0	0	0
	VI	II	0	0	0	0	0	0	0	0	0	0	0	0	0
	6702	III	0	0	0	0	0	0	0	0	0	0	0	0	0
		IV	1092	663	250	0	0	0	0	0	0	0	0	0	0
24949.99	V	I	1105	263	0	0	0	0	0	0	0	0	0	0	0
	VI	II	0	0	0	0	0	0	0	0	0	0	0	0	0
	6718	III	0	0	0	0	0	0	0	0	0	0	0	0	0
		IV	1105	676	263	0	0	0	0	0	0	0	0	0	0

Wegen der Ermittlung der Bemessungsgrundlage für Zuschlagsteuern bei 6,5 und mehr Kinderfreibeträgen siehe Seite 351

Allgemeine Jahreslohnsteuertabelle 2000
Lohnsteuer und Bemessungsgrundlage für Zuschlagsteuern in DM

Jahres-arbeitslohn bis... DM	Lohnsteuer	in Steuerklasse	Bemessungsgrundlage für Zuschlagsteuer bis... Kinderfreibeträgen											
			0,5	1	1,5	2	2,5	3	3,5	4	4,5	5	5,5	6	6,5 und mehr
25003.99	V	6076	I 1119	275	0	0	0	0	0	0	0	0	0	0	0	Wegen der
	VI	6738	II 0	0	0	0	0	0	0	0	0	0	0	0	0	Ermittlung der
			III 0	0	0	0	0	0	0	0	0	0	0	0	0	Bemessungs-
			IV 1119	690	275	0	0	0	0	0	0	0	0	0	0	grundlage für
25057.99	V	6094	I 1119	275	0	0	0	0	0	0	0	0	0	0	0	Zuschlagsteuem
	VI	6756	II 0	0	0	0	0	0	0	0	0	0	0	0	0	bei 6,5 und mehr
			III 0	0	0	0	0	0	0	0	0	0	0	0	0	Kinderfrei-
			IV 1119	690	275	0	0	0	0	0	0	0	0	0	0	beträgen siehe
25111.99	V	6112	I 1133	288	0	0	0	0	0	0	0	0	0	0	0	Seite 351
	VI	6776	II 0	0	0	0	0	0	0	0	0	0	0	0	0	
			III 0	0	0	0	0	0	0	0	0	0	0	0	0	
			IV 1133	703	288	0	0	0	0	0	0	0	0	0	0	
25165.99	V	6128	I 1146	301	0	0	0	0	0	0	0	0	0	0	0	
	VI	6792	II 0	0	0	0	0	0	0	0	0	0	0	0	0	
			III 0	0	0	0	0	0	0	0	0	0	0	0	0	
			IV 1146	716	301	0	0	0	0	0	0	0	0	0	0	
25219.99	V	6146	I 1160	313	0	0	0	0	0	0	0	0	0	0	0	
	VI	6810	II 0	0	0	0	0	0	0	0	0	0	0	0	0	
			III 0	0	0	0	0	0	0	0	0	0	0	0	0	
			IV 1160	729	313	0	0	0	0	0	0	0	0	0	0	
25273.99	V	6164	I 1173	326	0	0	0	0	0	0	0	0	0	0	0	
	VI	6830	II 0	0	0	0	0	0	0	0	0	0	0	0	0	
			III 0	0	0	0	0	0	0	0	0	0	0	0	0	
			IV 1173	743	326	0	0	0	0	0	0	0	0	0	0	
25327.99	V	6182	I 1187	339	0	0	0	0	0	0	0	0	0	0	0	
	VI	6846	II 0	0	0	0	0	0	0	0	0	0	0	0	0	
			III 0	0	0	0	0	0	0	0	0	0	0	0	0	
			IV 1187	756	339	0	0	0	0	0	0	0	0	0	0	
25381.99	V	6200	I 1201	352	0	0	0	0	0	0	0	0	0	0	0	
	VI	6866	II 0	0	0	0	0	0	0	0	0	0	0	0	0	
			III 0	0	0	0	0	0	0	0	0	0	0	0	0	
			IV 1201	769	352	0	0	0	0	0	0	0	0	0	0	
25435.99	V	6218	I 1214	365	0	0	0	0	0	0	0	0	0	0	0	
	VI	6884	II 0	0	0	0	0	0	0	0	0	0	0	0	0	
			III 0	0	0	0	0	0	0	0	0	0	0	0	0	
			IV 1214	782	365	0	0	0	0	0	0	0	0	0	0	
25489.99	V	6236	I 1228	377	0	0	0	0	0	0	0	0	0	0	0	
	VI	6904	II 0	0	0	0	0	0	0	0	0	0	0	0	0	
			III 0	0	0	0	0	0	0	0	0	0	0	0	0	
			IV 1228	796	377	0	0	0	0	0	0	0	0	0	0	
25543.99	V	6254	I 1242	390	0	0	0	0	0	0	0	0	0	0	0	
	VI	6920	II 0	0	0	0	0	0	0	0	0	0	0	0	0	
			III 0	0	0	0	0	0	0	0	0	0	0	0	0	
			IV 1242	809	390	0	0	0	0	0	0	0	0	0	0	
25597.99	V	6270	I 1255	403	0	0	0	0	0	0	0	0	0	0	0	
	VI	6940	II 0	0	0	0	0	0	0	0	0	0	0	0	0	
			III 0	0	0	0	0	0	0	0	0	0	0	0	0	
			IV 1255	822	403	0	0	0	0	0	0	0	0	0	0	
25651.99	V	6288	I 1269	416	0	0	0	0	0	0	0	0	0	0	0	
	VI	6958	II 0	0	0	0	0	0	0	0	0	0	0	0	0	
			III 0	0	0	0	0	0	0	0	0	0	0	0	0	
			IV 1269	836	416	12	0	0	0	0	0	0	0	0	0	
25705.99	V	6306	I 1283	429	0	0	0	0	0	0	0	0	0	0	0	
	VI	6976	II 0	0	0	0	0	0	0	0	0	0	0	0	0	
			III 0	0	0	0	0	0	0	0	0	0	0	0	0	
			IV 1283	849	429	24	0	0	0	0	0	0	0	0	0	
25759.99	V	6324	I 1296	442	0	0	0	0	0	0	0	0	0	0	0	
	VI	6994	II 0	0	0	0	0	0	0	0	0	0	0	0	0	
			III 0	0	0	0	0	0	0	0	0	0	0	0	0	
			IV 1296	862	442	37	0	0	0	0	0	0	0	0	0	
25813.99	V	6342	I 1310	455	0	0	0	0	0	0	0	0	0	0	0	
	VI	7014	II 0	0	0	0	0	0	0	0	0	0	0	0	0	
			III 0	0	0	0	0	0	0	0	0	0	0	0	0	
			IV 1310	876	455	49	0	0	0	0	0	0	0	0	0	
25867.99	V	6360	I 1324	468	0	0	0	0	0	0	0	0	0	0	0	
	VI	7030	II 0	0	0	0	0	0	0	0	0	0	0	0	0	
			III 0	0	0	0	0	0	0	0	0	0	0	0	0	
			IV 1324	889	468	62	0	0	0	0	0	0	0	0	0	
25921.99	V	6376	I 1338	480	0	0	0	0	0	0	0	0	0	0	0	
	VI	7050	II 0	0	0	0	0	0	0	0	0	0	0	0	0	
			III 0	0	0	0	0	0	0	0	0	0	0	0	0	
			IV 1338	903	480	74	0	0	0	0	0	0	0	0	0	
25975.99	V	6394	I 1351	493	0	0	0	0	0	0	0	0	0	0	0	
	VI	7068	II 0	0	0	0	0	0	0	0	0	0	0	0	0	
			III 0	0	0	0	0	0	0	0	0	0	0	0	0	
			IV 1351	916	493	86	0	0	0	0	0	0	0	0	0	
26029.99	V	6412	I 1365	506	0	0	0	0	0	0	0	0	0	0	0	
	VI	7086	II 0	0	0	0	0	0	0	0	0	0	0	0	0	
			III 0	0	0	0	0	0	0	0	0	0	0	0	0	
			IV 1365	930	506	99	0	0	0	0	0	0	0	0	0	
26083.99	V	6432	I 1379	519	0	0	0	0	0	0	0	0	0	0	0	
	VI	7104	II 12	0	0	0	0	0	0	0	0	0	0	0	0	
			III 0	0	0	0	0	0	0	0	0	0	0	0	0	
			IV 1379	943	519	111	0	0	0	0	0	0	0	0	0	

Allgemeine Jahreslohnsteuertabelle 2000
Lohnsteuer und Bemessungsgrundlage für Zuschlagsteuern in DM

Jahres-arbeitslohn bis ... DM		Lohnsteuer in Steuerklasse		Bemessungsgrundlage für Zuschlagsteuer bis ... Kinderfreibeträgen											
				0,5	1	1,5	2	2,5	3	3,5	4	4,5	5	5,5	6	6,5 und mehr
26137.99	V	6450	I	1392	532	0	0	0	0	0	0	0	0	0	0	0
	VI	7124	II	24	0	0	0	0	0	0	0	0	0	0	0	0
			III	0	0	0	0	0	0	0	0	0	0	0	0	0
			IV	1392	957	532	124	0	0	0	0	0	0	0	0	0
26191.99	V	6468	I	1406	545	0	0	0	0	0	0	0	0	0	0	0
	VI	7142	II	37	0	0	0	0	0	0	0	0	0	0	0	0
			III	0	0	0	0	0	0	0	0	0	0	0	0	0
			IV	1406	970	545	136	0	0	0	0	0	0	0	0	0
26245.99	V	6484	I	1420	558	0	0	0	0	0	0	0	0	0	0	0
	VI	7160	II	49	0	0	0	0	0	0	0	0	0	0	0	0
			III	0	0	0	0	0	0	0	0	0	0	0	0	0
			IV	1420	984	558	149	0	0	0	0	0	0	0	0	0
26299.99	V	6502	I	1434	571	0	0	0	0	0	0	0	0	0	0	0
	VI	7180	II	62	0	0	0	0	0	0	0	0	0	0	0	0
			III	0	0	0	0	0	0	0	0	0	0	0	0	0
			IV	1434	997	571	162	0	0	0	0	0	0	0	0	0
26353.99	V	6520	I	1448	585	0	0	0	0	0	0	0	0	0	0	0
	VI	7198	II	74	0	0	0	0	0	0	0	0	0	0	0	0
			III	0	0	0	0	0	0	0	0	0	0	0	0	0
			IV	1448	1011	585	174	0	0	0	0	0	0	0	0	0
26407.99	V	6540	I	1461	598	0	0	0	0	0	0	0	0	0	0	0
	VI	7216	II	86	0	0	0	0	0	0	0	0	0	0	0	0
			III	0	0	0	0	0	0	0	0	0	0	0	0	0
			IV	1461	1024	598	187	0	0	0	0	0	0	0	0	0
26461.99	V	6558	I	1475	611	0	0	0	0	0	0	0	0	0	0	0
	VI	7234	II	99	0	0	0	0	0	0	0	0	0	0	0	0
			III	0	0	0	0	0	0	0	0	0	0	0	0	0
			IV	1475	1038	611	199	0	0	0	0	0	0	0	0	0
26515.99	V	6574	I	1489	624	0	0	0	0	0	0	0	0	0	0	0
	VI	7254	II	111	0	0	0	0	0	0	0	0	0	0	0	0
			III	0	0	0	0	0	0	0	0	0	0	0	0	0
			IV	1489	1051	624	212	0	0	0	0	0	0	0	0	0
26569.99	V	6592	I	1503	637	0	0	0	0	0	0	0	0	0	0	0
	VI	7272	II	124	0	0	0	0	0	0	0	0	0	0	0	0
			III	0	0	0	0	0	0	0	0	0	0	0	0	0
			IV	1503	1065	637	225	0	0	0	0	0	0	0	0	0
26623.99	V	6612	I	1517	650	0	0	0	0	0	0	0	0	0	0	0
	VI	7290	II	136	0	0	0	0	0	0	0	0	0	0	0	0
			III	0	0	0	0	0	0	0	0	0	0	0	0	0
			IV	1517	1078	650	237	0	0	0	0	0	0	0	0	0
26677.99	V	6630	I	1530	663	0	0	0	0	0	0	0	0	0	0	0
	VI	7310	II	149	0	0	0	0	0	0	0	0	0	0	0	0
			III	0	0	0	0	0	0	0	0	0	0	0	0	0
			IV	1530	1092	663	250	0	0	0	0	0	0	0	0	0
26731.99	V	6646	I	1544	676	0	0	0	0	0	0	0	0	0	0	0
	VI	7326	II	162	0	0	0	0	0	0	0	0	0	0	0	0
			III	0	0	0	0	0	0	0	0	0	0	0	0	0
			IV	1544	1105	676	263	0	0	0	0	0	0	0	0	0
26785.99	V	6666	I	1558	690	0	0	0	0	0	0	0	0	0	0	0
	VI	7346	II	174	0	0	0	0	0	0	0	0	0	0	0	0
			III	0	0	0	0	0	0	0	0	0	0	0	0	0
			IV	1558	1119	690	275	0	0	0	0	0	0	0	0	0
26839.99	V	6684	I	1572	703	0	0	0	0	0	0	0	0	0	0	0
	VI	7366	II	187	0	0	0	0	0	0	0	0	0	0	0	0
			III	0	0	0	0	0	0	0	0	0	0	0	0	0
			IV	1572	1133	703	288	0	0	0	0	0	0	0	0	0
26893.99	V	6702	I	1586	716	0	0	0	0	0	0	0	0	0	0	0
	VI	7384	II	199	0	0	0	0	0	0	0	0	0	0	0	0
			III	0	0	0	0	0	0	0	0	0	0	0	0	0
			IV	1586	1146	716	301	0	0	0	0	0	0	0	0	0
26947.99	V	6718	I	1600	729	0	0	0	0	0	0	0	0	0	0	0
	VI	7404	II	212	0	0	0	0	0	0	0	0	0	0	0	0
			III	0	0	0	0	0	0	0	0	0	0	0	0	0
			IV	1600	1160	729	313	0	0	0	0	0	0	0	0	0
27001.99	V	6738	I	1613	743	0	0	0	0	0	0	0	0	0	0	0
	VI	7420	II	225	0	0	0	0	0	0	0	0	0	0	0	0
			III	0	0	0	0	0	0	0	0	0	0	0	0	0
			IV	1613	1173	743	326	0	0	0	0	0	0	0	0	0
27055.99	V	6756	I	1627	756	0	0	0	0	0	0	0	0	0	0	0
	VI	7440	II	237	0	0	0	0	0	0	0	0	0	0	0	0
			III	0	0	0	0	0	0	0	0	0	0	0	0	0
			IV	1627	1187	756	339	0	0	0	0	0	0	0	0	0
27109.99	V	6776	I	1641	769	0	0	0	0	0	0	0	0	0	0	0
	VI	7460	II	250	0	0	0	0	0	0	0	0	0	0	0	0
			III	0	0	0	0	0	0	0	0	0	0	0	0	0
			IV	1641	1201	769	352	0	0	0	0	0	0	0	0	0
27163.99	V	6792	I	1655	782	0	0	0	0	0	0	0	0	0	0	0
	VI	7478	II	263	0	0	0	0	0	0	0	0	0	0	0	0
			III	0	0	0	0	0	0	0	0	0	0	0	0	0
			IV	1655	1214	782	365	0	0	0	0	0	0	0	0	0
27217.99	V	6810	I	1669	796	0	0	0	0	0	0	0	0	0	0	0
	VI	7498	II	275	0	0	0	0	0	0	0	0	0	0	0	0
			III	0	0	0	0	0	0	0	0	0	0	0	0	0
			IV	1669	1228	796	377	0	0	0	0	0	0	0	0	0

Wegen der Ermittlung der Bemessungsgrundlage für Zuschlagsteuern bei 6,5 und mehr Kinderfreibeträgen siehe Seite 351

Allgemeine Jahreslohnsteuertabelle 2000
Lohnsteuer und Bemessungsgrundlage für Zuschlagsteuern in DM

Jahres-arbeitslohn bis...DM	Lohnsteuer in Steuerklasse			Bemessungsgrundlage für Zuschlagsteuer bis... Kinderfreibeträgen											
				0,5	1	1,5	2	2,5	3	3,5	4	4,5	5	5,5	6	6,5 und mehr
27271.99	V	6830	I	1683	809	0	0	0	0	0	0	0	0	0	0	0	Wegen der
	VI	7516	II	288	0	0	0	0	0	0	0	0	0	0	0	0	Ermittlung der
			III	0	0	0	0	0	0	0	0	0	0	0	0	0	Bemessungs-
			IV	1683	1242	809	390	0	0	0	0	0	0	0	0	0	grundlage für
27325.99	V	6846	I	1697	822	0	0	0	0	0	0	0	0	0	0	0	Zuschlagsteuem
	VI	7534	II	301	0	0	0	0	0	0	0	0	0	0	0	0	bei 6,5 und mehr
			III	0	0	0	0	0	0	0	0	0	0	0	0	0	Kinderfrei-
			IV	1697	1255	822	403	0	0	0	0	0	0	0	0	0	beträgen siehe
27379.99	V	6866	I	1711	836	12	0	0	0	0	0	0	0	0	0	0	Seite 351
	VI	7552	II	313	0	0	0	0	0	0	0	0	0	0	0	0	
			III	0	0	0	0	0	0	0	0	0	0	0	0	0	
			IV	1711	1269	836	416	12	0	0	0	0	0	0	0	0	
27433.99	V	6884	I	1725	849	24	0	0	0	0	0	0	0	0	0	0	
	VI	7572	II	326	0	0	0	0	0	0	0	0	0	0	0	0	
			III	0	0	0	0	0	0	0	0	0	0	0	0	0	
			IV	1725	1283	849	429	24	0	0	0	0	0	0	0	0	
27487.99	V	6904	I	1739	862	37	0	0	0	0	0	0	0	0	0	0	
	VI	7590	II	339	0	0	0	0	0	0	0	0	0	0	0	0	
			III	0	0	0	0	0	0	0	0	0	0	0	0	0	
			IV	1739	1296	862	442	37	0	0	0	0	0	0	0	0	
27541.99	V	6920	I	1753	876	49	0	0	0	0	0	0	0	0	0	0	
	VI	7610	II	352	0	0	0	0	0	0	0	0	0	0	0	0	
			III	0	0	0	0	0	0	0	0	0	0	0	0	0	
			IV	1753	1310	876	455	49	0	0	0	0	0	0	0	0	
27595.99	V	6940	I	1767	889	62	0	0	0	0	0	0	0	0	0	0	
	VI	7628	II	365	0	0	0	0	0	0	0	0	0	0	0	0	
			III	0	0	0	0	0	0	0	0	0	0	0	0	0	
			IV	1767	1324	889	468	62	0	0	0	0	0	0	0	0	
27649.99	V	6958	I	1781	903	74	0	0	0	0	0	0	0	0	0	0	
	VI	7648	II	377	0	0	0	0	0	0	0	0	0	0	0	0	
			III	0	0	0	0	0	0	0	0	0	0	0	0	0	
			IV	1781	1338	903	480	74	0	0	0	0	0	0	0	0	
27703.99	V	6976	I	1795	916	86	0	0	0	0	0	0	0	0	0	0	
	VI	7666	II	390	0	0	0	0	0	0	0	0	0	0	0	0	
			III	0	0	0	0	0	0	0	0	0	0	0	0	0	
			IV	1795	1351	916	493	86	0	0	0	0	0	0	0	0	
27757.99	V	6994	I	1795	916	86	0	0	0	0	0	0	0	0	0	0	
	VI	7686	II	390	0	0	0	0	0	0	0	0	0	0	0	0	
			III	0	0	0	0	0	0	0	0	0	0	0	0	0	
			IV	1795	1351	916	493	86	0	0	0	0	0	0	0	0	
27811.99	V	7014	I	1808	930	99	0	0	0	0	0	0	0	0	0	0	
	VI	7706	II	403	0	0	0	0	0	0	0	0	0	0	0	0	
			III	0	0	0	0	0	0	0	0	0	0	0	0	0	
			IV	1808	1365	930	506	99	0	0	0	0	0	0	0	0	
27865.99	V	7030	I	1822	943	111	0	0	0	0	0	0	0	0	0	0	
	VI	7724	II	416	0	0	0	0	0	0	0	0	0	0	0	0	
			III	0	0	0	0	0	0	0	0	0	0	0	0	0	
			IV	1822	1379	943	519	111	0	0	0	0	0	0	0	0	
27919.99	V	7050	I	1836	957	124	0	0	0	0	0	0	0	0	0	0	
	VI	7744	II	429	0	0	0	0	0	0	0	0	0	0	0	0	
			III	0	0	0	0	0	0	0	0	0	0	0	0	0	
			IV	1836	1392	957	532	124	0	0	0	0	0	0	0	0	
27973.99	V	7068	I	1850	970	136	0	0	0	0	0	0	0	0	0	0	
	VI	7762	II	442	0	0	0	0	0	0	0	0	0	0	0	0	
			III	0	0	0	0	0	0	0	0	0	0	0	0	0	
			IV	1850	1406	970	545	136	0	0	0	0	0	0	0	0	
28027.99	V	7086	I	1864	984	149	0	0	0	0	0	0	0	0	0	0	
	VI	7782	II	455	0	0	0	0	0	0	0	0	0	0	0	0	
			III	0	0	0	0	0	0	0	0	0	0	0	0	0	
			IV	1864	1420	984	558	149	0	0	0	0	0	0	0	0	
28081.99	V	7104	I	1879	997	162	0	0	0	0	0	0	0	0	0	0	
	VI	7800	II	468	0	0	0	0	0	0	0	0	0	0	0	0	
			III	0	0	0	0	0	0	0	0	0	0	0	0	0	
			IV	1879	1434	997	571	162	0	0	0	0	0	0	0	0	
28135.99	V	7124	I	1893	1011	174	0	0	0	0	0	0	0	0	0	0	
	VI	7818	II	480	0	0	0	0	0	0	0	0	0	0	0	0	
			III	0	0	0	0	0	0	0	0	0	0	0	0	0	
			IV	1893	1448	1011	585	174	0	0	0	0	0	0	0	0	
28189.99	V	7142	I	1907	1024	187	0	0	0	0	0	0	0	0	0	0	
	VI	7838	II	493	0	0	0	0	0	0	0	0	0	0	0	0	
			III	0	0	0	0	0	0	0	0	0	0	0	0	0	
			IV	1907	1461	1024	598	187	0	0	0	0	0	0	0	0	
28243.99	V	7160	I	1921	1038	199	0	0	0	0	0	0	0	0	0	0	
	VI	7856	II	506	0	0	0	0	0	0	0	0	0	0	0	0	
			III	0	0	0	0	0	0	0	0	0	0	0	0	0	
			IV	1921	1475	1038	611	199	0	0	0	0	0	0	0	0	
28297.99	V	7180	I	1935	1051	212	0	0	0	0	0	0	0	0	0	0	
	VI	7876	II	519	0	0	0	0	0	0	0	0	0	0	0	0	
			III	0	0	0	0	0	0	0	0	0	0	0	0	0	
			IV	1935	1489	1051	624	212	0	0	0	0	0	0	0	0	
28351.99	V	7198	I	1949	1065	225	0	0	0	0	0	0	0	0	0	0	
	VI	7894	II	532	0	0	0	0	0	0	0	0	0	0	0	0	
			III	0	0	0	0	0	0	0	0	0	0	0	0	0	
			IV	1949	1503	1065	637	225	0	0	0	0	0	0	0	0	

Allgemeine Jahreslohnsteuertabelle 2000
Lohnsteuer und Bemessungsgrundlage für Zuschlagsteuern in DM

Jahres-arbeitslohn bis ... DM	Lohnsteuer in Steuerklasse		Bemessungsgrundlage für Zuschlagsteuer bis ... Kinderfreibeträgen											
			0,5	1	1,5	2	2,5	3	3,5	4	4,5	5	5,5	6	6,5 und mehr
28405.99	V	7216	1078	237	0	0	0	0	0	0	0	0	0	0	0
	VI	7914													
		II 545	0	0	0	0	0	0	0	0	0	0	0	0	0
		III 0	0	0	0	0	0	0	0	0	0	0	0	0	0
		IV 1963	1517	1078	650	237	0	0	0	0	0	0	0	0	0
28459.99	V	7234	1092	250	0	0	0	0	0	0	0	0	0	0	0
	VI	7934													
		II 558	0	0	0	0	0	0	0	0	0	0	0	0	0
		III 0	0	0	0	0	0	0	0	0	0	0	0	0	0
		IV 1977	1530	1092	663	250	0	0	0	0	0	0	0	0	0
28513.99	V	7254	1105	263	0	0	0	0	0	0	0	0	0	0	0
	VI	7954													
		II 571	0	0	0	0	0	0	0	0	0	0	0	0	0
		III 0	0	0	0	0	0	0	0	0	0	0	0	0	0
		IV 1991	1544	1105	676	263	0	0	0	0	0	0	0	0	0
28567.99	V	7272	1119	275	0	0	0	0	0	0	0	0	0	0	0
	VI	7972													
		II 585	0	0	0	0	0	0	0	0	0	0	0	0	0
		III 0	0	0	0	0	0	0	0	0	0	0	0	0	0
		IV 2005	1558	1119	690	275	0	0	0	0	0	0	0	0	0
28621.99	V	7290	1133	288	0	0	0	0	0	0	0	0	0	0	0
	VI	7992													
		II 598	0	0	0	0	0	0	0	0	0	0	0	0	0
		III 0	0	0	0	0	0	0	0	0	0	0	0	0	0
		IV 2019	1572	1133	703	288	0	0	0	0	0	0	0	0	0
28675.99	V	7310	1146	301	0	0	0	0	0	0	0	0	0	0	0
	VI	8010													
		II 611	0	0	0	0	0	0	0	0	0	0	0	0	0
		III 0	0	0	0	0	0	0	0	0	0	0	0	0	0
		IV 2033	1586	1146	716	301	0	0	0	0	0	0	0	0	0
28729.99	V	7326	1160	313	0	0	0	0	0	0	0	0	0	0	0
	VI	8030													
		II 624	0	0	0	0	0	0	0	0	0	0	0	0	0
		III 0	0	0	0	0	0	0	0	0	0	0	0	0	0
		IV 2047	1600	1160	729	313	0	0	0	0	0	0	0	0	0
28783.99	V	7346	1173	326	0	0	0	0	0	0	0	0	0	0	0
	VI	8050													
		II 637	0	0	0	0	0	0	0	0	0	0	0	0	0
		III 0	0	0	0	0	0	0	0	0	0	0	0	0	0
		IV 2061	1613	1173	743	326	0	0	0	0	0	0	0	0	0
28837.99	V	7366	1187	339	0	0	0	0	0	0	0	0	0	0	0
	VI	8068													
		II 650	0	0	0	0	0	0	0	0	0	0	0	0	0
		III 0	0	0	0	0	0	0	0	0	0	0	0	0	0
		IV 2076	1627	1187	756	339	0	0	0	0	0	0	0	0	0
28891.99	V	7384	1201	352	0	0	0	0	0	0	0	0	0	0	0
	VI	8088													
		II 663	0	0	0	0	0	0	0	0	0	0	0	0	0
		III 0	0	0	0	0	0	0	0	0	0	0	0	0	0
		IV 2090	1641	1201	769	352	0	0	0	0	0	0	0	0	0
28945.99	V	7404	1214	365	0	0	0	0	0	0	0	0	0	0	0
	VI	8106													
		II 676	0	0	0	0	0	0	0	0	0	0	0	0	0
		III 0	0	0	0	0	0	0	0	0	0	0	0	0	0
		IV 2104	1655	1214	782	365	0	0	0	0	0	0	0	0	0
28999.99	V	7420	1228	377	0	0	0	0	0	0	0	0	0	0	0
	VI	8128													
		II 690	0	0	0	0	0	0	0	0	0	0	0	0	0
		III 0	0	0	0	0	0	0	0	0	0	0	0	0	0
		IV 2118	1669	1228	796	377	0	0	0	0	0	0	0	0	0
29053.99	V	7440	1242	390	0	0	0	0	0	0	0	0	0	0	0
	VI	8146													
		II 703	0	0	0	0	0	0	0	0	0	0	0	0	0
		III 0	0	0	0	0	0	0	0	0	0	0	0	0	0
		IV 2132	1683	1242	809	390	0	0	0	0	0	0	0	0	0
29107.99	V	7460	1255	403	0	0	0	0	0	0	0	0	0	0	0
	VI	8164													
		II 716	0	0	0	0	0	0	0	0	0	0	0	0	0
		III 0	0	0	0	0	0	0	0	0	0	0	0	0	0
		IV 2146	1697	1255	822	403	0	0	0	0	0	0	0	0	0
29161.99	V	7478	1269	416	0	0	0	0	0	0	0	0	0	0	0
	VI	8184													
		II 729	0	0	0	0	0	0	0	0	0	0	0	0	0
		III 0	0	0	0	0	0	0	0	0	0	0	0	0	0
		IV 2161	1711	1269	836	416	12	0	0	0	0	0	0	0	0
29215.99	V	7498	1283	429	0	0	0	0	0	0	0	0	0	0	0
	VI	8204													
		II 743	0	0	0	0	0	0	0	0	0	0	0	0	0
		III 0	0	0	0	0	0	0	0	0	0	0	0	0	0
		IV 2175	1725	1283	849	429	24	0	0	0	0	0	0	0	0
29269.99	V	7516	1296	442	0	0	0	0	0	0	0	0	0	0	0
	VI	8224													
		II 756	0	0	0	0	0	0	0	0	0	0	0	0	0
		III 0	0	0	0	0	0	0	0	0	0	0	0	0	0
		IV 2189	1739	1296	862	442	37	0	0	0	0	0	0	0	0
29323.99	V	7534	1310	455	0	0	0	0	0	0	0	0	0	0	0
	VI	8242													
		II 769	0	0	0	0	0	0	0	0	0	0	0	0	0
		III 0	0	0	0	0	0	0	0	0	0	0	0	0	0
		IV 2203	1753	1310	876	455	49	0	0	0	0	0	0	0	0
29377.99	V	7552	1324	468	0	0	0	0	0	0	0	0	0	0	0
	VI	8262													
		II 782	0	0	0	0	0	0	0	0	0	0	0	0	0
		III 0	0	0	0	0	0	0	0	0	0	0	0	0	0
		IV 2217	1767	1324	889	468	62	0	0	0	0	0	0	0	0
29431.99	V	7572	1338	480	0	0	0	0	0	0	0	0	0	0	0
	VI	8282													
		II 796	0	0	0	0	0	0	0	0	0	0	0	0	0
		III 0	0	0	0	0	0	0	0	0	0	0	0	0	0
		IV 2232	1781	1338	903	480	74	0	0	0	0	0	0	0	0
29485.99	V	7590	1351	493	0	0	0	0	0	0	0	0	0	0	0
	VI	8300													
		II 809	0	0	0	0	0	0	0	0	0	0	0	0	0
		III 0	0	0	0	0	0	0	0	0	0	0	0	0	0
		IV 2246	1795	1351	916	493	86	0	0	0	0	0	0	0	0

Wegen der Ermittlung der Bemessungsgrundlage für Zuschlagsteuern bei 6,5 und mehr Kinderfreibeträgen siehe Seite 351

Allgemeine Jahreslohnsteuertabelle 2000
Lohnsteuer und Bemessungsgrundlage für Zuschlagsteuern in DM

Jahres-arbeitslohn bis...DM		Lohnsteuer in Steuerklasse		Bemessungsgrundlage für Zuschlagsteuer bis...Kinderfreibeträgen											
				0,5	1	1,5	2	2,5	3	3,5	4	4,5	5	5,5	6	6,5 und mehr
29539.99	V	7610	I	2260	1365	506	0	0	0	0	0	0	0	0	0	0	Wegen der
	VI	8322	II	822	0	0	0	0	0	0	0	0	0	0	0	0	Ermittlung der
			III	0	0	0	0	0	0	0	0	0	0	0	0	0	Bemessungs-
			IV	2260	1808	1365	930	506	99	0	0	0	0	0	0	0	grundlage für
29593.99	V	7628	I	2274	1379	519	0	0	0	0	0	0	0	0	0	0	Zuschlagsteuern
	VI	8340	II	836	12	0	0	0	0	0	0	0	0	0	0	0	bei 6,5 und mehr
			III	0	0	0	0	0	0	0	0	0	0	0	0	0	Kinderfrei-
			IV	2274	1822	1379	943	519	111	0	0	0	0	0	0	0	beträgen siehe
29647.99	V	7648	I	2288	1392	532	0	0	0	0	0	0	0	0	0	0	Seite 351
	VI	8360	II	849	24	0	0	0	0	0	0	0	0	0	0	0	
			III	0	0	0	0	0	0	0	0	0	0	0	0	0	
			IV	2288	1836	1392	957	532	124	0	0	0	0	0	0	0	
29701.99	V	7666	I	2303	1406	545	0	0	0	0	0	0	0	0	0	0	
	VI	8380	II	862	37	0	0	0	0	0	0	0	0	0	0	0	
			III	0	0	0	0	0	0	0	0	0	0	0	0	0	
			IV	2303	1850	1406	970	545	136	0	0	0	0	0	0	0	
29755.99	V	7686	I	2317	1420	558	0	0	0	0	0	0	0	0	0	0	
	VI	8398	II	876	49	0	0	0	0	0	0	0	0	0	0	0	
			III	0	0	0	0	0	0	0	0	0	0	0	0	0	
			IV	2317	1864	1420	984	558	149	0	0	0	0	0	0	0	
29809.99	V	7706	I	2331	1434	571	0	0	0	0	0	0	0	0	0	0	
	VI	8418	II	889	62	0	0	0	0	0	0	0	0	0	0	0	
			III	0	0	0	0	0	0	0	0	0	0	0	0	0	
			IV	2331	1879	1434	997	571	162	0	0	0	0	0	0	0	
29863.99	V	7724	I	2345	1448	585	0	0	0	0	0	0	0	0	0	0	
	VI	8438	II	903	74	0	0	0	0	0	0	0	0	0	0	0	
			III	0	0	0	0	0	0	0	0	0	0	0	0	0	
			IV	2345	1893	1448	1011	585	174	0	0	0	0	0	0	0	
29917.99	V	7744	I	2360	1461	598	0	0	0	0	0	0	0	0	0	0	
	VI	8458	II	916	86	0	0	0	0	0	0	0	0	0	0	0	
			III	0	0	0	0	0	0	0	0	0	0	0	0	0	
			IV	2360	1907	1461	1024	598	187	0	0	0	0	0	0	0	
29971.99	V	7762	I	2374	1475	611	0	0	0	0	0	0	0	0	0	0	
	VI	8476	II	930	99	0	0	0	0	0	0	0	0	0	0	0	
			III	0	0	0	0	0	0	0	0	0	0	0	0	0	
			IV	2374	1921	1475	1038	611	199	0	0	0	0	0	0	0	
30025.99	V	7782	I	2388	1489	624	0	0	0	0	0	0	0	0	0	0	
	VI	8498	II	943	111	0	0	0	0	0	0	0	0	0	0	0	
			III	0	0	0	0	0	0	0	0	0	0	0	0	0	
			IV	2388	1935	1489	1051	624	212	0	0	0	0	0	0	0	
30079.99	V	7800	I	2403	1503	637	0	0	0	0	0	0	0	0	0	0	
	VI	8516	II	957	124	0	0	0	0	0	0	0	0	0	0	0	
			III	0	0	0	0	0	0	0	0	0	0	0	0	0	
			IV	2403	1949	1503	1065	637	225	0	0	0	0	0	0	0	
30133.99	V	7818	I	2417	1517	650	0	0	0	0	0	0	0	0	0	0	
	VI	8536	II	970	136	0	0	0	0	0	0	0	0	0	0	0	
			III	0	0	0	0	0	0	0	0	0	0	0	0	0	
			IV	2417	1963	1517	1078	650	237	0	0	0	0	0	0	0	
30187.99	V	7838	I	2431	1530	663	0	0	0	0	0	0	0	0	0	0	
	VI	8556	II	984	149	0	0	0	0	0	0	0	0	0	0	0	
			III	0	0	0	0	0	0	0	0	0	0	0	0	0	
			IV	2431	1977	1530	1092	663	250	0	0	0	0	0	0	0	
30241.99	V	7856	I	2446	1544	676	0	0	0	0	0	0	0	0	0	0	
	VI	8576	II	997	162	0	0	0	0	0	0	0	0	0	0	0	
			III	0	0	0	0	0	0	0	0	0	0	0	0	0	
			IV	2446	1991	1544	1105	676	263	0	0	0	0	0	0	0	
30295.99	V	7876	I	2460	1558	690	0	0	0	0	0	0	0	0	0	0	
	VI	8594	II	1011	174	0	0	0	0	0	0	0	0	0	0	0	
			III	0	0	0	0	0	0	0	0	0	0	0	0	0	
			IV	2460	2005	1558	1119	690	275	0	0	0	0	0	0	0	
30349.99	V	7894	I	2474	1572	703	0	0	0	0	0	0	0	0	0	0	
	VI	8616	II	1024	187	0	0	0	0	0	0	0	0	0	0	0	
			III	0	0	0	0	0	0	0	0	0	0	0	0	0	
			IV	2474	2019	1572	1133	703	288	0	0	0	0	0	0	0	
30403.99	V	7914	I	2489	1586	716	0	0	0	0	0	0	0	0	0	0	
	VI	8634	II	1038	199	0	0	0	0	0	0	0	0	0	0	0	
			III	0	0	0	0	0	0	0	0	0	0	0	0	0	
			IV	2489	2033	1586	1146	716	301	0	0	0	0	0	0	0	
30457.99	V	7934	I	2489	1586	716	0	0	0	0	0	0	0	0	0	0	
	VI	8654	II	1038	199	0	0	0	0	0	0	0	0	0	0	0	
			III	0	0	0	0	0	0	0	0	0	0	0	0	0	
			IV	2489	2033	1586	1146	716	301	0	0	0	0	0	0	0	
30511.99	V	7954	I	2503	1600	729	0	0	0	0	0	0	0	0	0	0	
	VI	8676	II	1051	212	0	0	0	0	0	0	0	0	0	0	0	
			III	0	0	0	0	0	0	0	0	0	0	0	0	0	
			IV	2503	2047	1600	1160	729	313	0	0	0	0	0	0	0	
30565.99	V	7972	I	2517	1613	743	0	0	0	0	0	0	0	0	0	0	
	VI	8694	II	1065	225	0	0	0	0	0	0	0	0	0	0	0	
			III	0	0	0	0	0	0	0	0	0	0	0	0	0	
			IV	2517	2061	1613	1173	743	326	0	0	0	0	0	0	0	
30619.99	V	7992	I	2532	1627	756	0	0	0	0	0	0	0	0	0	0	
	VI	8714	II	1078	237	0	0	0	0	0	0	0	0	0	0	0	
			III	0	0	0	0	0	0	0	0	0	0	0	0	0	
			IV	2532	2076	1627	1187	756	339	0	0	0	0	0	0	0	

Allgemeine Jahreslohnsteuertabelle 2000
Lohnsteuer und Bemessungsgrundlage für Zuschlagsteuern in DM

Jahres-arbeitslohn bis...DM	Lohnsteuer in Steuerklasse			Bemessungsgrundlage für Zuschlagsteuer bis... Kinderfreibeträgen										
				0,5	1	1,5	2	2,5	3	3,5	4	4,5	5	5,5	6	6,5 und mehr
30673.99	V	8010	I	2546	1641	769	0	0	0	0	0	0	0	0	0	0	Wegen der
	VI	8732	II	1092	250	0	0	0	0	0	0	0	0	0	0	0	Ermittlung der
			III	0	0	0	0	0	0	0	0	0	0	0	0	0	Bemessungs-
			IV	2546	2090	1641	1201	769	352	0	0	0	0	0	0	0	grundlage für
30727.99	V	8030	I	2561	1655	782	0	0	0	0	0	0	0	0	0	0	Zuschlagsteuern
	VI	8754	II	1105	263	0	0	0	0	0	0	0	0	0	0	0	bei 6,5 und mehr
			III	0	0	0	0	0	0	0	0	0	0	0	0	0	Kinderfrei-
			IV	2561	2104	1655	1214	782	365	0	0	0	0	0	0	0	beträgen siehe
30781.99	V	8050	I	2575	1669	796	0	0	0	0	0	0	0	0	0	0	Seite 351
	VI	8774	II	1119	275	0	0	0	0	0	0	0	0	0	0	0	
			III	0	0	0	0	0	0	0	0	0	0	0	0	0	
			IV	2575	2118	1669	1228	796	377	0	0	0	0	0	0	0	
30835.99	V	8068	I	2589	1683	809	0	0	0	0	0	0	0	0	0	0	
	VI	8792	II	1133	288	0	0	0	0	0	0	0	0	0	0	0	
			III	0	0	0	0	0	0	0	0	0	0	0	0	0	
			IV	2589	2132	1683	1242	809	390	0	0	0	0	0	0	0	
30889.99	V	8088	I	2604	1697	822	0	0	0	0	0	0	0	0	0	0	
	VI	8812	II	1146	301	0	0	0	0	0	0	0	0	0	0	0	
			III	0	0	0	0	0	0	0	0	0	0	0	0	0	
			IV	2604	2146	1697	1255	822	403	0	0	0	0	0	0	0	
30943.99	V	8106	I	2618	1711	836	12	0	0	0	0	0	0	0	0	0	
	VI	8834	II	1160	313	0	0	0	0	0	0	0	0	0	0	0	
			III	0	0	0	0	0	0	0	0	0	0	0	0	0	
			IV	2618	2161	1711	1269	836	416	12	0	0	0	0	0	0	
30997.99	V	8128	I	2633	1725	849	24	0	0	0	0	0	0	0	0	0	
	VI	8852	II	1173	326	0	0	0	0	0	0	0	0	0	0	0	
			III	0	0	0	0	0	0	0	0	0	0	0	0	0	
			IV	2633	2175	1725	1283	849	429	24	0	0	0	0	0	0	
31051.99	V	8146	I	2647	1739	862	37	0	0	0	0	0	0	0	0	0	
	VI	8872	II	1187	339	0	0	0	0	0	0	0	0	0	0	0	
			III	0	0	0	0	0	0	0	0	0	0	0	0	0	
			IV	2647	2189	1739	1296	862	442	37	0	0	0	0	0	0	
31105.99	V	8164	I	2662	1753	876	49	0	0	0	0	0	0	0	0	0	
	VI	8892	II	1201	352	0	0	0	0	0	0	0	0	0	0	0	
			III	0	0	0	0	0	0	0	0	0	0	0	0	0	
			IV	2662	2203	1753	1310	876	455	49	0	0	0	0	0	0	
31159.99	V	8184	I	2676	1767	889	62	0	0	0	0	0	0	0	0	0	
	VI	8914	II	1214	365	0	0	0	0	0	0	0	0	0	0	0	
			III	0	0	0	0	0	0	0	0	0	0	0	0	0	
			IV	2676	2217	1767	1324	889	468	62	0	0	0	0	0	0	
31213.99	V	8204	I	2690	1781	903	74	0	0	0	0	0	0	0	0	0	
	VI	8932	II	1228	377	0	0	0	0	0	0	0	0	0	0	0	
			III	0	0	0	0	0	0	0	0	0	0	0	0	0	
			IV	2690	2232	1781	1338	903	480	74	0	0	0	0	0	0	
31267.99	V	8224	I	2719	1808	930	99	0	0	0	0	0	0	0	0	0	
	VI	8952	II	1255	403	0	0	0	0	0	0	0	0	0	0	0	
			III	0	0	0	0	0	0	0	0	0	0	0	0	0	
			IV	2719	2260	1808	1365	930	506	99	0	0	0	0	0	0	
31321.99	V	8242	I	2734	1822	943	111	0	0	0	0	0	0	0	0	0	
	VI	8972	II	1269	416	0	0	0	0	0	0	0	0	0	0	0	
			III	0	0	0	0	0	0	0	0	0	0	0	0	0	
			IV	2734	2274	1822	1379	943	519	111	0	0	0	0	0	0	
31375.99	V	8262	I	2748	1836	957	124	0	0	0	0	0	0	0	0	0	
	VI	8994	II	1283	429	0	0	0	0	0	0	0	0	0	0	0	
			III	0	0	0	0	0	0	0	0	0	0	0	0	0	
			IV	2748	2288	1836	1392	957	532	124	0	0	0	0	0	0	
31429.99	V	8282	I	2763	1850	970	136	0	0	0	0	0	0	0	0	0	
	VI	9014	II	1296	442	0	0	0	0	0	0	0	0	0	0	0	
			III	0	0	0	0	0	0	0	0	0	0	0	0	0	
			IV	2763	2303	1850	1406	970	545	136	0	0	0	0	0	0	
31483.99	V	8300	I	2777	1864	984	149	0	0	0	0	0	0	0	0	0	
	VI	9032	II	1310	455	0	0	0	0	0	0	0	0	0	0	0	
			III	0	0	0	0	0	0	0	0	0	0	0	0	0	
			IV	2777	2317	1864	1420	984	558	149	0	0	0	0	0	0	
31537.99	V	8322	I	2792	1879	997	162	0	0	0	0	0	0	0	0	0	
	VI	9052	II	1324	468	0	0	0	0	0	0	0	0	0	0	0	
			III	0	0	0	0	0	0	0	0	0	0	0	0	0	
			IV	2792	2331	1879	1434	997	571	162	0	0	0	0	0	0	
31591.99	V	8340	I	2806	1893	1011	174	0	0	0	0	0	0	0	0	0	
	VI	9072	II	1338	480	0	0	0	0	0	0	0	0	0	0	0	
			III	0	0	0	0	0	0	0	0	0	0	0	0	0	
			IV	2806	2345	1893	1448	1011	585	174	0	0	0	0	0	0	
31645.99	V	8360	I	2836	1921	1038	199	0	0	0	0	0	0	0	0	0	
	VI	9094	II	1365	506	0	0	0	0	0	0	0	0	0	0	0	
			III	0	0	0	0	0	0	0	0	0	0	0	0	0	
			IV	2836	2374	1921	1475	1038	611	199	0	0	0	0	0	0	
31699.99	V	8380	I	2850	1935	1051	212	0	0	0	0	0	0	0	0	0	
	VI	9114	II	1379	519	0	0	0	0	0	0	0	0	0	0	0	
			III	0	0	0	0	0	0	0	0	0	0	0	0	0	
			IV	2850	2388	1935	1489	1051	624	212	0	0	0	0	0	0	
31753.99	V	8398	I	2865	1949	1065	225	0	0	0	0	0	0	0	0	0	
	VI	9134	II	1392	532	0	0	0	0	0	0	0	0	0	0	0	
			III	0	0	0	0	0	0	0	0	0	0	0	0	0	
			IV	2865	2403	1949	1503	1065	637	225	0	0	0	0	0	0	

Allgemeine Jahreslohnsteuertabelle 2000
Lohnsteuer und Bemessungsgrundlage für Zuschlagsteuern in DM

Jahres-arbeitslohn bis ... DM	Lohnsteuer in Steuerklasse		Bemessungsgrundlage für Zuschlagsteuer bis ... Kinderfreibeträgen										
			0,5	1	1,5	2	2,5	3	3,5	4	4,5	5	5,5	6	6,5 und mehr
31807.99	V 8418 I	2879	1963	1078	237	0	0	0	0	0	0	0	0	0	Wegen der
	VI 9152 II	1406	545	0	0	0	0	0	0	0	0	0	0	0	Ermittlung der
	III	0	0	0	0	0	0	0	0	0	0	0	0	0	Bemessungs-
	IV	2879	2417	1963	1517	1078	650	237	0	0	0	0	0	0	grundlage für
31861.99	V 8438 I	2894	1977	1092	250	0	0	0	0	0	0	0	0	0	Zuschlagsteuern
	VI 9172 II	1420	558	0	0	0	0	0	0	0	0	0	0	0	bei 6,5 und mehr
	III	0	0	0	0	0	0	0	0	0	0	0	0	0	Kinderfrei-
	IV	2894	2431	1977	1530	1092	663	250	0	0	0	0	0	0	beträgen siehe
31915.99	V 8458 I	2908	1991	1105	263	0	0	0	0	0	0	0	0	0	Seite 351
	VI 9194 II	1434	571	0	0	0	0	0	0	0	0	0	0	0	
	III	0	0	0	0	0	0	0	0	0	0	0	0	0	
	IV	2908	2446	1991	1544	1105	676	263	0	0	0	0	0	0	
31969.99	V 8476 I	2938	2019	1133	288	0	0	0	0	0	0	0	0	0	
	VI 9214 II	1461	598	0	0	0	0	0	0	0	0	0	0	0	
	III	0	0	0	0	0	0	0	0	0	0	0	0	0	
	IV	2938	2474	2019	1572	1133	703	288	0	0	0	0	0	0	
32023.99	V 8498 I	2952	2033	1146	301	0	0	0	0	0	0	0	0	0	
	VI 9234 II	1475	611	0	0	0	0	0	0	0	0	0	0	0	
	III	0	0	0	0	0	0	0	0	0	0	0	0	0	
	IV	2952	2489	2033	1586	1146	716	301	0	0	0	0	0	0	
32077.99	V 8516 I	2967	2047	1160	313	0	0	0	0	0	0	0	0	0	
	VI 9254 II	1489	624	0	0	0	0	0	0	0	0	0	0	0	
	III	0	0	0	0	0	0	0	0	0	0	0	0	0	
	IV	2967	2503	2047	1600	1160	729	313	0	0	0	0	0	0	
32131.99	V 8536 I	2981	2061	1173	326	0	0	0	0	0	0	0	0	0	
	VI 9274 II	1503	637	0	0	0	0	0	0	0	0	0	0	0	
	III	0	0	0	0	0	0	0	0	0	0	0	0	0	
	IV	2981	2517	2061	1613	1173	743	326	0	0	0	0	0	0	
32185.99	V 8556 I	2996	2076	1187	339	0	0	0	0	0	0	0	0	0	
	VI 9294 II	1517	650	0	0	0	0	0	0	0	0	0	0	0	
	III	0	0	0	0	0	0	0	0	0	0	0	0	0	
	IV	2996	2532	2076	1627	1187	756	339	0	0	0	0	0	0	
32239.99	V 8576 I	3011	2090	1201	352	0	0	0	0	0	0	0	0	0	
	VI 9316 II	1530	663	0	0	0	0	0	0	0	0	0	0	0	
	III	0	0	0	0	0	0	0	0	0	0	0	0	0	
	IV	3011	2546	2090	1641	1201	769	352	0	0	0	0	0	0	
32293.99	V 8594 I	3040	2118	1228	377	0	0	0	0	0	0	0	0	0	
	VI 9336 II	1558	690	0	0	0	0	0	0	0	0	0	0	0	
	III	0	0	0	0	0	0	0	0	0	0	0	0	0	
	IV	3040	2575	2118	1669	1228	796	377	0	0	0	0	0	0	
32347.99	V 8616 I	3055	2132	1242	390	0	0	0	0	0	0	0	0	0	
	VI 9356 II	1572	703	0	0	0	0	0	0	0	0	0	0	0	
	III	0	0	0	0	0	0	0	0	0	0	0	0	0	
	IV	3055	2589	2132	1683	1242	809	390	0	0	0	0	0	0	
32401.99	V 8634 I	3069	2146	1255	403	0	0	0	0	0	0	0	0	0	
	VI 9376 II	1586	716	0	0	0	0	0	0	0	0	0	0	0	
	III	0	0	0	0	0	0	0	0	0	0	0	0	0	
	IV	3069	2604	2146	1697	1255	822	403	0	0	0	0	0	0	
32455.99	V 8654 I	3084	2161	1269	416	0	0	0	0	0	0	0	0	0	
	VI 9396 II	1600	729	0	0	0	0	0	0	0	0	0	0	0	
	III	0	0	0	0	0	0	0	0	0	0	0	0	0	
	IV	3084	2618	2161	1711	1269	836	416	12	0	0	0	0	0	
32509.99	V 8676 I	3099	2175	1283	429	0	0	0	0	0	0	0	0	0	
	VI 9416 II	1613	743	0	0	0	0	0	0	0	0	0	0	0	
	III	0	0	0	0	0	0	0	0	0	0	0	0	0	
	IV	3099	2633	2175	1725	1283	849	429	24	0	0	0	0	0	
32563.99	V 8694 I	3113	2189	1296	442	0	0	0	0	0	0	0	0	0	
	VI 9436 II	1627	756	0	0	0	0	0	0	0	0	0	0	0	
	III	0	0	0	0	0	0	0	0	0	0	0	0	0	
	IV	3113	2647	2189	1739	1296	862	442	37	0	0	0	0	0	
32617.99	V 8714 I	3143	2217	1324	468	0	0	0	0	0	0	0	0	0	
	VI 9456 II	1655	782	0	0	0	0	0	0	0	0	0	0	0	
	III	0	0	0	0	0	0	0	0	0	0	0	0	0	
	IV	3143	2676	2217	1767	1324	889	468	62	0	0	0	0	0	
32671.99	V 8732 I	3157	2232	1338	480	0	0	0	0	0	0	0	0	0	
	VI 9478 II	1669	796	0	0	0	0	0	0	0	0	0	0	0	
	III	0	0	0	0	0	0	0	0	0	0	0	0	0	
	IV	3157	2690	2232	1781	1338	903	480	74	0	0	0	0	0	
32725.99	V 8754 I	3172	2246	1351	493	0	0	0	0	0	0	0	0	0	
	VI 9498 II	1683	809	0	0	0	0	0	0	0	0	0	0	0	
	III	0	0	0	0	0	0	0	0	0	0	0	0	0	
	IV	3172	2705	2246	1795	1351	916	493	86	0	0	0	0	0	
32779.99	V 8774 I	3187	2260	1365	506	0	0	0	0	0	0	0	0	0	
	VI 9520 II	1697	822	0	0	0	0	0	0	0	0	0	0	0	
	III	0	0	0	0	0	0	0	0	0	0	0	0	0	
	IV	3187	2719	2260	1808	1365	930	506	99	0	0	0	0	0	
32833.99	V 8792 I	3202	2274	1379	519	0	0	0	0	0	0	0	0	0	
	VI 9540 II	1711	836	12	0	0	0	0	0	0	0	0	0	0	
	III	0	0	0	0	0	0	0	0	0	0	0	0	0	
	IV	3202	2734	2274	1822	1379	943	519	111	0	0	0	0	0	
32887.99	V 8812 I	3216	2288	1392	532	0	0	0	0	0	0	0	0	0	
	VI 9560 II	1725	849	24	0	0	0	0	0	0	0	0	0	0	
	III	0	0	0	0	0	0	0	0	0	0	0	0	0	
	IV	3216	2748	2288	1836	1392	957	532	124	0	0	0	0	0	

Allgemeine Jahreslohnsteuertabelle 2000
Lohnsteuer und Bemessungsgrundlage für Zuschlagsteuern in DM

Jahres-arbeitslohn bis ... DM	Lohnsteuer in Steuerklasse			0,5	1	1,5	2	2,5	3	3,5	4	4,5	5	5,5	6	6,5 und mehr	
32941.99	V	8834	I	3231	2303	1406	545	0	0	0	0	0	0	0	0	0	Wegen der
	VI	9580	II	1739	862	37	0	0	0	0	0	0	0	0	0	0	Ermittlung der
			III	0	0	0	0	0	0	0	0	0	0	0	0	0	Bemessungs-
			IV	3231	2763	2303	1850	1406	970	545	136	0	0	0	0	0	grundlage für
32995.99	V	8852	I	3261	2331	1434	571	0	0	0	0	0	0	0	0	0	Zuschlagsteuern
	VI	9600	II	1767	889	62	0	0	0	0	0	0	0	0	0	0	bei 6,5 und mehr
			III	0	0	0	0	0	0	0	0	0	0	0	0	0	Kinderfrei-
			IV	3261	2792	2331	1879	1434	997	571	162	0	0	0	0	0	beträgen siehe
33049.99	V	8872	I	3275	2345	1448	585	0	0	0	0	0	0	0	0	0	Seite 351
	VI	9620	II	1781	903	74	0	0	0	0	0	0	0	0	0	0	
			III	0	0	0	0	0	0	0	0	0	0	0	0	0	
			IV	3275	2806	2345	1893	1448	1011	585	174	0	0	0	0	0	
33103.99	V	8892	I	3290	2360	1461	598	0	0	0	0	0	0	0	0	0	
	VI	9640	II	1795	916	86	0	0	0	0	0	0	0	0	0	0	
			III	0	0	0	0	0	0	0	0	0	0	0	0	0	
			IV	3290	2821	2360	1907	1461	1024	598	187	0	0	0	0	0	
33157.99	V	8914	I	3305	2374	1475	611	0	0	0	0	0	0	0	0	0	
	VI	9662	II	1808	930	99	0	0	0	0	0	0	0	0	0	0	
			III	0	0	0	0	0	0	0	0	0	0	0	0	0	
			IV	3305	2836	2374	1921	1475	1038	611	199	0	0	0	0	0	
33211.99	V	8932	I	3320	2388	1489	624	0	0	0	0	0	0	0	0	0	
	VI	9684	II	1822	943	111	0	0	0	0	0	0	0	0	0	0	
			III	0	0	0	0	0	0	0	0	0	0	0	0	0	
			IV	3320	2850	2388	1935	1489	1051	624	212	0	0	0	0	0	
33265.99	V	8952	I	3335	2403	1503	637	0	0	0	0	0	0	0	0	0	
	VI	9704	II	1836	957	124	0	0	0	0	0	0	0	0	0	0	
			III	0	0	0	0	0	0	0	0	0	0	0	0	0	
			IV	3335	2865	2403	1949	1503	1065	637	225	0	0	0	0	0	
33319.99	V	8972	I	3364	2431	1530	663	0	0	0	0	0	0	0	0	0	
	VI	9724	II	1864	984	149	0	0	0	0	0	0	0	0	0	0	
			III	0	0	0	0	0	0	0	0	0	0	0	0	0	
			IV	3364	2894	2431	1977	1530	1092	663	250	0	0	0	0	0	
33373.99	V	8994	I	3379	2446	1544	676	0	0	0	0	0	0	0	0	0	
	VI	9744	II	1879	997	162	0	0	0	0	0	0	0	0	0	0	
			III	0	0	0	0	0	0	0	0	0	0	0	0	0	
			IV	3379	2908	2446	1991	1544	1105	676	263	0	0	0	0	0	
33427.99	V	9014	I	3394	2460	1558	690	0	0	0	0	0	0	0	0	0	
	VI	9766	II	1893	1011	174	0	0	0	0	0	0	0	0	0	0	
			III	0	0	0	0	0	0	0	0	0	0	0	0	0	
			IV	3394	2923	2460	2005	1558	1119	690	275	0	0	0	0	0	
33481.99	V	9032	I	3409	2474	1572	703	0	0	0	0	0	0	0	0	0	
	VI	9786	II	1907	1024	187	0	0	0	0	0	0	0	0	0	0	
			III	0	0	0	0	0	0	0	0	0	0	0	0	0	
			IV	3409	2938	2474	2019	1572	1133	703	288	0	0	0	0	0	
33535.99	V	9052	I	3424	2489	1586	716	0	0	0	0	0	0	0	0	0	
	VI	9806	II	1921	1038	199	0	0	0	0	0	0	0	0	0	0	
			III	0	0	0	0	0	0	0	0	0	0	0	0	0	
			IV	3424	2952	2489	2033	1586	1146	716	301	0	0	0	0	0	
33589.99	V	9072	I	3438	2503	1600	729	0	0	0	0	0	0	0	0	0	
	VI	9828	II	1935	1051	212	0	0	0	0	0	0	0	0	0	0	
			III	0	0	0	0	0	0	0	0	0	0	0	0	0	
			IV	3438	2967	2503	2047	1600	1160	729	313	0	0	0	0	0	
33643.99	V	9094	I	3468	2532	1627	756	0	0	0	0	0	0	0	0	0	
	VI	9848	II	1963	1078	237	0	0	0	0	0	0	0	0	0	0	
			III	0	0	0	0	0	0	0	0	0	0	0	0	0	
			IV	3468	2996	2532	2076	1627	1187	756	339	0	0	0	0	0	
33697.99	V	9114	I	3483	2546	1641	769	0	0	0	0	0	0	0	0	0	
	VI	9868	II	1977	1092	250	0	0	0	0	0	0	0	0	0	0	
			III	0	0	0	0	0	0	0	0	0	0	0	0	0	
			IV	3483	3011	2546	2090	1641	1201	769	352	0	0	0	0	0	
33751.99	V	9134	I	3498	2561	1655	782	0	0	0	0	0	0	0	0	0	
	VI	9888	II	1991	1105	263	0	0	0	0	0	0	0	0	0	0	
			III	0	0	0	0	0	0	0	0	0	0	0	0	0	
			IV	3498	3025	2561	2104	1655	1214	782	365	0	0	0	0	0	
33805.99	V	9152	I	3513	2575	1669	796	0	0	0	0	0	0	0	0	0	
	VI	9910	II	2005	1119	0	0	0	0	0	0	0	0	0	0	0	
			III	0	0	0	0	0	0	0	0	0	0	0	0	0	
			IV	3513	3040	2575	2118	1669	1228	796	377	0	0	0	0	0	
33859.99	V	9172	I	3528	2589	1683	809	0	0	0	0	0	0	0	0	0	
	VI	9930	II	2019	1133	288	0	0	0	0	0	0	0	0	0	0	
			III	0	0	0	0	0	0	0	0	0	0	0	0	0	
			IV	3528	3055	2589	2132	1683	1242	809	390	0	0	0	0	0	
33913.99	V	9194	I	3543	2604	1697	822	0	0	0	0	0	0	0	0	0	
	VI	9952	II	2033	1146	301	0	0	0	0	0	0	0	0	0	0	
			III	0	0	0	0	0	0	0	0	0	0	0	0	0	
			IV	3543	3069	2604	2146	1697	1255	822	403	0	0	0	0	0	
33967.99	V	9214	I	3573	2633	1725	849	24	0	0	0	0	0	0	0	0	
	VI	9972	II	2061	1173	326	0	0	0	0	0	0	0	0	0	0	
			III	0	0	0	0	0	0	0	0	0	0	0	0	0	
			IV	3573	3099	2633	2175	1725	1283	849	429	24	0	0	0	0	
34021.99	V	9234	I	3587	2647	1739	862	37	0	0	0	0	0	0	0	0	
	VI	9992	II	2076	1187	339	0	0	0	0	0	0	0	0	0	0	
			III	0	0	0	0	0	0	0	0	0	0	0	0	0	
			IV	3587	3113	2647	2189	1739	1296	862	442	37	0	0	0	0	

Allgemeine Jahreslohnsteuertabelle 2000
Lohnsteuer und Bemessungsgrundlage für Zuschlagsteuern in DM

Jahres-arbeitslohn bis...DM	Lohnsteuer in Steuerklasse		Bemessungsgrundlage für Zuschlagsteuer bis...Kinderfreibeträgen										
			0,5	1	1,5	2	2,5	3	3,5	4	4,5	5	5,5	6	6,5 und mehr

Jahresarbeitslohn bis...DM	Steuerkl.	LSt	0,5	1	1,5	2	2,5	3	3,5	4	4,5	5	5,5	6	6,5 u. mehr
34075.99	V	9254													
		I 3602	2662	1753	876	49	0	0	0	0	0	0	0	0	Wegen der
	VI 10014	II 2090	1201	352	0	0	0	0	0	0	0	0	0	0	Ermittlung der
		III 0	0	0	0	0	0	0	0	0	0	0	0	0	Bemessungs-
		IV 3602	3128	2662	2203	1753	1310	876	455	49	0	0	0	0	grundlage für
34129.99	V 9274	I 3617	2676	1767	889	62	0	0	0	0	0	0	0	0	Zuschlagsteuern
	VI 10034	II 2104	1214	365	0	0	0	0	0	0	0	0	0	0	bei 6,5 und mehr
		III 0	0	0	0	0	0	0	0	0	0	0	0	0	Kinderfrei-
		IV 3617	3143	2676	2217	1767	1324	889	468	62	0	0	0	0	beträgen siehe
34183.99	V 9294	I 3632	2690	1781	903	74	0	0	0	0	0	0	0	0	Seite 351
	VI 10056	II 2118	1228	377	0	0	0	0	0	0	0	0	0	0	
		III 0	0	0	0	0	0	0	0	0	0	0	0	0	
		IV 3632	3157	2690	2232	1781	1338	903	480	74	0	0	0	0	
34237.99	V 9316	I 3647	2705	1795	916	86	0	0	0	0	0	0	0	0	
	VI 10076	II 2132	1242	390	0	0	0	0	0	0	0	0	0	0	
		III 0	0	0	0	0	0	0	0	0	0	0	0	0	
		IV 3647	3172	2705	2246	1795	1351	916	493	86	0	0	0	0	
34291.99	V 9336	I 3662	2719	1808	930	99	0	0	0	0	0	0	0	0	
	VI 10096	II 2146	1255	403	0	0	0	0	0	0	0	0	0	0	
		III 0	0	0	0	0	0	0	0	0	0	0	0	0	
		IV 3662	3187	2719	2260	1808	1365	930	506	99	0	0	0	0	
34345.99	V 9356	I 3692	2748	1836	957	124	0	0	0	0	0	0	0	0	
	VI 10118	II 2175	1283	429	0	0	0	0	0	0	0	0	0	0	
		III 0	0	0	0	0	0	0	0	0	0	0	0	0	
		IV 3692	3216	2748	2288	1836	1392	957	532	124	0	0	0	0	
34399.99	V 9376	I 3707	2763	1850	970	136	0	0	0	0	0	0	0	0	
	VI 10138	II 2189	1296	442	0	0	0	0	0	0	0	0	0	0	
		III 0	0	0	0	0	0	0	0	0	0	0	0	0	
		IV 3707	3231	2763	2303	1850	1406	970	545	136	0	0	0	0	
34453.99	V 9396	I 3722	2777	1864	984	149	0	0	0	0	0	0	0	0	
	VI 10160	II 2203	1310	455	0	0	0	0	0	0	0	0	0	0	
		III 0	0	0	0	0	0	0	0	0	0	0	0	0	
		IV 3722	3246	2777	2317	1864	1420	984	558	149	0	0	0	0	
34507.99	V 9416	I 3737	2792	1879	997	162	0	0	0	0	0	0	0	0	
	VI 10180	II 2217	1324	468	0	0	0	0	0	0	0	0	0	0	
		III 0	0	0	0	0	0	0	0	0	0	0	0	0	
		IV 3737	3261	2792	2331	1879	1434	997	571	162	0	0	0	0	
34561.99	V 9436	I 3752	2806	1893	1011	174	0	0	0	0	0	0	0	0	
	VI 10202	II 2232	1338	480	0	0	0	0	0	0	0	0	0	0	
		III 0	0	0	0	0	0	0	0	0	0	0	0	0	
		IV 3752	3275	2806	2345	1893	1448	1011	585	174	0	0	0	0	
34615.99	V 9456	I 3767	2821	1907	1024	187	0	0	0	0	0	0	0	0	
	VI 10222	II 2246	1351	493	0	0	0	0	0	0	0	0	0	0	
		III 0	0	0	0	0	0	0	0	0	0	0	0	0	
		IV 3767	3290	2821	2360	1907	1461	1024	598	187	0	0	0	0	
34669.99	V 9478	I 3797	2850	1935	1051	212	0	0	0	0	0	0	0	0	
	VI 10244	II 2274	1379	519	0	0	0	0	0	0	0	0	0	0	
		III 0	0	0	0	0	0	0	0	0	0	0	0	0	
		IV 3797	3320	2850	2388	1935	1489	1051	624	212	0	0	0	0	
34723.99	V 9498	I 3812	2865	1949	1065	225	0	0	0	0	0	0	0	0	
	VI 10264	II 2288	1392	532	0	0	0	0	0	0	0	0	0	0	
		III 0	0	0	0	0	0	0	0	0	0	0	0	0	
		IV 3812	3335	2865	2403	1949	1503	1065	637	225	0	0	0	0	
34777.99	V 9520	I 3828	2879	1963	1078	237	0	0	0	0	0	0	0	0	
	VI 10286	II 2303	1406	545	0	0	0	0	0	0	0	0	0	0	
		III 0	0	0	0	0	0	0	0	0	0	0	0	0	
		IV 3828	3349	2879	2417	1963	1517	1078	650	237	0	0	0	0	
34831.99	V 9540	I 3843	2894	1977	1092	250	0	0	0	0	0	0	0	0	
	VI 10308	II 2317	1420	558	0	0	0	0	0	0	0	0	0	0	
		III 0	0	0	0	0	0	0	0	0	0	0	0	0	
		IV 3843	3364	2894	2431	1977	1530	1092	663	250	0	0	0	0	
34885.99	V 9560	I 3858	2908	1991	1105	263	0	0	0	0	0	0	0	0	
	VI 10328	II 2331	1434	571	0	0	0	0	0	0	0	0	0	0	
		III 0	0	0	0	0	0	0	0	0	0	0	0	0	
		IV 3858	3379	2908	2446	1991	1544	1105	676	263	0	0	0	0	
34939.99	V 9580	I 3873	2923	2005	1119	275	0	0	0	0	0	0	0	0	
	VI 10350	II 2345	1448	585	0	0	0	0	0	0	0	0	0	0	
		III 0	0	0	0	0	0	0	0	0	0	0	0	0	
		IV 3873	3394	2923	2460	2005	1558	1119	690	275	0	0	0	0	
34993.99	V 9600	I 3903	2952	2033	1146	301	0	0	0	0	0	0	0	0	
	VI 10368	II 2374	1475	611	0	0	0	0	0	0	0	0	0	0	
		III 0	0	0	0	0	0	0	0	0	0	0	0	0	
		IV 3903	3424	2952	2489	2033	1586	1146	716	301	0	0	0	0	
35047.99	V 9620	I 3918	2967	2047	1160	313	0	0	0	0	0	0	0	0	
	VI 10390	II 2388	1489	624	0	0	0	0	0	0	0	0	0	0	
		III 0	0	0	0	0	0	0	0	0	0	0	0	0	
		IV 3918	3438	2967	2503	2047	1600	1160	729	313	0	0	0	0	
35101.99	V 9640	I 3933	2981	2061	1173	326	0	0	0	0	0	0	0	0	
	VI 10412	II 2403	1503	637	0	0	0	0	0	0	0	0	0	0	
		III 0	0	0	0	0	0	0	0	0	0	0	0	0	
		IV 3933	3453	2981	2517	2061	1613	1173	743	326	0	0	0	0	
35155.99	V 9662	I 3948	2996	2076	1187	339	0	0	0	0	0	0	0	0	
	VI 10432	II 2417	1517	650	0	0	0	0	0	0	0	0	0	0	
		III 0	0	0	0	0	0	0	0	0	0	0	0	0	
		IV 3948	3468	2996	2532	2076	1627	1187	756	339	0	0	0	0	

Allgemeine Jahreslohnsteuertabelle 2000
Lohnsteuer und Bemessungsgrundlage für Zuschlagsteuern in DM

Jahres-arbeitslohn bis...DM		Lohnsteuer in Steuerklasse		0,5	1	1,5	2	2,5	3	3,5	4	4,5	5	5,5	6	6,5 und mehr	
35209.99	V	9684	I	3963	3011	2090	1201	352	0	0	0	0	0	0	0	0	Wegen der
	VI	10454	II	2431	1530	663	0	0	0	0	0	0	0	0	0	0	Ermittlung der
			III	0	0	0	0	0	0	0	0	0	0	0	0	0	Bemessungs-
			IV	3963	3483	3011	2546	2090	1641	1201	769	352	0	0	0	0	grundlage für
35263.99	V	9704	I	3979	3025	2104	1214	365	0	0	0	0	0	0	0	0	Zuschlagsteuern
	VI	10476	II	2446	1544	676	0	0	0	0	0	0	0	0	0	0	bei 6,5 und mehr
			III	0	0	0	0	0	0	0	0	0	0	0	0	0	Kinderfrei-
			IV	3979	3498	3025	2561	2104	1655	1214	782	365	0	0	0	0	beträgen siehe
35317.99	V	9724	I	4009	3055	2132	1242	390	0	0	0	0	0	0	0	0	Seite 351
	VI	10496	II	2474	1572	703	0	0	0	0	0	0	0	0	0	0	
			III	0	0	0	0	0	0	0	0	0	0	0	0	0	
			IV	4009	3528	3055	2589	2132	1683	1242	809	390	0	0	0	0	
35371.99	V	9744	I	4024	3069	2146	1255	403	0	0	0	0	0	0	0	0	
	VI	10518	II	2489	1586	716	0	0	0	0	0	0	0	0	0	0	
			III	0	0	0	0	0	0	0	0	0	0	0	0	0	
			IV	4024	3543	3069	2604	2146	1697	1255	822	403	0	0	0	0	
35425.99	V	9766	I	4039	3084	2161	1269	416	0	0	0	0	0	0	0	0	
	VI	10540	II	2503	1600	729	0	0	0	0	0	0	0	0	0	0	
			III	0	0	0	0	0	0	0	0	0	0	0	0	0	
			IV	4039	3558	3084	2618	2161	1711	1269	836	416	12	0	0	0	
35479.99	V	9786	I	4054	3099	2175	1283	429	0	0	0	0	0	0	0	0	
	VI	10560	II	2517	1613	743	0	0	0	0	0	0	0	0	0	0	
			III	0	0	0	0	0	0	0	0	0	0	0	0	0	
			IV	4054	3573	3099	2633	2175	1725	1283	849	429	24	0	0	0	
35533.99	V	9806	I	4070	3113	2189	1296	442	0	0	0	0	0	0	0	0	
	VI	10582	II	2532	1627	756	0	0	0	0	0	0	0	0	0	0	
			III	0	0	0	0	0	0	0	0	0	0	0	0	0	
			IV	4070	3587	3113	2647	2189	1739	1296	862	442	37	0	0	0	
35587.99	V	9828	I	4085	3128	2203	1310	455	0	0	0	0	0	0	0	0	
	VI	10602	II	2546	1641	769	0	0	0	0	0	0	0	0	0	0	
			III	0	0	0	0	0	0	0	0	0	0	0	0	0	
			IV	4085	3602	3128	2662	2203	1753	1310	876	455	49	0	0	0	
35641.99	V	9848	I	4100	3143	2217	1324	468	0	0	0	0	0	0	0	0	
	VI	10624	II	2561	1655	782	0	0	0	0	0	0	0	0	0	0	
			III	0	0	0	0	0	0	0	0	0	0	0	0	0	
			IV	4100	3617	3143	2676	2217	1767	1324	889	468	62	0	0	0	
35695.99	V	9868	I	4130	3172	2246	1351	493	0	0	0	0	0	0	0	0	
	VI	10644	II	2589	1683	809	0	0	0	0	0	0	0	0	0	0	
			III	0	0	0	0	0	0	0	0	0	0	0	0	0	
			IV	4130	3647	3172	2705	2246	1795	1351	916	493	86	0	0	0	
35749.99	V	9888	I	4146	3187	2260	1365	506	0	0	0	0	0	0	0	0	
	VI	10666	II	2604	1697	822	0	0	0	0	0	0	0	0	0	0	
			III	0	0	0	0	0	0	0	0	0	0	0	0	0	
			IV	4146	3662	3187	2719	2260	1808	1365	930	506	99	0	0	0	
35803.99	V	9910	I	4161	3202	2274	1379	519	0	0	0	0	0	0	0	0	
	VI	10688	II	2618	1711	836	12	0	0	0	0	0	0	0	0	0	
			III	0	0	0	0	0	0	0	0	0	0	0	0	0	
			IV	4161	3677	3202	2734	2274	1822	1379	943	519	111	0	0	0	
35857.99	V	9930	I	4176	3216	2288	1392	532	0	0	0	0	0	0	0	0	
	VI	10710	II	2633	1725	849	24	0	0	0	0	0	0	0	0	0	
			III	0	0	0	0	0	0	0	0	0	0	0	0	0	
			IV	4176	3692	3216	2748	2288	1836	1392	957	532	124	0	0	0	
35911.99	V	9952	I	4191	3231	2303	1406	545	0	0	0	0	0	0	0	0	
	VI	10730	II	2647	1739	862	37	0	0	0	0	0	0	0	0	0	
			III	0	0	0	0	0	0	0	0	0	0	0	0	0	
			IV	4191	3707	3231	2763	2303	1850	1406	970	545	136	0	0	0	
35965.99	V	9972	I	4207	3246	2317	1420	558	0	0	0	0	0	0	0	0	
	VI	10750	II	2662	1753	876	49	0	0	0	0	0	0	0	0	0	
			III	0	0	0	0	0	0	0	0	0	0	0	0	0	
			IV	4207	3722	3246	2777	2317	1864	1420	984	558	149	0	0	0	
36019.99	V	9992	I	4237	3275	2345	1448	585	0	0	0	0	0	0	0	0	
	VI	10772	II	2690	1781	903	74	0	0	0	0	0	0	0	0	0	
			III	0	0	0	0	0	0	0	0	0	0	0	0	0	
			IV	4237	3752	3275	2806	2345	1893	1448	1011	585	174	0	0	0	
36073.99	V	10014	I	4253	3290	2360	1461	598	0	0	0	0	0	0	0	0	
	VI	10794	II	2705	1795	916	86	0	0	0	0	0	0	0	0	0	
			III	0	0	0	0	0	0	0	0	0	0	0	0	0	
			IV	4253	3767	3290	2821	2360	1907	1461	1024	598	187	0	0	0	
36127.99	V	10034	I	4268	3305	2374	1475	611	0	0	0	0	0	0	0	0	
	VI	10816	II	2719	1808	930	99	0	0	0	0	0	0	0	0	0	
			III	0	0	0	0	0	0	0	0	0	0	0	0	0	
			IV	4268	3782	3305	2836	2374	1921	1475	1038	611	199	0	0	0	
36181.99	V	10056	I	4283	3320	2388	1489	624	0	0	0	0	0	0	0	0	
	VI	10838	II	2734	1822	943	111	0	0	0	0	0	0	0	0	0	
			III	0	0	0	0	0	0	0	0	0	0	0	0	0	
			IV	4283	3797	3320	2850	2388	1935	1489	1051	624	212	0	0	0	
36235.99	V	10076	I	4298	3335	2403	1503	637	0	0	0	0	0	0	0	0	
	VI	10860	II	2748	1836	957	124	0	0	0	0	0	0	0	0	0	
			III	0	0	0	0	0	0	0	0	0	0	0	0	0	
			IV	4298	3812	3335	2865	2403	1949	1503	1065	637	225	0	0	0	
36289.99	V	10096	I	4314	3349	2417	1517	650	0	0	0	0	0	0	0	0	
	VI	10878	II	2763	1850	970	136	0	0	0	0	0	0	0	0	0	
			III	0	0	0	0	0	0	0	0	0	0	0	0	0	
			IV	4314	3828	3349	2879	2417	1963	1517	1078	650	237	0	0	0	

Allgemeine Jahreslohnsteuertabelle 2000
Lohnsteuer und Bemessungsgrundlage für Zuschlagsteuern in DM

Jahres-arbeitslohn bis...DM	Lohnsteuer in Steuerklasse			Bemessungsgrundlage für Zuschlagsteuer bis...Kinderfreibeträgen										
				0,5	1	1,5	2	2,5	3	3,5	4	4,5	5	5,5	6	6,5 und mehr
36343.99	V	10118	I	4344	3379	2446	1544	676	0	0	0	0	0	0	0	0
	VI	10900	II	2792	1879	997	162	0	0	0	0	0	0	0	0	0
			III	0	0	0	0	0	0	0	0	0	0	0	0	0
			IV	4344	3858	3379	2908	2446	1991	1544	1105	676	263	0	0	0
36397.99	V	10138	I	4360	3394	2460	1558	690	0	0	0	0	0	0	0	0
	VI	10922	II	2806	1893	1011	174	0	0	0	0	0	0	0	0	0
			III	0	0	0	0	0	0	0	0	0	0	0	0	0
			IV	4360	3873	3394	2923	2460	2005	1558	1119	690	275	0	0	0
36451.99	V	10160	I	4375	3409	2474	1572	703	0	0	0	0	0	0	0	0
	VI	10944	II	2821	1907	1024	187	0	0	0	0	0	0	0	0	0
			III	0	0	0	0	0	0	0	0	0	0	0	0	0
			IV	4375	3888	3409	2938	2474	2019	1572	1133	703	288	0	0	0
36505.99	V	10180	I	4390	3424	2489	1586	716	0	0	0	0	0	0	0	0
	VI	10966	II	2836	1921	1038	199	0	0	0	0	0	0	0	0	0
			III	0	0	0	0	0	0	0	0	0	0	0	0	0
			IV	4390	3903	3424	2952	2489	2033	1586	1146	716	301	0	0	0
36559.99	V	10202	I	4406	3438	2503	1600	729	0	0	0	0	0	0	0	0
	VI	10986	II	2850	1935	1051	212	0	0	0	0	0	0	0	0	0
			III	24	0	0	0	0	0	0	0	0	0	0	0	0
			IV	4406	3918	3438	2967	2503	2047	1600	1160	729	313	0	0	0
36613.99	V	10222	I	4421	3453	2517	1613	743	0	0	0	0	0	0	0	0
	VI	11008	II	2865	1949	1065	225	0	0	0	0	0	0	0	0	0
			III	24	0	0	0	0	0	0	0	0	0	0	0	0
			IV	4421	3933	3453	2981	2517	2061	1613	1173	743	326	0	0	0
36667.99	V	10244	I	4452	3483	2546	1641	769	0	0	0	0	0	0	0	0
	VI	11030	II	2894	1977	1092	250	0	0	0	0	0	0	0	0	0
			III	48	0	0	0	0	0	0	0	0	0	0	0	0
			IV	4452	3963	3483	3011	2546	2090	1641	1201	769	352	0	0	0
36721.99	V	10264	I	4467	3498	2561	1655	782	0	0	0	0	0	0	0	0
	VI	11052	II	2908	1991	1105	263	0	0	0	0	0	0	0	0	0
			III	48	0	0	0	0	0	0	0	0	0	0	0	0
			IV	4467	3998	3498	3025	2561	2104	1655	1214	782	365	0	0	0
36775.99	V	10286	I	4483	3513	2575	1669	796	0	0	0	0	0	0	0	0
	VI	11074	II	2923	2005	1119	275	0	0	0	0	0	0	0	0	0
			III	48	0	0	0	0	0	0	0	0	0	0	0	0
			IV	4483	3994	3513	3040	2575	2118	1669	1228	796	377	0	0	0
36829.99	V	10308	I	4498	3528	2589	1683	809	0	0	0	0	0	0	0	0
	VI	11094	II	2938	2019	1133	288	0	0	0	0	0	0	0	0	0
			III	74	0	0	0	0	0	0	0	0	0	0	0	0
			IV	4498	4009	3528	3055	2589	2132	1683	1242	809	390	0	0	0
36883.99	V	10328	I	4514	3543	2604	1697	822	0	0	0	0	0	0	0	0
	VI	11116	II	2952	2033	1146	301	0	0	0	0	0	0	0	0	0
			III	74	0	0	0	0	0	0	0	0	0	0	0	0
			IV	4514	4024	3543	3069	2604	2146	1697	1255	822	403	0	0	0
36937.99	V	10350	I	4529	3558	2618	1711	836	12	0	0	0	0	0	0	0
	VI	11138	II	2967	2047	1160	313	0	0	0	0	0	0	0	0	0
			III	98	0	0	0	0	0	0	0	0	0	0	0	0
			IV	4529	4039	3558	3084	2618	2161	1711	1269	836	416	12	0	0
36991.99	V	10368	I	4544	3573	2633	1725	849	24	0	0	0	0	0	0	0
	VI	11160	II	2981	2061	1173	326	0	0	0	0	0	0	0	0	0
			III	98	0	0	0	0	0	0	0	0	0	0	0	0
			IV	4544	4054	3573	3099	2633	2175	1725	1283	849	429	24	0	0
37045.99	V	10390	I	4575	3602	2662	1753	876	49	0	0	0	0	0	0	0
	VI	11180	II	3011	2090	1201	352	0	0	0	0	0	0	0	0	0
			III	98	0	0	0	0	0	0	0	0	0	0	0	0
			IV	4575	4085	3602	3128	2662	2203	1753	1310	876	455	49	0	0
37099.99	V	10412	I	4591	3617	2676	1767	889	62	0	0	0	0	0	0	0
	VI	11202	II	3025	2104	1214	365	0	0	0	0	0	0	0	0	0
			III	124	0	0	0	0	0	0	0	0	0	0	0	0
			IV	4591	4100	3617	3143	2676	2217	1767	1324	889	468	62	0	0
37153.99	V	10432	I	4606	3632	2690	1781	903	74	0	0	0	0	0	0	0
	VI	11224	II	3040	2118	1228	377	0	0	0	0	0	0	0	0	0
			III	124	0	0	0	0	0	0	0	0	0	0	0	0
			IV	4606	4115	3632	3157	2690	2232	1781	1338	903	480	74	0	0
37207.99	V	10454	I	4622	3647	2705	1795	916	86	0	0	0	0	0	0	0
	VI	11248	II	3055	2132	1242	390	0	0	0	0	0	0	0	0	0
			III	148	0	0	0	0	0	0	0	0	0	0	0	0
			IV	4622	4130	3647	3172	2705	2246	1795	1351	916	493	86	0	0
37261.99	V	10476	I	4637	3662	2719	1808	930	99	0	0	0	0	0	0	0
	VI	11268	II	3069	2146	1255	403	0	0	0	0	0	0	0	0	0
			III	148	0	0	0	0	0	0	0	0	0	0	0	0
			IV	4637	4146	3662	3187	2719	2260	1808	1365	930	506	99	0	0
37315.99	V	10496	I	4653	3677	2734	1822	943	111	0	0	0	0	0	0	0
	VI	11290	II	3084	2161	1269	416	0	0	0	0	0	0	0	0	0
			III	148	0	0	0	0	0	0	0	0	0	0	0	0
			IV	4653	4161	3677	3202	2734	2274	1822	1379	943	519	111	0	0
37369.99	V	10518	I	4684	3707	2763	1850	970	136	0	0	0	0	0	0	0
	VI	11312	II	3113	2189	1296	442	0	0	0	0	0	0	0	0	0
			III	172	0	0	0	0	0	0	0	0	0	0	0	0
			IV	4684	4191	3707	3231	2763	2303	1850	1406	970	545	136	0	0
37423.99	V	10540	I	4699	3722	2777	1864	984	149	0	0	0	0	0	0	0
	VI	11334	II	3128	2203	1310	455	0	0	0	0	0	0	0	0	0
			III	172	0	0	0	0	0	0	0	0	0	0	0	0
			IV	4699	4207	3722	3246	2777	2317	1864	1420	984	558	149	0	0

Wegen der Ermittlung der Bemessungsgrundlage für Zuschlagsteuern bei 6,5 und mehr Kinderfreibeträgen siehe Seite 351

Allgemeine Jahreslohnsteuertabelle 2000
Lohnsteuer und Bemessungsgrundlage für Zuschlagsteuern in DM

Jahres-arbeitslohn bis...DM	Lohnsteuer in Steuerklasse		0,5	1	1,5	2	2,5	3	3,5	4	4,5	5	5,5	6	6,5 und mehr	
37477.99	V	I	4715	3737	2792	1879	997	162	0	0	0	0	0	0	0	Wegen der
	VI	II	3143	2217	1324	468	0	0	0	0	0	0	0	0	0	Ermittlung der
		III	198	0	0	0	0	0	0	0	0	0	0	0	0	Bemessungs-
		IV	4715	4222	3737	3261	2792	2331	1879	1434	997	571	162	0	0	grundlage für
37531.99	V	I	4730	3752	2806	1893	1011	174	0	0	0	0	0	0	0	Zuschlagsteuem
	VI	II	3157	2232	1338	480	0	0	0	0	0	0	0	0	0	bei 6,5 und mehr
		III	198	0	0	0	0	0	0	0	0	0	0	0	0	Kinderfrei-
		IV	4730	4237	3752	3275	2806	2345	1893	1448	1011	585	174	0	0	beträgen siehe
37585.99	V	I	4746	3767	2821	1907	1024	187	0	0	0	0	0	0	0	Seite 351
	VI	II	3172	2246	1351	493	0	0	0	0	0	0	0	0	0	
		III	198	0	0	0	0	0	0	0	0	0	0	0	0	
		IV	4746	4253	3767	3290	2821	2360	1907	1461	1024	598	187	0	0	
37639.99	V	I	4761	3782	2836	1921	1038	199	0	0	0	0	0	0	0	
	VI	II	3187	2260	1365	506	0	0	0	0	0	0	0	0	0	
		III	222	0	0	0	0	0	0	0	0	0	0	0	0	
		IV	4761	4268	3782	3305	2836	2374	1921	1475	1038	611	199	0	0	
37693.99	V	I	4777	3797	2850	1935	1051	212	0	0	0	0	0	0	0	
	VI	II	3202	2274	1379	519	0	0	0	0	0	0	0	0	0	
		III	222	0	0	0	0	0	0	0	0	0	0	0	0	
		IV	4777	4283	3797	3320	2850	2388	1935	1489	1051	624	212	0	0	
37747.99	V	I	4792	3812	2865	1949	1065	225	0	0	0	0	0	0	0	
	VI	II	3216	2288	1392	532	0	0	0	0	0	0	0	0	0	
		III	248	0	0	0	0	0	0	0	0	0	0	0	0	
		IV	4792	4298	3812	3335	2865	2403	1949	1503	1065	637	225	0	0	
37801.99	V	I	4808	3828	2879	1963	1078	237	0	0	0	0	0	0	0	
	VI	II	3231	2303	1406	545	0	0	0	0	0	0	0	0	0	
		III	248	0	0	0	0	0	0	0	0	0	0	0	0	
		IV	4808	4314	3828	3349	2879	2417	1963	1517	1078	650	237	0	0	
37855.99	V	I	4823	3843	2894	1977	1092	250	0	0	0	0	0	0	0	
	VI	II	3246	2317	1420	558	0	0	0	0	0	0	0	0	0	
		III	248	0	0	0	0	0	0	0	0	0	0	0	0	
		IV	4823	4329	3843	3364	2894	2431	1977	1530	1092	663	250	0	0	
37909.99	V	I	4839	3858	2908	1991	1105	263	0	0	0	0	0	0	0	
	VI	II	3261	2331	1434	571	0	0	0	0	0	0	0	0	0	
		III	272	0	0	0	0	0	0	0	0	0	0	0	0	
		IV	4839	4344	3858	3379	2908	2446	1991	1544	1105	876	263	0	0	
37963.99	V	I	4855	3873	2923	2005	1119	275	0	0	0	0	0	0	0	
	VI	II	3275	2345	1448	585	0	0	0	0	0	0	0	0	0	
		III	272	0	0	0	0	0	0	0	0	0	0	0	0	
		IV	4855	4360	3873	3394	2923	2460	2005	1558	1119	690	275	0	0	
38017.99	V	I	4870	3888	2938	2019	1133	288	0	0	0	0	0	0	0	
	VI	II	3290	2360	1461	598	0	0	0	0	0	0	0	0	0	
		III	298	0	0	0	0	0	0	0	0	0	0	0	0	
		IV	4870	4375	3888	3409	2938	2474	2019	1572	1133	703	288	0	0	
38071.99	V	I	4886	3903	2952	2033	1146	301	0	0	0	0	0	0	0	
	VI	II	3305	2374	1475	611	0	0	0	0	0	0	0	0	0	
		III	298	0	0	0	0	0	0	0	0	0	0	0	0	
		IV	4886	4390	3903	3424	2952	2489	2033	1586	1146	716	301	0	0	
38125.99	V	I	4901	3918	2967	2047	1160	313	0	0	0	0	0	0	0	
	VI	II	3320	2388	1489	624	0	0	0	0	0	0	0	0	0	
		III	298	0	0	0	0	0	0	0	0	0	0	0	0	
		IV	4901	4406	3918	3438	2967	2503	2047	1600	1160	729	313	0	0	
38179.99	V	I	4917	3933	2981	2061	1173	326	0	0	0	0	0	0	0	
	VI	II	3335	2403	1503	637	0	0	0	0	0	0	0	0	0	
		III	324	0	0	0	0	0	0	0	0	0	0	0	0	
		IV	4917	4421	3933	3453	2981	2517	2061	1613	1173	743	326	0	0	
38233.99	V	I	4933	3948	2996	2076	1187	339	0	0	0	0	0	0	0	
	VI	II	3349	2417	1517	650	0	0	0	0	0	0	0	0	0	
		III	324	0	0	0	0	0	0	0	0	0	0	0	0	
		IV	4933	4437	3948	3468	2996	2532	2076	1627	1187	756	339	0	0	
38287.99	V	I	4948	3963	3011	2090	1201	352	0	0	0	0	0	0	0	
	VI	II	3364	2431	1530	663	0	0	0	0	0	0	0	0	0	
		III	348	0	0	0	0	0	0	0	0	0	0	0	0	
		IV	4948	4452	3963	3483	3011	2546	2090	1641	1201	769	352	0	0	
38341.99	V	I	4964	3979	3025	2104	1214	365	0	0	0	0	0	0	0	
	VI	II	3379	2446	1544	676	0	0	0	0	0	0	0	0	0	
		III	348	0	0	0	0	0	0	0	0	0	0	0	0	
		IV	4964	4467	3979	3498	3025	2561	2104	1655	1214	782	365	0	0	
38395.99	V	I	4980	3994	3040	2118	1228	377	0	0	0	0	0	0	0	
	VI	II	3394	2460	1558	690	0	0	0	0	0	0	0	0	0	
		III	348	0	0	0	0	0	0	0	0	0	0	0	0	
		IV	4980	4483	3994	3513	3040	2575	2118	1669	1228	796	377	0	0	
38449.99	V	I	4995	4009	3055	2132	1242	390	0	0	0	0	0	0	0	
	VI	II	3409	2474	1572	703	0	0	0	0	0	0	0	0	0	
		III	374	0	0	0	0	0	0	0	0	0	0	0	0	
		IV	4995	4498	4009	3528	3055	2589	2132	1683	1242	809	390	0	0	
38503.99	V	I	5011	4024	3069	2146	1255	403	0	0	0	0	0	0	0	
	VI	II	3424	2489	1586	716	0	0	0	0	0	0	0	0	0	
		III	374	0	0	0	0	0	0	0	0	0	0	0	0	
		IV	5011	4514	4024	3543	3069	2604	2146	1697	1255	822	403	0	0	
38557.99	V	I	5027	4039	3084	2161	1269	416	0	0	0	0	0	0	0	
	VI	II	3438	2503	1600	729	0	0	0	0	0	0	0	0	0	
		III	398	0	0	0	0	0	0	0	0	0	0	0	0	
		IV	5027	4529	4039	3558	3084	2618	2161	1711	1269	836	416	12	0	

Allgemeine Jahreslohnsteuertabelle 2000
Lohnsteuer und Bemessungsgrundlage für Zuschlagsteuern in DM

Jahres-arbeitslohn bis... DM	Lohnsteuer in Steuerklasse		0,5	1	1,5	2	2,5	3	3,5	4	4,5	5	5,5	6	6,5 und mehr
38611.99	V	11008	I 5042	4054	3099	2175	1283	429	0	0	0	0	0	0	0	Wegen der
	VI	11818	II 3453	2517	1613	743	0	0	0	0	0	0	0	0	0	Ermittlung der
			III 398	0	0	0	0	0	0	0	0	0	0	0	0	Bemessungs-
			IV 5042	4544	4054	3573	3099	2633	2175	1725	1283	849	429	24	0	grundlage für
38665.99	V	11030	I 5058	4070	3113	2189	1296	442	0	0	0	0	0	0	0	Zuschlagsteuem
	VI	11838	II 3468	2532	1627	756	0	0	0	0	0	0	0	0	0	bei 6,5 und mehr
			III 398	0	0	0	0	0	0	0	0	0	0	0	0	Kinderfrei-
			IV 5058	4560	4070	3587	3113	2647	2189	1739	1296	862	442	37	0	beträgen siehe
38719.99	V	11052	I 5074	4085	3128	2203	1310	455	0	0	0	0	0	0	0	Seite 351
	VI	11860	II 3483	2546	1641	769	0	0	0	0	0	0	0	0	0	
			III 424	0	0	0	0	0	0	0	0	0	0	0	0	
			IV 5074	4575	4085	3602	3128	2662	2203	1753	1310	876	455	49	0	
38773.99	V	11074	I 5089	4100	3143	2217	1324	468	0	0	0	0	0	0	0	
	VI	11884	II 3498	2561	1655	782	0	0	0	0	0	0	0	0	0	
			III 424	0	0	0	0	0	0	0	0	0	0	0	0	
			IV 5089	4591	4100	3617	3143	2676	2217	1767	1324	889	468	62	0	
38827.99	V	11094	I 5105	4115	3157	2232	1338	480	0	0	0	0	0	0	0	
	VI	11904	II 3513	2575	1669	796	0	0	0	0	0	0	0	0	0	
			III 450	0	0	0	0	0	0	0	0	0	0	0	0	
			IV 5105	4606	4115	3632	3157	2690	2232	1781	1338	903	480	74	0	
38881.99	V	11116	I 5121	4130	3172	2246	1351	493	0	0	0	0	0	0	0	
	VI	11928	II 3528	2589	1683	809	0	0	0	0	0	0	0	0	0	
			III 450	0	0	0	0	0	0	0	0	0	0	0	0	
			IV 5121	4622	4130	3647	3172	2705	2246	1795	1351	916	493	86	0	
38935.99	V	11138	I 5136	4146	3187	2260	1365	506	0	0	0	0	0	0	0	
	VI	11948	II 3543	2604	1697	822	0	0	0	0	0	0	0	0	0	
			III 450	0	0	0	0	0	0	0	0	0	0	0	0	
			IV 5136	4637	4146	3662	3187	2719	2260	1808	1365	930	506	99	0	
38989.99	V	11160	I 5152	4161	3202	2274	1379	519	0	0	0	0	0	0	0	
	VI	11972	II 3558	2618	1711	836	12	0	0	0	0	0	0	0	0	
			III 474	0	0	0	0	0	0	0	0	0	0	0	0	
			IV 5152	4653	4161	3677	3202	2734	2274	1822	1379	943	519	111	0	
39043.99	V	11180	I 5168	4176	3216	2288	1392	532	0	0	0	0	0	0	0	
	VI	11994	II 3573	2633	1725	849	24	0	0	0	0	0	0	0	0	
			III 474	0	0	0	0	0	0	0	0	0	0	0	0	
			IV 5168	4668	4176	3692	3216	2748	2288	1836	1392	957	532	124	0	
39097.99	V	11202	I 5184	4191	3231	2303	1406	545	0	0	0	0	0	0	0	
	VI	12016	II 3587	2647	1739	862	37	0	0	0	0	0	0	0	0	
			III 500	0	0	0	0	0	0	0	0	0	0	0	0	
			IV 5184	4684	4191	3707	3231	2763	2303	1850	1406	970	545	136	0	
39151.99	V	11224	I 5199	4207	3246	2317	1420	558	0	0	0	0	0	0	0	
	VI	12038	II 3602	2662	1753	876	49	0	0	0	0	0	0	0	0	
			III 500	0	0	0	0	0	0	0	0	0	0	0	0	
			IV 5199	4699	4207	3722	3246	2777	2317	1864	1420	984	558	149	0	
39205.99	V	11248	I 5215	4222	3261	2331	1434	571	0	0	0	0	0	0	0	
	VI	12060	II 3617	2676	1767	889	62	0	0	0	0	0	0	0	0	
			III 500	0	0	0	0	0	0	0	0	0	0	0	0	
			IV 5215	4715	4222	3737	3261	2792	2331	1879	1434	997	571	162	0	
39259.99	V	11268	I 5231	4237	3275	2345	1448	585	0	0	0	0	0	0	0	
	VI	12084	II 3632	2690	1781	903	74	0	0	0	0	0	0	0	0	
			III 526	0	0	0	0	0	0	0	0	0	0	0	0	
			IV 5231	4730	4237	3752	3275	2806	2345	1893	1448	1011	585	174	0	
39313.99	V	11290	I 5247	4253	3290	2360	1461	598	0	0	0	0	0	0	0	
	VI	12104	II 3647	2705	1795	916	86	0	0	0	0	0	0	0	0	
			III 526	0	0	0	0	0	0	0	0	0	0	0	0	
			IV 5247	4746	4253	3767	3290	2821	2360	1907	1461	1024	598	187	0	
39367.99	V	11312	I 5263	4268	3305	2374	1475	611	0	0	0	0	0	0	0	
	VI	12128	II 3662	2719	1808	930	99	0	0	0	0	0	0	0	0	
			III 550	0	0	0	0	0	0	0	0	0	0	0	0	
			IV 5263	4761	4268	3782	3305	2836	2374	1921	1475	1038	611	199	0	
39421.99	V	11334	I 5278	4283	3320	2388	1489	624	0	0	0	0	0	0	0	
	VI	12150	II 3677	2734	1822	943	111	0	0	0	0	0	0	0	0	
			III 550	0	0	0	0	0	0	0	0	0	0	0	0	
			IV 5278	4777	4283	3797	3320	2850	2388	1935	1489	1051	624	212	0	
39475.99	V	11354	I 5294	4298	3335	2403	1503	637	0	0	0	0	0	0	0	
	VI	12172	II 3692	2748	1836	957	124	0	0	0	0	0	0	0	0	
			III 550	0	0	0	0	0	0	0	0	0	0	0	0	
			IV 5294	4792	4298	3812	3335	2865	2403	1949	1503	1065	637	225	0	
39529.99	V	11376	I 5310	4314	3349	2417	1517	650	0	0	0	0	0	0	0	
	VI	12196	II 3707	2763	1850	970	136	0	0	0	0	0	0	0	0	
			III 576	0	0	0	0	0	0	0	0	0	0	0	0	
			IV 5310	4808	4314	3828	3349	2879	2417	1963	1517	1078	650	237	0	
39583.99	V	11400	I 5326	4329	3364	2431	1530	663	0	0	0	0	0	0	0	
	VI	12216	II 3722	2777	1864	984	149	0	0	0	0	0	0	0	0	
			III 576	0	0	0	0	0	0	0	0	0	0	0	0	
			IV 5326	4823	4329	3843	3364	2894	2431	1977	1530	1092	663	250	0	
39637.99	V	11422	I 5342	4344	3379	2446	1544	676	0	0	0	0	0	0	0	
	VI	12240	II 3737	2792	1879	997	162	0	0	0	0	0	0	0	0	
			III 602	0	0	0	0	0	0	0	0	0	0	0	0	
			IV 5342	4839	4344	3858	3379	2908	2446	1991	1544	1105	676	263	0	
39691.99	V	11442	I 5357	4360	3394	2460	1558	690	0	0	0	0	0	0	0	
	VI	12262	II 3752	2806	1893	1011	174	0	0	0	0	0	0	0	0	
			III 602	0	0	0	0	0	0	0	0	0	0	0	0	
			IV 5357	4855	4360	3873	3394	2923	2460	2005	1558	1119	690	275	0	

Allgemeine Jahreslohnsteuertabelle 2000
Lohnsteuer und Bemessungsgrundlage für Zuschlagsteuern in DM

Jahres-arbeitslohn bis... DM	Lohnsteuer	in Steuerklasse		Bemessungsgrundlage für Zuschlagsteuer bis... Kinderfreibeträgen										
				0,5	1	1,5	2	2,5	3	3,5	4	4,5	5	5,5	6	6,5 und mehr
39745.99	V	11464	I	5373	4375	3409	2474	1572	703	0	0	0	0	0	0	0	Wegen der Ermittlung der Bemessungs-grundlage für Zuschlagsteuern bei 6,5 und mehr Kinderfrei-beträgen siehe Seite 351
	VI	12284	II	3767	2821	1907	1024	187	0	0	0	0	0	0	0	0
			III	602	0	0	0	0	0	0	0	0	0	0	0	0
			IV	5373	4870	4375	3888	3409	2938	2474	2019	1572	1133	703	288	0
39799.99	V	11488	I	5389	4390	3424	2489	1586	716	0	0	0	0	0	0	0
	VI	12306	II	3782	2836	1921	1038	199	0	0	0	0	0	0	0	0
			III	626	0	0	0	0	0	0	0	0	0	0	0	0
			IV	5389	4886	4390	3903	3424	2952	2489	2033	1586	1146	716	301	0
39853.99	V	11508	I	5405	4406	3438	2503	1600	729	0	0	0	0	0	0	0
	VI	12330	II	3797	2850	1935	1051	212	0	0	0	0	0	0	0	0
			III	626	0	0	0	0	0	0	0	0	0	0	0	0
			IV	5405	4901	4406	3918	3438	2967	2503	2047	1600	1160	729	313	0
39907.99	V	11530	I	5421	4421	3453	2517	1613	743	0	0	0	0	0	0	0
	VI	12352	II	3812	2865	1949	1065	225	0	0	0	0	0	0	0	0
			III	652	0	0	0	0	0	0	0	0	0	0	0	0
			IV	5421	4917	4421	3933	3453	2981	2517	2061	1613	1173	743	326	0
39961.99	V	11552	I	5437	4437	3468	2532	1627	756	0	0	0	0	0	0	0
	VI	12374	II	3828	2879	1963	1078	237	0	0	0	0	0	0	0	0
			III	652	0	0	0	0	0	0	0	0	0	0	0	0
			IV	5437	4933	4437	3948	3468	2996	2532	2076	1627	1187	756	339	0
40015.99	V	11574	I	5453	4452	3483	2546	1641	769	0	0	0	0	0	0	0
	VI	12398	II	3843	2894	1977	1092	250	0	0	0	0	0	0	0	0
			III	652	0	0	0	0	0	0	0	0	0	0	0	0
			IV	5453	4948	4452	3963	3483	3011	2546	2090	1641	1201	769	352	0
40069.99	V	11596	I	5469	4467	3498	2561	1655	782	0	0	0	0	0	0	0
	VI	12420	II	3858	2908	1991	1105	263	0	0	0	0	0	0	0	0
			III	678	0	0	0	0	0	0	0	0	0	0	0	0
			IV	5469	4964	4467	3979	3498	3025	2561	2104	1655	1214	782	365	0
40123.99	V	11618	I	5484	4483	3513	2575	1669	796	0	0	0	0	0	0	0
	VI	12442	II	3873	2923	2005	1119	275	0	0	0	0	0	0	0	0
			III	678	0	0	0	0	0	0	0	0	0	0	0	0
			IV	5484	4980	4483	3994	3513	3040	2575	2118	1669	1228	796	377	0
40177.99	V	11640	I	5500	4498	3528	2589	1683	809	0	0	0	0	0	0	0
	VI	12464	II	3888	2938	2019	1133	288	0	0	0	0	0	0	0	0
			III	704	0	0	0	0	0	0	0	0	0	0	0	0
			IV	5500	4995	4498	4009	3528	3055	2589	2132	1683	1242	809	390	0
40231.99	V	11662	I	5516	4514	3543	2604	1697	822	0	0	0	0	0	0	0
	VI	12488	II	3903	2952	2033	1146	301	0	0	0	0	0	0	0	0
			III	704	0	0	0	0	0	0	0	0	0	0	0	0
			IV	5516	5011	4514	4024	3543	3069	2604	2146	1697	1255	822	403	0
40285.99	V	11684	I	5532	4529	3558	2618	1711	836	12	0	0	0	0	0	0
	VI	12510	II	3918	2967	2047	1160	313	0	0	0	0	0	0	0	0
			III	704	0	0	0	0	0	0	0	0	0	0	0	0
			IV	5532	5027	4529	4039	3558	3084	2618	2161	1711	1269	836	416	12
40339.99	V	11706	I	5548	4544	3573	2633	1725	849	24	0	0	0	0	0	0
	VI	12534	II	3933	2981	2061	1173	326	0	0	0	0	0	0	0	0
			III	730	0	0	0	0	0	0	0	0	0	0	0	0
			IV	5548	5042	4544	4054	3573	3099	2633	2175	1725	1283	849	429	24
40393.99	V	11728	I	5564	4560	3587	2647	1739	862	37	0	0	0	0	0	0
	VI	12554	II	3948	2996	2076	1187	339	0	0	0	0	0	0	0	0
			III	730	0	0	0	0	0	0	0	0	0	0	0	0
			IV	5564	5058	4560	4070	3587	3113	2647	2189	1739	1296	862	442	37
40447.99	V	11750	I	5580	4575	3602	2662	1753	876	49	0	0	0	0	0	0
	VI	12578	II	3963	3011	2090	1201	352	0	0	0	0	0	0	0	0
			III	754	0	0	0	0	0	0	0	0	0	0	0	0
			IV	5580	5074	4575	4085	3602	3128	2662	2203	1753	1310	876	455	49
40501.99	V	11772	I	5596	4591	3617	2676	1767	889	62	0	0	0	0	0	0
	VI	12600	II	3979	3025	2104	1214	365	0	0	0	0	0	0	0	0
			III	754	0	0	0	0	0	0	0	0	0	0	0	0
			IV	5596	5089	4591	4100	3617	3143	2676	2217	1767	1324	889	468	62
40555.99	V	11794	I	5612	4606	3632	2690	1781	903	74	0	0	0	0	0	0
	VI	12624	II	3994	3040	2118	1228	377	0	0	0	0	0	0	0	0
			III	754	0	0	0	0	0	0	0	0	0	0	0	0
			IV	5612	5105	4606	4115	3632	3157	2690	2232	1781	1338	903	480	74
40609.99	V	11818	I	5628	4622	3647	2705	1795	916	86	0	0	0	0	0	0
	VI	12646	II	4009	3055	2132	1242	390	0	0	0	0	0	0	0	0
			III	780	0	0	0	0	0	0	0	0	0	0	0	0
			IV	5628	5121	4622	4130	3647	3172	2705	2246	1795	1351	916	493	86
40663.99	V	11838	I	5644	4637	3662	2719	1808	930	99	0	0	0	0	0	0
	VI	12668	II	4024	3069	2146	1255	403	0	0	0	0	0	0	0	0
			III	780	0	0	0	0	0	0	0	0	0	0	0	0
			IV	5644	5136	4637	4144	3662	3187	2719	2260	1808	1365	930	506	99
40717.99	V	11860	I	5660	4653	3677	2734	1822	943	111	0	0	0	0	0	0
	VI	12692	II	4039	3084	2161	1269	416	0	0	0	0	0	0	0	0
			III	806	0	0	0	0	0	0	0	0	0	0	0	0
			IV	5660	5152	4653	4161	3677	3202	2734	2274	1822	1379	943	519	111
40771.99	V	11884	I	5676	4668	3692	2748	1836	957	124	0	0	0	0	0	0
	VI	12712	II	4054	3099	2175	1283	429	0	0	0	0	0	0	0	0
			III	806	0	0	0	0	0	0	0	0	0	0	0	0
			IV	5676	5168	4668	4176	3692	3216	2748	2288	1836	1392	957	532	124
40825.99	V	11904	I	5692	4684	3707	2763	1850	970	136	0	0	0	0	0	0
	VI	12736	II	4070	3113	2189	1296	442	0	0	0	0	0	0	0	0
			III	806	0	0	0	0	0	0	0	0	0	0	0	0
			IV	5692	5184	4684	4191	3707	3231	2763	2303	1850	1406	970	545	136

Allgemeine Jahreslohnsteuertabelle 2000
Lohnsteuer und Bemessungsgrundlage für Zuschlagsteuern in DM

Jahres-arbeitslohn bis ... DM	Lohnsteuer	in Steuerklasse	Bemessungsgrundlage für Zuschlagsteuer bis ... Kinderfreibeträgen										
			0,5	1	1,5	2	2,5	3	3,5	4	4,5	5	5,5	6	6,5 und mehr
40879.99	V 11928	I 5708	4699	3722	2777	1864	984	149	0	0	0	0	0	0	Wegen der
	VI 12758	II 4085	3128	2203	1310	455	0	0	0	0	0	0	0	0	Ermittlung der
		III 832	24	0	0	0	0	0	0	0	0	0	0	0	Bemessungs-
		IV 5708	5199	4699	4207	3722	3246	2777	2317	1864	1420	984	558	149	grundlage für
40933.99	V 11948	I 5724	4715	3737	2792	1879	997	162	0	0	0	0	0	0	Zuschlagsteuern
	VI 12782	II 4100	3143	2217	1324	468	0	0	0	0	0	0	0	0	bei 6,5 und mehr
		III 832	24	0	0	0	0	0	0	0	0	0	0	0	Kinderfrei-
		IV 5724	5215	4715	4222	3737	3261	2792	2331	1879	1434	997	571	162	beträgen siehe
40987.99	V 11972	I 5740	4730	3752	2806	1893	1011	174	0	0	0	0	0	0	Seite 351
	VI 12804	II 4115	3157	2232	1338	480	0	0	0	0	0	0	0	0	
		III 858	48	0	0	0	0	0	0	0	0	0	0	0	
		IV 5740	5231	4730	4237	3752	3275	2806	2345	1893	1448	1011	585	174	
41041.99	V 11994	I 5756	4746	3767	2821	1907	1024	187	0	0	0	0	0	0	
	VI 12828	II 4130	3172	2246	1351	493	0	0	0	0	0	0	0	0	
		III 858	48	0	0	0	0	0	0	0	0	0	0	0	
		IV 5756	5247	4746	4253	3767	3290	2821	2360	1907	1461	1024	598	187	
41095.99	V 12016	I 5772	4761	3782	2836	1921	1038	199	0	0	0	0	0	0	
	VI 12850	II 4146	3187	2260	1365	506	0	0	0	0	0	0	0	0	
		III 858	48	0	0	0	0	0	0	0	0	0	0	0	
		IV 5772	5263	4761	4268	3782	3305	2836	2374	1921	1475	1038	611	199	
41149.99	V 12038	I 5788	4777	3797	2850	1935	1051	212	0	0	0	0	0	0	
	VI 12874	II 4161	3202	2274	1379	519	0	0	0	0	0	0	0	0	
		III 884	74	0	0	0	0	0	0	0	0	0	0	0	
		IV 5788	5278	4777	4283	3797	3320	2850	2388	1935	1489	1051	624	212	
41203.99	V 12060	I 5804	4792	3812	2865	1949	1065	225	0	0	0	0	0	0	
	VI 12896	II 4176	3216	2288	1392	532	0	0	0	0	0	0	0	0	
		III 884	74	0	0	0	0	0	0	0	0	0	0	0	
		IV 5804	5294	4792	4298	3812	3335	2865	2403	1949	1503	1065	637	225	
41257.99	V 12084	I 5820	4808	3826	2879	1963	1078	237	0	0	0	0	0	0	
	VI 12918	II 4191	3231	2303	1406	545	0	0	0	0	0	0	0	0	
		III 910	98	0	0	0	0	0	0	0	0	0	0	0	
		IV 5820	5310	4808	4314	3828	3349	2879	2417	1963	1517	1078	650	237	
41311.99	V 12104	I 5836	4823	3843	2894	1977	1092	250	0	0	0	0	0	0	
	VI 12942	II 4207	3246	2317	1420	558	0	0	0	0	0	0	0	0	
		III 910	98	0	0	0	0	0	0	0	0	0	0	0	
		IV 5836	5326	4823	4329	3843	3364	2894	2431	1977	1530	1092	663	250	
41365.99	V 12128	I 5852	4839	3858	2908	1991	1105	263	0	0	0	0	0	0	
	VI 12964	II 4222	3261	2331	1434	571	0	0	0	0	0	0	0	0	
		III 910	98	0	0	0	0	0	0	0	0	0	0	0	
		IV 5852	5342	4839	4344	3858	3379	2908	2446	1991	1544	1105	676	263	
41419.99	V 12150	I 5868	4855	3873	2923	2005	1119	275	0	0	0	0	0	0	
	VI 12988	II 4237	3275	2345	1448	585	0	0	0	0	0	0	0	0	
		III 936	124	0	0	0	0	0	0	0	0	0	0	0	
		IV 5868	5357	4855	4360	3873	3394	2923	2460	2005	1558	1119	690	275	
41473.99	V 12172	I 5884	4870	3888	2938	2019	1133	288	0	0	0	0	0	0	
	VI 13010	II 4253	3290	2360	1461	598	0	0	0	0	0	0	0	0	
		III 936	124	0	0	0	0	0	0	0	0	0	0	0	
		IV 5884	5373	4870	4375	3888	3409	2938	2474	2019	1572	1133	703	288	
41527.99	V 12196	I 5901	4886	3903	2952	2033	1146	301	0	0	0	0	0	0	
	VI 13032	II 4268	3305	2374	1475	611	0	0	0	0	0	0	0	0	
		III 960	148	0	0	0	0	0	0	0	0	0	0	0	
		IV 5901	5389	4886	4390	3903	3424	2952	2489	2033	1586	1146	716	301	
41581.99	V 12216	I 5917	4901	3918	2967	2047	1160	313	0	0	0	0	0	0	
	VI 13058	II 4283	3320	2388	1489	624	0	0	0	0	0	0	0	0	
		III 960	148	0	0	0	0	0	0	0	0	0	0	0	
		IV 5917	5405	4901	4406	3918	3438	2967	2503	2047	1600	1160	729	313	
41635.99	V 12240	I 5933	4917	3933	2981	2061	1173	326	0	0	0	0	0	0	
	VI 13080	II 4298	3335	2403	1503	637	0	0	0	0	0	0	0	0	
		III 960	148	0	0	0	0	0	0	0	0	0	0	0	
		IV 5933	5421	4917	4421	3933	3453	2981	2517	2061	1613	1173	743	326	
41689.99	V 12262	I 5949	4933	3948	2996	2076	1187	339	0	0	0	0	0	0	
	VI 13104	II 4314	3349	2417	1517	650	0	0	0	0	0	0	0	0	
		III 986	172	0	0	0	0	0	0	0	0	0	0	0	
		IV 5949	5437	4933	4437	3948	3468	2996	2532	2076	1627	1187	756	339	
41743.99	V 12284	I 5965	4948	3963	3011	2090	1201	352	0	0	0	0	0	0	
	VI 13126	II 4329	3364	2431	1530	663	0	0	0	0	0	0	0	0	
		III 986	172	0	0	0	0	0	0	0	0	0	0	0	
		IV 5965	5453	4948	4452	3963	3483	3011	2546	2090	1641	1201	769	352	
41797.99	V 12306	I 5981	4964	3979	3025	2104	1214	365	0	0	0	0	0	0	
	VI 13148	II 4344	3379	2446	1544	676	0	0	0	0	0	0	0	0	
		III 1012	198	0	0	0	0	0	0	0	0	0	0	0	
		IV 5981	5469	4964	4467	3979	3498	3025	2561	2104	1655	1214	782	365	
41851.99	V 12330	I 5997	4980	3994	3040	2118	1228	377	0	0	0	0	0	0	
	VI 13172	II 4360	3394	2460	1558	690	0	0	0	0	0	0	0	0	
		III 1012	198	0	0	0	0	0	0	0	0	0	0	0	
		IV 5997	5484	4980	4483	3994	3513	3040	2575	2118	1669	1228	796	377	
41905.99	V 12352	I 6013	4995	4009	3055	2132	1242	390	0	0	0	0	0	0	
	VI 13194	II 4375	3409	2474	1572	703	0	0	0	0	0	0	0	0	
		III 1012	198	0	0	0	0	0	0	0	0	0	0	0	
		IV 6013	5500	4995	4498	4009	3528	3055	2589	2132	1683	1242	809	390	
41959.99	V 12374	I 6030	5011	4024	3069	2146	1255	403	0	0	0	0	0	0	
	VI 13218	II 4390	3424	2489	1586	716	0	0	0	0	0	0	0	0	
		III 1038	222	0	0	0	0	0	0	0	0	0	0	0	
		IV 6030	5516	5011	4514	4024	3543	3069	2604	2146	1697	1255	822	403	

Allgemeine Jahreslohnsteuertabelle 2000
Lohnsteuer und Bemessungsgrundlage für Zuschlagsteuern in DM

Jahres-arbeitslohn bis... DM	Lohnsteuer in Steuerklasse			Bemessungsgrundlage für Zuschlagsteuer bis... Kinderfreibeträgen										
				0,5	1	1,5	2	2,5	3	3,5	4	4,5	5	5,5	6	6,5 und mehr

42013.99	V	12398	I	6046	5027	4039	3084	2161	1269	416	0	0	0	0	0	0
	VI	13242	II	4406	3438	2503	1600	729	0	0	0	0	0	0	0	0
			III	1038	222	0	0	0	0	0	0	0	0	0	0	0
			IV	6046	5532	5027	4529	4039	3558	3084	2618	2161	1711	1269	836	416
42067.99	V	12420	I	6062	5042	4054	3099	2175	1283	429	0	0	0	0	0	0
	VI	13264	II	4421	3453	2517	1613	743	0	0	0	0	0	0	0	0
			III	1064	248	0	0	0	0	0	0	0	0	0	0	0
			IV	6062	5548	5042	4544	4054	3573	3099	2633	2175	1725	1283	849	429
42121.99	V	12442	I	6078	5058	4070	3113	2189	1296	442	0	0	0	0	0	0
	VI	13286	II	4437	3468	2532	1627	756	0	0	0	0	0	0	0	0
			III	1064	248	0	0	0	0	0	0	0	0	0	0	0
			IV	6078	5564	5058	4560	4070	3587	3113	2647	2189	1739	1296	862	442
42175.99	V	12464	I	6094	5074	4085	3128	2203	1310	455	0	0	0	0	0	0
	VI	13310	II	4452	3483	2546	1641	769	0	0	0	0	0	0	0	0
			III	1064	248	0	0	0	0	0	0	0	0	0	0	0
			IV	6094	5580	5074	4575	4085	3602	3128	2662	2203	1753	1310	876	455
42229.99	V	12488	I	6111	5089	4100	3143	2217	1324	468	0	0	0	0	0	0
	VI	13334	II	4467	3498	2561	1655	782	0	0	0	0	0	0	0	0
			III	1090	272	0	0	0	0	0	0	0	0	0	0	0
			IV	6111	5596	5089	4591	4100	3617	3143	2676	2217	1767	1324	889	468
42283.99	V	12510	I	6127	5105	4115	3157	2232	1338	480	0	0	0	0	0	0
	VI	13356	II	4483	3513	2575	1669	796	0	0	0	0	0	0	0	0
			III	1090	272	0	0	0	0	0	0	0	0	0	0	0
			IV	6127	5612	5105	4606	4115	3632	3157	2690	2232	1781	1338	903	480
42337.99	V	12534	I	6143	5121	4130	3172	2246	1351	493	0	0	0	0	0	0
	VI	13380	II	4498	3528	2589	1683	809	0	0	0	0	0	0	0	0
			III	1116	298	0	0	0	0	0	0	0	0	0	0	0
			IV	6143	5628	5121	4622	4130	3647	3172	2705	2246	1795	1351	916	493
42391.99	V	12554	I	6159	5136	4146	3187	2260	1365	506	0	0	0	0	0	0
	VI	13402	II	4514	3543	2604	1697	822	0	0	0	0	0	0	0	0
			III	1116	298	0	0	0	0	0	0	0	0	0	0	0
			IV	6159	5644	5136	4637	4146	3662	3187	2719	2260	1808	1365	930	506
42445.99	V	12578	I	6175	5152	4161	3202	2274	1379	519	0	0	0	0	0	0
	VI	13426	II	4529	3558	2618	1711	836	12	0	0	0	0	0	0	0
			III	1116	298	0	0	0	0	0	0	0	0	0	0	0
			IV	6175	5660	5152	4653	4161	3677	3202	2734	2274	1822	1379	943	519
42499.99	V	12600	I	6192	5168	4176	3216	2288	1392	532	0	0	0	0	0	0
	VI	13450	II	4544	3573	2633	1725	849	24	0	0	0	0	0	0	0
			III	1142	324	0	0	0	0	0	0	0	0	0	0	0
			IV	6192	5676	5168	4668	4176	3692	3216	2748	2288	1836	1392	957	532
42553.99	V	12624	I	6208	5184	4191	3231	2303	1406	545	0	0	0	0	0	0
	VI	13472	II	4560	3587	2647	1739	862	37	0	0	0	0	0	0	0
			III	1142	324	0	0	0	0	0	0	0	0	0	0	0
			IV	6208	5692	5184	4684	4191	3707	3231	2763	2303	1850	1406	970	545
42607.99	V	12646	I	6224	5199	4207	3246	2317	1420	558	0	0	0	0	0	0
	VI	13496	II	4575	3602	2662	1753	876	49	0	0	0	0	0	0	0
			III	1170	348	0	0	0	0	0	0	0	0	0	0	0
			IV	6224	5708	5199	4699	4207	3722	3246	2777	2317	1864	1420	984	558
42661.99	V	12668	I	6240	5215	4222	3261	2331	1434	571	0	0	0	0	0	0
	VI	13520	II	4591	3617	2676	1767	889	62	0	0	0	0	0	0	0
			III	1170	348	0	0	0	0	0	0	0	0	0	0	0
			IV	6240	5724	5215	4715	4222	3737	3261	2792	2331	1879	1434	997	571
42715.99	V	12692	I	6257	5231	4237	3275	2345	1448	585	0	0	0	0	0	0
	VI	13542	II	4606	3632	2690	1781	903	74	0	0	0	0	0	0	0
			III	1170	348	0	0	0	0	0	0	0	0	0	0	0
			IV	6257	5740	5231	4730	4237	3752	3275	2806	2345	1893	1448	1011	585
42769.99	V	12712	I	6273	5247	4253	3290	2360	1461	598	0	0	0	0	0	0
	VI	13566	II	4622	3647	2705	1795	916	86	0	0	0	0	0	0	0
			III	1196	374	0	0	0	0	0	0	0	0	0	0	0
			IV	6273	5756	5247	4746	4253	3767	3290	2821	2360	1907	1461	1024	598
42823.99	V	12736	I	6289	5263	4268	3305	2374	1475	611	0	0	0	0	0	0
	VI	13590	II	4637	3662	2719	1808	930	99	0	0	0	0	0	0	0
			III	1196	374	0	0	0	0	0	0	0	0	0	0	0
			IV	6289	5772	5263	4761	4268	3782	3305	2836	2374	1921	1475	1038	611
42877.99	V	12758	I	6306	5278	4283	3320	2388	1489	624	0	0	0	0	0	0
	VI	13612	II	4653	3677	2734	1822	943	111	0	0	0	0	0	0	0
			III	1222	398	0	0	0	0	0	0	0	0	0	0	0
			IV	6306	5788	5278	4777	4283	3797	3320	2850	2388	1935	1489	1051	624
42931.99	V	12782	I	6322	5294	4298	3335	2403	1503	637	0	0	0	0	0	0
	VI	13636	II	4668	3692	2748	1836	957	124	0	0	0	0	0	0	0
			III	1222	398	0	0	0	0	0	0	0	0	0	0	0
			IV	6322	5804	5294	4792	4298	3812	3335	2865	2403	1949	1503	1065	637
42985.99	V	12804	I	6338	5310	4314	3349	2417	1517	650	0	0	0	0	0	0
	VI	13658	II	4684	3707	2763	1850	970	136	0	0	0	0	0	0	0
			III	1222	398	0	0	0	0	0	0	0	0	0	0	0
			IV	6338	5820	5310	4808	4314	3828	3349	2879	2417	1963	1517	1078	650
43039.99	V	12828	I	6355	5326	4329	3364	2431	1530	663	0	0	0	0	0	0
	VI	13684	II	4699	3722	2777	1864	984	149	0	0	0	0	0	0	0
			III	1248	424	0	0	0	0	0	0	0	0	0	0	0
			IV	6355	5836	5326	4823	4329	3843	3364	2894	2431	1977	1530	1092	663
43093.99	V	12850	I	6371	5342	4344	3379	2446	1544	676	0	0	0	0	0	0
	VI	13706	II	4715	3737	2792	1879	997	162	0	0	0	0	0	0	0
			III	1248	424	0	0	0	0	0	0	0	0	0	0	0
			IV	6371	5852	5342	4839	4344	3858	3379	2908	2446	1991	1544	1105	676

Wegen der Ermittlung der Bemessungsgrundlage für Zuschlagsteuern bei 6,5 und mehr Kinderfreibeträgen siehe Seite 351

Allgemeine Jahreslohnsteuertabelle 2000
Lohnsteuer und Bemessungsgrundlage für Zuschlagsteuern in DM

Jahres-arbeitslohn bis...DM	Lohnsteuer in Steuerklasse			Bemessungsgrundlage für Zuschlagsteuer bis... Kinderfreibeträgen											
				0,5	1	1,5	2	2,5	3	3,5	4	4,5	5	5,5	6	6,5 und mehr
43147.99	V	12874	I	6387	5357	4360	3394	2460	1558	690	0	0	0	0	0	0	Wegen der
	VI	13728	II	4730	3752	2806	1893	1011	174	0	0	0	0	0	0	0	Ermittlung der
			III	1274	450	0	0	0	0	0	0	0	0	0	0	0	Bemessungs-
			IV	6387	5868	5357	4055	4360	3873	3394	2923	2460	2005	1558	1119	690	grundlage für
43201.99	V	12896	I	6404	5373	4375	3409	2474	1572	703	0	0	0	0	0	0	Zuschlagsteuern
	VI	13754	II	4746	3767	2821	1907	1024	187	0	0	0	0	0	0	0	bei 6,5 und mehr
			III	1274	450	0	0	0	0	0	0	0	0	0	0	0	Kinderfrei-
			IV	6404	5884	5373	4870	4375	3888	3409	2938	2474	2019	1572	1133	703	beträgen siehe
43255.99	V	12918	I	6420	5389	4390	3424	2489	1586	716	0	0	0	0	0	0	Seite 351
	VI	13776	II	4761	3782	2836	1921	1038	199	0	0	0	0	0	0	0	
			III	1274	450	0	0	0	0	0	0	0	0	0	0	0	
			IV	6420	5901	5389	4886	4390	3903	3424	2952	2489	2033	1586	1146	716	
43309.99	V	12942	I	6436	5405	4406	3438	2503	1600	729	0	0	0	0	0	0	
	VI	13800	II	4777	3797	2850	1935	1051	212	0	0	0	0	0	0	0	
			III	1300	474	0	0	0	0	0	0	0	0	0	0	0	
			IV	6436	5917	5405	4901	4406	3918	3438	2967	2503	2047	1600	1160	729	
43363.99	V	12964	I	6453	5421	4421	3453	2517	1613	743	0	0	0	0	0	0	
	VI	13822	II	4792	3812	2865	1949	1065	225	0	0	0	0	0	0	0	
			III	1300	474	0	0	0	0	0	0	0	0	0	0	0	
			IV	6453	5933	5421	4917	4421	3933	3453	2981	2517	2061	1613	1173	743	
43417.99	V	12988	I	6469	5437	4437	3468	2532	1627	756	0	0	0	0	0	0	
	VI	13848	II	4808	3828	2879	1963	1078	237	0	0	0	0	0	0	0	
			III	1326	500	0	0	0	0	0	0	0	0	0	0	0	
			IV	6469	5949	5437	4933	4437	3948	3468	2996	2532	2076	1627	1187	756	
43471.99	V	13010	I	6485	5453	4452	3483	2546	1641	769	0	0	0	0	0	0	
	VI	13870	II	4823	3843	2894	1977	1092	250	0	0	0	0	0	0	0	
			III	1326	500	0	0	0	0	0	0	0	0	0	0	0	
			IV	6485	5965	5453	4948	4452	3963	3483	3011	2546	2090	1641	1201	769	
43525.99	V	13032	I	6502	5469	4467	3498	2561	1655	782	0	0	0	0	0	0	
	VI	13894	II	4839	3858	2908	1991	1105	263	0	0	0	0	0	0	0	
			III	1326	500	0	0	0	0	0	0	0	0	0	0	0	
			IV	6502	5981	5469	4964	4467	3979	3498	3025	2561	2104	1655	1214	782	
43579.99	V	13058	I	6518	5484	4483	3513	2575	1669	796	0	0	0	0	0	0	
	VI	13916	II	4855	3873	2923	2005	1119	275	0	0	0	0	0	0	0	
			III	1352	526	0	0	0	0	0	0	0	0	0	0	0	
			IV	6518	5997	5484	4980	4483	3994	3513	3040	2575	2118	1669	1228	796	
43633.99	V	13080	I	6535	5500	4498	3528	2589	1683	809	0	0	0	0	0	0	
	VI	13940	II	4870	3888	2938	2019	1133	288	0	0	0	0	0	0	0	
			III	1352	526	0	0	0	0	0	0	0	0	0	0	0	
			IV	6535	6013	5500	4995	4498	4009	3528	3055	2589	2132	1683	1242	809	
43687.99	V	13104	I	6551	5516	4514	3543	2604	1697	822	0	0	0	0	0	0	
	VI	13966	II	4886	3903	2952	2033	1146	301	0	0	0	0	0	0	0	
			III	1380	550	0	0	0	0	0	0	0	0	0	0	0	
			IV	6551	6030	5516	5011	4514	4024	3543	3069	2604	2146	1697	1255	822	
43741.99	V	13126	I	6567	5532	4529	3558	2618	1711	836	12	0	0	0	0	0	
	VI	13988	II	4901	3918	2967	2047	1160	313	0	0	0	0	0	0	0	
			III	1380	550	0	0	0	0	0	0	0	0	0	0	0	
			IV	6567	6046	5532	5027	4529	4039	3558	3084	2618	2161	1711	1269	836	
43795.99	V	13148	I	6584	5548	4544	3573	2633	1725	849	24	0	0	0	0	0	
	VI	14012	II	4917	3933	2981	2061	1173	326	0	0	0	0	0	0	0	
			III	1380	550	0	0	0	0	0	0	0	0	0	0	0	
			IV	6584	6062	5548	5042	4544	4054	3573	3099	2633	2175	1725	1283	849	
43849.99	V	13172	I	6600	5564	4560	3587	2647	1739	862	37	0	0	0	0	0	
	VI	14034	II	4933	3948	2996	2076	1187	339	0	0	0	0	0	0	0	
			III	1406	576	0	0	0	0	0	0	0	0	0	0	0	
			IV	6600	6078	5564	5058	4560	4070	3587	3113	2647	2189	1739	1296	862	
43903.99	V	13194	I	6617	5580	4575	3602	2662	1753	876	49	0	0	0	0	0	
	VI	14060	II	4948	3963	3011	2090	1201	352	0	0	0	0	0	0	0	
			III	1406	576	0	0	0	0	0	0	0	0	0	0	0	
			IV	6617	6094	5580	5074	4575	4085	3602	3128	2662	2203	1753	1310	876	
43957.99	V	13218	I	6633	5596	4591	3617	2676	1767	889	62	0	0	0	0	0	
	VI	14084	II	4964	3979	3025	2104	1214	365	0	0	0	0	0	0	0	
			III	1432	602	0	0	0	0	0	0	0	0	0	0	0	
			IV	6633	6111	5596	5089	4591	4100	3617	3143	2676	2217	1767	1324	889	
44011.99	V	13242	I	6650	5612	4606	3632	2690	1781	903	74	0	0	0	0	0	
	VI	14106	II	4980	3994	3040	2118	1228	377	0	0	0	0	0	0	0	
			III	1432	602	0	0	0	0	0	0	0	0	0	0	0	
			IV	6650	6127	5612	5105	4606	4115	3632	3157	2690	2232	1781	1338	903	
44065.99	V	13264	I	6666	5628	4622	3647	2705	1795	916	86	0	0	0	0	0	
	VI	14130	II	4995	4009	3055	2132	1242	390	0	0	0	0	0	0	0	
			III	1432	602	0	0	0	0	0	0	0	0	0	0	0	
			IV	6666	6143	5628	5121	4622	4130	3647	3172	2705	2246	1795	1351	916	
44119.99	V	13286	I	6683	5644	4637	3662	2719	1808	930	99	0	0	0	0	0	
	VI	14154	II	5011	4024	3069	2146	1255	403	0	0	0	0	0	0	0	
			III	1458	626	0	0	0	0	0	0	0	0	0	0	0	
			IV	6683	6159	5644	5136	4637	4146	3662	3187	2719	2260	1808	1365	930	
44173.99	V	13310	I	6699	5660	4653	3677	2734	1822	943	111	0	0	0	0	0	
	VI	14176	II	5027	4039	3084	2161	1269	416	0	0	0	0	0	0	0	
			III	1458	626	0	0	0	0	0	0	0	0	0	0	0	
			IV	6699	6175	5660	5152	4653	4161	3677	3202	2734	2274	1822	1379	943	
44227.99	V	13334	I	6716	5676	4668	3692	2748	1836	957	124	0	0	0	0	0	
	VI	14202	II	5042	4054	3099	2175	1283	429	0	0	0	0	0	0	0	
			III	1486	652	0	0	0	0	0	0	0	0	0	0	0	
			IV	6716	6192	5676	5168	4668	4176	3692	3216	2748	2288	1836	1392	957	

Allgemeine Jahreslohnsteuertabelle 2000
Lohnsteuer und Bemessungsgrundlage für Zuschlagsteuern in DM

Jahres-arbeitslohn bis... DM	Lohnsteuer in Steuerklasse		0,5	1	1,5	2	2,5	3	3,5	4	4,5	5	5,5	6	6,5 und mehr	
44281.99	V 13356	I 6732	5692	4684	3707	2763	1850	970	136	0	0	0	0	0	0	Wegen der
	VI 14226	II 5058	4070	3113	2189	1296	442	0	0	0	0	0	0	0	0	Ermittlung der
		III 1486	652	0	0	0	0	0	0	0	0	0	0	0	0	Bemessungs-
		IV 6732	6208	5692	5184	4684	4191	3707	3231	2763	2303	1850	1406	970		grundlage für
44335.99	V 13380	I 6749	5708	4699	3722	2777	1864	984	149	0	0	0	0	0	0	Zuschlagsteuern
	VI 14248	II 5074	4085	3128	2203	1310	455	0	0	0	0	0	0	0	0	bei 6,5 und mehr
		III 1486	652	0	0	0	0	0	0	0	0	0	0	0	0	Kinderfrei-
		IV 6749	6224	5708	5199	4699	4207	3722	3246	2777	2317	1864	1420	984		beträgen siehe
44389.99	V 13402	I 6765	5724	4715	3737	2792	1879	997	162	0	0	0	0	0	0	Seite 351
	VI 14272	II 5089	4100	3143	2217	1324	468	0	0	0	0	0	0	0	0	
		III 1512	678	0	0	0	0	0	0	0	0	0	0	0	0	
		IV 6765	6240	5724	5215	4715	4222	3737	3261	2792	2331	1879	1434	997		
44443.99	V 13426	I 6782	5740	4730	3752	2806	1893	1011	174	0	0	0	0	0	0	
	VI 14296	II 5105	4115	3157	2232	1338	480	0	0	0	0	0	0	0	0	
		III 1512	678	0	0	0	0	0	0	0	0	0	0	0	0	
		IV 6782	6257	5740	5231	4730	4237	3752	3275	2806	2345	1893	1448	1011		
44497.99	V 13450	I 6798	5756	4746	3767	2821	1907	1024	187	0	0	0	0	0	0	
	VI 14320	II 5121	4130	3172	2246	1351	493	0	0	0	0	0	0	0	0	
		III 1538	704	0	0	0	0	0	0	0	0	0	0	0	0	
		IV 6798	6273	5756	5247	4746	4253	3767	3290	2821	2360	1907	1461	1024		
44551.99	V 13472	I 6815	5772	4761	3782	2836	1921	1038	199	0	0	0	0	0	0	
	VI 14344	II 5136	4146	3187	2260	1365	506	0	0	0	0	0	0	0	0	
		III 1538	704	0	0	0	0	0	0	0	0	0	0	0	0	
		IV 6815	6289	5772	5263	4761	4268	3782	3305	2836	2374	1921	1475	1038		
44605.99	V 13496	I 6831	5788	4777	3797	2850	1935	1051	212	0	0	0	0	0	0	
	VI 14368	II 5152	4161	3202	2274	1379	519	0	0	0	0	0	0	0	0	
		III 1538	704	0	0	0	0	0	0	0	0	0	0	0	0	
		IV 6831	6306	5788	5278	4777	4283	3797	3320	2850	2388	1935	1489	1051		
44659.99	V 13520	I 6848	5804	4792	3812	2865	1949	1065	225	0	0	0	0	0	0	
	VI 14392	II 5168	4176	3216	2288	1392	532	0	0	0	0	0	0	0	0	
		III 1564	730	0	0	0	0	0	0	0	0	0	0	0	0	
		IV 6848	6322	5804	5294	4792	4298	3812	3335	2865	2403	1949	1503	1065		
44713.99	V 13542	I 6864	5820	4808	3828	2879	1963	1078	237	0	0	0	0	0	0	
	VI 14416	II 5184	4191	3231	2303	1406	545	0	0	0	0	0	0	0	0	
		III 1564	730	0	0	0	0	0	0	0	0	0	0	0	0	
		IV 6864	6338	5820	5310	4808	4314	3828	3349	2879	2417	1963	1517	1078		
44767.99	V 13566	I 6881	5836	4823	3843	2894	1977	1092	250	0	0	0	0	0	0	
	VI 14440	II 5199	4207	3246	2317	1420	558	0	0	0	0	0	0	0	0	
		III 1592	754	0	0	0	0	0	0	0	0	0	0	0	0	
		IV 6881	6355	5836	5326	4823	4329	3843	3364	2894	2431	1977	1530	1092		
44821.99	V 13590	I 6897	5852	4839	3858	2908	1991	1105	263	0	0	0	0	0	0	
	VI 14462	II 5215	4222	3261	2331	1434	571	0	0	0	0	0	0	0	0	
		III 1592	754	0	0	0	0	0	0	0	0	0	0	0	0	
		IV 6897	6371	5852	5342	4839	4344	3858	3379	2908	2446	1991	1544	1105		
44875.99	V 13612	I 6914	5868	4855	3873	2923	2005	1119	275	0	0	0	0	0	0	
	VI 14486	II 5231	4237	3275	2345	1448	585	0	0	0	0	0	0	0	0	
		III 1592	754	0	0	0	0	0	0	0	0	0	0	0	0	
		IV 6914	6387	5868	5357	4855	4360	3873	3394	2923	2460	2005	1558	1119		
44929.99	V 13636	I 6931	5884	4870	3888	2938	2019	1133	288	0	0	0	0	0	0	
	VI 14512	II 5247	4253	3290	2360	1461	598	0	0	0	0	0	0	0	0	
		III 1618	780	0	0	0	0	0	0	0	0	0	0	0	0	
		IV 6931	6404	5884	5373	4870	4375	3888	3409	2938	2474	2019	1572	1133		
44983.99	V 13658	I 6947	5901	4886	3903	2952	2033	1146	301	0	0	0	0	0	0	
	VI 14536	II 5263	4268	3305	2374	1475	611	0	0	0	0	0	0	0	0	
		III 1618	780	0	0	0	0	0	0	0	0	0	0	0	0	
		IV 6947	6420	5901	5389	4886	4390	3903	3424	2952	2489	2033	1586	1146		
45037.99	V 13684	I 6964	5917	4901	3918	2967	2047	1160	313	0	0	0	0	0	0	
	VI 14560	II 5278	4283	3320	2388	1489	624	0	0	0	0	0	0	0	0	
		III 1644	806	0	0	0	0	0	0	0	0	0	0	0	0	
		IV 6964	6436	5917	5405	4901	4406	3918	3438	2967	2503	2047	1600	1160		
45091.99	V 13706	I 6980	5933	4917	3933	2981	2061	1173	326	0	0	0	0	0	0	
	VI 14584	II 5294	4298	3335	2403	1503	637	0	0	0	0	0	0	0	0	
		III 1644	806	0	0	0	0	0	0	0	0	0	0	0	0	
		IV 6980	6453	5933	5421	4917	4421	3933	3453	2981	2517	2061	1613	1173		
45145.99	V 13728	I 6997	5949	4933	3948	2996	2076	1187	339	0	0	0	0	0	0	
	VI 14608	II 5310	4314	3349	2417	1517	650	0	0	0	0	0	0	0	0	
		III 1644	806	0	0	0	0	0	0	0	0	0	0	0	0	
		IV 6997	6469	5949	5437	4933	4437	3948	3468	2996	2532	2076	1627	1187		
45199.99	V 13754	I 7014	5965	4948	3963	3011	2090	1201	352	0	0	0	0	0	0	
	VI 14630	II 5326	4329	3364	2431	1530	663	0	0	0	0	0	0	0	0	
		III 1672	832	24	0	0	0	0	0	0	0	0	0	0	0	
		IV 7014	6485	5965	5453	4948	4452	3963	3483	3011	2546	2090	1641	1201		
45253.99	V 13776	I 7030	5981	4964	3979	3025	2104	1214	365	0	0	0	0	0	0	
	VI 14654	II 5342	4344	3379	2446	1544	676	0	0	0	0	0	0	0	0	
		III 1672	832	24	0	0	0	0	0	0	0	0	0	0	0	
		IV 7030	6502	5981	5469	4964	4467	3979	3498	3025	2561	2104	1655	1214		
45307.99	V 13800	I 7047	5997	4980	3994	3040	2118	1228	377	0	0	0	0	0	0	
	VI 14678	II 5357	4360	3394	2460	1558	690	0	0	0	0	0	0	0	0	
		III 1698	858	48	0	0	0	0	0	0	0	0	0	0	0	
		IV 7047	6518	5997	5484	4980	4483	3994	3513	3040	2575	2118	1669	1228		
45361.99	V 13822	I 7064	6013	4995	4009	3055	2132	1242	390	0	0	0	0	0	0	
	VI 14702	II 5373	4375	3409	2474	1572	703	0	0	0	0	0	0	0	0	
		III 1698	858	48	0	0	0	0	0	0	0	0	0	0	0	
		IV 7064	6535	6013	5500	4995	4498	4009	3528	3055	2589	2132	1683	1242		

Allgemeine Jahreslohnsteuertabelle 2000
Lohnsteuer und Bemessungsgrundlage für Zuschlagsteuern in DM

Jahres-arbeitslohn bis... DM		Lohnsteuer in Steuerklasse		Bemessungsgrundlage für Zuschlagsteuer bis... Kinderfreibeträgen										
				0,5	1	1,5	2	2,5	3	3,5	4	4,5	5	5,5	6	6,5 und mehr
45415.99	V	13848	I	7080	6030	5011	4024	3069	2146	1255	403	0	0	0	0	0	Wegen der
	VI	14726	II	5389	4390	3424	2489	1586	716	0	0	0	0	0	0	0	Ermittlung der
			III	1698	858	48	0	0	0	0	0	0	0	0	0	0	Bemessungs-
			IV	7080	6551	6030	5516	5011	4514	4024	3543	3069	2604	2146	1697	1255	grundlage für
45469.99	V	13870	I	7097	6046	5027	4039	3084	2161	1269	416	0	0	0	0	0	Zuschlagsteuern
	VI	14752	II	5405	4406	3438	2503	1600	729	0	0	0	0	0	0	0	bei 6,5 und mehr
			III	1724	884	74	0	0	0	0	0	0	0	0	0	0	Kinderfrei-
			IV	7097	6567	6046	5532	5027	4529	4039	3558	3084	2618	2161	1711	1269	beträgen siehe
45523.99	V	13894	I	7114	6062	5042	4054	3099	2175	1283	429	0	0	0	0	0	Seite 351
	VI	14776	II	5421	4421	3453	2517	1613	743	0	0	0	0	0	0	0	
			III	1724	884	74	0	0	0	0	0	0	0	0	0	0	
			IV	7114	6584	6062	5548	5042	4544	4054	3573	3099	2633	2175	1725	1283	
45577.99	V	13916	I	7130	6078	5058	4070	3113	2189	1296	442	0	0	0	0	0	
	VI	14800	II	5437	4437	3468	2532	1627	756	0	0	0	0	0	0	0	
			III	1752	910	98	0	0	0	0	0	0	0	0	0	0	
			IV	7130	6600	6078	5564	5058	4560	4070	3587	3113	2647	2189	1739	1296	
45631.99	V	13940	I	7147	6094	5074	4085	3128	2203	1310	455	0	0	0	0	0	
	VI	14824	II	5453	4452	3483	2546	1641	769	0	0	0	0	0	0	0	
			III	1752	910	98	0	0	0	0	0	0	0	0	0	0	
			IV	7147	6617	6094	5580	5074	4575	4085	3602	3128	2662	2203	1753	1310	
45685.99	V	13966	I	7164	6111	5089	4100	3143	2217	1324	468	0	0	0	0	0	
	VI	14848	II	5469	4467	3498	2561	1655	782	0	0	0	0	0	0	0	
			III	1752	910	98	0	0	0	0	0	0	0	0	0	0	
			IV	7164	6633	6111	5596	5089	4591	4100	3617	3143	2676	2217	1767	1324	
45739.99	V	13988	I	7180	6127	5105	4115	3157	2232	1338	480	0	0	0	0	0	
	VI	14872	II	5484	4483	3513	2575	1669	796	0	0	0	0	0	0	0	
			III	1778	936	124	0	0	0	0	0	0	0	0	0	0	
			IV	7180	6650	6127	5612	5105	4606	4115	3632	3157	2690	2232	1781	1338	
45793.99	V	14012	I	7197	6143	5121	4130	3172	2246	1351	493	0	0	0	0	0	
	VI	14896	II	5500	4498	3528	2589	1683	809	0	0	0	0	0	0	0	
			III	1778	936	124	0	0	0	0	0	0	0	0	0	0	
			IV	7197	6666	6143	5628	5121	4622	4130	3647	3172	2705	2246	1795	1351	
45847.99	V	14034	I	7214	6159	5136	4146	3187	2260	1365	506	0	0	0	0	0	
	VI	14920	II	5516	4514	3543	2604	1697	822	0	0	0	0	0	0	0	
			III	1806	960	148	0	0	0	0	0	0	0	0	0	0	
			IV	7214	6683	6159	5644	5136	4637	4146	3662	3187	2719	2260	1808	1365	
45901.99	V	14060	I	7231	6175	5152	4161	3202	2274	1379	519	0	0	0	0	0	
	VI	14944	II	5532	4529	3558	2618	1711	836	12	0	0	0	0	0	0	
			III	1806	960	148	0	0	0	0	0	0	0	0	0	0	
			IV	7231	6699	6175	5660	5152	4653	4161	3677	3202	2734	2274	1822	1379	
45955.99	V	14084	I	7247	6192	5168	4176	3216	2288	1392	532	0	0	0	0	0	
	VI	14968	II	5548	4544	3573	2633	1725	849	24	0	0	0	0	0	0	
			III	1806	960	148	0	0	0	0	0	0	0	0	0	0	
			IV	7247	6716	6192	5676	5168	4668	4176	3692	3216	2748	2288	1836	1392	
46009.99	V	14106	I	7264	6208	5184	4191	3231	2303	1406	545	0	0	0	0	0	
	VI	14994	II	5564	4560	3587	2647	1739	862	37	0	0	0	0	0	0	
			III	1832	986	172	0	0	0	0	0	0	0	0	0	0	
			IV	7264	6732	6208	5692	5184	4684	4191	3707	3231	2763	2303	1850	1406	
46063.99	V	14130	I	7281	6224	5199	4207	3246	2317	1420	558	0	0	0	0	0	
	VI	15018	II	5580	4575	3602	2662	1753	876	49	0	0	0	0	0	0	
			III	1832	986	172	0	0	0	0	0	0	0	0	0	0	
			IV	7281	6749	6224	5708	5199	4699	4207	3722	3246	2777	2317	1864	1420	
46117.99	V	14154	I	7298	6240	5215	4222	3261	2331	1434	571	0	0	0	0	0	
	VI	15042	II	5596	4591	3617	2676	1767	889	62	0	0	0	0	0	0	
			III	1860	1012	198	0	0	0	0	0	0	0	0	0	0	
			IV	7298	6765	6240	5724	5215	4715	4222	3737	3261	2792	2331	1879	1434	
46171.99	V	14176	I	7314	6257	5231	4237	3275	2345	1448	585	0	0	0	0	0	
	VI	15066	II	5612	4606	3632	2690	1781	903	74	0	0	0	0	0	0	
			III	1860	1012	198	0	0	0	0	0	0	0	0	0	0	
			IV	7314	6782	6257	5740	5231	4730	4237	3752	3275	2806	2345	1893	1448	
46225.99	V	14202	I	7331	6273	5247	4253	3290	2360	1461	598	0	0	0	0	0	
	VI	15090	II	5628	4622	3647	2705	1795	916	86	0	0	0	0	0	0	
			III	1860	1012	198	0	0	0	0	0	0	0	0	0	0	
			IV	7331	6798	6273	5756	5247	4746	4253	3767	3290	2821	2360	1907	1461	
46279.99	V	14226	I	7348	6289	5263	4268	3305	2374	1475	611	0	0	0	0	0	
	VI	15114	II	5644	4637	3662	2719	1808	930	99	0	0	0	0	0	0	
			III	1886	1038	222	0	0	0	0	0	0	0	0	0	0	
			IV	7348	6815	6289	5772	5263	4761	4268	3782	3305	2836	2374	1921	1475	
46333.99	V	14248	I	7365	6306	5278	4283	3320	2388	1489	624	0	0	0	0	0	
	VI	15138	II	5660	4653	3677	2734	1822	943	111	0	0	0	0	0	0	
			III	1886	1038	222	0	0	0	0	0	0	0	0	0	0	
			IV	7365	6831	6306	5788	5278	4777	4283	3797	3320	2850	2388	1935	1489	
46387.99	V	14272	I	7382	6322	5294	4298	3335	2403	1503	637	0	0	0	0	0	
	VI	15162	II	5676	4668	3692	2748	1836	957	124	0	0	0	0	0	0	
			III	1914	1064	248	0	0	0	0	0	0	0	0	0	0	
			IV	7382	6848	6322	5804	5294	4792	4298	3812	3335	2865	2403	1949	1503	
46441.99	V	14296	I	7398	6338	5310	4314	3349	2417	1517	650	0	0	0	0	0	
	VI	15188	II	5692	4684	3707	2763	1850	970	136	0	0	0	0	0	0	
			III	1914	1064	248	0	0	0	0	0	0	0	0	0	0	
			IV	7398	6864	6338	5820	5310	4808	4314	3828	3349	2879	2417	1963	1517	
46495.99	V	14320	I	7415	6355	5326	4329	3364	2431	1530	663	0	0	0	0	0	
	VI	15212	II	5708	4699	3722	2777	1864	984	149	0	0	0	0	0	0	
			III	1914	1064	248	0	0	0	0	0	0	0	0	0	0	
			IV	7415	6881	6355	5836	5326	4823	4329	3843	3364	2894	2431	1977	1530	

43

III. Pauschbeträge für Verpflegungsmehraufwendungen und Übernachtungskosten ausgewählter Länder

Quelle: BStBl. 1999, I, 216; Gültig ab 01.03.1999

Land	Pauschbeträge für Verpflegungsmehraufwand bei einer Abwesenheitsdauer je Kalendertag von			Pauschbetrag für Übernachtungskosten
	Mind. 24 Std. DM	Weniger als 24 Std. aber mind. 14 Std. DM	Weniger als 14 Std. aber mind. 8 Std. DM	DM
Belgien	74	50	25	130
Dänemark	96	64	32	100
- Kopenhagen	96	64	32	150
Finnland	72	48	24	130
Frankreich	78	52	26	100
- Paris	96	64	32	160
Irland	90	60	30	150
Italien	78	52	26	150

Luxemburg	74	50	25	140
Niederlande	78	52	26	140
Norwegen	84	56	28	170
Österreich	72	48	24	110
- Wien	72	48	24	160
Polen	48	32	16	100
Portugal	66	44	22	130
Schweiz	90	60	30	160
Spanien	60	40	20	160
Vereinigte Staaten	96	64	32	170
Vereinigtes Königreich	84	56	28	130
- London	96	64	32	210

D. STICHWORTVERZEICHNIS

1

1 % - Regel 236, 239, 245 ff.

A

Abschlussbesprechung 155, 249
Abschreibungsplan 69
Abschreibungstabelle II, VII, 221 ff.
Absetzung für Abnutzung V ff., 14 ff., 22, 43, 69 ff, 88 ff., 210 ff.
Abzugsfähigkeit 15, 23, 30, 36, 41 ff., 66, 77, 85, 133, 229
Abzugsverbot 23 ff., 43, 216, 248
AfA Siehe Absetzung für Abnutzung
AfA – Tabellen 83, 221, 260
AfaA 84
Altersentlastungsbetrag 4
Angehörige 59, 64, 95
Anlage ESt 1, 2, 3 B XVIII, 144, 145, 259
Anlage FB 144
Anlage GSE 129, 138, 144, 220, 252
Anlage Kinder 130
Anlage KSO 129
Anlage N 130
Anlage V 129
Anlagevermögen 68, 75, 82, 211
Annehmlichkeiten 116, 117
Anschaffungskosten 14, 17, 22, 30, 41, 69 ff., 176, 210, 222 ff.
Anschaffungsnebenkosten 76

Anwaltssoftware 65, 130
Anwaltssozietäten 138, 258
Arbeitnehmer 1, 24, 41, 62, 73, 93 ff., 104 ff.
arbeitnehmerähnliche Selbstständige 93, 96
Arbeitslosenversicherung 94, 122,
Arbeitszimmer X, 15, 38 ff., 249, 250
Aufzeichnungspflicht 65, 73
Ausgangsrechnungen 183, 185
Außenprüfung 152 ff., 207, 249
außergewöhnliche Belastungen 3, 114, 125, 132 ff.

B

Beherbergung 29
Belege 33, 65, 152, 189, 200, 207, 235
Berufsrecht 67
Besteuerungsgrundlagen XVIII, 3, 110, 152, 259
Betriebsausgaben II, IV, X, XIV, 12 ff., 23 ff., 250
Betriebseinnahmen II, III, X, XIV, 12 ff., 23, 33, 65
Betriebsstättenfinanzamt 118, 121
Betriebsvermögen 10, 13, 17, 22, 58, 68 ff., 89, 169, 209, 211, 232, 238, 254
Bewirtungsaufwendungen 26
BfA X, XIV, 94 ff., 249
Bilanz 16, 68, 232
Buchführung 10, 65
Buchführungspflicht 11
Bußgelder 15, 46, 58

Stichwortverzeichnis

D

Dauerfristverlängerung	198
degressive AfA	78 ff., 223
durchlaufende Posten	74

E

Ehegatte	62, 102, 112
Ehegattenarbeitsverhältnisse	59
Eigenbelastung	4, 135
Eigenverbrauch	XII, XVI, 166, 170, 239
Eingangsrechnungen	183 ff., 202
Einkommen	3, 4, 7
Einkommensteuer	1 ff.
Einkommensteuerpflicht	2, 172
Einkünfte	3 ff.
Einlagen	II, XII, XVI, 10, 17 ff.
Einnahmeüberschussrechnung	I, II, III, 11
Einspruch	148 ff.
Einspruchsfrist	150
Entnahmen	II, XII, XIII, XVI, XVII, 10, 17 ff.
Erinnerungswert	87, 225
Erklärungsfrist	129
Existenzgründer	97, 131, 202

F

Fahrtenbuch	33, 233 ff.
Feststellungsbescheid	2, 149 ff.
Finanzierungskosten	76
Fortbildungsreisen	53
Freibetrag	25, 59, 115
freie Mitarbeiter	93, 97
Freigrenze	25

Fremdgelder	67, 74
Fremdvergleich	62

G

Geldstrafen	50, 58
Gerichtskosten	IV, 46, 214
geringfügig Beschäftigte	93, 98, 109, 124
geringfügige Beschäftigung	98, 104
geringwertige Wirtschaftsgüter	23, 81, 90
Gesamtbetrag der Einkünfte	3 ff.
Geschenke	24, 67, 167
Gesellschafter	2, 8, 138 ff., 219 ff.
Gewerbebetrieb	5 ff., 139
gewillkürtes Betriebsvermögen	68, 69, 232
Gewinn	VI, 7, 9 ff.
Gewinn vorab	140, 258
Gewinnanteil	VI, XII, XIII, XVI, XVII, 138, 140 ff., 220, 243, 252 ff.
Gleichbehandlungsgrundsatz	141, 243
Gratifikationen	109
Grundlagenbescheid	3, 150

H

Herstellungskosten 21, 75, 81, 88

I

Inventartabelle VII, 222

K

Kinder	113, 130, 147
Kirchensteuer	107, 125, 133
Kleinunternehmer	202
Krankenversicherung	94 ff., 122,

L

Lieferung	159, 163 ff.
lineare AfA	78 ff., 222 ff.
Lohnkosten	73, 93, 106, 157
Lohnsteuer	1, 104 ff., 157, 196
Lohnsteuerabzugsverpflichtung	107
Lohnsteuerbescheinigung	108, 120
Lohnsteuerkarte	104 ff.
Lohnsteuerklassen	111
Lohnsteuervoranmeldung	159
LVA	121

M

Mantelbogen	129, 146
Mehrwertsteuer	158
Meldefristen	124
Mitwirkungspflicht	119, 128
Motorjachten	29

N

nicht abnutzbare Wirtschaftsgüter 71
notwendiges Betriebsvermögen 68, 232
notwendiges Privatvermögen 68, 231

O

Option	99, 102, 182, 191, 213, 244
Ordnungsgelder	45

P

Pauschbetrag	31, 105, 275
Persönliche Verhältnisse	132
Pflegeversicherung	94, 122
Pkw	III, V, VIII, X, XII, XIV, XVI, 229 ff.
Praxiswert	81, 86
private Lebensführung	42, 44
privater Nutzungsanteil	III, 229 ff.
Privatvermögen	18, 68, 231
Progressionsvorteile	59, 136
Prüfungsanordnung	153

R

Rechnungen	173 ff.
Rentenversicherung	94, 105, 121
Repräsentationsaufwendungen	216
Restwertabzug	211

S

Sachzuwendungen	13, 115, 167
Saldierungsverbot	19
Scheinselbstständigkeit	93
Schmiergelder	25
Segeljachten	29
Selbstanzeige	155
Seminarkosten	XIV, 54, 257
Solidaritätszuschlag	123

Sonderausgaben 3, 114, 125, 131
Sonderbetriebsausgaben VI, X, XII, XIV, XVI, 138 ff., 230, 241 ff.
Sonderbetriebseinnahmen VI, X, XII, XIV, XVI, 138 ff. 230, 241 ff.
Sonderbetriebsergebnis 143, 230, 245
Sonstige Leistung 164
Sozialversicherung 104, 109, 121
Steuerbarkeit 163, 172, 182
Steuerbescheid 3, 118, 127, 147
Steuererklärung 40, 65, 119, 126, 138, 146, 152, 157, 195, 206, 221, 252, 254, 259
Steuerfestsetzung 119, 196, 203
Steuerpflicht 105, 127, 153, 165, 183
Steuersatz 60, 103, 137, 173, 180 ff., 204
Summe der Einkünfte 4, 125

T

Teilwert 21

U

Umsatzsteuer X, XIV, 2, 32, 158 ff.
Umsatzsteuerjahreserklärung 65, 159, 200
Umsatzsteuerpflicht 163
Umsatzsteuerschuld 142, 159
Umsatzsteuervoranmeldung 119, 160 ff.
Unfallversicherung 122
Unternehmer 28, 69, 72, 159 ff.

V

Vergütungen 139, 230
Verlängerungsmöglichkeit 200
Verlustabzug 128
Verpflegungsmehraufwendungen 30, 275
Verspätungszuschlag 119
Verwaltungsakt 127, 147, 151
Voranmeldung 192 ff., 215
Voranmeldungszeitraum 181, 192 ff., 215
Vorauszahlungen X, XIV, 125, 126, 195 ff., 215, 248
Vorauszahlungsbescheid 127
Vorsteuer IV, 74, 142, 161 ff.
Vorsteuerabzug 57, 77, 142, 158 ff.

W

Werbungskosten 6, 41, 51, 114
Wirtschaftsgüter II, V, IX, 17, 20 ff.
Wirtschaftsjahr 15, 24
Wohnsitz 2, 35
Wohnung und Betriebsstätte 32

Z

Zeitpunkt der AfA 91, 226
Zinsen IV, 47, 58, 118, 129, 141, 207, 217
Zu- und Abflussrechnung 16
Zweitwohnung 36